모든 관계는
신호를 보낸다

Copyright ⓒ Dr Ali Fenwick, 2024
First published as RED FLAGS, GREEN FLAGS in 2024 by Michael Joseph.
Michael Joseph is part of the Penguin Random House group of companies.

Korean translation copyright ⓒ 2025 by RH KOREA Co., Ltd.
Korean translation right arranged with Penguin Random House UK
through EYA Co., Ltd.

이 책의 한국어판 저작권은 EYA Co., Ltd.를 통한
Penguin Random House UK사와의 독점 계약으로 ㈜알에이치코리아가 소유합니다.
저작권법에 의하여 한국 내에서 보호를 받는 저작물이므로 무단전재 및 복제를 금합니다.
또한, 이 책의 내용은 AI 학습 및 텍스트·데이터 마이닝 목적으로 사용할 수 없습니다.
(EU 지침 2019/790, 제4조 3항)

모든 관계는
신호를 보낸다

유해한 관계와
무해한 관계를 해석하는
현대판 인간관계 매뉴얼

김문주 옮김

Red Flags

Green Flags

알리 펜윅 지음

오늘날의 나를 있게 해주시고
늘 보답해야 함을 가르쳐주신 사랑하는 부모님께

인생의 가장 빛나는 순간들을
함께해준 모든 친한 친구들에게

그리고 언제나 올바른 방향으로
나를 이끌어주는 내 내면의 목소리에게

한국어판 서문

이 책 《모든 관계는 신호를 보낸다》를 한국의 독자 여러분께 소개하게 되어 진심으로 영광입니다. 인간관계는 전 인류가 공유하는 가장 보편적인 경험이자, 동시에 가장 복잡하고 다루기 어려운 영역입니다. 문화와 배경, 세대를 초월해 사람들은 늘 같은 질문을 던집니다. "이 사람이 나에게 좋은 사람일까?", "어떻게 하면 더 건강한 관계를 만들 수 있을까?", "사랑과 성장을 받아들이면서도 어떻게 스스로를 지켜낼 수 있을까?" 이 책은 바로 이 질문들에 명확한 해답, 따뜻한 공감, 실질적인 도구를 건네고자 쓰였습니다.

한국 역시 세계 여러 지역과 마찬가지로 삶의 속도가 한층 빨라졌고, 우리를 둘러싼 사회적 기대는 갈수록 무겁게 느껴집니다. 직업적·개인적 성공을 모두 추구해야 한다는 압박 속에서, 정작 인간관계를 성찰할 여유는 점점 줄어듭니다. 이 책은 연인, 친구, 가족, 직장 동료와의 관계에서 "이 관계가 건강한가, 해로운가?"라는 혼란을 느낀 적 있는 모든 이들에게 특히 유용합니다. 또한 타인의 경고 신호를 읽어내는 눈뿐 아니라, 관계를 성장시키는 긍정적 징후를 알아차리는 감각까지 길러줄 것입니다.

저는 특히 이제 막 연애와 사회생활을 시작하는 청년층에게, 그리고 오래된 관계를 더 깊이 이해하고 싶은 이들에게 이 책을 권합니다. 자녀가 살아갈 세상을 더 잘 이해하고 싶은 부모에게도 도움이 될 것입니다. 상담가, 교사, 지역 사회의 리더 등 타인의 관계를 돕는 분들도 이 도구들을 길잡이로 활용할 수 있습니다. 궁극적으로 이 책은 인간관계라는 때로는 혼란스러운 세계에서 선명함을 찾고자 하는 모든 이들을 위한 안내서입니다.

이 책을 최대한 잘 활용하려면 서둘러 읽지 않기를 권합니다. 각 장의 질문과 성찰 과정에서 잠시 멈춰 서, 메모를 남기거나 신뢰할 수 있는 친구, 동료, 멘토와 대화를 나눠 보기를 추천합니다. 관계는 살아 있는 경험이며, 이 책의 진가는 일상에서 그 배움을 실천할 때 발휘됩니다. 각 장은 타인을 분석하는 데 그치지 않고 자신의 행동, 선택, 경계선을 되돌아보게 만드는 거울처럼 설계했습니다.

혹시 지금 외로움, 가족이나 직장에서의 갈등, 해로운 관계로 고통을 겪고 있는 독자라면 꼭 전하고 싶은 말이 있습니다. 당신은 혼자가 아니며, 무력하지도 않습니다. '레드 라이트'를 인식하는 능력은 자신을 지키는 첫걸음이며, '그린 라이트'를 발견하는 능력은 안전하고 존중받는 관계를 키워 나가게 합니다. 물론 치유와 성장에는 시간이 걸리지만, 자신의 열망을 이해하고 보호하기 위해 내딛는 작은 발걸음 하나하나가 충만한 삶과 건강한 관계로 나아가는 길입니다.

《모든 관계는 신호를 보낸다》가 여러분의 여정에 믿음직한 동반자가 되길 바랍니다. 이 책이 여러분이 스스로의 경계를 당당히 세우고, 마음을 북돋는 관계를 기꺼이 받아들이며, 나와 타인을 동시에 돌보는 균형을 찾는 데 힘이 되길 기원합니다. 이 균형이야말로 개인의 행복과 사회적 조화를 이루는 핵심이니까요.

따뜻한 마음을 담아,

알리 펜윅 드림

차례

한국어판 서문 _____ 7

들어가며 _____ 14

1부. 가족과 친구 관계

레드 플래그 ① "내 인생에 참견 마" _____ 32
부모가 계속 인생에 간섭할 때

레드 플래그 ② "왜 그때 내 곁에 없었어요?" _____ 45
기댈 수도, 믿을 수도 없는 부모

레드 플래그 ③ "중간 아이 증후군" _____ 58
태어난 순서가 형제간 경쟁에 미치는 영향

레드 플래그 ④ "세상에, 웬디한테 무슨 일이 생겼는지 들었어?" __ 74
친구와 가족이 뒷담화할 때

레드 플래그 ⑤ "이 귀여운 바보" _____ 87
친구들이 당신을 업신여길 때

레드 플래그 ⑥ "이번에는 네가 쏠래?" _____ 100
이기적인 친구 상대하기

😊 2부. 직장 내 인간관계

레드 플래그 ⑦ "가족 같은 회사" ——————————— **118**
　　　　　　　변함없는 충성도를 요구하는 관리자들

레드 플래그 ⑧ "이번 일요일에 출근할 수 있나?" ———— **142**
　　　　　　　직장에서 경계선을 존중해 주지 않을 때

레드 플래그 ⑨ "불평하지 마! 이 바닥에선 다 그렇게 일해!"__ **156**
　　　　　　　직원들의 행복과 정신 건강을 전혀 고려하지 않는 회사

레드 플래그 ⑩ "이런 식으로 해보는 건 어때?" ——————— **169**
　　　　　　　마이크로매니지먼트 하는 상사

레드 플래그 ⑪ "나만 믿어!" ———————————————— **182**
　　　　　　　사무실 정치

레드 플래그 ⑫ "다음번엔 목표치를 달성하세요!" ———— **198**
　　　　　　　골대를 계속 옮기는 상사

3부. 연애라는 관계

레드 플래그 ⑬ "그냥 연애가 하기 싫어!" ——— 216
싱글로 남기를 선택하는 사람

레드 플래그 ⑭ "아직 뭐라고 정의하고 싶지 않아" ——— 236
썸만 타는 사이

레드 플래그 ⑮ "미안해요. 아홉 달 동안 연락을 못했네요. ——— 257
충전기를 잃어버렸는데 이제 찾았어요.
오늘 뭐해요?"
현대식 연애의 위험성

레드 플래그 ⑯ "우리가 겨우 두 번째 만난 건 알지만, ——— 275
사랑해요!"
애정 공세

레드 플래그 ⑰ "왜 나는 나이 많은 애인이 좋을까?" ——— 298
연상이나 연하와 연애하기

레드 플래그 ⑱ "내게 딱 맞는 사람을 찾은 거 같아. ——— 319
그런데 느낌이 전혀 안 와!"
아무런 감정도 느껴지지 않을 때

4부. 모든 낭만적 관계

레드 플래그 ⑲ "안정적인 관계는 이제 지루해!" ——— 340
혼돈은 사랑의 징후인가

레드 플래그 ⑳ "너는 내게 너무 과분한 사람이야!" ——— 358
불안한 파트너

레드 플래그 ㉑ "이제 개방적으로 지내자!" ——— 374
한 명으로는 부족할 때

레드 플래그 ㉒ "네 잘못인 걸 왜 몰라?" ——— 386
파트너가 가스라이팅할 때

레드 플래그 ㉓ "네게 상처 주려던 건 아니었어!" ——— 402
바람을 피우는 파트너

레드 플래그 ㉔ "시추에이션십에서 잠수 이별 당했지만, ——— 416
적어도 재수 없는 전 애인은 잊었지"
환승 연애

마무리하며 ——— 431
부록 ——— 445
참고 문헌 ——— 452
감사의 말 ——— 474

들어가며

이 책을 쓰며 큰 기쁨을 누렸다. 지난 몇 년 동안 나는 현대의 인간관계가 어떻게 진화했는지, 기술과 사회 풍조, 그 외에 세계적인 세력들이 우리가 생각하고 행동하고 다른 이들과 유대하는 방식에 어떻게 영향을 미쳤는지 탐구해왔다. 세계가 얼마나 빠르게 변하고 있는지, 그리고 인간이 얼마나 빠르게 적응하고 있는지 지켜보는 일은 정말 흥미로웠다. 매일 새로운 유행이 전 세계에서 일어나고, 한때 정상이라 믿었던 행동과 사회 규범은 더 이상 타당하지 않거나 심지어는 이상하게 보인다. 많은 이들이 혼란을 느끼면서 여전히 예전과 같은 방식으로 타인에게 접근해도 되는지 궁금해하는 것도 전혀 이상하지 않다. 그러는 동안 행동에 나서기를 꺼리거나 생각 과잉에 빠지기도 한다. 동시에 우리는 재빠르게 생각하고 행동해야 한다는 기대도 받는다. 이 세상이 너무 빠르게 움직이다 보니, 빠르게 결정을 내릴 수 있는 능력이 강점으로 보인다.

그러나 서둘러 결정을 내리다 보면 실수하게 마련이고, 결함을 가진 편향된 결과로 이어질 수 있다. 순간적으로 좋은 결정을 내릴 수도 있겠지만, 언제 속도를 늦추고 상황을 비판적으로 생각해야 할지 파악하는 일은 정말로 달인이나 가능한 기술이다. 빠른 결정을 말할 것 같으면, 어떤 사람의 싫은 면에 '레드 라이트'라는 꼬리표를 붙이기는 참 쉽다. 요즘 사람들은 "야, 꺼져. 다음 차례!"라는 마음가짐으로 살아가고, 상황이 까다로워지면 도망가 버리기 일쑤다. 이렇게 되면 스스로를 반성할 수 있는 능력은 한계에 부딪히고 만다.

이런 마음가짐 때문에 힘든 상황에 대처하기가 어려워진 많은 사람들은 쟁점에 정면으로 부딪치기보다는 차선책으로 도망가는 경향이 있다. 그린 라이트들 사이에서 진짜 레드 라이트를 구분하는 법은 반드시 개발해야 하는 중요한 기술이다. 인간관계에서 뭔가 빨리 결정을 내려야 할 때는 더욱 그렇다. 무엇이 건강한 행동이고 무엇이 아닌지 파악할 수 있다면 앞으로 수없이 많은 극적인 사건들은 방지하는 데 도움이 될 테니 말이다. 아마도 더 중요한 지점은 바로 당신이 레드 라이트인 순간을 알아차리는 것일 테다. 분명히 쉬운 과제는 아니며, 더 많은 자기 성찰이 필요한 일이므로 모두가 편안한 마음으로 해낼 수는 없다.

레드 라이트와 그린 라이트라는 개념은 현대 문화 속 TV 드라마와 소셜 미디어를 통해 대중화되어 인기를 끌고 있다. 특히 오늘의 이 뜻이 내일의 다른 뜻이 되어 버리는 세상에서 자신과 상대의 행동을 가늠하기가 매우 어려워졌을 때 더욱 도움이 된다. 레드 라이트와 그린 라이트는 우리가 더 나은 결정을 내리고, 다른 이들의 경험에 비추어 우리의 경험을 생각해 보면서 스스로를 반성하는 데 꼭 필요하다.

그러나 레드 라이트와 그린 라이트는 아주 주관적이기도 하다. 어떤 사람에게는 레드 라이트인 상황이 다른 사람에게는 그린 라이트일 수 있고, 그 반대도 가능하다. 당신은 특정 상황에서 상대의 행동을 그린 라이트라고 받아들였지만 실제로는 삶은 가재만큼이나 새빨간 레드 라이트였을 수도 있다! 아니면 상대에게서 레드 라이트를 발견했다고 생각했는데 실제로는 당신이 레드 라이트였을 수도 있다. 당신은 그동안 가정 교육, 사회 문화, 삶의 경험과 미디어로부터 영향을 받아 신념과 인식을 형성했고, 이를 바탕으로 무엇이 레드 라이트이고 무엇이 그린 라이트인지를 판단한다. 그러나 불행하게도 뇌의 운영 체제에는 결함이 없지 않고(인지 과정에서 실수를 범하기 쉽다) 빠르게 판단을 내리다 보면 의사 결정이 산으로 갈 수 있다. 이 책은 과학과 일화, 개인적인 이야기, 갖가지 툴을 활용해서 우리의 의사 결정 과정을 설명하려 한다. 당신은 이를 통해 인간관계에 영향을 미치는 행동 경향을 이해하고 결과적으로 의사 결정 과정을 개선할 수 있게 될 것이다.

레드 라이트와 그린 라이트

내가 이 책을 쓴 여러 이유 중 하나는 우리가 무엇을 생각하고 관찰하는지 더 깊이 살펴보는 한편, 인간의 행동과 일상 속 상황들을 더욱 잘 평가할 수 있는 심리학적 관점을 제공하는 것이다. 나는 당신이 그저 레드는 레드로, 그린은 그린으로 보지 않길 바란다. 나는 당신이 레드 라이트와 그린 라이트를 앞에 두고 더 나은 의사 결정을 내릴 수 있게 힘을 실어주고 싶다. 또한 단순히 빠른 결정을 내리는 것 말고 생각하는 속도를 늦춰서 더 알맞은 결정을 내릴 수 있게 도와주려 한다.

내게 레드RED란 반성Reflect, 개입Engage, 결정Decide을 의미한다! 어떤 경우에는 RED의 단계를 거치는 편이 더 빠를 수 있지만, 어떤 상대의 행동은 "빨리 튀어!"를 의미하는 정말로 위험한 경고 신호일 수도 있다. 그러나 대부분의 RED는 길거리 신호등처럼 "멈춰, 잠깐만!"이란 의미다. 멈추세요. 왼쪽을 보세요. 오른쪽을 보세요. 그리고 도로에 아무도 없으면 출발해도 좋아요. 그러므로 달려가고 싶은 충동을 느낄 때도 자동적인(또는 충동적인) 생각에서 한 걸음 물러나서, 결정을 내리기 전 상황을 한 번 더 생각해 보는 편이 항상 더 낫다. 레드 라이트는 다양한 색감의 빨강으로 나타나기 때문에 시간을 들여 잘 해석해야 한다. 다음은 레드 라이트를 더 신중하게 다룰 수 있는 RED의 몇 가지 사례다.

들어가며

반성

- "잠깐! 내가 보기에 그건 옳지 않아. 이 문제에 좀 더 집중해 보자. 왜 내가 직장에서 이 행동 때문에 그리도 욱했는지 자신에게 물어봐야겠어."
- "이게 정말로 우리의 우정을 손절할 만한 타이밍인가, 아니면 내가 오버하는 건가?"
- "나는 애인이 될 수도 있는 사람들을 계속 밀쳐내고 있어. 왜 이러는지 한 번 생각해 봐야 해!"

개입

- "이제 우리 보스가 내게 충성을 요구하면서 추가 보상도 없이 잔업하게 만들려고 설득 전술을 펴는 게 보이는군."
- "이건 완전히 손절 타이밍이야. 내 생각에 동의하는지 아닌지 친구들한테 한 번 물어봐야겠군."
- "내가 사람들을 밀어냈던 건 나만의 불안과 신뢰의 문제와 연관이 있다는 걸 깨닫기 시작했어. 자신을 더 깊이 들여다볼 수 있도록 누군가와 얘기를 해봐야지."

결정

- "이 문제를 깊이 생각해 봤고, 더 길게 끌고 가고 싶지 않아. 우리 둘은 가치관이 전혀 맞지 않아."(이 레드 라이트가 더 궁금하다면 118페이지로)

- "이 행동을 용인할 수 없어. 하지만 어떻게 해야 우리가 더 잘 해 나갈 수 있는지 알아보고 싶어."(이 레드 라이트가 더 궁금하다면 87페이지로.)
- "한동안은 데이트하지 말고 싱글로 남아 있는 편이 낫겠다고 판단했어. 내 인생에 연애를 다시 끌어들이기 전에 자기 수양부터 쌓아야 할 것 같거든."(이 레드 라이트가 더 궁금하다면 45페이지와 216페이지로.)

레드 라이트를 어떻게 처리할지 배워가면서 우리는 고려해야 할 행동들을 더욱 잘 인식하고 어려운 상황에 효과적으로 대처하는 능력을 개선할 수 있다. 비록 우리가 최고의 소통 전문가가 된다거나 목소리 높여 이야기할 수 있을 만큼 자신감을 가지지는 못한다 해도, 더 많이 연습할수록 응대가 능숙해지고 몸에 밸 것이다. 모든 사람이 레드 라이트에 효과적으로 대처한다면 인생의 모든 영역에서 인간관계를 개선할 수 있을 뿐 아니라 이 세상을 더 나은 곳으로 만들 수도 있다.

마찬가지로 그린 라이트도 단순히 '초록색' 이상의 의미가 있다. 우리는 초록색을 '전진' 또는 '승인'과 연결 짓는다. 그린 라이트가 켜졌을 때, 왜 우리는 이미 안전하게 느껴지는 상대에게 정신적인 에너지를 쏟아야 할까? 인간의 뇌는 본래 안전하다고 느끼는 것들에게 집중을 덜 한다. 그러나 당신이 좋아하는 상대방의 행동, 상대가 보여주는 지지나 공감, 인연의 지속성을 암시하는 태도에 집중하고 주의를 기울여야 하는 훌륭한 이유가 있다. 당신이 그린 라이트 행동에 얼마나 감사하는지를 긍정적으로 강화하다 보면 상대가 그 행동을 계속할 가능성이 커진다. 그린 Green 라이트를 판단할 때 진정성 Genuine, 존중 Respect, 공감 Empathize, 고양 Elevate, 육성 Nurture을 생각하도록 하자. 이 단어들은 다른 사람에게서 발견할 수 있는 그린 라이트 행동을 상징한다.

진정성

그린 라이트 행동은 진정성을 지니며, 내면에서 우러나온다. 평생을 거쳐 프로그래밍된 방식이자 영혼의 에너지가 제대로 작용하는 방식이기 때문이다. 진정성 있는 행동을 보여주는 사례로는 다정함과 사려 깊음, 신뢰가 있으며, 특히 진실함은 행동을 이끌어가는 동기가 된다.

존중

그린 라이트 행동은 상대를 존중하는 태도이기도 하다. 필요한 경우에 당신의 시간과 공간, 프라이버시를 존중하고, 인생관을 존중하고, 당신을 향한 행동에 존중을 드러내는 것이다. 또한 당신도 이러한 상대의 그린 라이트 행동을 확실히 존중해야 한다.

공감

그린 라이트 행동은 공감을 보여주기도 한다. 다른 사람들에게 공감하는 능력은 인간관계에서 일어나는 수많은 상황에서 필요하다. 타인의 말에 귀를 기울이고 행간을 읽는 능력, 특정한 상황에서 타인들이 어떻게 느끼는지 이해하며 그 사람의 속내를 알기 위해 접근 방식을 조정하는 능력은 어떤 인간관계든 활기 넘치고 건강하게 유지할 수 있는 핵심 기술이다. 눈에 들어오는 그린 라이트 행동에 무조건 공감하자. 그 행동이 어디에서 비롯됐으며 왜 사람들이 그렇게 행동하는지 이해하자.

고양

그린 라이트 행동은 강하게 고양하는 행동이기도 하다. 누군가가 당신을 제대로 대우하고 가장 필요한 순간에 지지해주고 어려운 상황에 효과적으로 대응할 때, 이 긍정적인 행동에 화답하면 상대에게도 크게 힘을 북돋아 주고 동기를 부여할 수 있다. 어떤 인간관계든 간단한 공식을 따라간다. $1+1 > 2$, 즉 1 더하기 1은 2보다 크다는 공식이다. 그린 라이트 행동은 시너지 효과를 일으키고 긍정적인 감정을 만들어내어 우리를 더 나은 사람, 어려운 순간에도 꿋꿋이 나아갈 수 있는 사람으로 만들어준다. 언제나 그린 라이트 행동을 고양하도록 노력하자.

육성

그린 라이트 행동은 반드시 키워내야 하는 행동이다. 어떤 인간관계든 이를 계속 유지하려면 그린 라이트 행동을 키워줄 필요가 있다. 식물이 자라고 살아남기 위해서는 물과 햇빛, 영양소가 필요하다. 인간관계도 마찬가지다. 그린 라이트를 인식하고, 긍정적으로 강화하며 존중하면서 키워보자. 그러나 인간관계를 지속적으로 끌고 가기란 쉽지 않다. 그린 라이트 행동을 육성하기 위해 온갖 방면에서 관련된 모든 사람이 참여해야 하는 이유가 여기에 있다.

다른 사람들의 그린 라이트 행동을 유지하고 강화하는 데 도움이 되는 틀은, 레드 라이트 때문에 괴로워하는 사람들을 도와주기 위해 적용해야 하는 틀이기도 하다. 가까운 사람들로부터 연민과 공감, 존중을 받다 보면 자기 자신을 인식하고, 스스로를 믿으며, 건강하지 않은 행동은 기꺼이 바꿀 수 있는 사람이 될 것이다. 그린 라이트 기술을 갈고 닦으면, 레드 라이트 행동에 대처하기 위한 중요한 도구들을 개발하도록 격려할 수도 있다. 이게 바로 '윈-윈'이다.

기본값 사고방식 대 반성적 사고방식

우리의 의사 결정 과정과 행동은 대부분 자동으로 돌아간다. 이는 우리가 왜 특정한 결정을 내리는지, 그리고 과거가 현재의 행동을 어떻게 좌우하는지를 의식하지 못한다는 의미다. 이 자동적 사고(또는 '기본값 사고방식'이라고도 한다)는 우리가 과거의 경험과 가치, 신념에 따라 신속한 결정을 내릴 수 있게 도와준다. 이 자동적인 반응이 최고의 의사 결정이라고 생각하는 사람이 있을까? 우리가 누군가의 레드 라이트를 짚어낼 때 조심해야 하는 중요한 이유가 여기에 있다. 은유적으로 표현하자면, 레드 라이트를 도로의 정지 신호라고 생각했을 때, 우리는 브레이크 페달에 발을 올려 생각의 기본값에서 멀어질 수 있고 충돌의 순간에 더 나은 결정을 내릴 수 있다. 다음의 사례들을 살펴보면서 기본값 사고방식과 반성적 사고방식을 비교해 보자.

기본값 사고방식 멈추기

"이건 레드 라이트야! 나보고 망상증 환자래. 그냥 인정해 버릴래!"
잠시 멈춰서서, 생각하고, 자신에게 묻자.
"하지만 왜 이 현실이 잘못됐다는 거지? 나는 애인의 휴대폰에서 문자 메시지를 봤잖아. 나 가스라이팅 당하고 있는 건가?"

"이건 레드 라이트야! 연애가 점점 지루해지고 있어! 끝내 버리자!"
잠시 멈춰서서, 생각하고, 자신에게 묻자.
"내 연애가 정말로 그렇게 지루한 거야? 아니면 관계가 안정적이고 평화롭다 보니 혼란한 내면을 더욱 의식하게 된 거야?"

이제 레드 라이트가 켜지는 것이 '너'의 문제인지 '나'의 문제인지 신중하게 판단한 후, 당면한 문제에 개입해 보자.

반성적 사고방식으로 생각하기

"내가 그 메시지들을 확인하겠다고 말한 다음부터 폭력적으로 굴잖아. 내 안전이 위협받고 있어. 어떻게 해야 할까?"

문제에 개입하자.

"현실을 부정해선 안 되고, 학대를 용인해서도 안 돼. 우리 엄마는 누군가가 일단 한 번 나를 때리면 백발백중 또 때릴 거라고 가르쳐 주셨다고."

"잠깐! 나는 혼란스러운 환경에서 자라났어. 극적인 상황이 그립나 봐!"

문제에 개입하자.

"이제 권태기가 '나'의 문제라는 걸 깨달았으니 연애를 끝내서는 안 돼. 이 연애를 끝냈다가는 평생 이 패턴이 돌고 돌 거야. 옛날 패턴으로 돌아가는 대신 이번만큼은 해결하기로 마음먹어야 해."

여기서 주의할 점

문제에 개입하기까지 빠르게 진행되기도 하지만 가끔은 시간이 걸리기도 한다. 상황을 더 생각해볼 시간이 필요하거나 스스로 상황을 이해하기 위해 상대방과 더 깊은 대화를 나눌 수도 있다.

문제에 반성적 사고방식으로 개입했기 때문에, 이제 무엇을 해야 할지 더 신중한 결정을 내릴 수 있다.

반성적 사고방식으로 결정하기

"절대로 신체적인 학대를 참지 않을 거야!"(이 레드 라이트가 더 궁금하다면 386페이지로)

결정하자.

"끝이야! 도망쳐!"

"이건 분명 '나'의 문제고 뭔가 바로잡고 싶어."(이 레드 라이트가 더 궁금하다면 340페이지로)

결정하자.

"자기야, 내가 최근에 우리 관계에서 권태로움을 느끼는 이유에 대해서 생각해 봤어. 그리고 자기가 내게 평온함과 안정감을 주고 미래가 어떻게 될지 예측할 수 있게 해준 덕에 내가 극적인 상황과 혼란에 중독되어 있다는 사실을 깨달았어. 내가 이 이야기를 하는 건, 권태기에서 벗어나서 자기랑 함께하는 시간에 만족감을 느끼고 싶어서야. 나를 좀 도와줘."

이 책의 사용법

나는 당신이 이 책을 보면서 순서대로 모든 내용을 읽을 필요 없이, 먼저 읽고 싶을 정도로 흥미로운 내용을 찾아서 그 장으로 넘어갈 수 있게 만들었다. 각 장 마지막에는 '내 인생의 드라마'라는 제목을 달고 그 장의 내용을 간략하게 요약하고 있으니, 당신은 해당하는 장의 주제에 관련된 레드 라이트와 그린 라이트를 확인해 보면 된다. 그냥 극적인 상황만 궁금하다면 요약 코너와 관련 행동들로 곧바로 넘어가자! 하지만 더욱 본질적인 내용을 알고 싶거나, 극적인 상황 이면의 심리를 더 자세히 알아보고 생각과 소통의 방식을 발전시킬 방법을 배우고 싶다면, 그렇다면 당연히 책 전체를 다 읽어야 한다.

이 책의 마지막 부분에는 당신이 레드 라이트와 그린 라이트에 관해 배워온 것들을 적용해볼 연습 문제들이 실려 있다. 이 연습은 자신을 성찰하고 자기와 다른 사람들의 생각과 행동에 존재하는 여러 문제들을 해결하는 데 도움이 될 것이다. 새로이 배운 내용들을 실천할 수 있게 이 연습에 참여해 보길 강력히 추천한다. 이는 새로운 행동과 생각의 방식을 익힐 수 있는 훌륭한 방법일 뿐 아니라, 유연하게 생각하고, 더욱 건강하고 튼튼한 인간관계를 만들어갈 지지대가 될 것이다.

총 24개의 장은 최신 행동 과학적 관점에서 레드 라이트를 설명함으로써 인간의 행동을 들여다보는 깊은 성찰을 제공해 주고, 인생에서 친구나 가족, 연애나 일에서 더 나은 결정을 내리게 도와줄 것이다. 결국 당신의 행복은 커지고 극적인 상황은 줄어드는 결과로 이어질 것이다.

그럼 즐독하시길!

추신.

이 책 마지막에 깜짝 선물이 실려 있다! 지금 연애하는 사람이 있다면, 혹은 더 관계를 단단하게 다지고 (더 깊은) 사랑에 빠지고 싶은 의미 있는 상대가 있다면, 함께 해보기를 추천하는 재미있는 '레드 라이트 그린 라이트 게임'이다.

1부

가족과
친구 관계

Red Flags

Green Flags

가족과 친구는 인생의 주춧돌과 같다. 식구가 많든 적든 가족은 당신이 지금의 모습을 갖추게 되기까지 중요한 역할을 한다. 세상에 관한 가치와 신념을 당신에게 불어넣고 어떻게 살아남을지 생존 전략을 가르쳐준다. 양육이 우리가 성장하는 과정에서 행복, 사고방식, 행동에 지대한 영향을 미친다는 사실은 널리 알려져 있다. 따스하고 건강한 둥지에서 크지 못할 때 자기 자신을 바라보고 가치를 매기는 방식, 그리고 훗날 사람들과 관계를 맺어나가는 방식에 부정적인 영향을 미칠 수 있다. 또한 우정도 우리가 자신을 바라보고 느끼는 방식에 한껏 영향을 미친다는 점에서 중요하다. 일단 가족의 품에서 벗어나면 주로 우리의 정체성을 형성하고 안정감을 주는 대상은 우정이다. 그러나 어떤 사람을 진짜로 가까운 친구라고 여길 수 있을까? 요즘 들어 온라인에서 만난, 현실에서 한 번도 만나보지 못한 사람마저 '친구'라고 생각하는 사람들이 많이 있다. 그로 인해 진정한 친구와 단순한 지인 사이의 선이 모호해지면서, 현대 사회에서 사람들이 우정의 가치를 매기고 서로를 대하는 방식에 영향을 미치게 됐다.

   가족 및 친구 관계는 심리적 지지의 원천이 되며 이 긴밀한 유대는 우리가 누구인지, 어디에 속해 있는지 이해하는 데 필수적이다. 하지만 가끔 가족과 친구들이 부정적인 상황과 불편함의 원천이 되고, 우리와 심리적·정서적으로 가까운 만큼 몸과 마음의 안녕에 심각한 영향을 미치기도 한다. 탄탄한 가족 간의 유대와 우정은 시간이 흐르면서 변할 수 있고, 독이 되거나 파괴력을 발휘할 수도 있다. 질투와 시기, 분노, 불행과 불확실성 같은 감정은 우리가 가장 사랑하는 사람들과 한때 맺었던 긍정적인 관계에 영향을 미친다. 가족과 친구 관계에서 레드 라이트와 그린 라이트를 구분할 수 있는 능력이 중요한 까닭이 여기에 있다. 세월의 흐름에 따라 우정이 어떻게 나쁜 방향으로 변하는지를 배우는 일은 중요하다. 우정을 되살리거나 필요한 경우 그냥 떠나보내는 방법을 찾을 기회를 주기 때문이다. 마찬가지로, 가족의 유대가 개인의 성장에 영향을 미치는 방식과 훗날 인간관계를 형성하는 방식을 배움으로써 현재 문제를 일으키는 행동의 근본 원인을 콕 짚어내는 데 도움이 될 수 있다. 가족과 친구 관계에서의 레드 라이트와 그린 라이트를 다루는 이번 여섯 개의 장은 어떻게 건강하고 오랫동안 지속 가능한 인연을 유지할 수 있는지 그 복잡한 비밀을 밝혀낸다. 모든 인간관계는 도전 과제와 같다. 인연이 깊어질수록 매일매일의 드라마에 어떻게 대처할지 배워야 할 필요성은 점차 더 커져간다.

레드 플래그 ①

"내 인생에 참견 마"
부모가 계속 인생에 간섭할 때

"그 누구도 자녀들의 양육과 교육을 끝까지 책임질
의지 없이 아이를 낳아서는 안 된다."
― 플라톤

부모님이 계속 내 인생에 간섭해요

나를 사랑해 주고 신경 써주는 부모님이 계신다는 건 축복이다. 부모님은 우리를 키우고 가르치는 데 평생을 헌신하고, 생활에 필요한 기술과 정신적 회복력, 자주성과 자기 결정력처럼 우리가 살면서 성공하려면 필요한 모든 것을 갖출 수 있게 해주는 양육자다. 우리가 부모님으로부터 받은 보살핌의 질은 오늘날 우리의 모습에 크게 반영된다. 부모와 자녀 간의 유대감은 그 어떤 우정보다 깊다. "피는 물보다 진하다"라는 말이 있을 정도로, 이 말은 부모와 사이가 그다지 좋지 못한 사람에게조차 진실이다. 부모와 자녀의 유대감은 성스럽고, 부모님의 희생은 당연히 우리가 짊어질 부채가 된다. 그러나 어떤 부모들은 어린 딸·아들을 품에서 떠나보내느라 힘든 시간을 보낸다. 이들 역시 저마다의 트라우마를 겪어왔으며, 한때는 자기네 부모의 어린 딸·아들이었다.

아이들이 자라나 성인이 되면, 스스로 자립해서 삶을 꾸려가는 때가 온다. 어떤 부모들은 아이들을 떠나보낸다는 생각만으로 목이 멘다. 한편으로는 '내가 부모로서의 정체성이나 권위를 잃는구나'라는 생각 때문이고, 다른 한편으로는 '아이들에게 무슨 일이 벌어질까 봐, 아니면 내가 어떻게 해줄 수 없는 상황이 벌어질까 봐 두려워'라는 생각 때문이다. 자녀가 커서 자기식대로 살고 싶어 한다는 사실을 덜컥 깨달았을 때 부모들은 두려움이나 비통함, 또는 슬픔을 경험하는 게 정상이다. 그러나 자녀를 놓아주지 못하면 이 어린 어른들은 인생에서 성장의 길이 가로막힐 수 있으며, 간섭이 지나칠 경우에는 부모와 연을 끊고 싶을 수도 있다. 또한 지나치게 간섭하는 부모를 둔 사람들은 그만큼 부모에게 빚을 진 느낌 때문에 그 곁을 떠나질 못한다. 특히나 부모들이 주도권을 잃지 않으려고 자녀의 감정을 쥐락펴락하고, 그로 인해 자연스레 자녀들이 선을 긋기 어렵다고 깨달을 때 더욱 떠나기가 어려워진다.

어머니와 아버지가 나의 인생에 건강하게 개입하는 때와 아닌 때를 파악하는 법을 배우는 일은 자기 계발과 정신적인 안녕감, 그리고 다른 사람들과 관계를 맺어가는 방식에 있어 매우 중요하다. 스스로 경계선을 긋는 방법을 깨우치는 것도 중요하지만, 이는 사회 문화적으로 매우 어려울 때가 많다. 부모나 양육자와의 관계에서 레드 라이트와 그린 라이트를 구분할 수 있다면 더 건강한 관계를 만들어갈 수 있고 원하는 모습의 자신이 될 수 있다는 여유를 누릴 수 있다. 한 세대에서 다음 세대로 전해지는 건강한 행동을 계속 잇고 확장하면서, 세대 간의 트라우마를 멈추는 사람이 되어보자.

참견쟁이의 심리학

사람들은 다양한 이유로 타인의 사적인 삶에 깊이 참견하고 개입한다. 어떤 부모는 진정으로 자녀가 하는 모든 일이 흥미롭고, 자녀의 성과에 열광하며, 자녀가 누구와 시간을 보내고 안전하게 잘 지내는지가 궁금하다. 흔히 많은 어머니나 아버지들이 자녀와 정기적으로 연락을 주고받고 싶어 한다. 반대도 마찬가지여서, 부모님과 아주 짧게라도 매일 대화를 나누길 좋아하는 자녀들도 많다. 잠깐 전화 통화를 하거나 "별일 없어요? 좋은 하루 보내세요. 사랑해요, 엄마!"라는 식으로 간단한 문자 메시지를 보내기도 한다. 그러나 부모가 매일 전화를 걸거나 계속 무엇을 하는지, 또는 누구와 함께 있는지 알길 원한다면 자녀는 불편하거나 거슬릴 수도 있다. 어떤 부모는 자녀를 떠나보내느라 힘겨운 시간을 보낸다. 자녀를 잃을 수도 있다는 두려움이나 통제하고 싶은 욕구 때문에 계속 자녀의 인생에 개입하려 하며, 자녀의 욕구와 안녕감에는 아랑곳하지 않는다.

사회 문화와 가족의 상호 작용은 부모가 어떻게 자녀의 삶에 개입하는지를 결정하는 데 큰 역할을 한다. 특히 사회적 압박으로 인해 어떻게 행동하고, 누구와 결혼하는지, 또는 성인이 되어 부모와 관계를 어떻게 유지하는지, 어떻게 해야 좋은 부모가 되는지 등 문화적 규범을 따라야 할 때 더욱 그렇다. 보이지 않는 탯줄을 자르는 일은 쉽지 않지만, 자녀를 독립시키지 못한다면 부모와 자녀 모두에게 심각한 결과를 가져올 수 있다. 한 연구에 따르면 어린 시절 부모가 지나치게 삶을 통제했던 사람들은 크면서 자존감 문제를 일으켜 타인에게 선을 긋지 못하거나, 감정적으로 불안해하고 우울할 위험성이 더 높다. 또한 삶에 적응하는 데 더 많은 어려움을 겪고 타인과의 관계를 어려워할 가능성도 훨씬 크다.

나르시시스트 양육자

나르시시스트 부모를 가진 자녀들은 장성한 후에도 큰 어려움을 겪을 수 있다. 자기 자신에게 집착하는 나르시시스트 부모는 흔히 자녀를 자신의 연장선으로 보고, 자녀를 통해 대리 만족하며 살아가려 하기도 한다. 자녀가 하는 모든 행동에 자기 모습이 반영된다고 보고, 아주 높은 기준을 들이대거나 자녀들을 심하게 비판하는 일도 흔하게 벌어진다. 높은 학업 성취도를 요구하는 것 외에도, 과잉으로 통제하는 부모는 자녀가 어떻게 행동할지, 그리고 어떻게 옷을 입을지조차 지시한다. 어떤 경우에는 자녀들이 다 큰 후에도 계속 자신의 곁에 붙어 있게 만들 권력으로 재력을 이용하기도 한다.

나르시시스트 부모의 자녀들은 흔히 스스로에게 지나치게 비판적이거나 완벽주의에 빠지기도 하며, 항상 자신이 부족한 사람이라고 느낀다. 자녀가 독립한 후에도 나르시시스트 엄마나 아빠는 자녀의 삶에 통제력을 발휘할 수 있고, 자녀는 언제나 '보이지 않는 손'이 머리 꼭대기에서 자기 행동을 통제하고 스스로 원하는 모습이 될 수 없게 붙든다고 느낀다.[1] 부모에게 관심을 끊지 못하게 조종하는 전략에 억눌리거나, 끊임없이 짓밟히거나, 부모에게 조건 없는 사랑을 받지 못한다고 믿는 바람에 자존감에 부정적인 영향을 받은 자녀들은 더욱이 그렇게 느낀다. 성인이 된 아들과 딸에게 자격 없는 아이라는 느낌을 안겨주는 부모일수록 통제력을 더 크게 발휘할 수 있다. 나는 자기 계발 상담을 받는 내 고객들 중 지나치게 비판적이거나 나르시시스트인 부모 밑에서 자란 경우 가끔 (무의식적으로) 연인이나 본인의 아이들에게 똑같이 행동하는 모습을 발견했다.

부모가 자녀를 정서적으로 협박할 때

관계에서 경계선을 정하는 일은 특히나 부모 자식 사이에선 결코 쉽지 않다. 어떤 사람들은 비교적 능숙하게 선을 긋지만, 성격과 양육 과정, 정신 상태 때문에 상대에게 거절의 말을 하는 일이 어려운 사람도 있다. 상대의 욕구를 자기 자신보다 우선시하면서 상대의 기분을 맞춰주려는 경향이 생겨나고, 일반적으로 기대되는 수준 이상으로 부모의 욕구에 민감하게 맞춘다. 당신의 욕구를 계속 상대의 욕구보다 후순위로 오래 미뤄두면 자기 자신에게 해를 끼칠 수 있으며, 정신적인 피해뿐만 아니라 신체적 피해도 입을 수 있다. 부모에게 '싫어요'라고 말하는 게 왜 그리 어려운지 살펴보는 법을 배우는 일은 당신이 무엇 때문에 선을 긋지 못하고 인생의 다른 영역에서 지배권을 되찾아 오지 못하는지 깨닫는 첫걸음이다.

부모의 확고한 요구에 저항하기가 어려운 주된 이유 가운데 하나는 정서적 통제 때문이다. 어떤 부모는 "너는 내 덕에 세상에 태어난 거야"라든지 "나는 널 위해 인생을 희생했단다. 그러니 내가 하라는 대로 해야 해" 혹은 "너는 나 없이 아무것도 아니야" 같은 말로 당신을 바짝 긴장시키거나 정서적으로 협박하려고 시도한다. 이 말들은 당신을 아프게 때린다. 그러나 당신을 마음대로 조종하려고 (반복적으로) 시도할 때, 이것이 레드 라이트임을 깨닫고 그런 말에 반응하지 말아야 한다. 그보다는 왜 이 말들이 굴레가 되어 당신을 계속 옥죄는지 그 이유에 초점을 맞추자.[2] 그런 말들에 대항할 수 있는 대답과 신념을 찾아내려고 노력하자. 시간이 흐르면서 당신은 주도권을 어느 정도 되찾고, 정서적인 조종에도 덜 민감해질 수 있을 것이다.

자기 욕구 돌보는 법 배우기

어떤 인간관계에서든 자기 자신의 욕구를 돌보는 방법을 배우는 일이 매우 중요하다. 하지만 언제나 쉽게 할 수 있는 일은 아니다. 부모가 과한 요구를 한다거나 당신 인생에 도가 넘치게 개입할 때는 점차 부모와의 거리를 벌려 나가는 게 중요하다. 부모와의 애착은 가끔 연인 관계에서 느끼는 애착보다 더 강하며, 부모가 인생에 지나치게 개입하게 내버려 두면 연애 관계에도 해를 끼칠 수도 있다. 연애 상대는 관심을 받기 위해 당신의 부모와 경쟁해야 한다고 느낄 수 있고, 그 느낌이 과해질 때 결국 헤어지기로 결심한다. 가끔은 부모가 당신을 잃게 될까 봐 두려워서, 혹은 당신의 배우자가 마음에 들지 않아서 일부러 그럴 수도 있다. 당신이 40대 후반이거나 자녀가 있는 기혼 상태일지라도, 부모들은 여전히 과하게 당신의 인생에 간섭하고 지시를 내린다. 이런 집착에는 나이 제한도 따로 없다.

어느 정도 거리를 두는 것도 간섭쟁이 부모를 다루는 방식이며, 특히 당신이 선택한 배우자가 가족의 기대나 문화와 맞지 않을 때는 더욱 그렇다. 많은 성소수자가 자신의 정체성이나 성적 지향을 표현하는 것을 용납하지 않거나 심지어는 불법으로 여기는 환경에서 자라난다. 어떤 이들은 자신의 정체성을 탐색하고 안전감과 소속감을 느낄 수 있는 곳에서 주체성을 키우기 위해 부모의 집을 떠나기로 결정하기도 한다. 부모가 사생활을 캐고 참견하기를 좋아할 때 자녀는 집에서 자기 자신을 온전히 표현해도 안전하다고 느끼지 못한다. 이들의 자기 계발과 애착 유형을 질식시킬 정도로 부모는 자녀를 억압할 수 있다.

부모가 인생에 자꾸 개입한다고 느끼고 부모와의 관계에 선을 긋기 시작하고 싶다면, 일정한 거리를 만들 수 있게 도와줄 몇 마디 말은 다음과 같다.

- "제 인생에서 무슨 일이 벌어지고 있는지 알고 싶으신 건 이해해요. 하지만 제가 독립적인 어른이 될 수 있게 여지를 주시면 참 감사하겠어요."
- "저를 정말 사랑하시는 건 알아요. 제가 만나는 사람이 걱정되는 것도 이해해요. 하지만 제발 스스로 선택하고 실수도 저질러 보게 맡겨주세요."

- "제가 만나는 사람에 대해 뭐가 마음에 들지 않는지 말씀하시는 건 괜찮아요. 하지만 선은 넘지 말아주세요. 그리고 부모님이 언짢다고 제 사람에게 직접 연락해서 그 말씀을 하시는 건 삼가주세요."
- "엄마, 제가 여자 친구가 생겼다고 해서 엄마한테 관심을 덜 기울인다고 느끼시는 건 알아요. 하지만 엄마가 불안하다고 해서 제 연애에 끼어들게 내버려 둘 수 없어요."
- "제 인생에 새로운 소식이 생겼다면 기꺼이 업데이트해 드릴 수 있지만, 제 연애에 관해서나 언제 결혼할 건지 같은 건 그만 물어보세요. 제발 그 부분은 지켜주세요."

부모로부터 어느 정도 거리를 두기 시작하면 저항에 맞닥뜨리는 게 당연하다. 심지어는 너무 화가 난 나머지 당신의 기분을 상하게 만들고 태도를 다시 생각해 보게 하려고 막말을 하는 경우도 있다. 그러나 당신의 욕구를 보호하고 경계를 설정하는 법을 배우는 일은 매우 중요하다. 세월이 흐르면서 더욱 단단하게 발전한 한 명의 어른이 되어 다른 사람들과 더 건강한 관계를 구축해 가도록 도와주기 때문이다.[3] 시간이 흐름에 따라 다양한 수준에서 부모는 당신의 개성을 존중해 주는 법을 배우고 내려놓는 법도 깨닫게 될 것이다.

인도에서는 보통 결혼 후에 아내가 남편의 부모 집으로 이사를 가는 것이 전통이다. 샤디닷컴 Shaadi.com(인도의 온라인 중매 포털)은 점차 더 많은 여성들이 결혼 후 가족으로부터 분리되고 자기들만의 보금자리에서 시작하기를 선호하면서 이 전통이 점차 변하고 있다고 보고했다.[4] 신혼부부의 생활에 시어머니가 끼어드는 것은 아내들이 시가와 함께 살기를 꺼리는 주요한 원인으로 꼽힌다. 집에 새로운 여성이 등장하면서 시어머니들이 위협을 느끼고, 결과적으로는 더 많이 간섭하고 엄격한 규율을 세우고 싶어 하는 경우가 드물지 않다.

내 인생의 드라마

나를 사랑하고 지지해 주는 부모를 만나는 것은 축복이지만, 모두가 누릴 수는 없다. 부모나 다른 양육자가 인생에 지나치게 개입할 때, 더군다나 당신이 성인이 되어 더 이상 한 집에 살지 않는데도 그런다면 문제가 된다. 의무감이나 죄책감 탓에 부모와 개인적인 경계선을 긋기가 어려울 수 있기 때문이다. 부모로서는 작고 귀여운 딸이나 아들을 떠나보내는 일이 인생의 의미를 잃는 경험인 만큼 힘들 수 있다. 일부 양육자들은 환경적인 요인부터 정신 건강의 문제에 이르기까지 다양한 원인들로 지나치게 자녀에게 참견하고 요구하거나 통제하기도 한다. 참견하는 부모 밑에서 성장하는 자녀는 발달 과정이나 사고방식에 영향을 받고, 경계선을 설정하기도 어려워진다. 자신의 욕구를 처리하고 성인으로서 부모의 통제를 적게 받는 방법을 배우는 일은 양육자와 건강한 관계를 맺는 데 중요하다. 또한 자신의 성장이나 훗날 다른 사람들과 관계 맺는 방식에 있어서도 중요하다.

레드 라이트 발견하기

- 아버지나 어머니(혹은 다른 양육자)가 당신에게 언제 결혼할 것인지 계속 묻는다.
- 부모나 양육자가 당신이 집을 떠난 후에도 삶을 지시한다(예를 들어 부모가 원하는 대로 공부하게 한다거나, 어떻게 옷을 입을지, 누구와 약혼할지 등의 명령을 내린다).
- 부모나 양육자가 당신을 계속 통제하기 위해 정서적으로 협박한다.
- 부모나 양육자가 돈으로 당신을 통제하려 한다.
- 당신은 자신의 욕구와 경계선, 혹은 요구에 대해 확신이 없고, 이를 부모나 양육자에게 표현하기가 어렵다고 느낀다. 그로 인해 당신의 인생에 다른 사람들도 간섭하게 된다.

그린 라이트 발견하기

- 부모나 양육자가 당신의 경계선을 존중해 준다.

- 당신이 그만하라고 요청할 때 부모나 양육자가 더 이상 간섭하지 않는다.
- 당신이 자율성이나 연애, 인생의 다른 선택에서 스스로 내린 결정을 다른 가족들이 (설사 그 결정에 항상 동의하지 않는다 해도) 존중해 준다.
- 당신은 가족들과 끈끈한 유대를 유지하면서도 자기만의 삶을 살 수 있다고 확신하고, 균형 잡힌 삶을 실질적으로 살아가고 있다.

관계를 지속할까, 끊어낼까? 다음을 고려하자

양육자와의 건강한 관계는 여러 방면에서 중요하다. 그러나 나는 언제나 그런 관계가 가능한 건 아님을 깨달았다. 그저 부모님이 사랑이 넘쳐서 우리에게 가장 좋은 것만 주고 싶을 뿐인데 "제발 제 인생에 끼어들지 마세요"라고 말하기는 어려울 수 있다. 독립적으로 성장하기가 매우 어렵거나 거의 불가능에 가까울 수도 있다. 일부 양육자들은 원하는 게 너무 많고 심지어는 상대를 아주 능숙하게 조종할 수 있어서, 자기네가 원하는 대로 자식을 움직이려고 정서적으로 협박하기도 한다. 나르시시스트인 어머니나 아버지들은 자식을 자기 자신의 연장으로 보고 과한 요구를 하곤 한다. 우리는 가족과 건강하고 안정된 관계를 유지하면서도 어떻게 해야 자기 욕구와 균형을 맞출 수 있는지를 판단해야 한다.

함께하겠다는 마음가짐

- 부모가 나쁜 의도로 당신의 삶에 간섭하지 않는다는 것을 알 수 있다. 부모가 성인의 삶을 살아가는 당신에게 익숙해지는 건 그저 시간문제다.
- 당신의 삶에 그만 참견해 달라고 부탁했을 때 결국 멈춘다.
- 당신을 있는 그대로 인정해 준다(다만 당신의 선택에 언제나 동의하지는 않을 수 있다).
- 서로의 소통 방식을 개선할 수 있다. 효과적인 소통을 통해 인생을 더 자주적으로 살면서도 부모님과 더 건강한 관계를 맺을 수 있는 방법을 찾는다.

이제는 거리를 둘 때

- 부모가 인생이 지나치게 간섭한다.
- 부모의 간섭이 당신을 신체적·정서적·심리적으로 불편하게 만든다.
- 부모가 돈으로 당신을 조종하거나 통제하려 한다.
- 집에 있을 때 제모습 그대로를 드러낼 수가 없다.

레드 플래그 ②

"왜 그때 내 곁에 없었어요?"

기댈 수도, 믿을 수도 없는 부모

"자기 자식을 잘 아는 아버지가 현명한 아버지다."
— 윌리엄 셰익스피어, 《베니스의 상인》 제2막 제2장

곁을 내어주지 않는 부모

아이의 사고 수준, 그리고 훗날 다른 사람들과 인연을 맺는 방식은 양육, 특히나 어린 시절의 양육으로부터 어마어마하게 큰 영향을 받는다. 안전하고 따스한 환경에서 자라야 정서적·신체적 욕구가 충족되고 양육자와 견고한 애착 관계를 형성하는 방법을 배울 수 있다. 그러나 성장 과정에서 보살핌이나 관심, 또는 안전한 환경 등이 부족했다면 자기 자신을 생각하는 방식과 경계선을 설정하는 능력, 그리고 스스로를 돌보려는 의지나 훗날 배우자 선택에도 영향을 미친다. 특히나 부모가 어린 시절 곁에 머물면서 욕구를 충족시켜 주지 않았을 때, 부모에게 결점이 있는 것이 아니라 자기가 못나서라고 탓하기 쉽다.

아이들은 자기가 원하는 것을 양육자가 제공해 주지 못한다고는 상상할 수조차 없기 때문에 이렇게 믿기 시작한다. "분명 내가 문제야. 나는 사랑받거나 관심받을 만큼 좋은 아이가 아니야." 그러면서 (때로는) 좋은 부모가 되는 것을 비롯해 인생의 여러 측면에서 역량을 갖추지 못하는 사람들이 있다는 사실을 깨닫지 못한다. 아이는 신뢰할 수 없는 부모를 대하는 방법을 배우는 과정에서 불안정 애착을 형성하고, 버림받을지도 모른다는 두려움과 자존감 문제까지도 겪을 수 있다. 결국 이는 다른 사람들과 안정적인 인간관계를 형성하는 데 도움이 되지 않는 행동으로 이어진다. 양육이 현재 자신의 인생에 어떻게 영향을 미쳤는지 되돌아보는 일은 인생의 다양한 영역에서 다른 사람에게뿐 아니라 자신에게도 더 좋은 사람이 되는 법을 찾는 생산적인 출발점이 될 수 있다.

우리는 인생을 마치 자동 조종 장치에 맡긴 듯 살 수도 있고, 과거의 경험이 현재 우리가 생각하고 행동하는 방식에 어떻게 영향을 미치는지를 가끔 인식하지 못하기도 한다. 이러한 무의식적인 과정을 알아차리는 것은 개인의 성장에 필수적이고, 우리 안의 레드 라이트 행동을 유발하는 상황들을 알아보는 능력을 키우는 핵심이다. 자의식을 높여 신뢰할 수 없는 부모의 그늘에서 탈출하는 방법을 배우면, 부정적인 부모의 영향력과 심지어는 세대 간의 트라우마를 어느 정도 떨쳐낼 수 있다. 성인으로서 우리는 부모 자체나 부모의 행동을 바꿀 수 없지만, 내면의 아이를 치유해 주고 성숙한 자아로 다시 키워낼 방법은 찾을 수 있다.

"우리는 모두 과거의 산물이지만, 거기에 갇힐 필요는 없다"라는 말을 기억하자. 딜레마에 빠진 우리에게 가슴 깊이 와닿는 표현이다. 과거는 오늘날 우리의 모습, 그리고 어느 정도는 우리가 생각하고 행동하는 방식에 영향을 미치지만, 우리가 되고 싶은 사람의 모습을 규정짓지는 못한다. 진심으로 변하고 싶다면 우리는 언제나 선택할 수 있다. 우리가 자신의 고정된 행동과 생각하는 패턴을 인식하려 하고 더 나은 사람이 되기 위해 변화하려는 의지를 가졌을 때, 권력은 우리 손에 쥐어진다.

기댈 수 없는 부모의 심리학

모든 부모가 훌륭한 양육자는 아니라는 사실은 안타깝다. 어떤 부모는 좋은 의도를 가지고도 아이들에게 필요한 것을 적절히 제공하는 데 실패하기도 한다. 까놓고 생각해 보자. 부모라고 해서 언제나 최선의 행동을 할 수 있는 건 아니며 그 과정에서 실수를 저지르기도 한다. 그러나 아이에게 정서적으로 방치된 상태가 일상이라면 이는 뭔가 잘못된 것이다. 다양한 이유로 사랑을 제대로 주지 못하고 아이의 욕구에 관심을 기울이지 않는 부모들도 있다. 아이를 온전히 보살피지 못하는 원인으로는 개인적인 문제[1]나 경제적 어려움, 부모로서의 역량 부족, 아이를 키우는 환경,[2] 부모의 정신 건강 문제, 개인적 악의, 약물이나 알코올 남용 등을 꼽을 수 있다. 나는 정서적 방치에 관한 설득력 있는 다음의 의견을 공유하고 싶다. 정서적 방치는 어린 시절 당신에게 벌어진 사건이 아니라 일어나지 않은 경험을 의미한다. 즉 누구도 아이를 알아주거나 인정하고 의식하며, 헌신하고 사랑하고 이해해 주지 않는 상태라는 뜻이다.

무엇 때문에 부모를 신뢰할 수 없고 기댈 수 없는지를 이해하면 행동의 전후 관계를 살피는 데에도 도움이 된다. 그러나 그렇다고 해서 부모가 한 행동이나 당신에게 미친 영향을 정당화할 수는 없다. 해석하기가 쉽지는 않겠으나, 왜 부모님이 어린 시절 당신의 요구에 맞춰 보살펴주지 않았는지 이해하게 되면 과거에서 벗어날 수 있는 객관적인 방법을 찾아낼 수 있다. 당신이 과거로부터 해방되고 싶다면 말이다.

때로는 부모님이 사랑을 퍼붓는데도 여전히 방치됐다고 느낄 수도 있다. 부모의 행동을 신뢰하지 못할 때 아주 흔히 일어나는 일이다. 이 부모들은 습관적으로 지키지도 못할 약속을 하거나, 아이의 인생에서 중요한 순간에 함께하지 않는다. 혹은 가끔은 아주 다정하지만 가끔은 냉랭하게 굴며 거리를 두기도 한다. 신뢰할 수 없는 부모를 둔 자녀는 제대로 사랑 받지 못한다고 생각하며,[3] 부모를 믿을 수 없다거나 사회적으로 고립된 것처럼 느낀다.[4] 심지어는 훗날 믿음을 주지 않는 사람에게 쉽게 매력을 느끼기도 한다.[5] 예측 불가능한 대인관계에도 중독될 가능성이 있어서, 어떤 사람이 마침내 눈앞에 나타나 진정한 사랑과 애정을 안겨줄 그 순간만을 기다리게 된다. 정서적 방치가 한 사람의 행복에 미치는 심리적 영향력은 어마어마하게 클 수 있으며, 트라우마의 일종으로 간주된다.[6]

방치된 아이

만성적인 방치는 해결하기 쉽지 않은 문제로, 저마다 다른 방식으로 대처한다. 인생에서 트라우마를 남기는 사건들을 경험한다고 해서 모두가 그 이후에 부정적인 마음을 가지거나 부정적인 행동을 하지는 않는다. 사람은 전부 다르며, 다양한 방식으로 고난에 대응한다.[7,8] 그러나 어린 시절 장기간에 걸쳐 정서적 방치에 시달린 성인의 삶은 공통적으로 감정을 다루는 데 어려움을 겪는 결과로 이어진다.[9] 이들은 깊은 감정을 두려워할 수 있다. 낭만적인 동반자 관계에서 경험할 수 있는 긍정적인 감정이든, 버림받을까 봐 두려워하는 부정적인 감정이든 마찬가지다. 두 시나리오 모두에서 상대방이 너무 가까이 다가오거나 처음으로 레드 라이트를 본 순간 그 사람을 밀쳐내는 건, 깊고 친밀한 감정을 어떻게 다뤄야 할지 모르기 때문에 나오는 반응일 수 있다. 감정을 밀어내는 쪽이 더 친숙하고 안전하게 느껴진다. 당신은 (긍정적인 감정이라 할지라도) 감정을 다루면서 민낯을 내보인다고 느낄 수 있다. 다른 사람들에게 나약한 사람이라거나 이성을 잃었다는 인상을 주는 것이나 마찬가지라고 여길지도 모른다. 근본적으로 두 반응 모두 신뢰가 부족하고 상처받을까 두려워하는 것과 관계가 있다.[10]

한편 정서적으로 방치하고 신뢰할 수 없는 부모 밑에서 자란 아이는 타인의 비위를 맞추려는 성향을 가지기도 한다. 다른 사람들에게 친절히 대하거나 자신의 욕구를 희생해 상대의 요구에 맞춰주려고 애쓰는 자세는 "나는 당신을 행복하게 만들어야 해. 그리고 당신이 행복하면 나도 행복해"라고 믿는 데서 나온다. 여기에는 단단한 자아감이 부족하고, 사랑에는 조건이 따른다거나 "당신에게 필요한 걸 주면 나는 관심과 존중, 그리고 결국에는 사랑을 되돌려 받을 거야"라는 믿음이 반영된다. 사람들의 비위를 맞추려는 성향은 자존감이 낮고[11] 거절을 두려워하는 사람에게서 나타나기도 한다. 방치된 아이들은 인정받고 싶은 마음에 다른 사람들을 기쁘게 할 수 있는 행동을 하려고 한다.

내면의 방치된 아이는 이제 어른이 되어 더 이상 두려워할 필요가 없어졌음에도 여전히 현재의 행동을 좌지우지할 수 있다. 내면의 아이를 제대로 인식하는 법을 배워야 인생과 인간관계에서 트라우마적인 반응에 대처할 수 있다. 일단 내면의 아이가 현재의 내 행동에 어떻게 영향을 미치는지를 인식하면, 이 아이를 인정하고 달래면서 어른인 나로 다시 키워낼 방법을 찾는 여정에 임할 수 있다. 내면의 아이를 키우는 작업은 우리가 마음속 고정된 대본을 바꾸고 나만의 욕구와 감정을 허락하기 시작할 수 있는 좋은 방법이다.

내면의 아이에게 편지를 쓰자

어떻게 해야 내면의 아이를 보듬을 수 있는지 물어오는 사람들이 많다. 우리는 여러 가지 방법으로 이 아이와 연결될 수 있다. 나는 틱톡과 릴스를 통해 내면의 아이가 지금 이 순간 우리의 행동에 미치는 영향을 아주 많이 다루고 있다. 온라인에서 사람들은 보통 "그놈의 내면의 아이가 내 인생을 망치고 있어요. 어떡해야 이 아이를 없앨 수 있죠?"라는 식으로 반응하고, 그러면 나는 이렇게 답한다. "그러면 안 돼요!" 무엇보다도 모든 사람의 내면에는 아이가 살아가고 있음을 아는 게 중요하다. 내면의 아이와 연결되는 것은 안녕감을 높이고 내면의 자아와 더 단단하게 연결됐다고 느낄 수 있는 방법이다. 왜 특정한 상황이 우리를 도발하고, 왜 그런 식으로 반응하는지를 이해하면서 무의식을 다시 한번 의식으로 끌어내는 방법이기도 하다. 내면의 아이는 어린 시절의 자아로, 과거의 고통을 현재까지 끌고 온다. 이는 어른이 된 우리가 보통은 성숙하게 지내지만 어떤 경우에 상처받은 아이처럼 반응하는지 이해하는 데 도움이 된다. 우리의 고통이 인생에서 동인動因을 얻고 성공을 거두는 원천이 될 수 있는 만큼, 내면의 아이를 다루는 방법을 배우는 일은 몹시 중요하다.

우리는 언제 내면의 아이가 나타나게 허락해 주고 언제 그 아이를 길들이는가? 어른으로서 우리는 내면의 아이에게 그 아이가 과거에 누리지 못했지만 간절히 바라는 것들을 내어주면서 다시 키워낼 자비와 용기가 있는가? 내면의 아이를 안아주면서 "모든 것이 괜찮아질 거야. 이제 너는 안전하단다. 네가 느낀 고통을 알아. 네가 화를 내는 걸 용서할게. 그리고 나는 어른이 된 너니까, 네가 필요로 하는 것을 줄 거야"라고 말해줄 수 있는가? 내면의 아이에게 손 편지(또는 컴퓨터나 핸드폰으로 쓴 편지)를 보내는 일은 앞서 설명한 것들을 오롯이 담아낼 수 있는 멋진 방법으로, 크나큰 힐링이 될 수도 있다. 또한 내면의 자아와 더 생산적이고 행복한 관계를 맺도록 도와줄 수도 있다. 마음 편하게 집에서 편지를 쓸 수도 있지만, 과정 내내 당신을 이끌어줄 누군가와 함께 작업해 보길 권한다.

가수 아델은 아버지의 부재^{不在}가 훗날 자신이 사람들과 관계를 맺는 방식에 어떤 영향을 미쳤는지 공공연하게 말한다. 아델은 상처받지 않고 자기를 보호하는 방법으로, 먼저 상대방에게 상처를 주곤 했다.[12] 부모로부터 버림받았다거나 방치됐다고 느낄 경우 연인 관계를 형성하는 데 부정적인 영향을 미칠 수 있다. 우리는 인간관계를 맺을 때 부모에게서 본 잘못된 모습을 무심코 되풀이할 수 있다.

내 인생의 드라마

인간의 인격 형성기는 성인이 되어 살아갈 건강한 정신적 기반을 마련한다는 관점에서 매우 중요하다. 따스한 보금자리에서 충분한 사랑과 보살핌, 관심을 받으며 자라난 사람은 신체와 정신의 발달 과정에서 긍정적인 영향을 받으며, 이는 심지어 한 사람의 성공에도 이바지한다. 정서적으로 기대거나 믿을 수 있는 부모 밑에서 자랄 때 감정 조절, 자아감, 그리고 훗날 우정이나 연인 관계를 건강하게 오래 유지할 수 있는 능력을 키울 수 있다. 자라나는 아이들은 양육자로부터 정서적·신체적으로 방치당하면 이를 자기 탓이라 생각하고 "왜 엄마 아빠는 나를 사랑하지 않지?" 또는 "내가 뭘 잘못하고 있길래 엄마 아빠가 내 욕구에 관심을 기울이지 않지?"라고 의문을 가지는 경우가 잦다. 어린아이들은 기본적으로 양육자들이 자기들을 보호해 줘야 하는 착한 사람들이라고 생각한다. 하지만 모든 사람이 사랑을 충분히 주는 부모가 될 수는 없다거나, 바람직한 아동 발달에 도움이 되도록 사랑을 표현하는 건강한 방식을 알지는 못한다는 사실을 인정해야 한다. 특히 유년기가 건강하고 지속적인 인간관계를 만들어가는 능력에 영향을 미친다는 점, 그 시기가 현재의 마음가짐과 애착에 어떤 영향을 미치는지 인식하는 것도 중요하다. 내면의 아이가 현재의 행동에 미치는 영향에 대처하기 위해 어떻게 결정했든 간에, 우리는 바뀔 수 있는 힘을 가지고 있음을 기억하자. 내일의 우리가 갖출 모습을 과거가 결정해 버릴 필요는 없다.

레드 라이트 발견하기

- 아버지나 어머니(또는 다른 양육자)가 당신의 삶에서 가장 중요한 순간에 나타나지 않는다.
- 아버지나 어머니(또는 다른 양육자)가 당신이 자라기에 안전한 환경을 제공해 주지 않고, 그로 인해 훗날 혼란스러운 인간관계 속에서 살아가고 있지만 불편함을 느끼지는 못한다.
- 당신은 어린 시절 필요했던 관심을 부모로부터 받지 못한 것이 자기 탓이라고 믿는다. 기억하자. 그건 당신의 잘못이 아니었다. 모든 부모가 자식에게 필요한 관심과 사랑을 베풀 수 있는 건 아니다.
- 자기 성찰을 거쳐도 어린 시절부터 생겨난 제한된 신념이나 감

정을 촉발하는 요인을 확인하는 데 실패했다.

그린 라이트 발견하기

- 당신에게 상처를 준 상황들을 바로잡고 싶다고 느낄 때마다 아버지나 어머니(또는 다른 양육자)에게 터놓고 과거에 관한 이야기를 할 수 있다.
- 당신은 부모도 실수를 저지른다는 데 동의하고, 과거의 포로가 되어서는 안 된다는 사실을 이해하고 있다. 당신에게는 용서하고 바뀔 수 있는 능력이 있다.
- 방치는 당신에게 벌어진 사건이 아니라, 오히려 어린 시절 당신에게 필요했지만 주어지지 않았던 경험이라는 사실을 인정한다.
- 내면의 아이를 없애는 것이 아니라 포용해야 한다. 그리하여 과거와 현재 사이에서 벌어지는 내적 갈등을 조정하기 위해 이 아이를 보살피고 다시 길러낼 방법을 찾아내야 한다. 과거에 짜여진 정신적인 프로그래밍에 대처할 방법을 찾고, 그 순간의 생각과 행동을 개선할 수 있는 방법을 찾을 수 있다.

상황을 지속할까, 끊어낼까? 다음을 고려하자

이 장에서 고냐 스톱이냐를 결정한다는 것은 과거가 미래를 결정하게 내버려두느냐 마느냐를 의미한다. 따뜻하고 세심한, 혹은 사랑 많은 보금자리에서 자라지 못했다고 해서 당신이 훗날 무조건 그로부터 영향을 받게 된다는 의미는 아니다. 다행히 우리는 모두 다르니까. 그러나 부모의 방치와 불신이 당신에게 영향을 미칠 가능성은 높다. 당신이 살면서 내리는 결정들이 성장 배경 탓에 자신에게 그리 도움이 되지 않는다는 사실을 알고 있다면, 혹은 다른 사람들과 건강하고 장기적인 관계를 맺기가 어렵다는 사실을 깨달았다면, 기본값 사고방식부터 바꿔보는 것이 좋겠다. 자기 자신을 들여다보는 법을 배우는 것은 무의식이 현재의 결정에 어떻게 영향을 미치는지 밝혀내는 첫걸음이다. 어떤 상황이 나를 자극하며 그 이유는 무엇인가? 왜 나는 첫 번째 레드 라이트를 볼 때 먼저 도망가는 사람이 되었는가? 왜 나는 관계가 평화롭게 유지될 때 혼란을 일으키는가? 이 질문들을 곱씹어보면 과거가 어떻게 현재에 영향을 주고 있는지를 밝혀낼 수 있다. 기억하자. 우리는 모두 과거가 만들어낸 산물이지만, 과거의 포로가 될 필요는 없다. 우리는 언제나 과거가 드리우는 그림자로부터 도망쳐 나오기를 선택할 수 있다.

과거가 어떻게 현재에 영향을 미치는지 알고 싶은 사람의 경우

- 과거가 어떻게 오늘날 당신의 행동을 만들어냈는지 더 자세히 알고 싶다.
- 부모님이 당신을 키운 방식이 가지가지로 당신의 발목을 잡고

있음을 깨닫는다.
- 과거에 방치당했던 경험 때문에 오늘날 건강한 관계를 형성하는 데 부정적인 영향을 받고 있음을 깨닫는다.
- 어떻게 해야 내면의 아이와 더 오래 지속 가능한 관계를 맺을 수 있는지 배우고 싶다.

아직은 알아볼 준비가 되지 않은 사람의 경우

- 친구와 동료, 파트너와 건강한 관계를 형성할 수 있다. 지금 당장은 있는 그대로 행복하다.
- 성장 배경과는 상관없이 인생에서 건강한 선택을 할 수 있다.
- 과거의 고통과 어린 시절의 트라우마를 긍정적인 동기가 솟아나는 근원으로 바꾸는 방법을 찾아냈다. 이는 인생에서 성공을 거둘 수 있는 핵심적인 추진력이 됐다.
- 현재로서는 과거를 바로잡기에 충분할 만큼 마음이 단단하지 못하다. 언젠가 마음의 준비가 되었을 때 이를 고려해 보자.[13]

레드 플래그 ③

"중간 아이 증후군"
태어난 순서가 형제간 경쟁에 미치는 영향

"형제자매는 손과 발만큼 가깝다."
— 베트남 속담

출생 순서의 영향력

형제 관계는 가장 오래 지속되는 인간관계 중 하나지만, 형제의 존재는 축복과 동시에 저주가 될 수도 있다. 이 부분은 손위 형제 또는 손아래 형제와 함께 관계를 어떻게 발전시켜나갈 것인지에 따라 달라진다. 형제나 자매, 남매끼리 긍정적인 관계를 맺게 되면 아동의 발달 과정에서 좋은 영향을 미친다. 인간관계를 꾸려나가는 주요한 기술을 알려주기 때문이다. 이를테면 사회적 기술, 공감, 협상 능력, 그리고 서로 공유하고 지지하려는 의지 등이다. 일부 연구에 따르면 긍정적인 형제 관계는 이후 더 건강한 삶을 살아가는 데에도 기여할 수 있다.[1,2] 또한 손위 형제자매는 롤 모델이자 보호자 역할을 할 수도 있다. 특히나 이들이 가족 내에서 더 진중한 책임을 지고 있을 때 더욱 그렇다.

그러나 형제가 있다고 해서 무조건 삶을 긍정적으로 밝혀주는 빛이 된다는 의미는 아니다. 형제와 사이가 좋지 않은 사람들도 많고, 그로 인해 한 사람의 발달과 정신 건강에 부정적인 영향을 미칠 수도 있다. 가족 역학과 성장 환경부터 각자의 성격까지, 형제자매와의 관계에 영향을 미치는 요소는 다양하다. 형제간 행동에 영향을 미치는 요인들 가운데 출생 순서는 아직 파악이 덜 되어 있다. 태어난 순서가 가족 내에서 취급받는 방식, 인생을 바라보는 관점, 그리고 어떤 사람이 되는지에 영향을 끼칠 수 있는가? 누나가 있는 남자는 자동으로 그린 라이트인가? 손위 형제와 손아래 형제가 모두 있는 사람은 중간 아이 증후군 Middle Child Syndrome 의 희생자가 될 수도 있는가?

출생 순서에 따라 부모가 자식을 대하는 방식이 성격 발달을 어떻게 결정하는가란 주제는 인간관계에 있어서 한 번쯤 생각해 볼 만하다. 현재의 형제 관계를 평가할 수 있는 시각을 제공해 주며, 형제자매와의 관계가 오늘날 당신의 모습에 어떻게 영향을 미쳤는지 탐구해 볼 기회가 되기 때문이다. 형제 관계는 이 세상에 존재하는 가장 견고한 연대 중 하나이며, 친구와는 달리 해로운 관계에서 즉각 빠져나와 극적인 상황을 없애는 것이 불가능하다. 형제 관계에서 레드 라이트와 그린 라이트를 식별하는 일은 부정적인 역학 관계와 행동 유형에서 벗어나는 데 도움이 될 수 있다. 또한 당신과 피를 나눈 사람들과 더 단단한 유대관계를 맺는 데에도 도움이 된다.

출생 순서 효과 Birth Order Effect 는 '찐'일까?

당신이 태어난 순서가 어떤 영향을 미칠 수 있는지 궁금해한 적 있는가? 음, 많은 사람이 진짜라고 믿으며 이 질문을 던진다. 오스트리아의 정신과 의사인 알프레드 아들러 Alfred Adler 는 출생 순서가 형제의 성격 발달에 영향을 미칠 수 있다는 사실을 최초로 이론화한 학자 가운데 하나였다. 그러나 그 이후의 연구에 대해서는 동의하지 않는 학자들이 많다.[3] 출생 순서 효과를 조사한 여러 연구가 흥미로운 결과들을 내놓기도 했지만, 그 무엇도 일반화할 수 있는 사실로 언급될 만큼 결정적이지 않았다(그런 복잡한 관계의 역동적인 움직임을 연구하는 일이 어려웠던 탓도 있다). 그러나 개인의 성격과 행동에 영향을 미치는 출생 순서 효과, 그리고 성별과 사회 문화, 가족 규모의 복합적인 역할을 부정한다면 가족 관계가 삶의 결과에 어떻게 영향을 미치는지 상당 부분 이해하지 못하게 될 것이다.

천성 대 양육 – 행동적 관점에서

어린 시절 관심을 더 받았는지 덜 받았는지에 따라 훗날 사고의 수준과 성격, 애착 유형 등이 영향을 받을 수 있다고 보는 심리학의 정신 역학적 관점에 대해서는 이미 알고 있다.[4] 따라서 가족 내에서 첫째, 둘째, 혹은 막내가 된다는 것은 어쨌든 당신이 얼마나 많은 관심을 받을지, 그리고 당신이 남자 형제나 여자 형제로서 어떤 역할을 맡게 될지에 영향을 미치게 된다. 문화권 역시 출생 순서 효과에서 중요한 역할을 맡고 있다. 일부 문화에서는 맏이를 우선시해서, 이 아이들에게 더 많은 권위를 안겨주며 어린 형제들로부터 더 많이 존경받거나 훗날 더 많은 재산을 받게 해준다. 호주 원주민 문화에서는 심지어 출생 순서별 이름까지 존재한다. 또 다른 문화에서 맏이는 가족을 책임져야 한다는 압박을 더 크게 받고, 손아래 형제들과 비교해서 높은 수준의 불안과 우울을 경험한다.[5] 성격은 유전적인 요소이긴 하나, 주로 성장 과정과 환경에 의해 형성된다. 이 발달 과정은 종종 '천성 대 양육'이라고도 부른다. 행동적인 관점에서 특정 순서로 형제가 된다는 것은 시간이 흐름에 따라 관심과 자원, 고유성과 가족 내에서의 지위를 두고 경쟁할 수 있는 행동 전략을 배워야 한다는 의미다. 따라서 출생 순서는 이런 자원들을 누가 더 받거나 덜 받는지에 영향을 미치면서, 특정 출생 순서에 따른 특성을 발달시키게 만든다.

출생 순서에 따른 특성

입증되지 않은 내용이든 연구를 바탕으로 한 결과든 간에, 행동적 특성과 성격적 특성은 그 사람의 출생 순서와 관련이 있다. 다음은 출생 순서에 따른 특성과, 이 특성들이 가족 역학에 의해 어떻게 형성될 가능성이 있는지를 설명한다.

맏이

맏이는 형제 가운데 가장 나이가 많고, 따라서 시간상 부모로부터 가장 많은 관심을 받는다. 맏이는 첫 번째로 태어난 아이인 만큼 많은(그리고 세세한) 관심과 돌봄을 부모로부터 받게 된다. 맏이가 부모와 가장 견고한 유대를 형성하며 부모의 기대에 무조건 부응하고 싶어 한다는 이야기도 있다. 부모와의 유대로 인해 맏이는 책임감이

강하고 목표 지향적이며 성실하고 외향적이 되지만, 동시에 신경질적이고 보수적이며 권위적으로 굴 수도 있다. 맏이는 어린 동생들을 가르치면서 얻는 교습 효과^{Tutor Effect}로 남동생과 여동생보다 약간 더 똑똑하다(아이큐가 더 높다)는 의견도 존재했다.[6] 그러나 이를 보여주는 구체적인 증거는 존재하지 않는다.

중간 아이

중간 아이는 보통 자신이 맏이로서의 특권과 막내로서의 특권이라는 두 세계의 최고봉 사이에 끼어 있음을 깨닫는다. 그로 인해 많은 중간 아이들이 소외감을 느끼거나, 무시당하거나 배제됐다고 느끼면서, 사이에 끼어 있기 어렵다고 생각한다. 중간 아이들은 모든 형제 중 자기가 가장 사랑받지 못한다고 느끼면서, 경쟁하거나 중재자가 되어야 한다고 생각한다. 이 독특한 지위는 중간 아이 증후군이라고 불린다(이 용어는 그저 대중적인 용어일 뿐, 정신 장애를 가리킨다거나 그렇게 바라보지는 않음을 명심하자). 중간 아이 증후군은 중간 아이가 출생 순서 때문에 상대적으로 덜 행복하고, 화를 더 내며, 관심에 더욱 목말라할 것이라고 강조한다. 중간 아이는 가족 내에서 자신의 역할을 분명히 이해하지 못했을 때 결과적으로 이 세상에서의 역할 역시 이해하지 못할 수도 있다. 따라서 가족과 연결고리가 가장 약하면서 대개는 가장 먼저 집을 떠나는 경우가 많다고 여겨진다. 그러나 옹호하는 이들은 중간 아이로 태어나면 다른 출생 순서의 아이들보다 더 긍정적인 자질을 가질 수 있다고 주장한다. 이를테면 중간 아이들은 더 사교적이고 독립적이며 유연하면서 융통성 있고, 공감을 잘하고 느긋하며 협상에도 더 능하다는 식이다.

막내

막내는 대개 모든 형제들에게 가장 많은 관심과 보살핌을 받기 때문에, 더 많은 보호와 배려를 받는다고 느끼곤 한다. 보통은 가족의 아기로 취급받으면서, 가끔은 응석꾸러기가 되기도 하고 잘못은 전혀 저지를 수 없는 존재로 비치기도 한다. 이는 막내를 더 쾌활하고, 개방적이며, 매력적이고, 인기도 넘치고, 창의적이면서, 손위 형제들보다 자존감이 더 높은 사람으로 만들어준다. 어릴 때는 선뜻 위험을 무릅쓰고 반항적이지만 나중에는 다른 사람들에게 더 많이 의존할 가능성도 높다.

문화와 성별이 형제자매 지위 Sibling Position 에 미치는 영향

출생 순서가 형제 관계에서의 행동과 성격에 영향을 미칠 수 있는 유일한 요소라는 생각은 너무 편협하다. 인간의 행동은 복잡하며, 언제나 영향을 미칠 수 있는 다른 요소들이 있다. 출생 순서 외에도 형제자매의 지위라는 것이 존재한다.[7] 만약 당신이 남자 형제가 다섯 명 있는 가정에서 외동딸로 태어났다면, 더 많은 (특별한) 관심을 받으면서 부모님들에게 공주 취급을 받을 것이다. 장애를 가진 아이가 태어나면 부모는 그 아이를 더 많이 보살필 테고, 다른 형제들 역시 그렇게 할 것이다. 또는 한 아이가 세상을 떠난 뒤 다른 아이가 태어났다면, 이 아이를 더 세심하게 보살피거나 과잉 보호할 수도 있다. 자기 자신과 다른 사람들에게 미치는 형제자매 위치의 영향력은 언제나 다차원적으로 살펴봐야 한다.

이 모든 게 사실일까, 아니면 허구일까? 점성술과 마찬가지로, 출생 순서에 따른 특성이라는 광범위한 스펙트럼이 아주 연관성 높다고 연결 짓기는 쉽다. 어떤 경우든 간에 출생 순서는 복잡하긴 하나 장·단기적으로 행동에 영향을 미칠 수 있다. 그러나 모든 가족마다 역학 관계나 상황은 다르다는 사실이 중요하며, 누군가의 성격이나 삶의 질을 논할 때 출생 순서만 고려해서 이를 엄연한 사실이라고 주장하기는 어렵다. 형제들과의 관계가 우리에게 어떤 영향을 미치는지 밝힐 때 가장 중요한 부분은 매일 눈에 들어오는 행동들이 건강한지 아닌지를 판단하고, 이 행동에서 형제와 가족 역학이 차지하는 몫이 있는지, 있다면 어떤 점인지를 알아내는 것이다. 부모들은 모든 자식을 공평하게 대한다고 믿고 싶겠지만, 실제로는 그렇지 않다. 자식 한 명 한 명과 각기 다른 관계를 맺고 있는 것이다. 부모들은 나이가 들거나 더 많은 자식을 낳으면서 변화하는 경우가 많고, 따라서 아이마다 각기 다른 버전의 부모를 만나게 된다. 과거 형제와의 관계로부터 영향을 받았다고 느낀다면, 차분히 자리에 앉아서 정확히 어떤 영향을 어떻게 받았는지를 글로 정리해 보고, 형제들과 이야기를 나눠 보는 것도 좋은 방법이다. 이렇게 나눈 한 번의 대화는 훗날 당신이 묵은 고통에서 벗어나거나 심지어 잃어버린 관계를 새로 세워나가게 도와주는 촉매제가 될 수 있다.

레드 라이트를 보이는 형제의 행동

출생 순서와는 상관없이 다른 형제의 행동이 어디서 어떻게 비롯됐는지 근원을 이해하고 자신에게 미치는 영향력을 깨달아야 한다. 가족 역학이 특정 행동을 어떻게 부추기는지를 식별할 수 있다면, 부모-자식 관계와 형제 관계에서 일어나는 건강하지 못한 행동에 더 나은 방식으로 대처할 수 있다. 다음의 사례들은 가족 역학의 문제 행동을 다루는 방법을 보여준다.

경쟁의식

당신의 형제들은 당신과 경쟁해야 할 필요성을 느낀다. 언제나 당신보다 더 잘난 사람이 되려 하면서 좋은 방법으로 경쟁하려는 게 아니라는 느낌도 준다. 스스로에게 한 번 물어보자. 내 형제는 원래 다른 사람들과도 그런 식으로 경쟁하려 하는가, 아니면 나와의 관계에서만 그런가? 출생 순서가 행동에 미치는 영향 때문에 내 형제는 나와 더 경쟁하고 싶어지는가? 그렇다고 믿는다면, 가족 역학을 바로 잡고 형제와 관련된 경험을 성찰하는 쪽이 단순히 경쟁 자체를 언급하는 것보다 행동과 감정들을 바꾸는 데 긍정적인 영향을 줄 것이다.[8] 상대방이 당신과 함께 자라며 어떤 경험을 했는지 물어보는 일이 중요하다. 형제로서 그 행동을 한 동기가 무엇인지 이미 알고 있다고 생각했더라도, 상대방의 이야기를 듣고 나면 깜짝 놀랄 수도 있다.

통제

어떤 사람들은 자신의 남자나 여자 형제와의 관계에서 몹시 통제적이다. 특히나 손위 형제의 경우에 그런데, 이들은 태생적으로 나이와 가족 내 지위로 자기가 더 많은 책임을 지고 있다고 느끼고 권위적으로 굴기도 한다. 만이 외에 중간 아이들도 새로운 형제가 합류하면 권위적으로 굴기도 한다. 통제적인 형제는 거짓말이나 가스라이팅, 위협, 죄책감 자극 같은 조종의 기술들을 발휘해서 당신을 자기 마음대로 움직이려 할 수 있다. 이런 행동에 맞서기가 어려울 때도 있다. 보통은 나이가 더 많은 형제를 상대해야 하는 일이기 때문이다.

따라서 어떻게 경계선을 세울 수 있는지 배우는 일이 형제자매 관계에서도 중요하다. 형제 때문에 압박을 느낀다면, 거리를 두거나 가능한 한 접촉을 최소화하자. 또한 당신을 계속 통제하거나 조종하려 들 때 무슨 일이 벌어질지 설명하거나 최후 통첩을 할 수도 있다.

형제들의 나쁜 행동이 지속되는 경우에는 당신이 계획했던 결과들을 그대로 이행하는 것이 중요하다. 만약 실천하지 않았다면 형제들이 당신을 다루는 방식은 날이 갈수록 악화될 수 있다. 마지막으로, 당신의 소통 기술을 개선할 수 있는 방법을 찾아내자. 마찰을 빚는 형제 역학을 풀어내고, 소통을 통해 쟁점들을 외교적으로 해결해 나갈 방법을 물색하자. 특히 형제 관계에서 권력의 불균형을 경험할 때 중요한 이야기다(신체적으로 더 강한 형제를 대할 때 등의 경우가 있다).

> 중간 아이라는 위치에서도 전혀 영향을 받지 않은 사람의 훌륭한 예가 바로 리얼리티 TV 쇼가 낳은 슈퍼스타이자 성공적인 사업가인 킴 카다시안이다. 킴은 분명 자신의 정체성을 스스로 개척해냈다. 어린 시절 관심을 받지 못하고 그로 인해 괴로워했다지만, 지금은 전혀 그렇지 않아 보인다.

내 인생의 드라마

형제가 있다는 것은 축복이자 저주일 수 있다. 운이 좋아 형제와 환상적으로 좋은 관계를 맺을 수 있지만, 가끔은 운이 좋지 않을 수도 있다. 당신과 형제가 서로 성격이 맞지 않는다면 이는 형제간의 갈등을 빚는 원인이 되어 서로를 향한 나쁜 감정을 촉발시키는 사건도 자주 발생하고, 그로 인해 관계는 위태로워진다. 그러나 출생 순서가 형제 관계에서 벌어지는 극적인 상황의 근원이 될 수도 있다고 상상해 본 적 있을까? 어떤 사람들은 그게 사실이라고 믿고 있으며, 이를 뒷받침하는 연구들도 존재한다. 맏이나 막내, 또는 중간쯤 태어났다는 사실은 부모님이 당신을 대하는 방법, 그리고 자기 자신에 대해 느끼는 방식에 영향을 미칠 수 있다.

물론 모든 연구에서 출생 순서가 마음가짐과 행동에 영향을 미친다는 결론을 지지하는 건 아니다. 그러나 행동적인 관점에서 보았을 때, 특정한 출생 순서로 태어난 형제는 시간이 흐를수록 관심과 자원, 고유성, 가족 내 지위 등을 두고 경쟁할 수 있는 구체적인 행동 전략을 배워야만 한다. 맏이는 형제 가운데서 가장 성실하고 책임감 있다고 여겨진다. 막내는 흔히 태평하고 창의적이라는 고정관념이 있는가 하면, 중간 아이는 행복도가 떨어지고 관심에 늘 목말라 있다고 여겨진다. 따라서 '중간 아이 증후군'이라는 대중적인 용어가 탄생했다. 이 모든 것이 실제일까, 아니면 허구일까? 이러한 대중적인 언어는 고정관념을 만들어낼 수 있고, 이를 자기 평가의 목적에서 사용할 수도 있다. 그러나 출생 순서가 복합적인 방식으로 어떻게 장·단기적인 영향을 미칠 수 있는지에 대해서는 엄연한 사실이 존재한다. 출생 순서와 관련된 일반적인 믿음을 이정표로 삼되, 가정 환경은 모두 다르다는 점을 항상 기억하자. 당신은 자기 가족의 상황을 항상 고유한 관점에서 들여다보아야만 한다. 또한 가족 역학과 형제 관계가 시간의 흐름에 따라 어떻게 진화했는지, 그리고 어떻게 성격을 형성하고 행동에 영향을 미쳤는지 밝혀내려 노력해야 한다.

레드 라이트 발견하기

- 부모가 중간 아이에게 관심을 가지지 않는다.
- 아이들이 자란 후 가족 역학이 성인의 행동에 미칠 수 있는 영향력을 부모로서 인정하지 않는다.
- 어른이 되어서도, 부모가 당신과 형제들을 어떻게 다르게 취급했는지에 대해 여전히 억울해한다. 가능하면 그 기억을 내려놓고 용서하는 법을 배우자.
- 맏이라는 위치에 있는 당신은 연애에서도 더 통제적으로 굴게 되고, 그로 인해 부정적인 결과를 낳을 수 있다.

그린 라이트 발견하기

- 출생 순서가 당신의 성격과 신념, 행동에 영향을 미칠 수 있음을 이해한다. 그러나 꼭 정해진 것만은 아님을 깨닫는다. 가족마다 다른 법이다.
- 당신의 출생 순서에서 비롯되는 좋은 특성을 긍정적으로 받아들인다. 맏이는 성과를 중시하고 책임감이 있다. 중간 아이는 공감을 잘하는 훌륭한 협상가이며, 막내는 긍정적이고 창의적이다.
- 과거에 관해 대화하기 위해 형제들과 연락하고, 묵은 고통과 걱정을 누그러뜨릴 방법을 찾아내도록 노력한다. 이를 통해 당신

자신과 다른 사람들이 제한된 신념으로부터 자유로워질 수 있다.
- 부모로서는 중간 아이 증후군이 발생하지 않도록 노력한다. 중간 아이가 마땅히 누려야 할 관심을 확실하게 기울이도록 하자.

관계를 지속할까, 끊어낼까? 다음을 고려하자

형제자매가 항상 좋은 관계를 유지할 수 있는 건 아니다. 다른 형제가 살아가는 방식에 동의하지 않을 수도 있고, 예전에 그 형제가 당신을 어떻게 대했는지에 대해 원한을 품을 수도 있다. 출생 순서나 성별, 또는 다른 개인적 특성(이나 인생의 사건) 탓에 당신은 책임감이 높아졌거나, 가족 내에서 눈에 덜 띄거나 손이 덜 갔을 수도 있다. 수많은 사건들이 벌어져서 가족의 유대를 위태롭게 하고 인연을 이어가려는 의지를 위협할 수도 있다. 당신이 형제들과 맺는 관계는 개인적 발전을 위해 중요하다. 과거와 화해할 방법을 찾는 일은 모든 가족 구성원이 미래로 나아가는 건강한 관계를 유지하기 위해 필요한 여정이기도 하다. 그러나 항상 쉬운 일은 아니며 가끔은 불가능하기도 하다.

성인이 된 후 출생 순서로부터
부정적인 영향을 받았다고 느끼지 않는 경우

- 가족의 중요성을 소중히 여기고 피는 물보다 진하다고 믿는다. 각 가족 구성원은 개인적인 차이를 존중할 방법을 찾는다.
- 출생 순서가 자신의 성격과 형제와의 관계에 영향을 미쳤다고 깨닫는다. 그러나 그로 인해 성인이 되어서 형제들과 계속 관계를 유지해야 할지 여부가 결정되지는 않는다.
- 과거의 고통을 바로잡고 치유받기 위한 수단으로서 형제들과 과거에 관해 대화할 방법을 찾는다. 형제들 역시 마음을 열고 당신과 대화한다.
- 당신이 맏이라면 가족에 대한 책임감과 함께 형제 관계를 굳건히 유지하려는 의지도 가장 클 가능성이 매우 높다.

성인이 된 후 출생 순서로부터
부정적인 영향을 받았다고 느끼는 경우

- 부모 또는 형제가 당신을 대하는 방식이 신체적·정신적 건강에 부정적인 영향을 준다.
- 부모 또는 형제가 당신을 지금 모습 그대로 받아들이지 않는다.
- 형제들이 의도적으로 당신과 부모 사이를 이간질한다.
- 맏이는 책임감을 더욱 크게 느끼고, 그 결과 더 외롭거나 고립됐다고 느낄 수도 있다. 중간 아이는 가족의 중재자가 되는 법을 배워왔고, 어쩌면 가족 내에서 덜 중요한 존재라고 느낄 수도 있다.

막내는 자기 의견을 표현하기가 다소 어렵다고 느끼기도 하고, 과잉 보호를 받거나 개인적인 자유를 제한당하면서 더욱 내향적인 성향이 되기도 한다.

레드 플래그 ④

"세상에, 웬디한테 무슨 일이 생겼는지 들었어?"

친구와 가족이 뒷담화할 때

"발 없는 말이 천 리 간다."
— 한국 속담

친구와 가족이 뒷담화를 좋아할 때

말이든 글이든 소통은 일상에서 중요한 도구다. 친밀감을 형성하고, 관계에서 문제를 해결해 주며, 다른 사람들이 더 발전할 수 있게 영감을 준다. 언어는 우리가 누구인지, 어떻게 생각하고 무엇이 중요하다고 느끼는지를 다른 사람이 이해할 수 있게 도와준다. 말은 강력하다. 메시지를 전달할 뿐 아니라, 사람들이 자기 자신에 대해 이해하는 방식에, 그리고 다른 사람들에 관해 생각하고 느끼는 방식에 영향을 미치기 때문이다. 불행히도 모든 종류의 소통이 다 긍정적이지는 않다. 소통의 어떤 유형과 형태는 아주 파괴적이 될 수도 있다. 거짓말과 가스라이팅, 저주와 조종을 떠올려 보자. 또한 활용하는 방법에 따라 긍정적일 수도, 부정적일 수도 있는 소통의 형태도 있다. 뒷담화는 이런 양면적인 소통의 사례이자, 친구나 가족들과 종종 엮이는 대화의 형태이기도 하다. 어떤 문화권에서든 뒷담화는 인간관계에서 사회적·심리적으로 도움이 된다(사람들을 한데 모으고 서로 고통이나 불행을 공유할 수 있게 해주기 때문이다).

어느 연구에 따르면, 평균적인 사람은 하루에 대략 52분 동안 뒷담화를 한다.[1] 그러나 뒷담화는 극단적일 경우 누군가에게 해가 될 수 있으며, 돈독한 우정을 파괴하고 상대의 평판을 망가뜨리려는 목표를 가진 공격의 형태일 때도 있다. 그렇기 때문에 사람들이 왜 뒷담화를 하는지, 구체적으로는 어떤 상황에서 하는지, 여기에 어떻게 대응할 수 있는지를 이해하는 일이 중요하다. 뒷담화의 심리를 파고 들다 보면 왜 친구와 가족들이 뒷담화를 하고, 어떻게 긍정적인 농담이 부정적인 악담으로 바뀔 수 있는지를 설명할 수 있다. 어떤 친구나 가족은 기존의 관계를 뒤흔들기 위해 뒷담화를 무기처럼 사용할 수도 있다. 따라서 당신의 인생에 부정적인 영향을 미치지 못하게 막기 위해서는 긍정적인 뒷담화와 부정적인 뒷담화의 징후를 구분하는 일이 중요하다. 뒷담화의 레드 라이트와 그린 라이트를 구분할 수 있다면 단단한 관계를 구축하는 데 도움이 될 뿐 아니라, 더 나은 소통가가 될 수 있는 지식과 도구를 갖출 것이다. 이제는 이 뒷담화를 당신이 가장 사랑하는 사람들 사이를 더욱 탄탄하게 이어줄 도구로 바꿔놓을 때다.

뒷담화의 심리학

뒷담화의 심리는 아주 흥미롭다. 뒷담화는 어떤 사람이 없는 자리에서 좋거나 나쁜 방향으로 그 사람에 대해 이야기하는 행위를 말한다. 보통 뒷담화는 부정적인 의미를 가진다. 우리는 뒷담화라고 하면, 어떤 사람의 평판이나 인맥을 망치기 위해 소문을 퍼트리거나 험담하는 상황을 떠올린다. 그러나 뒷담화에는 긍정적인 측면도 있어서, 인간관계에서 건설적인 역할을 할 수도 있다. 사람들은 다른 사람들과 끈끈해지기 위해, 정보를 공유하고 사회적인 질서를 유지하기 위해 뒷담화를 한다. 뒷담화는 부정적인 감정을 처리하고 심리적인 불편함을 극복하는 데에도 도움이 될 수 있다. 진화적인 관점에서, 뒷담화는 유대감을 형성하는 것 외에도 사회 제도에 영향을 미치고 사람들을 통제하기 위해 집단 내 규범을 세우는 소통 전략이었다. 즉, 뒷담화는 생존 전략으로 볼 수 있다.

일부 연구에 따르면, 일상적인 대화에서 최대 67퍼센트가 다른 사람이나 사회적인 화제와 관련되어 있으며, 남성보다는 여성이 더 자주 뒷담화에 참여한다.[2] 우리가 그렇게나 많이 뒷담화를 한다는 사실도 충격이지만, 보통의 경우 사람들은 타인에 관해 이야기하고 사회적인 정보를 나누길 좋아한다. 즉, 모두가 뒷담화를 한다. 또한 최근 연구에 따르면, 뒷담화가 옥시토신 분비를 촉진해서, 사람들을 더 행복하고 서로 돈독한 사이로 느끼게 만든다.[3] 뒷담화를 통해 자신을 통제하고 관계를 수월하게 만드는 방식은 그 뒷담화에 선의가 담겼는지 악의가 담겼는지가 결정한다. 누가, 왜 뒷담화를 했는지, 그리고 사회생활을 하면서 자신이 어떤 역할인지 되돌아보는 것이 중요한 이유가 여기에 있다. 또한 이를 통해 그 뒷담화가 레드 라이트인지 그린 라이트인지를 결정하기가 더욱 쉬워진다.

뒷담화의 어두운 면

남에게 상처를 주려는 의도를 가지고 뒷담화를 하고 루머를 퍼트리는 행동은 악의적인 행위이자 공격의 징후다. 이 행위에 숨은 심리적 이유는 두려움, 질투, 불안감, 앙갚음, 중요한 인물이고픈 바람, 그리고 외로움 등이다. 사람들은 가끔 직면한 상황이나 상대를 감당할 자신이 없을 때 험담에 끼어든다. 뒷담화를 하는 정신 병리학적 이유도 있다. 예를 들어, 나르시시즘을 지닌 사람들은 종종 두렵거나 싫어하는 사람의 평판을 떨어뜨리려 시도한다. 자기가 저지른 나쁜 행동이 들통날까 겁이 나서, 또는 자기 홍보를 하기 위해서다. 나르시시즘 외에도 마키아벨리즘과 사이코패스 성향을 포함하는 '어둠의 3요소 Dark Triad' 성격적 특성에서 높은 점수를 기록하는 사람들은 양심의 가책 없이 타인의 평판에 흠집을 내거나 헛소문을 퍼트리는 데 적극적으로 가담한다. 심지어는 부정적인 뒷담화를 일종의 오락거리로 보기도 한다.

당신이 소속된 사회 집단 내에서 좋은 평판을 얻고 있는 경우라면 뒷담화가 협동을 촉진할 수도 있다. 사람들은 당신에 관한 이야기를 복도에서 듣거나 다른 집단의 구성원에게서 듣는다. 평판은 빠르게 퍼지기 때문에, 다른 사람들은 당신과 함께 일하거나 친해지려고 접근한다. "성공은 성공을 낳는다"라는 말이 있듯 사람들은 잘되는 사람들을 곁에 두길 좋아한다. 그러나 이 긍정적인 평판은 당신의 성공과 밝은 기운을 두려워하는 빌런들도 끌어들인다. 점차 당신은 직장이나 친구, 가족들 사이에서 미세한 공격을 경험하고, 그로 인해 경계심을 가지게 된다. 당신이 빌런들과 엮이지 않음으로써 자신을 보호하려 할 때, 이렇게 뒤로 한 발 빼고 반발하는 모습이 불리하게 작용할 수도 있다. 이를 전략적으로 관리하지 않는다면 긍정적인 평판은 서서히 부정적으로 변할 수 있다. 조직 내 능력자가 동료나 주변 사람들의 질투와 불안 때문에 부정적인 뒷담화의 표적이 되어도 그리 놀랍지 않다. 이들은 그렇게 험담이나 헛소문의 중심이 되어 버린다.

또한 조직 문화나 가족 문화 차원에서 사람들을 통제하기 위해 이 부정적인 행동을 부추길 수도 있다. 특히 가족의 규모가 크거나, 언론계와 학계, 스포츠계처럼 개인들이 눈에 띄고 경쟁이 치열한 전문 분야에서 그런 경향이 두드러진다. 구체적인 근거도 없이 험담이나 부정적인 뒷담화의 피해자가 된 경우에는 다음의 사실을 항상 기억하자. 즉, 사람들이 당신의 이야기를 한다는 것은 당신이 중요하다는 의미로, 그들이 자기 이야기를 해봤자 누구도 듣지 않는다는 뜻이다. 머리를 꼿꼿이 세우고 앞으로 나아가자. 나머지는 업보에 맡기자.

남성 대 여성 – 뒷담화를 더 많이 하는 쪽은?

남성과 여성 모두 뒷담화에 참여한다. 그러나 다양한 행동 및 성별 연구, 임상 연구에 따르면 여성이 남성보다 뒷담화를 더 많이 하는 경향이 있으며,[4] 성별에 따라 뒷담화하는 주제에도 차이가 있다. 여기에는 여러 이유가 있지만, 여성이 남성보다 뒷담화를 더 많이 하는 구체적인 이유 중 하나는 잠재적인 짝을 만나기 위해 동료들과 경쟁하기 때문이다(연적의 위협).[5] 남성들은 보통 몸으로 공격성을 표현하는 경향이 있다면, 여성들은 평판에 흠집을 내거나 뒷담화를 하며 공격에 참여한다. 구체적으로 말하자면, 경쟁심이 강한 여성들은 그렇지 않은 여성들보다 공격적인 헛소문을 퍼트리는 데 더 많이 관여한다. 여성들이 뒷담화를 더 많이 하는 또 한 가지 이유는 뒷담화가 친밀해지고 싶은 욕구를 충족해 주기 때문이다. 남성과 비교해 여성들은 다른 사람들과 더 가까워지려고 노력한다. 상대를 잘 안다는 느낌과 이 관계가 안전하다는 느낌을 얻고 항상 연락이 닿는 상태를 유지하기 위해서다.

건강한 뒷담화와 건강하지 못한 뒷담화

뒷담화는 다양한 형식으로 이뤄지고, 앞서 설명했듯 사람들이 뒷담화를 하는 데는 다양한 이유가 있다. 모든 뒷담화가 나쁜 것은 아니며, 사실 어떤 경우에는 아주 긍정적일 수도 있다. 그러나 건강한 뒷담화와 건강하지 못한 뒷담화 사이에는 무슨 차이가 있는가? 다음은 긍정적인 뒷담화와 부정적인 뒷담화가 어떻게 사용되는지를 분석해 보고 각 시나리오에서 무슨 말이 오가는지 예시를 들었다.

긍정적인 소식을 나누는 건강한 뒷담화

- 새로 취업하거나, 승진하거나, 연애를 시작하거나 부동산을 구입

한 사람에 관해 이야기하기
- 사랑하는 사람들을 응원하거나 동기를 부여받기 위해 그들의 미래 계획을 이야기하기

부정적인 소식을 나누는 건강하지 못한 뒷담화

- 헛소문 퍼트리기
- 누군가의 행동에 관해 나쁘게 이야기하기
- 누군가의 명성에 흠집 내기
- 친구들 사이에서 반목이 생기게 만들기

긍정적인 뒷담화의 기술 배우기

- 뒷담화가 대화를 나눌 때 (당신을 위해서나, 다른 사람들을 위해서나) 도움이 될 것인지 고민해 보자.
- 자기가 돋보이기 위해, 또는 사익을 위해 뒷담화를 하지 말자.
- 다른 사람들에게 부정적으로 굴지 말자. 충고하고 싶은 부분이 있다면 충고해도 좋지만, 반드시 (당신이 아닌) 집단의 필요에 의해서만 하자.
- 이야기를 바꾸거나 정보를 왜곡하지 말자.
- 다른 사람의 긍정적인 부분에만 집중하도록 하자. 또한 뒷담화를 들었을 때는 중립을 지키면서 그 대상자에 대한 긍정적인 한마디를 덧붙이는 식으로 대응하자.

뒷담화의 왕과 여왕들

뒷담화는 인간 행동의 중심을 차지하는 만큼 전 세계 각기 다른 문화권에서 뒷담화를 사랑하는 사람들을 부르는 독특한 이름이 존재한다. 세계 곳곳에서 뒷담화의 왕과 여왕에게 내리는 이름 가운데 내가 좋아하는 이름들은 다음과 같다.

- Radio Mileva(라디오 밀레바) – 세르비아어로 '뒷담화의 중심'이라는 의미다.
- Chismoso/Chismosa(치스모소/치스모사) – 스페인어로 '사실이 아닐 때도 헛소문을 퍼트리는 남자나 여자'를 의미한다.
- Roddeltante(로델탄터) – 이 네덜란드어는 문자 그대로 '뒷담화하는 아줌마'로 번역된다.
- 八卦(빠꽈) – 다른 사람의 사생활에 대해 이러쿵저러쿵하기를 좋아하는 사람을 말한다.
- κουτσομπολιό(쿠초볼료) – 뒷담화하는 사람을 뜻하는 그리스어다.
- Marites(마리테스) – 이 타갈로그어는 필리핀에서 뒷담화하는 사람을 부르는 말이다.
- Yenta(옌타) – 이디시어식 영어로, 뒷담화를 하는 사람 또는 '입이 싼 사람'을 말한다.

- Fofoqueiro/Fofoqueira(포포케이루/포포케이라) – '뒷담화하기를 좋아하는 남자 또는 여자'를 의미하는 브라질 포르투갈어다.
- Mchongezi(음촌게지) – 스와힐리어로 '다른 사람에 대해 나쁘게 말하는 사람'을 의미한다.

내 인생의 드라마

대화는 일상에서 중요한 도구다. 다른 사람들과의 대화는 유대를 쌓고, 문제를 해결하고, 심지어는 그들의 정신에 영향을 미칠 수 있게 도와준다. 뒷담화는 사람과 사람을 이어줄 수 있지만 파괴할 수도 있는 힘을 가졌다. 뒷담화는 인간관계에서 다양한 도움을 준다. 단순하게 정보를 공유하는 것부터 부정적인 감정을 다루고 심리적인 불편함을 극복하는 역할을 하는가 하면, 사람들을 관리하는 사회 제도에 영향을 주기도 한다. 일반적으로 뒷담화에는 부정적인 이미지가 뒤따라오고, 당연히 그렇기도 하다. 모든 사람이 긍정적인 뒷담화를 할 수 있는 능력을 갖추지는 못하기 때문이다.

긍정적인 뒷담화는 다른 사람들에 대한 긍정적인 정보를 공유하는 능력으로, 이를 통해 사회 집단 내에서 지위와 명성을 드높여줄 수 있다. 반면에 부정적인 뒷담화는 인간관계를 해하고 누군가의 명성과 커리어마저 망칠 수 있다. 불행하게도, 많은 사람이 여러 이유로 부정적인 뒷담화에 끼어든다. 개인적인 불안감이나 두려움, 질투, 앙갚음 때문일 수도 있고, 자신이 중요한 사람이라는 기분을 느끼고 싶거나 나쁜 의도로, 또는 외로워서 그럴 수도 있다. 우리는 뒷담화를 완전히 피할 수는 없지만, 어떻게 해야 그로부터 영향을 받지 않을지는 배울 수 있다. 남에게 상처를 주는 헛소문을 퍼트리지 않는 습관도 중요하며, 사람들이 나쁘게 이야기하는 이들을 보호할 수 있어야 한다. 목소리를 높여 강력하게 변호함으로써, 이유가 있어서 부정적인 뒷담화에 관여한 사람들의 목적에 딴지를 걸 수 있다. 심지어는 이런 식으로 사명을 건 싸움을 계속해야 할지 한 번 더 고민하게 만들 수도 있다.

레드 라이트 발견하기

- 당신이나 친구, 가족이 험담이나 뒷담화에 말려들었다.
- 당신이나 친구, 가족이 질투와 앙심, 자존감이나 정신 건강 문제 때문에 평판 흠집 내기에 휘말렸다.
- 당신이나 친구, 가족이 공격의 일종으로 건강하지 않은 뒷담화에 끼게 됐다.
- 다른 사람들이 당신에 대해 하는 말에 너무 큰 영향을 받고 있다.

그린 라이트 발견하기

- 건강한 뒷담화와 건강하지 않은 뒷담화를 구분할 수 있고, 건강하지 않은 뒷담화를 멀리할 수 있다.
- 사회적 관계에서 긍정적인 뒷담화의 역할을 이해하고 이를 다른

사람들과 유대감을 쌓는 데 활용한다. 당신이 언급하는 사람의 긍정적인 면만 나눈다.
- 당신이 있는 자리에서 다른 사람들이 부정적으로 뒷담화를 나누는 대상자들을 보호할 수 있다. 또는 험담꾼들이 헛소문을 퍼뜨리려는 의도에 대해 이의를 제기한다.
- 뒷담화라는 공격에 맞서는 법을 안다. 언제 입을 다물어야 하는지, 또는 반박하거나 그 자리를 떠야 하는지 잘 알고 있다.

상황을 지속할까, 끊어낼까?
다음을 고려하자

솔직히 말해보자. 사람들은 뒷담화를 좋아한다! 뒷담화는 인간의 본성이며, 씹고 뜯고 맛보고 즐기지 않는 사람이 누가 있겠는가? 긍정적인 뒷담화를 하든 부정적인 뒷담화를 하든 여러 가지 심리적인 이점들이 존재한다. 그러나 뒷담화나 험담을 하기 전에 한 번 더 생각하자. 헛소문을 퍼뜨리는 데 한몫하고 싶은 진짜 속내가 무엇인지 스스로에게 묻자. 나는 짜증이 났는가? 다른 사람들을 짓밟아서 중요한 사람이라는 기분을 얻고 싶은가? 아니면 어떤 사명을 위해 싸우는 전사가 되고 싶은가? 그 이유가 무엇이든 언제나 당신의 의도를 인정하는 것부터 시작하자. 그리고 당신의 행동이 직접적이든, 간접적이든 간에 어떤 잠재적인 결과를 낳을지를 고민하자. 뒷담화가 즐겁다면, 긍정적인 뒷담화에 참여하는 건 어떨까? 당신 입에서 나온 친절한 말 한마디가 어떤 복을 불러올지 결코 알 수 없는 법이니까.

부정적인 뒷담화를 부추기는 경우

- 제대로 된 정신 상태가 아닐 때
- 당신이 몸담은 조직의 문화가 다른 사람에 대한 나쁜 헛소문을 퍼뜨리는 걸 용인하면서 이를 성공의 비법으로 바라볼 때
- 당신이 얼마나 크게 새로운 발전을 이뤘는지 보여주려고 뒷담화에 참여하면서, 이를 통해 스스로 중요한 사람처럼 느낄 때
- 뒷담화를 통해 당신이 활동하고 있는 사회 집단에서 영향력을 발휘하고 사람들을 통제할 수 있다고 생각할 때

부정적인 뒷담화를 가로막는 경우

- 헛소문을 퍼뜨리는 일이 자기 자신을 포함해 사람들에게 미치는 영향력을 깨달았을 때
- 왜 자기가 뒷담화에 가담했는지 근본적인 원인을 깨닫고 행동에 변화를 주고 싶을 때
- 사람들을 보호하고 싶을 때. 예를 들어 당신의 지인에 대해 뒷담화하는 사람들을 저지하고 싶을 때
- 누군가에게 마음에 들지 않는 부분이 있어도 뒤에서 험담하기보다는 직접 말로 해결하기를 선호할 때

레드 플래그 ⑤

"이 귀여운 바보"
친구들이 당신을 업신여길 때

"누구를 친구라 부를지 신중히 정하라. 나라면 1페니짜리 100개보다는 25센트짜리 4개를 갖겠다."
— 알 카포네

친구들이 악마가 될 때

가까운 친구의 존재는 중요하다. 친구들은 우리를 든든히 보호해 주고, 성장할 수 있게 도우며 현재 처해 있는 상황이 어떤지도 상담해 준다. 나는 언제나 친구들이 '고통을 막아주고 우리가 성취할 수 있게 도와주는' 존재라고 말하기 좋아한다. 가끔 가혹한 진실이 담긴 말은 듣기 불편하더라도, 우리는 가까운 사람들이 해주는 말이라면 보통 선의에서 나오는 것임을 안다. 좋은 친구는 항상 마음속으로 우리에게 가장 좋은 것들을 주려고 생각한다. 그러나 때론 절친한 친구들이 달라지고 더 이상 친절하게 굴지 않을 수 있다. 처음에는 친구의 행동이 변했다고 눈치채지 못할 수도 있지만, 시간이 흐를수록 미묘한 발언이나 무시하는 듯한 말투가 거슬리기 시작한다. "넌 그렇게 밤늦게까지 놀고 돌아다니기에 너무 늦지 않았니?" 혹은 "너 옛날만큼 예쁘지는 않네"라며 우리의 불안감을 자극하고 의도적으로 모욕을 준다. 가끔은 친구들이 우리의 생활 방식이나 데이트 상대를 지나치게 꼬투리 잡고, 인생을 어떻게 살아가고 누구와 함께 시간을 보내는지 비난하기도 한다. 그로 인해 당신은 계속 평가받는다는 느낌을 받고, 기가 다 빨리고 지지받지 못한다는 기분만 남게 된다.

우정의 부정성은 친구들이 더 이상 우리가 달성한 성과를 칭찬해 주거나 인생에서 이루고 있는 발전을 인정해 주지 않을 때 시작된다. 마음과 행동이 변한 이유가 무엇이든 간에 이를 바로잡는 것이 항상 중요하다. 사람들은 대개 흐린 눈으로 문제를 바라보기를 선호한다. 우정을 해치고 싶지 않거나 시간이 흐름에 따라 상황이 바뀌길 바라기 때문이다. 그러나 이런 방법으로는 문제점들이 커져 버리고, 결국 우정이 깨지거나 사이가 난처해진다. 사회 집단에서 레드 라이트를 구분할 수 있는 능력은 문제를 빠르게 해결하고 친구들의 행동이 변한 이유를 찾아내기 위해서도 중요하다. 가끔 친구들은 불안감이나 공포심 때문에 평소 성격과 다르게 행동하기도 한다. 우리는 우정의 영역에서 나쁜 행동을 하는 심리적 동기를 이해해야만 다정했던 옛 친구가 왜 쌀쌀하게 바뀌었으며 어떻게 해야 눈앞에 닥친 문제를 가장 잘 해결할지 제대로 이해할 수 있게 된다. 가끔은 참을 만큼 참았다 싶을 때도 있지만, 또 가끔은 자기들이 저지른 행동의 참혹한 현실을 깨닫게 할 필요도 있다. 그게 바로 친구가 할 일이니까!

왜 친구가 바뀌었을까?

오늘날 요동치는 세계에서 단단하고 깊은 유대감을 쌓기는 어렵다. 또한 누군가를 친구라 부르기는 쉽지만 진정한 친구는 단순한 지인을 넘어서야 한다. 친구는 둘 이상의 개인 사이에서 맺어진 강력한 연대로, 공통된 경험과 서로에 대한 깊은 이해를 토대로 강화된다. 가까운 친구는 우리에게 현실감을 안겨주고 필요할 때 정신적·신체적인 지지를 보낸다. 이는 부정적인 사건들을 완화하는 데 도움이 된다. 긴밀한 우정을 쌓기란 쉽지 않으므로, 일단 친구를 사귀게 되면 이들에게 마음을 쏟는다. 맑은 날에도 궂은날에도 나를 응원해 주는 그런 존재가 바로 친구니까. 하지만 왜 어떤 사람들은, 특히나 몇 년 동안이나 알고 지낸 후 원래 알던 성격에서 벗어나 부정적으로 변할까? 짐작하다시피 이 질문에는 명확한 답이 없으나, 왜 친구들이 세월이 흐르면서 당신을 다르게 대하는가라는 질문에는 흔한 이유 몇 가지가 존재한다.

질투

친구들이 당신을 다르게 대하는 흔한 이유 중 하나는 질투다. 어쩌면 당신은 새로운 남자 친구나 여자 친구를 사귀었고 친구들보다 더 많은 시간을 함께 보내기로 결심했을 수도 있다. 새로운 관계는 오랜 우정에 갑작스러운 변화를 몰고 오고, 그 결과 연락이 뜸해지면서 친구들을 섭섭하게 만들 수 있다. 이들은 당신의 새로운 관계를 질투하고, 따라서 당신을 다르게 대하거나 당신의 애인을 헐뜯을 수도 있다. 그 로맨틱한 관계가 계속되다가는 우정을 잃고 말 것이라고 두려워하면서 말이다.

불안

친구들이 당신에 대한 행동을 바꾸는 아주 흔한 이유 또 한 가지는 바로 불안감이다. 당신이 성장하고 스스로를 가꾸기를 좋아하는 사람이라면, 친구들은 자기만 발전 없이 뒤처진다고 느낄지도 모른다. 어떤 친구들은 당신이 성장할수록 거리가 점점 더 멀어진다고 느끼고, 그로 인해 부정적으로 반응할 수도 있다. 이들이 실제로 반응하는 대상은 당신이 아니라, 당신의 자기 계발로 인해 점차 벌어지고 있다고 믿는 격차다. 여기서 불안감과 경쟁심, 심지어는 반감이 생겨날 수 있다. 다른 사람이 성장하는 모습을 보며 느끼는 좋지 않은 기분과 내적 욕구 불만을 해결하기 위해서다.

쓸쓸함(자신에 대한 불만)

모든 사람이 지금 이 순간 행복한 것은 아니다. 특히나 전 세계에서 온갖 혼란스럽고 불확실한 일들이 벌어지는 요즘 같은 상황에선 더욱 그럴 수밖에 없다. 사람들은 분노와 슬픔처럼 시간이 흐르면서 점차 커지는 감정들 때문에 쓸쓸해질 수 있다. 쓸쓸함은 가끔 실망이나 짜증으로 표현되며, 친구가 당신과 교제하는 방식에 먹구름을 드리울 수 있다. 친구들은 쓸쓸한 기분 탓에 당신에게 더 비판적으로 굴거나 더 큰 관심을 요구할 수도 있다. 어쩌면 더 이상 당신을 지지하지 않고, 심지어는 당신과의 우정이 좌절의 근원이라 생각할지도 모른다. 친구의 태도가 싸해지면 왜 슬퍼졌거나 실망했는지 이야기를 들어주고, 그 친구가 발전할 수 있도록 뒷받침할 최선의 방법을 의논해 보는 일이 중요하다. 친구들이 당신에게 자신의 억울함을 투사하면서 헐뜯을 때도 마찬가지다.

자기 중심성

행동의 변화를 가져오는 또 다른 원천은 친구들이 자기 중심적이 될 때다. 나 자신을 돌보는 건 나쁜 일이 아니다. 사실 가끔은 나 자신에게 집중하는 일이 매우 중요하다. 하지만 친구들이 제멋대로 굴면서 선을 넘는 경우가 왕왕 있을 수도 있다. 자기 중심성은 자신과 자기가 이룬 성취에 대해서만 말하고 싶은 경우로 특징지어진다. 당신이 요즘 생활이 어떤지 함께 나누고 싶을 때도, 어떤 친구들은 모든 이야기를 자기 쪽으로 끌어간다. 이 친구들은 "나도 이번 주말에 최악이었어" 혹은 "그래도 나보다는 나은데" 같은 이야기를 꺼낼 수도 있다. 자기 중심적인 삶을 살게 된 이유에는 여러 가지가 있는데, 이를테면 양육 환경, 방치나 학대와 관련한 트라우마, 성격 장애, 소셜 미디어, 또는 개인주의와 자기애의 필요성을 지나치게 강조하는 사회 분위기 등이다. 친구들이 자기 자신에게만 집중하고 우정을 유지하는 일에는 그다지 신경을 쓰지 않는 순간을 인식할 수 있다면, 유대감의 균형을 맞출 수 있는 방법에 대해 구체적으로 대화를 나눌 수 있는 좋은 출발점이 된다.

왜 가치 없는 우정을 떠나보내기가 그토록 어려울까?

깊은 우정을 쌓으려면 오랜 세월이 걸린다. 우리는 관심 가는 누군가와 견고한 유대감을 쌓으려고 수많은 시간을 투자했기에 이후 상황이 잘 풀리지 않더라도 가까운 사람을 쉽게 포기하지 못한다. 모든 관계에는 부침이 있기 마련이지만, 가끔은 나빠진 관계가 지속되다가 결국에는 독이 되기도 한다. 그렇다면 왜 그리 많은 사람들이 더 이상 자신에게 도움이 되지 않는다는 사실을 알면서도 계속 우정에 집착할까? 그 답은 그리 명확하지 않다. 사람들이 마음을 내려놓지 못하도록 방해하는 여러 심리적인 이유들이 존재하기 때문이다. 한 친구가 잘못된 행동을 하고, 당신이 그 행동을 바로 잡기 위해 아무리 노력해도 계속 못되게 군다면, 어쩌면 당신은 나쁜 행동을 변명해 주면서 여전히 그 학대 행위를 견뎌내고 있을지도 모른다. "어렸을 때 힘든 시간을 보냈거든" 또는 "속내는 좋은 애라는 걸 알아"라고 말하기도 한다. 사람을 고쳐 쓸 수 있다는 생각은 사실 그 사람이 행동을 바꿀 수 없게 방해할 수도 있다. 친구가 무례하게 굴 때는 거리를 두는 것이 낫다. '참을 만큼 참았다'는 것과 함께 '이제는 바뀔 때가 됐다'는 분명한 메시지를 전달하기 때문이다.

사람들이 잘못된 우정을 놓기 어려워하는 또 다른 이유는 의리 때문이다. 많은 사람이 '한 번 친구는 영원한 친구'라는 마음가짐을 가지고 자라며, 일부 사회는 친구에게 의리를 가지라고 문화적으로 강요하기도 한다. 내 말을 오해하지 말아주길. 의리는 우정에 있어서 중요한 덕목이다. 다만 가끔은 당신의 의리가 당연한 것이 되어 버리거나 심지어는 남용될 수도 있다. 어떤 우정으로 인해 상처를 입거나 성장하지 못하는 순간을 깨닫는 일이 중요하며, 의리 있는 사람이 손을 놓아버릴 수준까지 떠밀릴 수 있다는 것도 알아야 한다. 당신은 자신이 좋은 친구를 사귈 자격이 있음을 믿지 못하고 못되게 구는 사람들에게 매달린다. 누군가 의도적으로 당신을 깎아내리거나 학대하고 있는데도 그들에게 매달리고 있음을 깨달았다면, 이제는 관계를 내려놓고 스스로를 도와야 한다. 기억하자. 내가 나를 존중해야 다른 사람들도 나를 존중해 준다.

친구들이 뒤에서 험담할 때

우리는 진정한 우정을 생각할 때 친구들이 뒤에서 험담을 하는 경우는 전혀 예상하지 못한다. 우리를 지지하고 다른 사람들 앞에서 보호해 주는 것이 진정한 우정의 표상이니까. 그렇다면 왜 '친구들'이 다른 사람들에게 당신에 대해 나쁘게 말할까? 친구들이 뒤에서 험담하는 흔한 이유 중 하나는 당신에게 화가 났지만 대놓고 말하고 싶지는 않기 때문이다. 그 대신 당신에게 느낀 불만을 다른 사람들에게 털어놓는다. 또한 친구들은 당신이 자기를 무시했다거나 어떤 면에서 열등하다고 느끼게 만들었다고 생각할 때 험담을 하고 싶은 충동을 느낄 수 있다. 자기가 당신에게 정면으로 맞설 만큼 강하다고 생각하지 않거나 수동적인 공격으로 상처를 주고 싶기 때문에 앙갚음의 수단으로 뒷담화를 할 것이다(레드 플래그 4번에서 뒷담화에 대해 더 자세히 알아볼 수 있다). 친구들이 당신에 대해 나쁘게 말했다는 사실을 알게 되면, 당신이 가지고 있던 신뢰에 금이 가는 고통스러운 경험을 겪을 것이다. 친구들이 당신의 뒤에서 험담하고 싶어 할 때, 그 행동의 문제는 당신이 아니라 그 친구들임을 언제나 기억하자. 좋은 친구는 필요한 경우에 당신과 곤란한 대화를 어떻게 해야 하는지, 당신의 행동이 자기에게 상처가 될 때 어떻게 말해야 할지 안다. 친구들이 뒤에서 험담할 때는 그냥 정면으로 부딪치자. 그리고 대화를 나누자. 언젠가는 멈춰야 하며, 그러지 않고 친구로 남는다는 선택은 이치에 맞지 않으니까.

추잡해진 우정이라면 꺼낼 만한 이야기가 꽤 많다. 풍문으로 듣기에 험담 때문에 우정이 깨졌다는 여러 연예인 가운데서 케이티 페리와 테일러 스위프트의 불화가 단연 최고다. 케이티와 테일러는 처음 세계적인 스타덤에 오르기 시작했을 때 친구 사이였다. 그러나 시간이 흐를수록 두 가수는 중상모략과 험담 사건으로 인해 여러 싸움에 휘말리게 됐다. 2019년 두 가수는 마침내 서로의 차이를 눈감아주기로 했다고 전해지며, 이제는 다시 좋은 관계를 유지하고 있다.

내 인생의 드라마

절친한 친구들의 존재는 무척 중요하다. 우리를 이해하고 지지해 주리라는 것을 알고 있는 그런 사람들 말이다. 좋은 친구는 상황이 정확히 어떤지 있는 그대로 말해주고, 해야 할 말을 그럴싸하게 꾸미지 않는다. 친구들이 해주는 말이 가끔은 삼키기에 쓴 약이 될 수 있지만, 우리는 그 말이 좋은 뜻에서 나온다는 것을 안다. 누군가와 신뢰를 쌓고 단단한 우정을 얻으려면 시간을 투자해야 한다. 불행하게도 좋았던 우정이 미처 깨닫지 못한 이유들로 변질될 수 있다. 우리가 친구라고 믿고 사랑하는 누군가가 언젠가 등을 돌릴 수도 있다. 사람들의 마음이 바뀌는 이유를 추측하기는 어렵지만, 친구라면 언제나 껄끄러운 문제도 다룰 수 있어야 한다. 아마도 우리가 달라졌고 친구들은 달라진 우리가 마음에 들지 않을지도 모른다. 아니면 친구들이 힘겨운 시기를 보내면서 그 쓸쓸함을 투사하고 있을 수도 있다. 친구로부터 모진 대우를 받는 일은 아주 고통스러운 경험이며, 우리는 다른 사람에게 상처를 주고 싶지 않거나 시간이 흐르면 해결되리라는 바람을 가지고 문제를 해결하려 들지 않을지도 모른다. 불행하게도 이런 방법이 항상 통하지는 않으며, 장래에 더 큰 분노나 문제로 이어질 수도 있다.

레드 라이트 발견하기

- 친구가 당신을 깔아뭉개도록 내버려두며, 당신에게 못된 행동을

하는 것을 감싸준다.
- 친구가 빈정거리며 (미묘하게) 당신에 관한 농담을 한다.
- 친구가 부정적인 지적이나 톡 쏘는 말 등으로 자신의 씁쓸함을 당신에게 투사한다.
- 친구가 오직 자기 이야기만 하며, 당신의 이야기를 듣는 데 거의 흥미가 없다.

그린 라이트 발견하기

- 친구나 가족이 당신에 관해 농담을 하지만 비열하게는 아니다.
- 오랜 우정에서 친구들이 어려운 시간을 헤쳐 나갈 수 있게 도와주려면 지지와 시간, 거리가 필요하다는 사실을 이해한다. 당신과 의견이 일치하지 않을 때는 더욱 그렇다.
- 최근 행동이나 성격의 변화에 관해 친구와 대화를 나눌 수 있으며, 친구의 대답이 진짜인지 아닌지를 판단할 수 있다.
- 스스로 정한 때가 되면 당신을 제대로 대해주지 않는 사람들을 떠나보낼 수 있다.

관계를 지속할까, 끊어낼까? 다음을 고려하자

좋은 친구라 생각했던 누군가가 나를 막 대하기 시작했다는 사실을 깨닫는 건 매우 고통스럽고 혼란스러운 일이다. 친구가 다른 사람들 앞에서 당신을 깔아뭉개고, (은근히) 부정적으로 언급하거나 나쁘게 말한다. 또한 당신이 거둔 성공에는 침묵을 지키면서, 일이 잘 풀리지 않을 때는 즐거워한다. 행동의 변화에는 언제나 이유가 있는 법이며, 왜 그런 일이 벌어지는지 알아내는 게 중요하다. 많은 경우 열린 마음으로 솔직하게 대화를 나누면, 결국 왜 행동이 달라졌는지 알아낼 수 있다. 그러나 실제로는 어떤 점이 거슬렸는지를 이야기하지 않으려는 경우가 왕왕 있다. 무슨 상황인지 파악하기 어렵고 해결책을 찾으려고 여러 시도를 해도 개선되지 않으면 그냥 작별 인사를 고하는 게 나을 수도 있지만, 의리 때문에 쉽지 않다.

그러나 의리마저도 남용될 수 있음을 기억하자. 사람들은 당신이라는 버스에 탑승할 수도 있고, 하차할 수도 있다. 어떤 사람은 잠깐만 머물고, 또 어떤 사람은 평생을 남기도 한다. 당신은 정신적·신체적·영적으로 성장하는 과정에서 인생의 버스에 누구를 계속 태워 가고 싶은지, 아니면 하차시킬지 결정해야 한다. 당신이 성장할 수 있게 도와줄 새로운 사람을 버스에 태우려면 바쁜 스케줄 속에서도 정서적인 공간과 시간을 확보해야 한다. 새로운 사람에게 더 많은 에너지를 쏟고, 때론 고칠 수 없는 부분을 고치지 않고 에너지를 덜어내는 것이 당신이 추구해야 할 정신의 전환이다.

함께하겠다는 마음가짐

- 좋은 우정의 중요성을 이해하고 왜 친구가 요즘 다른 방식으로

당신을 대하는지 근본적인 이유를 찾아내려 애쓴다.
- 친구에게 끈끈한 의리를 지녔고 "잘 가"라는 인사는 선택사항이 아니다.
- 변한 것은 당신이고 친구들은 (간접적으로) 반응하고 있을 뿐임을 깨닫는다. 더 깊은 대화가 필요한 때가 왔다.
- 당신의 친구에게 쓸쓸한 일이 벌어졌고 그 쓸쓸함을 당신에게 투사하고 있음을 이해한다. 어려운 시기에 친구를 응원하고 사랑하는 사람이 되어주자.

이제는 거리를 둘 때

- 문제를 해결하려고 여러 차례 노력했지만 변한 것이 없음을 깨닫는다.
- 친구들이 당신을 대하는 방식에 정신적·감정적으로 영향을 받고 있다.
- 사람은 당연히 변하고 고쳐 쓸 수 없다는 사실을 깨닫는다. 우정을 지키기 위해 스스로 발전하려는 의지를 보이지 않는다면 그냥 보내주자.
- 당신이 최근 이뤄낸 성장이나 성공에 친구들이 기뻐하지 않고, 당신을 제자리에 잡아두기 위해 깔아뭉개려 한다.

레드 플래그 ⑥

"이번에는 네가 쏠래?"
이기적인 친구 상대하기

"남에게 베풀어서 가난해지는 법은 없다."
― 안네 프랭크, 《안네의 일기》

우정도 '기브 앤 테이크'다

내가 말하는 좋은 친구란 당신이 튼튼히 연결되어 있다고 느끼는 사람들이자, 살면서 벌어지는 개인적인 일들도 마음을 열고 공유할 수 있는 사람들이다. 좋은 일이든 나쁜 일이든 말이다. 좋은 친구들을 현실 세계에서 자주 만나는 사람들이라고 정의하면서 시작해 보자. 우정은 사람마다 다른 것들을 의미할 수 있기 때문이다. 오늘날 사람들은 '친구'라고 부르는 여러 관계를 맺고 있으며, 현실 세계에서는 단 한 번도 만나보지 못했으나(그저 온라인으로만 만난다) 그럼에도 가까운 사이라고 느낀다. 이 장에서 내가 말하는 친구란 당신이 정기적으로 만나면서 단단하고 의미 있는 인연을 맺고 있는 사람(혹은 과거에 인연을 맺었고 멀리서도 계속 연락하는 사람)을 가리킨다.

가끔 진정한 친구의 숫자는 한 손으로 꼽을 수 있다고도 하는데, 이는 우리가 정말로 공감하고 믿을 수 있는 사람을 찾기가 어렵다는 의미다. 그런 사람을 찾았을 때는 서로 다른 환경 때문에 물리적으로 멀리 떨어져 있더라도 유대감을 견고하게 유지할 수 있도록 친밀한 친구 관계에 몰두해야 한다. 친구들과 보내는 밀도 있는 시간은 인연과 친밀감, 신뢰를 쌓는 데 핵심이 된다. 여기서 몰두란 베푼다는 의미다. 그러나 모든 사람에게 베풂이 장점이 되는 건 아니다. 어떤 이들은 태생적으로 베풀 줄 모르지만 여전히 좋은 친구다. 또 어떤 이들은 괜찮은 사람들이지만 친구를 그저 인생에서 더 많은 걸 얻어내기 위한 수단으로 보고, 자기가 준 것보다 더 많은 것을 얻어내려 한다. 그러나 좋은 친구들이 문득 예전과는 달리 상호 호의를 그만 베푸는 경우가 생길 수도 있다(친구들 자체는 자기들이 바뀌었단 사실을 의식하고 있지는 않을 것이다). 어쩌면 당신들의 우정에 무슨 일이 벌어져서 친구는 굳이 무언가를 나누거나 베풀 마음을 접었을 수도 있다. 아니면 당신이 지나치게 베푸는 성정을 지녔거나 사람들의 비위를 맞추려는 성향이 있어서 친구들이 덜 관대해졌을 수도 있다.

이유 여하를 막론하고 인간관계에서 베풂의 중요성을 배우는 일은 중요하다. 또한 눈앞의 문제를 해결하고 우정을 지킬 수 있는 방법을 찾고 싶다면, 언제부터 이 우정이 '기브 앤 테이크'라는 균형을 잃게 됐는지 알아차리는 일이 중요하다. 우리는 친구에게서 마음에 들지 않는 뭔가를 보았을 때 쉽게 작별 인사를 고하기도 한다. 앞으로 만날 수 있는 사람이 여전히 잔뜩이라고 믿기 때문이다. 그러나 좋은 친구를 사귀기는 쉽지 않고, 탄탄한 인연을 유지하는 건 정신적·신체적 건강의 핵심이다. 우정의 레드 라이트와 그린 라이트를 구분하는 일은 그 유대 관계를 여전히 이어갈 가치가 있는지 판단하는 데 중요하다.

호혜성의 법칙 The Law of Reciprocity

사회학자 앨빈 굴드너 Alvin Gouldner 는 1960년대에 호혜성이 인간관계의 근본적인 법칙이며 굳은 인연을 맺을 수 있게 도와준다고 주장했다. "내 등을 밀어주면 나도 네 등을 밀어줄게"라든지 "이에는 이, 눈에는 눈" 같은 관용적인 표현이 모든 인간관계에서 상호 교환의 중요성을 반영한다. 우리는 이 교환 행위들이 얼마나 긍정적인지, 그리고 친구 사이에서의 기브 앤 테이크가 공정하고 균형 잡힌 방식으로 이뤄지는지에 비춰 관계의 강도를 평가한다. 인간뿐 아니라 영장류 역시 무리 내에서 유대하고 사회적인 응집력을 만들어내려고 호혜적인 행위에 참여한다.[1] 우리는 동물의 행동을 관찰함으로써 인간의 행위에 관해 많은 것들을 배울 수 있다. 또한 자연은 과학자들에게 단단한 유대감을 형성하고 협력을 이끄는 요인들에 대한 여러 흥미로운 식견들을 제공한다. 예를 들어, 서로 털을 골라주는 영장류의 행위는 이타적이고 상호 공생적이다.

당신은 본질적으로 다른 사람들을 돕고 싶어서 다양한 행동들을 할 수 있고, 아니면 어떤 식으로든(예를 들어 무리에 끼거나, 보호받고, 다른 자원을 받는 등) 당신에게 이익이 될 것임을 알기 때문에 특정한 행동을 하기도 한다. 호혜성은 동물과 인간 모두에서 관계의 근원을 이루는 사회적인 봉사다. 인간은 다정한 봉사나 감사의 표시로 친구의 머리에서 이를 잡아주지는 않지만, 유익한 활동을 하고 인맥을 형성하기 위해 친구들과 다양한 교환 행위에 뛰어든다. 친구가 우리에게도 똑같이 해주리라 기대하는 것도 당연하다(물론 항상 같은 방식은 아니다). 심리적인 측면에서, 누군가에게 우리 집으로 저녁 식사를 하러 오라고 초대하면 상대방은 추후 우리와 똑같이 행동해야 한다는 내적 압박감을 느끼게 된다. 당신이 밥값을 내면, 다음번에는 상대방이 밥값을 낼 것이다. 교환 행위는 기계적일 필요는 없지만("내가 이렇게 했으니 다음번엔 네가 하렴"), 우리는 되갚아야 할 때가 언제인지는 느낄 수 있다.

마음의 적금

몇 년 동안 좋은 친구로 지내면서 우리는 마음의 적금을 든다. 마음의 적금은 누군가가 당신 마음속 점수판에 호감 점수를 얼마나 벌어놨는지를 이야기할 때 내가 즐겨 사용하는 은유다. 우리는 튼튼하고 믿을 만한 인연을 쌓은 후 굳이 친구들이 나를 위해 무엇을 해주는지 세어보지 않는다. 친구가 어려운 상황에 부닥치게 되면, 정신적·감정적·신체적으로 보답할 수 없을 때가 찾아올 수 있다. 그동안 친구들은 당신의 계좌에 선의를 차곡차곡 쌓아두었기 때문에, 당신은 힘껏 친구들을 이해하고 지지하며 미래에는 상황이 나아지리라 기대한다. 그러나 상황이 바뀌지 않고 친구들이 계속 받기만 한다면, 처음에는 당신이 그 사실에 그리 많은 관심을 기울이지 않겠지만 마음의 적금은 분명 바닥을 드러낸다. 감정의 은행이 얼마나 큰지, 그리고 파산 신청을 하기 전까지 얼마만큼 빚을 낼 수 있는지는 관계마다, 사람마다 다르다.

친구가 빈대처럼 구는 이유

불행하게도 어떤 친구들은 전적으로 빈대처럼 구는 게 사실이다. 이 친구들은 당신에게 아무것도 내어주지 않고 그저 될 수 있으면 많이 받아내고 싶어 한다. 그리고 당신이 더 이상 줄 것이 없을 때(혹은 도움이 필요할 때) 이 친구들은 빌붙을 수 있는 다음 상대를 찾아 떠난다. 이들이 이런 행동을 하는 이유에는 여러 가지가 있다.

이기심

이기심은 분석해볼 필요가 있는 중요한 단어다. 어떤 사람은 태생적으로 이기적이어서, 이는 바꾸기 어려운 특성이다. 이기적이란 말은 언제나 자기만 생각한다는 의미가 아니라, 인생의 일부 영역에서 주는 것을 최우선 순위로 두지 않는다는 의미다. 성격 이외에도 이기심은 인생의 경험과 성장 배경에 연결되어 있을 수 있다. 부나 건강을 잃거나 이혼 등의 경험으로 인해 (일시적으로) 자기 자신에게만 집중하고, 따라서 딱히 베풀려는 의지가 없을 수 있다. 넉넉하지 못한 사람이 되는 환경적인 이유는 장·단기적으로 영향을 미칠 수 있다. 상황이 해결되면 사람들은 보통 잘 베푸는 자아로 되돌아간다. 그러나 모든 사람들에게 해당하는 이야기는 아니다. 일부는 여전히 받기만 하는 마음가짐으로 남거나, 심지어는 다양한 분야에서 극도로 이기적으로 군다(무의식적으로 하는 행동이다). 이는 트라우마 또는 과거에 혜택을 누렸던 경험과 관련 있을 수 있다. 이유가 무엇이든, 받기만 하고 베풀지 않을 때 장기적으로 건강한 우정을 유지하기 어려워진다.

비위를 맞추려는 성향

당신이 사람들의 비위를 맞추기 좋아하는 사람이거나 선천적으로 너그러운 사람이라면, 이런 행동 성향이 우정 관계에서도 호혜적인 특성을 불균형하게 만들 수 있다. 당신은 좋은 의도였다 하더라도, 지나치게 베푸는 것은 결코 좋지 않다. 본질적으로 당신은 상대방이 되갚을 필요 없이 받기만 하도록 길들이고 있는 셈이다. 보답을 대수롭지 않게 생각하는 친구들은 당신의 선한 의도를 이용해 이득을 볼 수도 있다. 반면에 좋은 친구는 결국 당신의 행동에 보답을 하거나, 적어도 당신이 언제나 돈을 내거나 뭔가를 해줄 필요가 없다고 말할 것이다. 어쩌면 "왜 너는 매번 남 좋은 일만 하려고 해? 뭔가 대가를 받아도 괜찮아"라든지 "나는 네가 친구라서 좋은 거야. 나한테 뭔가를 준다고 해서 너를 더 좋아하게 되는 게 아니야. 그냥 너 자체로 내겐 충분해"라고 말할지도 모른다.

사람들의 비위를 맞추려는 성향이 실제로는 인간관계를 해친다는 사실을 깨닫고 상호적인 균형을 되찾으려고 애쓰기 시작할 때, 친구들이 당신에게 삐지거나 전화를 덜 걸어도 놀라지 말자. 친구들이 당신과 거리를 두고 더 균형 잡힌 방식으로 계속 우정을 유지할 가치가 있는지 판단하도록 내버려두자. 아니라고 판단하는 친구는 떠나보내자. 물론 불안하고 죄의식을 느낄 수도 있다(이는 또다시 사람들의 비위를 맞추고 싶은 성향을 자극할 수도 있다). 그러나 사람들이 당신을 좋아하는 이유는 자기네를 위해 뭔가를 해줘서가 아니라 그냥 당신이기 때문이어야 한다는 사실을 인식해야 한다. 돈독한 우정을 쌓기 위해서는 우리의 행동이 어떻게 기존의 유대 관계를 깨뜨릴 수 있는지를 먼저 파악해야 한다. 자존감 없는 공감은 자기 파괴로 이어질 수 있다. 당신이 언제나 다른 사람의 좋은 면만 보다 보니, 다른 사람들이 당신을 아프게 해도 그냥 내버려두는 핑곗거리로 삼게 되기 때문이다.

주머니 사정 때문에 사람을 만나기가 어렵다면

음식 값과 각종 에너지 가격이 오르면서 외식과 파티, 여행에 돈을 쓰기 전 망설이는 사람들이 늘고 있다. 여가에 쓸 돈이 없다는 사실은 친구들과 가지는 사교적인 시간의 양에도 영향을 미치고 있다. 그뿐만 아니라 요즘에는 집에서 친구들을 만나며 시간을 보내는 사람들이 별로 없기도 하다. 사람들은 친구에게 주머니 사정을 털어놓길 수치스러워하지만, 좋은 친구들은 언제나 당신의 상황을 이해할 것이다. 밖에서 만나는 대신 집으로 사람들을 초대하는 것을 고려해 보자. 예를 들어 식당에 가는 대신 영국의 리얼리티쇼 〈컴 다인 위드 미 Come Dine With Me〉처럼 번갈아 가며 서로의 집으로 초대해 요리 시식회를 여는 것도 방법이다. 친구들과 충만한 시간을 보내고 서로의 요리 실력을 감상하기에 제격이다. 사진을 찍거나 인스타그램 스토리로 올릴 만한 거리임은 당연하고! 영화관에 가는 대신 넷플릭스 폭식회를 꾸려보자. 팝콘과 핑거 푸드, 낄낄거리는 웃음과 즐거움이 보장되니까! 아니면 재미있는 카드 게임을 하자. 다른 사람들과 친밀한 시간을 보내기 위해 반드시 돈을 많이 쓸 필요는 없으며, 동시에 그 시간은 돈으로 살 수 없을 만큼 소중하기도 하다.

받기만 하려는 사람에게 최고의 대처법

친구가 당신에게 베풀지 않고 받기만 한다는 사실을 깨달았다면, 이제는 어떻게 해야 할지 궁금할 테다. 다음은 일방적인 관계를 바로잡기 위해 취해야 할 몇 가지 방법이다.

알아차리기

당신이 왜 친구가 주는 것보다 받는 게 더 많다고 느끼는지 알아차려야 한다. 친구가 어떻게 행동하는지 보이는가? 당신에게 요즘 무슨 일이 있는지 묻지 않고 자기 얘기만 늘어놓는가? 같이 외출해서는 절대로 음료수 한 잔, 밥 한 번 산 적 없는가? 뭔가 원하는 것이 있을 때만 당신을 만나고 싶어 하는가? 당신이 가장 거슬린다고 느끼는 행동을 알아보고, 그 행동 뒤에 숨은 이유들을 찾아보자. 그러면 당신이 관찰한 내용과 걱정을 친구에게 전달하는 데 도움이 될 것이다.

욕구 표현하기

친구에게 말하기로 결심했다면, 친구의 행동이 어떻게 당신, 그리고 이 관계에 영향을 미치는지를 설명하자. 또한 예전에도 당신의 욕구가 제대로 충족되지 못했다고 느꼈다면, 그 욕구를 표현하는 일이 매우 중요하다. 기억하자. 친구는 독심술사가 아니고, 따라서 당신에게 무엇이 중요한지를 표현해야 한다. 친구와 대화를 나누려는 생각만 해도 걱정이 되고, 친구에게 상처를 줄까 봐 두려워질 수도 있다. 그러나 코앞의 문제를 해결하지 않는다면, 무엇이 짜증 나고 무엇이 필요한지 이야기하는 바람에 상대방의 기분이 상하는 것보다 더 심각한 결과를 초래할 수 있다.

결과 고민하기

대화의 결과물(또는 아무런 대화도 나누지 않았을 때의 결과물)도 찬찬히 생각해 보자. 결국 당신이 얻고 싶은 건 무엇인가? 솔직한 대화를 통해 관계를 개선하고 싶은가? 아니면 잠시 친구로부터 거리를 두고 싶은가? 이기적인 행동이 계속되면 그 관계를 기꺼이 끝내려는 걸까? 다양한 시나리오를 통해 계획을 짜두면 여러 결과에 대비할 수 있으며, 당신이 어려운 대화를 이끌어갈 수 있도록 자신감을 불어넣어줄 것이다. 우정도 자연스레 진화가 일어난다. 공유하던 정서적인 유대나 사적인 이익이 갈라졌을 때는 그냥 떠나보내도 괜찮다. 아마도 훗날 친구로 재결합해도 또다시 좋은 순간은 찾아올 것이다.

찰스 디킨스는 《크리스마스 캐롤》에서 에버니저 스크루지라는 인물을 보여준다. 크리스마스 전날 밤, 차가운 마음을 가진 구두쇠 스크루지에게 세 영혼이 찾아와, 그의 과거와 현재, 그리고 스크루지가 바뀌지 않는다면 찾아올 미래를 보여준다. 세 영혼의 방문으로 인해 스크루지는 무거운 양심의 가책을 느끼고, 앞으로 더 베푸는 사람이 되기로 결심한다. 스크루지의 이야기에는 크리스마스의 정신인 베풂이 담겨 있지만, 나는 우리가 언제든, 어떤 관계에서든 베풂이 가진 힘을 항상 되짚어보는 일이 중요하다고 생각한다.

내 인생의 드라마

호혜성은 인간관계의 핵심이다. 훌륭한 우정은 모두 공정하고 균형 잡힌 방식으로 이뤄지는 기브 앤 테이크를 기반으로 삼는다. 영장류들조차도 "네가 내 벼룩 잡아주면 나도 네 걸 잡아줄게"라는 식이다.

이 행위는 동물들이 서로 유대하고 안전하다고 느낄 수 있도록 도와준다. 우리 인간들도 다를 바 없다. 우리는 서로의 벼룩을 잡아주지는 않지만, 보통 친구로부터 도움을 받았을 때 언제 어떻게 보답해야 하는지 안다. 그러나 모든 사람이 기꺼이 보답하려 하거나 그렇게 해야 할 필요성을 떠올리지는 않는다. 어떤 사람들은 지독한 자린고비라서 그저 받고, 받고, 또 받기만 하기도 한다. 좋은 친구라도 어려운 시기를 겪으면서 금전적으로나 정서적으로 예전처럼 보답하지 못하는 경우가 생길 수도 있다. 그러나 그간 신뢰라는 마음의 적금을 쌓아왔기 때문에, 당장은 뭔가를 되돌려 받길 바라지 않고 그저 돕고 싶을 뿐이다.

오늘날의 세계에서 사람들은 온라인에서 만난 아무나를 친구라고 부르고, 따라서 받은 호의를 되갚을 만큼 이들에게 감정적인 투자를 하지 않는 것도 당연하다. 그러나 진짜 친구가 매번 술을 마시러 가거나 밥을 먹으러 갈 때마다 집에 지갑을 놓고 오는 일이 반복되면, 이제는 우정을 재평가해 볼 때다. 어쩌면 최근 들어 당신은 너무 주기만 했고, 어떤 친구들은 (의도치 않게) 받는 데 익숙해져 버렸을 수도 있다. 친구들과 건강하고 균형 잡힌 유대감을 유지하고 싶을 때 다음의 행동을 평가해 보자.

레드 라이트 발견하기

- 친구들이 주기보다는 받기를 선호하며 빌붙길 좋아한다.
- 친구들이 당신과의 관계에 몰두하려 하지 않는다.

- 친구들이 뭔가 필요할 때만 문자 메시지를 보낸다.
- 당신은 친구로부터 뭔가를 얻으려면 먼저 베풀어야 한다고 믿는다.

그린 라이트 발견하기

- 호혜성은 모든 사회적인 관계를 부드럽게 해주는 법칙임을 이해한다. 언제나 기브 앤 테이크가 필요하며, 대개는 균형을 이뤄야 한다.
- 다른 사람들에게 초대를 받았을 때는 당신도 집으로 불러 밥 한 끼나 술을 대접하자(또는 밖에서 식사를 하자고 초대하자).
- 갑자기 친구가 예전처럼 베풀지 못한다면, 그 친구를 가로막는 어떤 일이 벌어졌으리라고 이해해 주자. 비판적이지 않은 태도로 친구를 살피자.
- 모든 것에는 한계가 있음을 이해하자. 마음의 적금이 텅 비었다면, 우정과 관련된 어려운 결정을 내릴 때가 왔을지도 모른다.

관계를 지속할까, 끊어낼까? 다음을 고려하자

친구가 인색해졌다고 깨닫기 시작했다면 이유가 무엇인지 알아봐야 한다. 누군가의 행동이 변했다면 다양한 원인이 있을 수 있으며,

그 요인들이 다 잘못된 것도 아니다. 그 순간 보답을 할 수 없던 타당한 이유들도 존재한다. 문제는 사람들이 터놓고 그 이유를 말해주지 않는다는 것으로, 따라서 무슨 일이 생긴 건 아닌지 연락해 보는 쪽이 언제나 옳다. 좋은 친구는 서로 마음을 열고 솔직한 대화를 할 수 있어야 하지만, 때로는 친구가 쿡 찔러 봇물을 터뜨려주는 것도 필요하다. 그러나 절친한 친구가 받기만 하고 베풀지 않을 때 당신은 무엇을 해야 할까? 그럴 만하다고 느끼는가, 아니면 친구로서 더 이상 함께할 수 없어 보이는가? 혹은 친구가 혹독한 시기를 거치고 있고, 따라서 성격이 변한 건지 이유를 알아볼 시간일지도 모른다. 원인을 알아낸다면 어떻게 도울 수 있을지, 혹은 어떻게 우정을 이어갈 수 있을지 결정하는 데 도움이 될 것이다.

함께하겠다는 마음가짐

- 우정을 소중히 여기고 무엇이 친구의 성격의 변화를 일으켰는지 알아내고 싶다.
- 절친한 친구가 힘겨운 시간을 보내고 있음을 이해하며, 지금으로서는 친구에게 받기보다는 더 많이 베풀어도 상관없다.
- 친구가 언제나 더 빠듯한 사정에 처해 있지만, 당신은 유대 관계를 소중히 생각하고, 어떻게 해야 공정하게 느껴지는 건강한 관계를 유지할 수 있는지 안다.
- 사람들의 비위를 맞추려는 당신의 성향이나 관대함이 우정의 호혜성이라는 특징을 뒤흔든다는 사실을 이해한다. 당신은 더 많

이 베풀고, 상대방은 예전처럼 보답해야겠다는 필요성을 느끼지 못한 채 더 많이 받기만 한다. 그렇다면 균형을 회복하기 위해 당신의 접근법을 다시 고민해 봐야 할 때다.

이제는 거리를 둘 때

- 친구가 받기만 하고 더 이상 되갚으려 하지 않는다. 그리고 행동이 변하게 된 논리적인 이유를 발견할 수 없다. 이제는 친구와 거리를 둘 때다.
- 친구가 더 이상 당신과의 미래를 그리지 않는다. 속 깊은 대화를 할 때가 됐거나, 거리를 둘 때가 됐거나.
- 친구를 계속 초대하지만, 여기에 화답받지 못한다. 억지 춘향 노릇을 시킬 수 없음을 기억하자. 친구에게 매달리는 일은 이제 그만.
- 일방적인 관계는 더욱 당신을 불행하게 만든다. 자기 자신에게 집중할 때가 왔다.

2부.

직장 내 인간관계

Red Flags

Green Flags

우리는 깨어 있는 시간의 거의 3분의 1을 직장에서 보낸다. 일은 우리 삶에서 중요한 역할을 하며, 정체성과 자존감을 형성하는 데 도움을 준다. 일과 직장 내 인간관계가 우리의 정신적·신체적 행복에 미치는 심리적 영향력은 매우 크다. 우리는 안정적·우호적·긍정적인 환경에서 일하고 있는지 확신하고 싶어 한다. 직장에서 동료와 관리자, 다른 조직 내 무리와의 관계를 튼튼하고 건강하게 쌓아 올릴 때 당신은 직장에서 최선을 다하도록 동기를 부여받을 뿐 아니라, 커리어를 발전시키고 조직 내에서 안정감과 소속감을 느낄 수 있다. 특히나 오늘날의 변덕스럽고 불확실한 기업 환경 속에서 사람들은 안전하게 연결되어 있다고 느끼면서 영감을 얻고 싶어 한다. 불행하게도 모든 동료가 선의를 품고 있는 건 아니며, 가끔은 사소한 것까지 통제하려 하는 마이크로매니지먼트나 갑질, 정치 공격 같은 위태로운 상황에 직면하기도 한다. 과거에 비슷한 상황을 겪어보지 않았다면 이를 알아차리기가 매우 어려울 수 있고, 뭔가가 잘못됐음을 깨닫는 순간 이미 정신 건강이 타격을 입었거나 직장을 그만둔 후일지도 모른다.

　직장에서 레드 라이트와 그린 라이트를 구분하는 방법은 직장 내 사람들과 건강한 관계를 구축하기 위해 몹시 중요하다. 관리자와 사이가 틀어져서 조직을 떠나는 사람들도 많은 만큼, 업무를 감독하는 사람의 건강한 행동과 건강하지 못한 행동을 구분하는 방법은 우리가 개발해야 할 중요한 역량이다. 언제나 당신이 잘나가기보단 무너져 내리는 모습을 보고 싶어 하는 사람들이 있다는 사실을 알면, 나쁜 행동에 당할 가능성을 최소화하고 조직 내에서 발전할 수 있는 능력을 최대화할 수 있다. 당신에게나 다른 관리자에게나, 사람들과 순조롭게 지내고 권력을 잡는 일에는 책임감이 딸려온다. 일에서의 인간관계는 기브 앤 테이크가 관건이다. 그러나 가끔 사람들은 받아야 할 것보다 더 많이 받아내기 위해 당신의 생계와 온전한 정신을 희생시키기도 한다. 직장에서의 레드 라이트와 그린 라이트에 대해 배운다면 사람들이 선을 넘을 때 프로답게 반격할 수 있고, 그들이 직장에서 왜 그렇게 행동하는지 심리적인 이유를 알아차릴 수 있다. 직장에서의 레드 라이트와 그린 라이트를 다루는 이번 여섯 개의 장은 당신이 직장 내에서 더 탄탄한 관계를 맺는 한편, 의사 결정 과정을 개선하고 다른 사람들과 함께 커리어적인 성공을 끌어낼 수 있게 도와줄 것이다.

레드 플래그 ⑦

"가족 같은 회사"
변함없는 충성을 요구하는 관리자들

"세상에서 가족이 가장 중요하다."
— 다이애나비

회사라는 가족의 구성원이 된다면

만약 당신이 사랑 넘치는 가족의 일원이라면 그건 매우 근사한 일이다. 보살핌을 받고, 가족 안에 속해 있음을 느끼며, 함께라면 더 많은 것을 손에 넣을 수 있다는 사실을 배운다. 사람들은 대부분 가정을 꾸리고 유지하는 데 상당한 시간을 들여야 한다는 것을 알고 있다. 가족이 제대로 돌아가게 만들려면 많은 것을 내어줘야 한다. 사랑, 보호, 충실함, 희생은 가정생활의 핵심적인 교리다. 우리에게는 절로 얻은 가족 외에도 만들어진 가족이 있고, 많은 사람들이 친구들과도 단단한 유대를 형성해 간다. 현실에 없는 형제나 자매처럼 느끼는 친구들은 마치 가족처럼 기꺼이 사랑하고 보호하는 대상이 된다.

이와 비슷하게, 조직(특히나 이 조직을 꾸려가는 지도자와 관리자들)은 직원들이 소속감을 느낄 수 있도록 직장을 가족과 같은 환경으로 조성한다. 일부 기업은 일터에서 가족적인 환경을 조성하는 작업을 훌륭하게 해내서, 근로자들이 생산성을 높이고 어려운 시기를 함께 극복하겠다는 마음을 품을 만큼 애사심을 불어넣는다. 특히나 외부 세계가 예측하기 어렵고 불확실하게 느껴질 때, 가족처럼 느껴지는 회사가 있다면 안정감을 느끼는 데 도움이 된다. 그러나 일부 관리자들은 직원들을 유지하고 발전시키는 데 시간과 돈, 노력을 투자할 의도는 전혀 없으면서도, 특히나 상황이 어려워질 때 이들에게 '우리는 한 가족' 전술을 쓰며 충성심을 요구한다. 직장에서 의미 있는 인연을 맺는 일은 성공적인 커리어와 행복을 위해 꼭 필요하다. 그러므로 당신이 적절한 환경에 처해 있는지 알아내려면 진정한 가족과 가짜 가족의 자화자찬을 구분하는 능력이 필수적이다. 이 장에서는 직장에 애착심을 가지게 되는 흥미로운 심리를 탐구해 보고, 탄탄한 유대 문화를 구축하려는 직장 측의 관행 가운데 무엇이 그린 라이트고 무엇이 레드 라이트인지 밝혀내려 한다.

직장에서 유대감은 왜 중요한가?

직장에 출근할 때 우리는 온전한 자신을 일터로 가져간다. 본색을 드러내지 않거나 자아의 일부는 계속 숨겨둘지언정, 몸과 정신, 마음은 일을 하는 동안 늘 함께다. 우리는 로봇이나 좀비가 아니기 때문에, 자기가 하는 일에 유대감을 느끼고 직장에 소속감이 있어야만 업무를 제대로 수행할 수 있다. 자기 직업에 어느 정도 정서적으로 연결되어 있다고 느끼지 못하면 그 누구도 일에 몰입할 수 없다. 자기 일에 유대감을 느끼거나 느끼지 못하는 차이는 혼잣말로 하는 "나는 내 일을 사랑해!"와 "제기랄, 날 좀 제발 여기서 구해줘!"의 차이와 같다. 행동 연구에 따르면, 직장에서 의미 있는 인간관계를 맺고 자기 일에 정서적으로 연결되어 있을수록 여러모로 유익한 결과를 낳는다. 생산성이 높아지고 무단 결근이 줄어들며, 한층 더 노력해야겠다는 의욕이 생긴다.[1,2,3] 또한 어려움에 직면했을 때 회복탄력성이 높아지며, 정신 건강이 개선되기도 한다. 직장에 긍정적인 애착을 가지는 것은 고용주와 직원 모두에게 득이 된다. 평균적으로 인생의 3분의 1을 직장에서 보낸다는 사실을 고려하면(나이가 들수록 더 긴 시간을 일해야 한다) 직장에서 자신이 좋아하는 뭔가를 찾아내고 건강한 인간관계를 발전시켜야 한다. 반대의 경우 정신적·신체적 건강에 해로울 수도 있다.

관리자와 지도자들은 직원들이 조직에 관여하고 있다고 느끼면서 오래 남아 있고 싶은 의욕을 가지게 만드는 데 중요한 역할을 한다. 낮은 생산성과 높은 이직률은 기업의 성과를 심각하게 해치거나 직원들의 사기에도 부정적인 영향을 미칠 수 있다. 관리자는 직원들이 직장에서 행복하면서도 생산적이라고 느끼도록 보장하는 임무를 가진다. 이 임무를 달성하기 위해서는 필요한 부분을 지원하고, 직원들의 노력과 기여를 인정하고 보상해 줘야 한다. 또한 투명성을 유지하면서도 선하고 윤리적인 행동을 보여주는 롤 모델이 되어야 한다. 직원들은 자기를 인정해 주고 믿을 수 있으며 가장 필요한 때 뒤를 든든히 지켜주는 관리자가 있다고 느낄 때 든든한 연대를 형성할 수 있다. 가끔 직원들은 회사가 상징하는 가치 때문에 애사심을 갖지만, 관리자와의 관계가 틀어지면서 퇴사하기도 한다. 불행히도, 관리자들이 모두 좋은 사람은 아니다. 그러므로 까다로운 상사를 다루는 능력은 우리가 꼭 갖춰야 할 중요한 역량이다.

애사심의 심리학

아마도 일터에 대한 심리적 애착이 어떻게 생겨나는지 의식적으로 고민해 본 사람은 없을 것이다. 회사를 좋아하게 된 게 그저 우연히 벌어진 일이라고 생각할지도 모르고, 또 어느 정도는 맞는 말이기도 하다. 그러나 아주 의도적으로 직장에 심리적인 애착을 가질 수도 있다. HR과 인사 관리자들은 이 분야의 전문가로, 직장에서 강한 연대를 형성하는 데 도움이 될 정책과 업무 관행을 설계한다.[4] 간단히 말하자면 제대로 조직된 업무 절차는 당신에게 심리적인 애착을 안겨줄 수 있다. 어떻게 이런 일이 벌어지는지 살펴보자.

고용인과 피고용인 간의 관계

직원이 직장에서 느끼는 감정을 개선하기 위해서는 개인뿐 아니라 직원과 조직 간의 관계에 초점을 맞추는 것이 중요하다. 이 관계의 질이 직원이 일과 얼마나 정서적으로 연결되는지를 좌우한다. 우정이나 연애처럼 우리는 다른 사람이 우리를 좋아하고 기꺼이 정신과 마음을 더 많이 투자하게 만들기 위해 관계에 노력을 쏟아야 한다(호혜적인 인간관계가 궁금하다면 레드 플래그 6번을 살펴보자).

약속했다면 지켜야지!

그렇다면 어떻게 관계에 노력을 쏟을 것인가? 강한 정서적 연결은 처음부터 관계에 대한 명확한 기대치를 세우면서 형성된다. 어떻게, 왜 함께 일하고 싶은지를 명확히 하는 것은 직원과 조직 간에 탄탄한 관계를 구축할 수 있는 중요한 첫걸음이다. 면접 절차를 한 번 떠올려보자. 우리는 면접에 응시해 달라는 요청을 받으면, 그 회사와 업무에 대해 더 자세히 알아본다. 회사는 우리가 그 일에 잘 맞는지 평가하고, 회사와 잘 맞다고 판단한 우리는 계약 조건에 동의한다. 이 초기 단계들은 인연을 맺는 시작 부분에서 몹시도 중요하다. 이를 통해 조직에 참여하면서 무엇을 기대할 수 있는지, 서로가 서로에게 어떤 의무를 지게 되는지 명확한 조건을 설정하기 때문이다.

심리적 계약

일단 당신이 한 조직에서 일하기 시작하면 근무 조건이 어떤지 찬찬히 살펴보고 동료 및 관리자와 친해진 후 업무를 수행한다. 우리는 직장에서의 경험을 평가하고 있을 뿐 아니라, 우리가 동의했던 조건들이 충족되고 있는지도 판단한다. 이를 흔히 '심리적 계약Psychological Contract'이라고 부른다. 물리적 계약은 우리가 종이에 서명하면 이뤄지지만, 심리적 계약은 조직이 약속한 바대로 의무를 이행하고 있는지를 계속 추적하는 방식으로 이뤄진다. 입사 초반부에 우리는 업무 관련 교육을 받을 수 있는지, 조직이 정말로 포용력 있고 투명한지, 그리고 면접 때 약속받은 것처럼 주 2회는 재택 근무가 가능한지 등 계속 점수를 매긴다. 조직이 계약상 자기네가 맡은 부분을 수행하고 우리는 우리대로 맡은 부분을 완수한다면, 시간이 흐르면서 긍정적인 애착으로 이어지고 결국에는 서로를 깊이 신뢰하게 된다. 정서적 연결이 강할수록 더 많이 신뢰하고 더 큰 안정감을 느낀다. 관계를 끊임없이 검토해야 할 필요성도 줄어든다(다만 평가를 중단한다기보다는 조금은 덜 한다는 의미다). 이를 통해 우리는 더 자유롭게 생각하고, 업무에 더 많이 관여하며, 결국에는 더 나은 성과를 낼 수 있다.

기대에 미치지 못할 때

더 이상 조직이 기대에 미치지 못하거나 큰 변화를 겪고 있을 때, 관계는 균형을 잃을 수 있다. 이런 일이 벌어지면 우리는 또다시 인지적으로 관계에 집중한다. 조직이 당신의 필요를 여전히 충족시킬 수 있는지 없는지 의문을 던지면서 변화의 시기 동안 적절히 취급받고 있는지를 확인할 수 있다. 관리자 때문에 나쁜 경험을 하게 되면, 심리적 계약에 더욱 초점을 맞출 수도 있고 회사와 맺은 정서적 유대를 해칠 수도 있다. 한번 상상해 보자. 회사에서 몇 년 동안 최고의 성과를 올려왔는데 갑자기 상사가 무슨 이유에선지 완전히 재수 없게 굴거나 동료가 일을 방해한다. 처음에는 어깨를 으쓱하며 그저 한때겠거니 무시할지도 모르지만, 상황이 지속되면 열정과 개입의 수준이 낮아진다. 서서히 악화 중인 관계가 치유되지 않으면, 관계는 영원히 망가지고, 조직을 위해 계속 일하는 것이 무의미해진다. 이 단계에서 우리는 더 이상 이곳과는 인연이 아니며 "날 좀 제발 여기서 구해줘!"라고 생각할 수도 있다. 사람들은 보통 딱히 다른 선택지가 없고 돈은 벌어야 할 때 깨진 관계를 붙든다. 그러나 깨진 관계를 오래 붙잡을수록 정신적으로나 신체적으로 그 관계는 더욱 나빠진다.

직장에서 정체성이 가지는 힘

이 세상에 아주 많은 변화가 일어나는 만큼 사람들도 계속 긍정적으로 상호 작용하며 계속 행복할 수는 없는 법이다. 어떤 변화나 예상치 못했던 상황은 분명 심리적 계약에 영향을 미치게 된다. 그렇다면 왜 어떤 기업은 예상치 못한 변화가 일어나는 어려운 시기에도 직원들의 동기를 부여하는 데 있어 다른 기업보다 월등할까? 그 답은 뛰어난 기업들이 소위 조직 동일시 Organizational Identification라는 과정을 거쳐 심리적 애착을 형성한다는 데 있다. 정체성은 요즘 기업에서 가장 핫한 주제가 됐다. 직장에서의 정체성을 생각할 때 우리는 아마 성별과 인종, 성적 지향과 그에 따른 대명사 등을 떠올릴 것이다. 여기서 정체성은 분명 중요한 역할을 한다. 그러나 정체성(즉 조직 동일시)은 그보다 훨씬 더 큰 문제다. 직장에서의 정체성은 직원들이 회사에 연결되어 있다고 느낄 수 있게 해줄 뿐 아니라 "나는 누구지?"라는 질문에 답할 수 있게 도와준다.[5] 우리의 정체성은 역동적인 구조로, 당신이 강하게 연결되어 있다고 느끼는 사회 집단(예를 들어 가족과 직장, 운동팀, 종교 집단, 정당 등)에 맞춰 계속 진화하고 적응한다. 우리는 특정한 사회 집단에 깊이 동일시될수록 이 집단의 이상과 규범, 행동을 자신의 자아 개념에 녹여낼 가능성이 높아진다.[6] 다시 말해 사람은 일과 자기 자신을 동일시할수록, 일이 자신을 규정하도록 허용하고 일에 정서적·심리적으로 연결됐다고 느낄 가능성이 커진다.

그렇다면 이 동일시의 과정은 어떻게 수월하게 이뤄지는가? 명확한 목표, 조직적 가치, 긍정적인 업무 문화, 사기를 북돋아 주는 직책, 그리고 다양성과 포용력을 위해 싸우는 직원들을 보유한 기업은 직원들의 깊은 심리적 애착을 형성할 수 있다(이런 동일시는 서로의 기대를 충족하려고 노력할 때보다 더 빠르게 이뤄진다). 사람들이 직장에서 동일시를 추구하는 이유는 여러 가지다. 기업의 가치나 목표와 동일시함으로써 우리는 자기가 누구이며 왜 지금의 일을 하고 있는지 쉽게 이해할 수 있다. 또한 조직과 하나라고 생각할 때 소속감과 안정감을 느낄 수 있다. 결과적으로, 이해받는다는 느낌과 안전하고 보호받는다는 느낌 덕에 조직이 힘겨운 시기에도 큰 회복력을 발휘한다. 나는 사람들이 언제 일에 크게 동일시되는지 알 수 있다. 이들은 기업의 DNA를 그대로 드러내면서, 자신의 조직을 방어하고 "나"나 "나의" 대신 "우리 건축가들은…" 또는 "우리의 전망은" 같은 단어를 사용한다. 고도로 동일시된 직원들은 '나'를 '우리'로 바꾼다.

관리자들은 왜 거짓 유대감을 만들어내는가?

모든 기업이 직원들에게 동일한 방식으로 가치를 부여하지 않는다. 어떤 조직은 사람에게 정말로 많이 투자한다. 이 조직은 직원들이 무조건 직장에서 편안하게 느끼게 만들려고 많은 시간을 보내고, 소속감과 함께 존중받는 느낌을 주는 환경을 만들어낸다. 특히 오늘날 구인·구직의 세계에서는 일자리에 비해 사람이 부족하다.[7] 기업들은 더 나은 일터(직원들이 직장에서 좋은 성과를 올리는 데 도움이 되는 근무 환경과 조건)를 만드는 데 초점을 맞추기 시작했다. 저임금 국가에 외주를 주거나 AI 등 다른 기술을 이용해 작업 프로세스를 자동화한 기업들조차도 여전히 수준 높은 노동력에 목말라한다. 팬데믹 이후 일에 대한 사람들의 태도는 급격히 변했다. 많은 사람들이 9시에 출근해서 5시에 퇴근하거나 주 5일을 사무실에서 근무하는 일자리로 돌아가고 싶어 하지 않는다. 기업들은 직원들을 유지하느라 쩔

쩔맨다. 솔직히 말해 그 누가 자기를 착취하고 노력을 인정해 주지 않는 회사로 돌아가고 싶겠는가? 대부분의 사람들이 계속 의욕적으로 일하려면 단순히 돈을 벗어나 그 이상이 필요하다.

직원들이 직장에 헌신하게 만드는 일이 얼마나 어려운지 살펴 보자면, 기업 관리자들이 당신을 회사에 오래 붙들어놓기 위해 거짓 약속을 하거나 가짜 애착을 만들어내는 경우도 흔하다. 약속을 깨면 윤리와 충성도 깨진다(그리고 '복수'를 위해 거짓말, 속임수, 도용 같은 비생산적인 행동을 장려한다). 하지만 어떤 사람들은 목표를 달성할 수만 있다면 이를 상관하지 않는다. 또한 어떤 기업들은 심리학 기술을 활용해서 우리가 그다지 우호적이지 않은 조건도 받아들이게 만드는 데 아주 능숙하게 군다. 즉, 회사라는 이름으로 용인할 수 있는 행동으로 보이게 만드는 것이다. 다음은 일부 관리자들이 어떤 식으로 행동하는지 보여주는 사례들이다.

"우리는 한 가족!"

기업들은 이 어법을 너무 아무렇게나 쓴다는 것이 내 의견이다. 어떤 기업들은 직원들의 행복을 평균적인 기준보다 우선시하고, 고용 안정성을 보장하면서 일과 삶의 균형을 맞춰주는 등 정말로 가족적인 규범과 미덕에 따라 운영된다. 그러나 그런 편의를 계속 제공할 수 있는 기업은 많지 않다. 많은 관리자가 가족으로서 누릴 수 있는 편익은 제공하지도 않으면서, 사무실에서 평화롭고 조화로운 분위기를 형성하기 위해 이 말을 아무렇게나 사용한다. 슬프게도, 몇몇 관리자들은 직원들에게 초과 근무를 요구하기 위해서 가짜 유대감을 만들어내는 데 이 어법을 사용한다. 소셜 미디어에서 보듯 오늘날 젊은 세대는 이 어법을 '극혐'한다!

"직장 동료는 친구"

말도 안 되지! 직장 동료는 친구가 아니며, 동료는 동료일 뿐이다. 여기까지! 물론 시간이 흐르면 옆자리 동료와도 우정을 키울 수 있지만, 기본적으로 이들은 직장에서 만난 지인이다. 대부분 사람들은 진정한 자아를 직장에서 드러내지 않으며, 따라서 회사라는 가면 뒤로 실제로는 어떤 사람이 숨겨져 있는지 알 수 없다. 직장에서 우정이 싹틀 때 직업적인 인간관계와 정체성이 당신의 개인적인 삶과 엮인다. 이는 상황을 복잡하게 만들어서, 일을 정확히 비즈니스로 유지하거나 개인의 삶을 정확히 사적으로 유지하는 것이 어려워진다.

동료들이 개인적인 혐오나 질투, 경쟁의식 때문에 악의를 가지게 되면, 당신과 가까워지려고 친절한 척한 뒤 당신의 개인 정보를 직장에서 나쁘게 써먹을 수도 있다(그렇게 해서 친구Friend와 적Enemy이 결합된 사이를 뜻하는 프레너미Frenemy라는 유명한 속어가 탄생했다). 직장에서 동료들과 지나치게 사적으로 친해진 사람들 때문에 벌어진 직장 내 사건 사고, 평판의 타격, 해고 같은 소름 돋는 이야기는 대대로 전해져 온다.

> "이게 최선입니다. 여기선 모든 사람이
> 그 정도만 받고 있다는 걸 이해해 줘요."

연봉 협상이 이뤄지는 동안 회사에서 제시하는 연봉을 당신이 받아들이도록 무의식적으로 압박을 주는, 아주 흔한 HR 전술이다. 이 전술은 '사회적 동조성 Social Conformity'[8]이라는 설득의 기술을 바탕으로 하며, 아주 강력한 전술이기도 하다. 이를 거부하는 사람의 경우 반사회적이라거나 팀 플레이어가 될 수 없다고 여기기 때문이다. 또래 압력에 민감한 사람들은 특히나 그런 사회적 영향에 취약하다.

연봉 협상이 노조나 집단 합의 때문에 제한을 받고 있다 하더라도 스스로 가치 있는 사람이라고 믿는다면 더 높은 연봉을 요구할 수 있음을 기억하자. 그게 아니라면 당신의 가치만큼 돈을 내줄 의지가 있는 다른 직장을 찾아보자.

> "젊었을 적 제 모습이 떠오르는군요.
> 우리가 크게 성장할 수 있게 도와줄 사람이라고 믿어요.
> 당신과의 찬란한 미래가 기대됩니다!"

이게 사실이고 당신이 정말로 기업에서 크나큰 가치를 매길 인재라면 실제로 기분 좋게 들어도 괜찮을 말이다. 그러나 이 말은 누군가를 계속 붙들려는 방법으로 사용되기도 한다. 발전이나 진보를 위한 명확한 길이 보이지 않는 거짓 약속은 그저 애매모호할 뿐이다. 이런 말을 들을 때 회사에서 밝은 미래를 내다보는 방식, 그리고 관리자와 HR에서 당신을 위해 개발한 커리어 계획이나 성장 전략을 다루는 추가적인 지침이 있는지 반드시 확인하자. 또한 당신이 달성한 목표나 발전 상황을 관리자나 회사 차원에서 주기적으로 평가하는지도 살피자.

"월급을 더 많이 줄 수는 없지만, 당신을 고객 만족 총책임자로 승진시켜 줄게요."

가끔은 기업들이 직원들에게 더 줄 수 있는 돈이 없을 때도 있다. 따라서 비금전적인 혜택(예를 들어 재택 근무의 기회나 의료 보험 혜택, 법인 차량 등)을 제시하기도 한다. 돈을 들이지 않고 직원에게 동기를 부여할 수 있는 효과적인 방식 중 하나는 승진이다. 사람들은 미래의 임금 인상 대신 더 높은 직위를 기꺼이 받아들인다. 특히나 직위를 중시하는 직원일수록 승진 덕에 회사 내 영향력을 얻게 되면 이를 보상이라고 본다.

일부 관리자들은 직원들에게 동기를 부여하면서 추가 수당도 없이 책임을 늘리기 위해 의도적으로 승진을 시키거나 창의적인 직책을 부여한다. 여기에 만족할지 여부는 본인이 결정해야 한다. 고객 만족 총책임자라는 창의적이지만 그럴듯한 직책을 받아들일 수는 있다. 단, 당신이 진정으로 만족해야 고객도 만족시킬 수 있다는 사실을 명심하자.

조용한 퇴사

지난 몇 년 동안 조용한 퇴사Quiet Quitting는 직장에서 꽤 흔하게 벌어지는 현상이 됐다. 조용한 퇴사는 실제로 일을 그만두는 것이 아니라 서서히 눈에 띄지 않거나 더는 노력하지 않는 상태를 말한다.[9] 직원들이 (더 이상) 직장에 유대감을 느낄 수 없을 때 맡은 업무는 마치지만 더 이상의 일은 하지 않는다. 조용한 퇴사의 사례로는 회의에서 입 다물고 있기, 자발적인 업무에 참여하지 않기, 칼퇴근하기, 또는 재택 근무를 하는 척 휴식을 취하면서 온라인 메신저에는 '바쁨'으로 표시하기 등이 있다.

최소한의 일만 한다는 관점에서 보면 조용한 퇴사는 오랫동안 존재해 왔지만, 특히나 팬데믹 시절이 일에 대한 사람들의 신념과 우선순위에 큰 영향을 미쳤다. 오늘날 사람들은 돈을 적게 받으면서 열심히 일하는 상황을 유난히 힘들어한다. 나는 조용한 퇴사가 계속 유행하리라고 믿지는 않지만, 일에 대한 일반적인 마음가짐은 바뀔 것이라 예상한다. 많은 사람들이 자신의 정신적·신체적 건강을 갈아 넣어 회사의 주머니를 불리기 위해 일하고 싶어 하지 않는다. 그리고 정신 건강에 관련한 문제가 급부상하면서 직원의 행복감을 보호해 주거나 긍정적인 근무 환경을 만들어주지 않는 회사는 곧 높은 이직률과 건강 문제로 인한 결근 등으로 일손이 크게 부족해지고 말 것이다.

회사와 테러 집단의 공통점

테러 집단과 사이비 종교 집단도 사람들이 자기네 집단에 애착을 갖게 하려고 사회 정체성을 이용한다. 테러 집단과 사이비 종교 집단이 애착을 형성하려고 사용하는 설득의 기술은 회사에서 사용하는 전술과 똑같지만 더 사악하다.[10] 테러 집단이나 사이비 종교 집단은 정서적으로 취약하거나 외롭고, 또는 자아정체성이 약한 사람들을 공략한다. 이런 사람들은 사회적 압력과 강압(협박이나 세뇌 등)의 영향을 더 크게 받는다.[11] 일단 사이비 종교 집단이 당신을 자기네 모임으로 끌어들이면, 신도로 가입시켜 강한 소속감을 불어넣고 심리적으로 의존하게 만드는 전술을 활용해 결국에는 외부 세계와 단절시킨다. 이는 마침내 '쿨에이드 마시기Drinking the Kool-Aid(1978년 사이비 종교 교주였던 짐 존슨이 미국 정부의 조사를 앞두고 신도들에게 청산가리가 든 쿨에이드 음료를 마시게 한 집단 자살 사건에서 유래한 표현 - 옮긴이)'[12] 효과를 가져오는데, 이 표현은 사이비 종교와 그 교주에 대한 신도들의 변함없는 충성과 순종을 나타낼 때 쓰인다. 사이비 종교에서의 지위(정체성)가 강해질수록 그 집단에서 하라는 대로 행동할 가능성은 높아진다.

회사가 정말로 가족처럼 운영될 때

일부 기업들은 정말로 가족이라는 이름에 걸맞게 훌륭하게 운영되기도 한다. 나는 가족 기업이 강력하게 '사람이 먼저다'식의 마음가짐을 추구한다는 사실을 발견했다. 다양한 가족 회사에서 자문으로 일하면서 이들이 인재들을 보유하기 위해, 중병을 앓는 직원들에게 특별한 관심과 지원을 쏟기 위해 어떤 식으로 부단히 노력하는지 이야기를 듣는다. 또한 정말로 사람들이 어떻게 행동하는지 알고 싶다면, 위기의 순간에 어떻게 행동하는지에 유의하라는 이야기도 가끔 한다. 가장 어려운 시기에 조직의 지도자와 관리자들은 본색을 드러내기 일쑤다. 최근의 팬데믹이 결정적인 예다. 전 세계적인 팬데믹 가운데 '사람이 먼저다'를 핵심 가치로 내세우던 모든 조직이나 지도자들이 직원들에게 기꺼이 고용 안정성을 보장해 준 것은 아니었다. 일부 지도자들은 심지어 팬데믹 초기에 회계연도 1분기 직후 직원들을 해고하고 수익을 극대화했다. 어이쿠, 사람이 먼저는 아니네! 그러나 직원 수를 그대로 유지하고 이 전례 없는 시기에 지원을 제공하기로 결정한 기업들도 많다. 핵심 목표에 따라 움직이면서 영향력 있는 행동으로 기업 가치를 표현할 때 정말로 회사는 가족과도 같은 특징을 담을 수 있다.

일본의 가족 기업

일본 기업들은 직장이 바로 가족이라고 강하게 설파하는 것으로 유명하다. 그럴 만도 하다. 대부분의 일본 회사는 종신 고용을 보장하고(다만 이 부분은 변하고 있다) 새 직원을 채용할 때 역량보다는 회사와 가치가 잘 맞는지를 보는 경향이 있다(가끔은 대학을 갓 졸업한 사람도 채용한다). 평생 고용을 제안하는 경우도 잦기 때문에, 직원들의 충성도를 높이려고 다양한 혜택을 제공한다. 이를테면 고용 안정성, 탄탄한 연금 혜택, 전액 보장해 주는 의료 보험 같은 것들이다. 여느 가족과 마찬가지로 (일 이외에도) 많은 시간을 함께 보내고, 가족이기 때문에 상황이 여의찮다고 쉽사리 무시할 수도 없다. 문제가 생기면 벌로 잠시 구석에 세워놓거나 일시적으로 가족들과 함께하는 활동에서 제외하는 식으로 대응한다.[13] 이런 개입과 처벌은 강한 가족적 가치를 지닌 일본 기업에서 아주 흔히 나타난다. 사무실 바깥에서도 함께 어울리는 일도 매우 흔해서(이를 '다섯 시 이후'라고 부른다) 동료나 상사와 함께 술을 마시거나 저녁 식사를 하고 노래방을 가는 시간을 반드시 함께해야 한다고 본다. 여러 중요한 거래와 회사 내 의제들이 정규 근무 시간 이후에 논의되고 결정된다. 개인 시간이 제한되면서 직원들은 쉽게 혹사당한다는 느낌을 받을 수도 있다.

"이 회사는 당신의 가족"이라는 어법에는 무거운 책임이 따른다. 나는 일본의 기업 환경을 회사를 가족으로 보는 관점에 대한 대안으로 활용하면서, 기업들이 어떻게 해야 가족적 회사의 긍정적인 측면만 취하고 부정적인 측면을 최소화할 수 있을지 생각해 보지 않았다면 이 어법을 사용하지 말아야 한다고 권하고 싶다.

가족적인 근무 환경을 만들려는 노력이 어떻게 독이 됐는지를 보여주는 다양한 사례가 있다. 변치 않는 충성을 요구하다 보니 매우 헌신적인 일부 직원들은 회사를 보호하기 위해 비윤리적으로 행동하거나 직장에서의 범법 행위를 보고하지 못한다.[14] 2015년 폭스바겐은 정부의 배기가스 평가를 통과하기 위해 공해 감지 소프트웨어를 조작한 혐의로 유죄를 선고받았다. 폭스바겐의 회장은 기자회견을 열고, 내부적으로 연이어 벌어진 잘못된 행위와 규칙 위반을 용인하는 그릇된 업무 문화 때문에 배기가스 스캔들이 벌어졌다고 말했다.[15] 이처럼 현실에 존재하는 역기능적 가족 문화가 조직 내에도 존재한다. 심지어 견제와 균형이 적절히 이뤄질 때도 그 문화 내에서만 용인되는 행동들 때문에 사람들은 올바른 일을 하지 못하기도 한다.

내 인생의 드라마

어떤 기업은 확장된 가족처럼 느껴질 수 있다. 이 회사들은 직원들이 스스로가 중요한 존재라고 느끼게 만들려고 최선을 다하고, 직원들의 걱정에 귀를 기울이며, 직장에서 더 즐겁고 생산적으로 생활할 방법을 적극적으로 찾는다. 그러나 모든 회사가 그렇지는 않으며, 어떤 업무 문화는 직원을 일개 숫자처럼 느끼게 만들기까지 한다.

그러나 우리가 속한 업무 문화나 근무 환경과는 상관없이 직원에게 "이 회사는 가족이나 마찬가지"라고 말하길 좋아하는 관리자들이 많다. 이 어법은 아무렇지도 않게 쓰여서, 심지어는 변치 않는 충성을 요구하거나 초과 근무를 정당화하기 위해 잘못 사용되기도 한다. 그뿐 아니라 관리자들은 심리적 애착과 사회적 기술을 사용해서 직원들이 회사에 유익하게 행동하도록 이끈다. 오늘날 직장에 들어온 젊은 세대들은 특히나 '우리를 가족으로 생각해줘' 같은 비유를 '극혐'하며, 이는 일에 대한 태도가 대대적으로 변했음을 시사한다.

팬데믹 이후 사람들은 혼자만의 시간, 행복감, 가족과 함께하는 시간 같이 삶의 다른 측면들을 우선시하는 법을 배웠고, 사무실에서 주 5일을 꼬박 채워 일하는 것 말고는 조직을 위해 신체나 정신 건강을 바칠 생각이 없어졌다. 조직은 직원들에게 동기를 부여하고 헌신하게 만드느라 고생하고 있으며, 어떻게 직원들을 고용하고 대우하며 인재를 보유할 수 있을지 다시 생각해봐야 한다. 지금은 인재 전쟁의 시대다. 이 빠르게 변화하는 세상에서 돈만으로는 직원들을 계속 행복하고 생산적인 상태로 유지할 수 없다. 직원들은 의미 있는 일, 일과 삶의 균형, 개인적인 성장, 그리고 직장에서의 긍정적인 인간관계를 추구한다. 기업들은 일터에서 심리적 애착을 형성하기 위해 더욱 노력해야 한다. 그래야만 장기적으로 직원과 고용주 모두에게 유익하기 때문이다. 직원들이 소중하다는 느낌, 존중과 보호를 받는다는 느낌을 받는 한편 보복당하지 않고 진정성 있는 의견을 표현할 수 있는 직장, 즉 정말로 가족 같은 느낌의 직장을 만들려면 큰 책임이 필요하다. 회사가 "우리는 가족"이라 말한다면, 진정으로 가족이 되어줘야만 한다!

레드 라이트 발견하기

- 회사가 "우리가 당신의 가족입니다"라고 말하지만, 진정한 가족이 되기 위한 헌신과 책임을 다하지 않는다.
- 회사가 충성과 복종, 초과 근무 또는 적은 시급을 요구하기 위해 심리적 애착이나 다른 설득 전략을 사용한다.
- 회사를 보호하기 위해 직장에서 나쁜 짓을 하고 있음을 깨달았다. 회사에 강한 유대감을 가진 만큼 다른 직원들을 괴롭혀도 이를 합리화할 수 있다. 그런 행동에 동참하기 전에 한 번 더 생각하자. 그리고 언제나 업보가 존재한다는 것을 기억하자!
- 직장이 지나치게 친근해진다. 시간이 흐를수록 개인의 삶에서 일을 분리해 내기가 어려워질 수 있음을 기억하자. 그로 인해 직장에서 인간관계나 평판에 관한 문제를 일으킬 수 있다.
- 조직이 미래의 연봉이나 승진을 약속하지만 이를 이행하지 않는다. 한두 번 이런 식으로 나왔다면, 앞으로도 또 그럴 가능성이 매우 높다. 모든 것을 기록으로 남기자!

그린 라이트 발견하기

- 회사가 직원의 행복에 집중한다. 당신은 받아들여지고, 존중받으며, 보호받는다고 느낀다. 또한 상황이 잘못되면 재빨리 이를 고

치려고 조치를 취한다.
- 회사의 리더십이 훌륭하다. 지도자들과 관리자들은 뛰어난 소통가이고, 직원을 우선시하며, 어려운 시기에 '사람이 먼저다'라는 가치에 따라 노력한다!
- 나이와 성별, 성적 지향, 종교적 신념이나 장애 유무에 상관없이 직장에 속해 있음을 느낀다. 모두가 하나라는 느낌을 자아내는 업무 문화는 가장 중요한 그린 라이트다!
- (재택 근무가 가능한 업무일 경우) 기업의 재택 근무 정책과는 상관없이 사무실에 나가고 싶다는 기분이 든다. 동료들과 형성한 동지애나 따뜻한 유대감 때문이다.
- 개인적인 가치와 목표가 기업의 가치와 목표에 일치한다. 일치하는 부분이 많을수록 연결되어 있다는 느낌도 더욱 강해진다. 조직의 가치를 구체적으로 보여주는 사람들은 (다른 특정한 업무 요구 사항을 충족하면) 승진의 기회를 얻기가 더 쉽다.

관계를 지속할까, 끊어낼까? 다음을 고려하자

우리에게 필요한 건 직장에서 벌어지는 상황과 행동을 평가하고 이를 바탕으로 이 조직이 정말로 자신에게 가족인지를 결정하는 일이다. 직원과 고용주 모두 협상의 목표를 달성하고 약속한 바를 이행한다면 멋진 미래를 맞을 수 있다. 직원은 회사를 더 굳게 믿을 수 있을 뿐 아니라 더 행복해지고 생산성도 올라가게 된다. 그러나 긍정적인 직장 내 인간관계만으로는 요즘 사람들에게 애착을 심어주기에 충분치 않다. 외부 상황이 너무 빠르게 바뀌고 있는 동안 우리는 내부에서 더 단단한 유대를 형성할 방법을 찾아야 하고, 직장에서의 정체성은 이를 달성하는 데 도움이 될 수 있다. 일에서 고귀한 목표를 가지게 되면 우리는 돈 외의 이유로도 아침에 침대에서 벌떡 일어날 수 있으며, 직장에서 소속감을 갖고 자신이 소중하고 보호받는 존재라고 느낄 수 있다. 그러나 이런 부분들을 찾아볼 수 없고 소외되는 느낌이 들 때 나쁜 미래가 펼쳐질 가능성이 커진다. 그리고 이는 정신 건강과 신체 건강에 부정적인 영향을 미칠 수 있다. 이 회사와 함께할 것인지, 아니면 떠날 것인지 다시 한번 생각해볼 때다.

함께하겠다는 마음가짐

- 회사가 당신을 존중하고 소중한 인재로 여긴다.
- 당신이 지금 하는 일과 함께 일하는 동료들에게 강력하고 긍정적인 유대감을 느낀다.
- 회사가 당신과 약속한 대로 움직인다!
- 고용주와 함께 일과 삶의 경계를 명확히 설정하고, 고용주는 당신과의 합의를 존중한다.
- 지도자들과 관리자들이 자기네가 강조한 가치들을 적극적으로 실천한다.

이제는 거리를 둘 때

- 개인의 정체성을 존중받지 못한다. 당신을 참아주는 곳이 아니라 축복해 주는 곳으로 가자!
- 관리자들이 당신의 의견을 중시하지 않고, 더 잘하겠다고 말만 하면서 행동으로 옮기지 않는다.
- 회사가 당신의 성장을 약속하면서도 결국에는 아무런 교육이나 직무 순환, 승진의 기회를 제공하지 않는다.
- 관리자가 더 많은 업무를 요구하지만, 이를 지원하는 환경이나 충분한 임금을 제공하지 않는다.
- 다른 어딘가에서 더 좋은 기회를 발견했다. 퇴사를 걱정하지 말자. 오늘날의 경영 환경에서는 충성에도 끝이 존재한다.

레드 플래그 ⑧

"이번 일요일에 출근할 수 있나?"

직장에서 경계선을 존중해 주지 않을 때

"사람은 한계를 밀어붙이면서 자신의 한계를 찾아낸다."
— 허버트 A. 사이먼

직장에서 존중받는 경계선

경계선 설정은 당신이 통달해야 할 중요한 기술이다. 우리의 삶 중에는 변화, 불확실성, 다른 사람들로부터의 개인적인 요청 등이 계속 쏟아진다. 자신을 위해서 경계선을 설정하는 방법을 배워야 한다. 다른 사람들의 요구를 제한하기 위해서뿐 아니라 외부 세계로 인해 내면이 지나치게 버거워지지 않기 위해서다. 직장에서의 경계선 설정은 가족이나 연인 관계에서 경계선을 설정하는 것과 다를 바 없다. 필요 이상으로 요구하거나, 가져가야 하는 정도 이상으로 가져가려는 것은 인간의 본성이다. "봉당 빌려주니 안방까지 달란다"라는 속담은 흔히 이런 행동을 나타내는 데 쓰인다. 직장에서 수많은 목표와 개인적인 욕구가 경쟁하면서, 다른 사람들이 우리에게 감당할 수 있는 것보다 더 많은 업무를 해달라거나 휴가나 휴일에도 일해 달라고 부탁하는 경우는 흔하다.

한편으론 우리가 사무실에 없을 때 곧바로 응답해 달라고 요구하는 상사에게 안 된다고 말하기도 어렵다. 자유 시간이라 할지라도 응답하지 않는다면 우리는 형편없는 팀 플레이어가 되거나 승진 가능성이 낮아질 수도 있다. 그러나 동시에, 우리의 욕구를 제대로 전달하지 않는다면 다른 사람들에게 단물을 빨리고 결국에는 직장에서의 성과와 정신 건강에 악영향을 미치게 된다. 우리가 직장에서 경계선을 설정하기가 어렵다고 느끼는 이유는 다양한데, 개인적인 이유일 때도 가끔 있다. 이 장에서 우리는 경계선을 설정하는 심리를 깊숙이 파헤쳐 보고 왜 일부 관리자들과 동료들은 우리의 선을 아무렇지도 않게 넘는지 탐구해 보려 한다. 또한 왜 어떤 이들은 경계선을 설정하기 어려워하며, 어떻게 하면 구체적인 전략으로 이를 해결할 수 있는지를 살펴보려 한다. 경계선을 설정하기가 처음에는 두려울 수 있지만, 곧 이 작업이 얼마나 중요하며 실제로 당신이 존중받는 데 어떤 도움을 줄 수 있는지 깨닫게 될 것이다.

경계선 설정의 중요성

우리가 일에서 얼마나 좋은 성과를 내는지에 영향을 주는 가장 중요한 요인 중 하나는 업무 명확성이다. 업무를 잘하려면 무엇이 필요한지 이해하는 능력을 과소평가해서는 안 된다. 우리는 무슨 업무를 어느 정도까지 수행해야 하는지 알아야 한다. 또한 업무를 제대로 할 수 있는지, 그리고 높은 성과를 달성하려면 어떤 역량을 향상시켜야 하는지 가늠할 수 있어야 한다. 단순히 기술적인 역량뿐 아니라 대인 관계적 역량도 여기에 포함된다. 이를테면 협업을 잘하는지, 업무를 완성하기 위해 다른 사람들과 효율적으로 소통할 수 있는지, 스트레스와 시간 관리의 관점에서 자기 관리를 할 수 있는지 등이다. 대인관계 역량은 직장에서 무척 중요하다. 때로는 일에 몰두하느라 충분한 휴식을 취하지 않거나 일을 내려놓지 못해서, 휴일이나 주말인데도 일하는 경우가 생길 수 있기 때문이다. 업무 명확성은 당신이 맡은 업무의 경계선을 파악하고 작업을 완수하기까지 필요한 시간을 이해하는 데 도움이 된다.

스스로 명확한 경계선을 세우지 못한다면 결국에는 무리하게 일을 하다가 번아웃이 올 수도 있다. 마찬가지로 동료들이 당신의 담당이 아닌 부가적인 업무들을 처리해 달라고 요구하면 이를 어떻게 거절해야 할지도 알아야 한다. 물론 다른 사람들을 돕는 것도 좋지만, 당신이 도와주면 이들은 능숙하게 책임을 또 다른 사람들에게 넘길 수 있다는 점을 유의하자. 관리자들에게 싫다고 말하기는 특히나 어렵다. 관리자들이 당신이 감당할 수 있는 것보다 더 많은 업무를 넘긴다거나, 주말이나 퇴근 후에 잔업을 해달라고 부탁할 때는 더욱 껄끄러워진다. 가끔은 잔업을 할 수도 있고 직장 생활에서는 언제나 기브 앤 테이크가 중요하지만 한계가 있는 법이다. 무엇보다 당신이 스스로 경계선을 설정하고 책임을 져야 한다. 본인이 아닌 다른 사람이 해줄 수 없는 일이기 때문이다.

경계선 설정이 어려운 이유

가끔은 당신에게 누군가가 추가적인 일을 맡아달라고, 또는 쉬는 날 일해 달라고 부탁했을 때 거절하기가 어려울 수 있다. 또한 일반적으로 기대되는 정도보다 더 많이 일해야 한다고 지시하는 업무 문화가 있을 수도 있다. 잘나가는 사람들은 '모든 것을 잘 관리'하고 있고 '최악의 일을 처리하느라 한층 더 애를 쓰고 있다'고 칭송받는다. 그러나 상시 온라인 문화에서 번아웃과 불만이 생기는 경우는 드물지 않다. 세부적인 부분까지 관리당할 때 더 많은 압박을 느끼면서 더욱 큰 문제가 일어날 수 있다. 그렇다면 왜 경계선을 침범당했을 때 반발하기가 어려울까? 보통은 관리자에게 목소리를 높이는 게 두렵다 보니 자신의 필요성을 적극적으로 이야기하지 못하고 망설일 수 있다. 보복이나 실직에 대한 두려움이 적극적으로 목소리를 높이지 못하는 근본적인 이유가 될 수도 있다. 또 다른 흔한 이유로는 타인들의 비위를 맞춰주려는 성향이 있다. 동료와 관리자들은 누군가가 피플 플리저People-pleaser(다른 사람들을 기쁘게 해주려는 강박이 있는 사람들을 가리키는 신조어-옮긴이)인지 귀신같이 알아차리고, 그 사람을 업무를 덤터기 씌울 손쉬운 표적으로 삼는다.

많은 사람이 원격 근무가 주는 자유로움에 매력을 느끼지만, 원거리에서 일하거나 혼자서 일하다 보면 개인적인 효율성이라는 역량을 갖춰야만 언제 신경을 켜고 꺼야 할지 판단할 수 있다. 명확한 일과 삶의 경계선을 가지고 있지 않으면 과한 업무에 시달릴 수도 있다. 팬데믹 동안 나는 재택 근무가 어떻게 직원들의 태도와 행동에 영향을 미치는지 연구했고, 많은 사람이 평상시보다 더 열심히 일하고 있음을 발견했다. 이들의 생산성이 점점 더 높아져서가 아니라 눈에 보이지 않고 연결되어 있지 않은 탓에 더욱 불안해졌기 때문이었다. 나는 이 행동을 '패닉 근무Panic Working'라 불렀다.[1]

경계선을 설정할 때 자기 인식이 중요한 이유

경계선을 설정하기가 어렵다고 느끼는 이유를 파악하는 것은 스스로 경계선을 설정하는 방법을 배우는 첫걸음이다. 경계선은 단순히 신체적인 의미에서뿐 아니라(예를 들어 사람들에게 내 시간과 공간을 존중해 달라고 부탁하는 것), 정신적인 경계선(예를 들어 루틴과 구조)과 정서적 경계선(예를 들어 다른 사람들의 정서가 당신에게 영향을 미치지 않게 막는 것)을 의미할 수도 있다. 여기서 자기 인식은 당신의 욕구를 목소리 높여 표현할 수 있는 자신감을 쌓는 것과 함께 중요한 핵심이 된다. 다음은 왜 많은 이들이 직장에서 경계선을 설정하기 힘들어하는지를 보여주는 근원적인 이유 몇 가지다.

비위 맞추기

피플 플리저들이 겪는 공통적인 문제는 일단 직장에서 스스로 경계선을 세우려 할 때 불안감과 죄책감이 피어오른다는 점이다. 경계선을 세우는 일이 낯선 탓이다. 익숙지 않은 일에 대한 두려움에 더해, 피플 플리저들은 다른 사람들의 감정을 해치거나 거절당하는 상황을 두려워하는 만큼 경계선을 설정하기 힘들어한다. 이 부정적인 정서가 사람들의 비위를 맞추려는 성향을 촉발하고 다시 옛 행태 그대로 돌아가게 만들어서, 피플 플리저들은 설정된 경계선을 굳게 지켜내기가 너무 어려워진다.

완벽주의

완벽주의자들은 직장에서 최선을 다하고 반드시 모든 일을 제대로 완수하는 것을 목표로 삼는다. 그로 인해 적정선보다 훨씬 오래 일하고, 마음이 편안해질 만큼 업무를 해내려면 일반적인 기준을 훌쩍 뛰어넘어야 한다는 압박을 받는다. 눈에 보이지 않는 깊숙한 내면까지 들여다보면, 여러 가지 요인들이 사람들을 완벽주의로 몰아가고 있다. 사람들이 완벽주의자가 되는 중요한 이유 가운데 하나는 다른 사람들로부터 인정받지 못하거나 비판 당할까 봐 두려워서다. 당신은 프로젝트의 모든 요소를 일일이 챙기면서 환경을 통제할 수 있다는 그릇된 생각을 하고, 일이 잘못될 위험성을 줄일 수 있다고 믿는다. 이럴 경우 스스로 경계선을 설정하게 되면 환경을 통제할 수 있는 능력이 떨어지고, 이는 다시 실패의 두려움을 불러일으켜서 결국에는 스스로 설정한 경계선을 유지하는 데 실패하고 만다.

신체적인 선을 긋지 못했다면
정신적인 선을 긋는 법을 배워라

재택 근무를 할 때 당신은 직장 생활과 개인 생활 또는 가족들과의 시간 사이에서 균형을 맞춰야 한다. 언제 어떻게 일할지 결정할 수 있어야만 인생을 통제한다고 느낄 수 있다. 이 문제는 당신이 작은

집이나 아파트에서 살면서 일할 수 있는 별도의 공간이 있을 경우 개인 생활로부터 직장 생활을 분리하기가 어려울 때 특히나 심각해진다. 한 가지 효과적인 전략은 정신적인 경계선을 긋는 것이다. 정신적인 경계선을 보여주는 사례로는 평소에 하듯이 아침에 일어나서 출근 복장으로 갈아입고, 제시간에 휴식을 취하고 제시간에 일을 끝내는 등 철저한 일과를 따르는 것이 있다. 정신은 인생을 구획 지어 분류하길 좋아한다. 그래야 개인적인 정체성과 직장에서의 정체성 사이에서 쉽게 전환할 수 있기 때문이다. 정신적인 경계선을 그어두면 당신이 설사 한 공간에서 생활하고 일한다 하더라도 일과 사생활을 분리하는 데 도움이 된다.

상사나 동료에게 능숙하게 '노No'를 외치는 방법

적게 투자해 큰 성과를 내야 하는 기업 환경에서는 상사와 동료들이 더 많은 일을 당신 몫으로 넘길 가능성이 매우 크다. 기업들이 비용 효율성을 높이려고 애쓰고 있거나 인재를 찾느라 어려움을 겪고 있어서일 뿐 아니라, 사람들은 본질적으로 게으르기 때문이다. 상사나 동료가 일을 당신에게 떠넘기고 당신이 이를 아무렇지도 않게 받는다면, 그들은 앞으로도 종종 그리할 것이다. 그러므로 능숙하게 거절할 수 있는 법을 배우자. 그래야만 당신은 일에 치이지 않을 수 있고, 동료들은 당신이 할 필요 없는 일을 넘기는 데 익숙해지지 않는다.

상사가 "이 일을 당장 해주면 좋겠군요"라고 말할 때

상사가 업무 계획을 세우고 우선순위를 정할 때 마지막 순간에 다다라서야 결정을 내리는 일은 매우 흔하다. 그러나 상사가 계속 당신의 업무 순서를 바꾼다면, 완료 일자를 제대로 파악하기 어렵고 업무 처리 과정을 통제할 수 없어서 좌절감을 느끼게 된다. 이런 상황이 지나치게 오랫동안 계속되면 번아웃으로 이어질 수 있으므로, 이를 정중하게 거절하거나 일의 우선순위를 재점검하는 방법을 찾아야 한다.

즉각 행동해 주길 바라는 상사를 다룰 때 사용할 수 있는 효율적인 전략이 하나 있다. 이렇게 대답하는 것이다. "이 일이 긴급하다는 건 이해했고, 바로 처리할 준비가 되어 있습니다. 다만 제가 지금 맡고 있는 다른 업무들과 함께 제시간에 끝마치려면, 어떤 업무를 제외하거나 우선순위를 낮출 수 있을지 조언해 주실 수 있을까요?" 관리자가 이 요청을 거절하면, 각 업무에 걸리는 시간이 어느 정도인지 몰라서일 수도 있으니 상기시켜주자. 전체적인 업무 개요와 각 업무의 예상 소요 시간 등을 관리자에게 알려주면 이 문제를 해결하는 데 도움이 될 것이다.

그렉 대니얼스가 기획 및 제작한 유명한 TV 시리즈인 〈더 오피스 The Office〉 미국판에서 지역 담당자인 마이클 스콧은 임시직 사원인 라이언에게 이렇게 말한다. "아침 일찍 출근해서 오는 길에 저한테 소시지, 계란, 치즈 비스킷을 좀 사다 주면 좋겠어요." 라이언은 사무실에 도착해서 마이클에게 아침 식사를 건네는 순간, 그것이 자신이 아침 일찍 사무실에 나와야만 했던 유일한 이유임을 깨달았다.[2] TV로 보기에는 어쩐지 웃긴 장면이지만, 슬프게도 일부 관리자들이 직원들을 다루는 현실을 반영하고 있다. 직장에서 경계선을 존중하는 일은 중요하지만, 직장에서 벌어지는 인간관계의 역학이나 그저 잘못된 관행으로 인해, 지나치게 많은 것을 요구하거나 개입하는 사람들이 있을 수 있다.

내 인생의 드라마

오늘날의 기업 환경은 그 어느 때보다 험난하다. 우리는 더 적은 공을 들여 더 많은 성과를 내야 한다. 또한 재택 근무 때문에 일과 가정의 경계선은 모호해졌다. 우리는 상시 온라인 문화 속에서 일하면서, 일을 완수하기 위해 전자기기에 매달려 신속하게 대응해야 한다는 기대를 받는다. 이런 환경에서 관리자들은 예상보다 당신에게 더 많은 것을 요구하거나 전통적인 일과 가정의 경계선을 무시하기 십상이다. 요즘 들어 더 많은 사람들이 직장에서 불만을 느끼고 번아웃을 겪는다는 사실은 놀랍지 않다. 특히나 외부 압력에 예민하고 거절을 힘들어하는 사람일수록 직장에서 스스로 경계선을 설정하는 법을 배우는 것이 중요하다.

상사에게 '아니오'라고 말하기가 어렵다고 느끼는 이유에는 여러 가지가 있다. 일자리를 잃을까 봐 두렵거나, 사람들의 비위를 맞추는 성향이라거나, 완벽주의자이기 때문일 수도 있다. 경계선을 설정하면 압박 속에서 일할 때도 에너지를 관리하고 신체적·정신적 건강을 유지하는 데 도움이 된다. 태생적으로 무리하는 성향을 가진 사람도 역시나 경계선을 세우는 방법을 배워야 한다. 직장에서 경계선을 효율적으로 설정하기 위해서는 상당한 수준의 자기 인식이 필요하다.[3] 왜 처음에는 경계선을 긋지 않았으며 어떻게 해야 심리적 저항을 극복할 수 있는지를 알아내야 하기 때문이다. 직장에서 경계선을 설정할 때 필요한 또 하나의 중요한 요소는 상사에게 전략적이고도 정중하게 거절의 말을 전하는 방법이다.

레드 라이트 발견하기

- 관리자가 당신에게 일주일 이상 휴가를 쓸 수 없다고 한다.
- 관리자가 당신에게 (또다시) 일요일에 일해야 한다고 한다.
- 관리자가 말하길, 당신이 초과 근무를 하고 한동안 추가 업무를 도맡아 해준다면 승진을 시켜주겠단다.
- 당신이 아플 때 이메일에 답하지 않았다고 비난한다.
- 당신은 직장에서 경계선을 설정하지 못했고, 따라서 원치 않는 때에도 회사의 요청에 응해야 하는 경우가 잦다.

그린 라이트 발견하기

- 관리자가 직원의 직장과 가정에서의 경계선을 존중해 준다.
- 관리자가 직원들에게 직무를 명확하게 설명해서, 직원들은 어디까지가 자기 책임이고 어디서부터가 아닌지를 알고 있다.
- 당신은 욕구를 효과적으로 전달하는 방법과 능숙하게 거절하는 방법을 안다.
- 어떻게 해야 더 이상 일에 신경을 쓰지 않을 수 있는지 안다.

관계를 지속할까, 끊어낼까? 다음을 고려하자

직장에서 압박을 느끼고 초과 근무를 해달라고 부탁받는 일은 흔하다. 특히나 오늘날 정신없이 빠르게 변하는 세상에서는 일을 제대로 처리하기 위해서 '안테나를 세우고' 회사에 모든 것을 바쳐야만 좋은 직원으로 평가받는다. 이런 작업 환경 때문에 관리자들은 쉽게, 또 너무 자주 사적인 경계선을 넘어버릴 수 있다. 기대에 부응하는 것과 당신의 건강과 정신을 보호하는 것 사이에서 균형을 잡는 일은 요즘 시대에 더욱 중요해졌다. 동료들과 관리자들이 경계선을 넘어온다면, 당신의 한계와 욕구를 말로 표현하는 것이 중요하다. 당신의 욕구가 무시당하고 있으며 업무적인 압박 때문에 직장 생활과 가정 생활 사이에서 균형을 유지하기가 어렵다고 깨달았다면, 이제는 삶 속에서 현재의 일이 가지는 중요성을 다시 한번 생각할 때가 온 것이다.

함께하겠다는 마음가짐

- 경계선을 너무 자주 침범당한다고 느끼지만, 참을 만큼 참은 순간이 어디쯤인지도 안다. 지금 당장은 현재의 자리를 유지하는 편이 낫다.
- 상사가 과한 요구를 할 때가 있지만 전반적인 직장 문화가 긍정적이고 협력적인 분위기다.
- 상사에게 당신의 필요와 경계선을 명확하게 표현할 수 있다. 상사가 거기에 반응해서 초과로 근무하거나 휴일에 나와달라는 요청을 최소화한다.
- 직장에서 에너지와 시간을 더 훌륭히 관리하는 법을 배울 수 있다.

이제는 거리를 둘 때

- 관리자들은 일과 가정의 균형을 존중하지만, 근무 환경 때문에 어쩔 수 없이 직원들이 과로하고 있음을 알고 있으면서도 더 많은 업무를 요구한다.
- 직원들이 경계선이 어디까지인지 분명하게 표현한 후에도 관리자들이 계속 선을 넘는다.
- 언제나 즉석에서 바로 문제를 해결해내고 쉬는 시간에도 일해야 한다고 요구받으면서 당신의 신체적·정신적 건강에 악영향을

받는다.
- 관리자들이 지속적으로, 또는 의도적으로 당신의 권위를 깎아내린다.

레드 플래그 ⑨

"불평하지 마! 이 바닥에선 다 그렇게 일해!"
직원들의 행복과 정신 건강을 전혀 고려하지 않는 회사

"최악의 상태에 있는 나를 감당할 수 없다면 최상의 상태인 나를 누릴 자격이 없다."
— 마릴린 먼로

직원의 행복을 우선순위로

일은 모두의 삶에서 중요한 역할을 한다. 우리는 일을 해서 돈을 벌 뿐 아니라, 소속감, 지위, 개인적인 성장 같은 정서적·심리적 이득을 얻고 자존감도 북돋을 수 있다. 인생에서 대부분의 시간을 직장에서 보내는 만큼 긍정적이고 보호받는 환경에서 일하는 것이 중요하다. 당신이 직장에서 겪는 경험과 형성하는 인맥은 직장 안팎에서 느끼는 감정과 일을 수행하는 방식에도 영향을 미친다. 긍정적인 근무 환경 속에서 우리는 활기와 행복을 느낄 수 있으며, 정신적·신체적 건강도 개선될 수 있다. 그러나 독이 되는 근무 환경은 역효과를 내며 번아웃과 우울, 심지어는 죽음에 이를 수 있는 온갖 건강 문제로 이어질 수 있다. 우리의 사적인 삶은 원격 근무와 상시 온라인 문화의 등장으로 인해 점차 일과 얽혀가고 있으며, 따라서 조직은 직원들이 스스로 명확한 경계선을 세우도록 도울 방법을 찾아야 한다.

한번 생각해 보자. 많은 업무 문화가 그다지 직원 중심적이지 못하며, 직원의 행복을 중요한 우선순위로 여기지도 않는다. 일부 조직에서 인사 문제는 인사人事라기보다는 인사人死에 가까워서, 효율성과 이윤 극대화라는 명분을 내세워 직원들에게서 온전한 정신과 건강을 마지막 한 방울까지 짜내는 데 집중한다. 직원의 행복을 우선시하는 상황은 "버텨! 불평 따윈 하지 마!"라고 지시하는 업무 문화에서는 결코 이뤄질 수 없다. 직원의 행복과 정신 건강을 지지하는 업무 문화는 개인이 이 회사를 위해 일하고 싶은지, 더 오래 이 직업을 유지하고 싶은지 결정하는 데 큰 영향을 미친다. "이 바닥에선 다 그렇게 일해"는 우리가 오늘날 변화하고 있는 일의 세계와, 직장에서 직원들의 건강 및 전반적인 행복을 우선시해야 하는 필요성을 깨닫지 못하게 방해한다.

직원의 정신 건강에 집중해야 하는 이유

2020년 글로벌 팬데믹의 공포는 대대적인 해고 사태를 불러왔을 뿐 아니라 여러 근로자가 자발적으로 직장을 그만두게 만들었다(이를 보통 대퇴직 Great Resignation이라고 한다). 그리하여 사람들은 인생의 우선순위와 일과의 관계를 재평가하는 결정적인 순간을 맞이했다. 팬데믹 동안 강제적으로 락다운이 시행되면서, 감염의 두려움과 가정 폭력에 더해 외로움과 불안, 우울을 겪는 사례가 증가했다. 이 불행한 전개로 인해 기업들은 직원들의 행복을 우선시하는 것이 인재를 유지(및 유인)하는 중요한 방법이라고 의식하게 됐다. 다양성과 포용력을 키우고 사람을 우선시하는 것이 직원들에게 도움이 될 뿐 아니라 조직의 성과에 긍정적인 영향을 미친다는 사실도 증명됐다.

직장에서는 정신 건강을 어떻게 규정할까?

최근 몇 년 동안 정신 건강은 관심을 기울여야 할 중요한 주제가 됐다. 직장에서 과도한 업무와 혹사로 인한 정신 건강 문제에 대처하는 것 외에도, 현대의 생활 방식이 사람들이 느끼고 생각하는 방식에 미치는 영향을 이해하는 기업들이 많아졌다. 디지털 기기와 플랫폼이 인간관계와 행복에 미치는 영향은 말할 것도 없다. 여전히 직장에서는 정신 건강과 관련해서 여러 낙인이 존재하고 "그러면 어떻게 되는 거야?"라는 질문이 따라붙는 만큼, 사람들은 정신 건강 장애를 겪고 있다는 꼬리표를 달고 싶어하지 않는다. 이런 식으로 낙인찍혔다가는 부족한 직원으로 취급받을까 봐 두려워하며, 어떤 정신 건강 서비스를 통해 지속적인 지원을 받을 수 있을지 무지한 경우도 있다.

신경 다양성 Neurodiversity(신경 전형적인 Neurotypical 생각에서 벗어나서 정보를 처리하고 의사 결정을 하는 별개의 방식을 인정하는 것)이라는 주제는 다양성과 포용력, 그리고 정신 건강 사이에서 갈피를 못 잡는 경우가 잦다. 신경 다양성을 강점으로 봐야 할지 아니면 지원이 필요한 장애로 봐야 할지도 불분명하다. ADHD나 자폐 스펙트럼에 속하는 사람들은 오늘날 직장에서 자신의 신경 다양성을 한층 더 편안하게 인정하며, 여러 연구 결과에서 보듯 고도로 지적이고 창의적인 성공을 거두기도 하다. 그러나 보통 이런 인지 유형에 동반되는 행동 특성이 평범하지 않은 만큼 모든 사람이 이를 강점으로 보지는 않는다(예를 들어 ADHD나 자폐 스펙트럼의 경우 과잉 행동이나 과집중을 보이며, 사회성이 떨어지고, 소통할 때 할 말 못 할 말을 가리지 못하기도 한다).

나는 정신 건강을 규정하는 방식이 중요하다고 믿는다. 정신 건강은 질병의 상태를 의미하는, 보살핌이 필요한 결함인가? 아니면 생산성과 대처 전략, 회복력을 갖춘 상태(다른 말로, 행복한 상태)인가? 후자에 따르면 정신 건강의 의미가 무엇이며 이를 어떻게 발전시켜야 하는지, 그리고 직원들이 어떻게 관여해야 하는지를 완전히 바꿔놓는다. 내 연구는 대부분 질병이 아닌 행복과 회복력의 상태에서 개인을 바라본다. 임상 모델은 인간의 인지와 행동을 평가하기 위한 하나의 패러다임에 지나지 않는다.

실제로 아랍 에미리트에서는 정신 장애나 신체 장애를 지닌 사람들을 '투지 있는 사람 People of Determination'이라고 부르는 훌륭한 사례가 있다. 인생의 다양한 상황에 어떻게 꼬리표를 붙이느냐에 따라 우리는 새로운 가능성을 놓칠 수도 있고, 더 발전할 수 있는 활기를 얻기도 한다. 직장에서 정신 건강을 어떻게 정의할지 결정하는 일은 기업들이 직원들의 성장을 뒷받침하기 위해 내딛어야 할 가장 중요한 첫걸음이다.[1]

정신 건강보다 생산성을 우선시하는 조직들

불행하게도, 여전히 직원의 행복에는 관심이 없거나 전혀 배려하지 않는 기업들도 많다. 비용 절감과 효율 증진 같은 것들이 직원의 행복보다 우선시되기 때문이다. 예를 들어, 직장에서 AI를 도입하는 문제를 떠올려보자. 많은 사람이 AI에 일자리를 빼앗길까 봐 두려워하고 있으며, 변화하는 근무 환경에 대해 정서적·심리적 지원을 거의 받지 못하고 있다. 게다가 "이 바닥에선 다 그렇게 일하니까, 그냥 닥치고 해!" 같은 문화를 부추기는 근무 환경은 직원들이 소외감을 느끼거나 도움받지 못한다고 생각하게 만든다.

직장 문화는 몇 년에 걸쳐 형성되며, 현대의 직장은 너무 빠르게 바뀌다 보니 가끔은 필요한 변화를 뒷받침할 수 있을 만큼 직장 문화가 따라잡지 못하기도 한다. 이런 문제는 관리자들이 정신 건강이나 행복 등의 주제에 반응하는 방식에서도 발견된다. 직원 행복 실천 계획이나 정책이 마련되어 있는 기업에서도 발생할 수 있는 사례다. 휴가를 길게 못 쓴다거나, 시간 외 근무를 자주 하면서도 수당을 받지 못하거나, 휴일에도 대기를 하라고 요구하는 등의 암묵적인 규칙들은 회사가 당신의 행복을 우선시하지 않고 있다는 확실한 레드 라이트다. 또한 새로운 정책이 존재함에도 기존의 기업 문화 때문에 더 건강한 근무 형태를 받아들이지 못하는 것 역시 레드 라이트라 할 수 있다.

심리적 안정

심리적 안정은 당신이 직장에서 목소리를 내고, 중요한 논의에 참여하고, 누군가가 실수를 저질렀을 때 이를 짚어주고, 보복당할 두려움 없이 새로운 아이디어를 실험할 수 있고, 위험을 감수하면서도 얼마나 안정감을 느끼는지를 반영한다. 심리적 안정은 팀 성과와 혁신적인 결과를 이끌어내고 신체적·정신적 행복을 증진해 주는 것으로 밝혀졌다. 조직에서 심리적 안정을 쌓으려면 시간이 필요하다. 특히나 모든 직원이 할 말을 하거나 현 상황에 딴지를 걸기가 두려운 환경에서 일할 때 더욱 그렇다. 회사들은 보통 직원들이 직장에서 괴롭힘이나 따돌림을 경험할 때 심리적 안정에 초점을 맞추기 시작한다. 새로운 입법 역시 기업들이 심리적으로 안정된 근무 환경을 조성하는 데 집중하도록 촉구하기도 한다. 이런 초기 단계에서 대부분의 직원들은 실천 계획에 대한 믿음이 없고 냉소적인 태도를 취하기도 한다. 회사가 심리적 안정을 쌓고 보상하겠다는 방침을 행동으로 증명하고 직원들이 직장에서 더 적극적으로 목소리를 높일 때, 그때 기업 문화가 변화할 수 있다. 직장에서 심리적으로 안정된 환경을 구축하는 일은 분명한 의도를 갖고 꾸준하게 이뤄져야 하며, 직원들의 행동이 변화하고 신뢰를 쌓으려면 시간이 걸린다는 사실을 이해해야 한다.

사람이 먼저인 회사와 나중인 회사 구분법

대부분의 경우 현재의 일이나 조직이 우리의 신체적·정신적 행복에 도움이 되는지 아닌지를 판단하기는 쉽다. 그러나 그리 명확하지 않은 경우도 있다. 당신의 회사가 직원들의 행복을 실현하려고 정신 건강 정책을 시행한다고 해서, 그 사실이 자동으로 당신에게 도움이 된다는 의미는 아니다. 또한 우수한 환경에서 근무할 수 있는 상황이 오래오래 지속될 수도 있지만, 기업 환경이 변화하면서 더 이상 이를 감당할 수 없을 때 무슨 일이 벌어질까? 업무 스트레스 요인을 다룰 때 충분히 지지받는다는 느낌을 받는지 여부는 조직이 진정으로 당신을 뒷받침해 주는지를 평가하는 중요한 기준이다. 여기서 제시할 몇 가지 흥미로운 업무 상황들은 언뜻 보기에 긍정적으로 보이지만 실제로 이 회사가 사람이 먼저라는 가치를 실천하고 있다고 결론 내리려면 더 신중히 고민해볼 필요가 있다.

- "정신 건강 정책은 준비되어 있지 않으나 금요일마다 회식을 해요!"
- "물론 재택 근무도 가능합니다. 하지만 사무실에서 일하는 다른 직원들과 공평해지려면 주말 동안 일을 좀 더 하실 수 있죠?"
- "이 회사에서 승진하고 싶으면 기대 이상으로 열심히 하셔야 해요."
- "당신이 앓고 있는 정신 건강 문제가 있으면 얘기를 해주세요. 그리고 어떻게 해야 당신을 도울 수 있을지 알려주세요."

2023년 5월 나는 세계은행그룹World Bank Group이 주최한 가상 타운홀 미팅에서 기조 발표를 했다. 발표 중에 나는 직장에서의 행복을 강화하려면 심리적 안정이 얼마나 중요한지 이야기했고, 세계은행그룹만큼 큰 조직이 심리적으로 안정적인 환경을 구축하기 위해 적용할 수 있는 전략들을 언급했다. 이 논의에서 한 가지 눈여겨봐야 할 핵심은 심리적 안정이 전 세계 다양한 사람들에게 각기 다른 의미일 수 있으며 비교 문화적인 관점에서 접근해야 한다는 것이다. 더 안전하고 믿을 수 있는 직장을 만들겠다는 동기를 계속 불어넣기 위해서는 이 일이 지속적인 여정이라는 사실을 조직이 인식하게 만들어야 한다는 중요한 교훈도 하나 더 얻었다.

내 인생의 드라마

직원의 행복과 정신 건강이라는 주제는 오늘날 대부분의 기업에서 중요한 의제로 손꼽힌다. 요즘의 기업 환경은 많은 인력을 필요로 한다. 팬데믹과 우크라이나 전쟁, 중동 전쟁처럼 예측하지 못했던 시나리오에 대처해야 하는가 하면, 지속 가능한 디지털 직장을 만들기 위해 복합적인 조직 변화가 동시다발적으로 벌어지기 때문이다. 업무 압박은 늘어나고, 사람들은 대처하기 힘겨워한다. 여기에 더해

"불평 따윈 하지 마! 이 바닥에선 다 그렇게 일해!"라고 말하는 관리자가 있다면, 당신의 행복은 그 관리자들의 의제에서 그리 높은 순위에 있지 않다고 결론 내려도 좋다. 당신의 정신적·신체적 행복이 직무 요구나 조직 문화로 고통받고 있다면, 목소리 높여 필요한 부분을 표현해야 한다. 그러나 모두가 직장에서 목소리를 내는 것이 안전하다고 느끼지는 않으며, 이는 심리적 안정이 부족하다는 의미다. 심리적 안전은 보복당하거나 일자리를 잃을 수도 있다는 공포를 느끼지 않고 직장에서 진정한 자기 모습을 드러내고 우려를 표명하기 위해 대인관계에서 위험을 무릅쓸 수 있다는 신념이다. 직장에서 안전하다고 느끼지 못할 때 당신의 생산성과 행복, 정신 건강은 악영향을 받을 수 있다.

레드 라이트 발견하기

- 관리자가 당신에게 불평하지 말라면서 "그냥 닥치고 해!"라고 말한다.
- 회사에 정신 건강을 효율적으로 관리할 수 있는 명확한 정책이 없음에도, 당신에게 정신 건강 문제가 있는지 솔직히 밝히라고 권한다.
- 관리자가 정신 건강 문제를 받아들이지 않고 당신은 가끔 부정적이지만 그저 힘을 내면 된다고 말한다!
- 당신은 개인적인 문제에서 탈출하기 위해 일에 몰두하고 있다.

그린 라이트 발견하기

- 관리자가 직원들의 업무량을 정기적으로 검토하고 과도한 업무가 몰리지 않게 적극적으로 위임하거나 빼준다.
- 회사가 개인이 목소리를 내기에 안전한 환경을 조성하며, 이는 직원들의 심리적 안정을 자아낸다.
- 관리자가 직원들에게 공감하고 자신의 약점을 드러내며, 배려 있는 업무 행위를 보여주면서 소속감을 고취한다.
- 당신은 어떻게 해야 건강하게 일과 가정의 균형을 맞출 수 있는지 알고 있다. 자유 시간을 활용하고, 가능한 곳에 업무를 위임하며, 재택 근무를 하면서 친구나 사랑하는 사람들과 밀도 있는 시간을 보낸다.

관계를 지속할까, 끊어낼까? 다음을 고려하자

기업들은 조직에 대한 충성도가 빠르게 사라지고 있는 세계에서 인재들을 발견하고 보유하느라 적극적으로 노력한다. 오늘날 혼란스럽고 변덕스러운 기업 환경에서 직원들의 행복과 정신 건강을 우선순위로 삼지 않는다면 '직원들이 선택한 기업'이라든가 '최고의 직장' 같은 순위에서 탈락할 수밖에 없다. 그리고 그런 순위에 이름을 올린 기업이라고 하더라도, 당신의 행복이나 정신 건강이 보호받을 수 있는 보호 장치는 아니다. 다행히 여러 기업들은 어떻게 해야 직원들에게 도움을 줄 수 있는지 배우고, 조직 문화를 개선할 방안을 찾으려고 노력하고 있다. 직원의 행복과 정신 건강에 신경 쓰지 않는 직장에서 고군분투하고 있다는 사실을 깨달았다면, 우리가 있어야 할 곳을 다시 한번 생각해 봐야 할 때가 온 것이다.

함께하겠다는 마음가짐

- 당신은 회복력이 뛰어난 사람이며 일이 즐겁다. 당신의 행복에 전혀 관심을 두지 않는 직장이라고 해도 거슬리지 않는다. 이 부분이 너무 심각해지면 그때 떠나면 된다.
- 관리자에게 업무 수행 방식에 변화를 주거나 혼자서 감당할 수 있을 만큼 업무량을 줄여달라고 요청하면서 목소리를 낼 수 있다.
- 조직이 과도기를 겪고 있으며, 더 나은 인사 관리를 우선순위로 삼고 있다. 상황이 더 나아지리라는 희망이 있다.
- 지나친 업무 요구 때문에 현재의 일이 즐겁지 않다. 그러나 다른 곳으로 옮겨갈 대안이 없다.

이제는 거리를 둘 때

- 직장에서 심리적으로 안전하다고 느끼지 못하고, 목소리를 높이거나 본모습을 내보이기 어렵다.
- 현재의 업무 압박 때문에 신체적으로나 정신적으로 괜찮다고 느끼지 못한다.

- 회사가 악독한 근무 환경을 조장한다. 고도로 정치적이고 치열하게 경쟁하는 사람만이 조직 생활에서 살아남기 위한 강점을 갖췄다고 본다.
- 회사가 당신을 과소평가하고 그냥 참아주는 느낌이 든다. 이제는 당신을 축복해줄 곳을 찾아야 한다.

레드 플래그 ⑩

"이런 식으로 해보는 건 어때?"

마이크로매니지먼트 하는 상사

"내 식대로 하든지, 싫으면 떠나든지."
— 무명씨

유능한 상사와 무능한 상사

직장에서 좋은 상사의 존재는 매우 중요하다. 좋은 상사는 당신이 성공할 수 있게 준비해 주고, 업무에 도움이 될 자원들을 제공하며, 일 또는 대인관계 문제에 대처할 수 있도록 피드백과 지침을 준다. 상사와의 관계는 직장에서의 생존과 성공에 결정적이다. 평생 우리는 다양한 상사를 만나고 결국에는 누군가의 상사가 될 수도 있다. 사람들을 관리하는 일은 업무를 관리하는 일과 상당히 다르다. 업무는 통제할 수 있지만 사람은 그렇지 않다. 좋은 관리자들은 어떻게 해야 직원들에게서 최선의 결과를 얻어낼 수 있는지 이해하고, 일을 효과적으로 위임하는 방법도 알고 있다.

그러나 안타깝게도 뛰어난 인사 관리 기술을 갖추지 못한 관리자들도 많다. 가끔은 능숙하지 못해서일 수도 있고, 가끔은 신뢰(혹은 다른 대인관계 능력)가 떨어져서일 수도 있다. 기술이 부족한 것은 관리 업무가 익숙지 않아서일 수 있는데, 예를 들어 그 역할을 맡을 만한 사람이 딱히 없어서 관리자로 승진했을 수도 있다는 의미다. 엉터리 관리의 근본적인 원인이 무엇이든 간에, 당신의 상사가 인사 관리 측면에서 딱히 좋은 성과를 내지 못할 때 여기서 어떤 행동을 취해야 할지를 결정해서 상사의 역량 부족이 당신의 직업적 몰락으로 이어지지 않도록 방어해야 한다. 상사의 관리 행태(와 기저에 깔린 심리)에서 레드 라이트와 그린 라이트를 구분하는 일은 당신이 상사를 더 능숙하게 대하는 데 도움이 될 뿐 아니라 훗날 뛰어난 인사 관리자가 되기 위해 필요한 기술들을 갖추게 해준다.

마이크로매니지먼트란 무엇인가?

마이크로매니지먼트Micro-management는 상사가 부하 직원들이 하는 모든 일을 알고 있고, 업무를 하면서 거치는 모든 단계와 움직임을 자신이 지시하길 원하는 행태다. 새로 업무를 맡은 직원에게는 매우 효율적인 관리 형태가 될 수도 있지만, 장기적으로는 맞지 않는다. 마이크로매니지먼트는 직원들의 자율성을 갉아먹고 업무를 제대로 수행할 수 있는 능력에 대해 불신을 드러내는 만큼 직원들에게 좌절감과 불만을 안겨줄 수 있다. 마이크로매니지먼트로 인해 직원들은 좌절하고 생산성이 떨어질 수도 있다. 그뿐 아니라 마이크로매니지먼트는 직원들이 성장하지 못하게 방해하고, 직장에서 정신 건강 문제를 일으키는 원인이 된다. 자율성의 상실과 불신의 감정은 사람을 몹시 불편하게 만들고 스트레스를 느끼게 한다. 이는 번아웃과 불안, 우울 같은 온갖 건강 문제로 이어진다. 마이크로매니지먼트는 조직에서 자주 벌어지며, 여기에 끌려다니고 있다면 반드시 해결해야 할 문제가 될 수 있다.

마이크로매니지먼트의 심리학

상사가 직원들을 마이크로매니지먼트 하는 이유는 다양하다. 대부분은 인사 관리 기술과 다른 사람을 믿는 능력이 부족한 탓이다. 다른 사람들에게 업무를 위임할 수 있는 능력은 아주 중요하다. 새로 임명된 관리자들은 특히나 업무를 관리하는 자에서 사람을 관리하는 자가 되도록 마음가짐을 바꿔야만 한다. 이 기본적이면서 근본적인 마음가짐의 변화가 엄청난 업무 실수를 불러일으킬 수도 있다. 어떤 관리자는 이렇게 생각할지도 모른다. '업무가 제대로 마무리됐는지 확인해야 해! 우리 직원들은 내가 원하는 방식대로 일하지 않으니까.' 그러면서 자기식대로 하지 않으면 이곳을 떠나야 한다고 믿는다. 신규 관리자들은 이러한 기능적 고착 때문에 괴로워한다. 왜냐하면 자기들의 업무 방식 덕에 관리자로 승진할 수 있었다고 믿기 때문이다.

관리자들이 마이크로매니지먼트를 하는 또 다른 이유는 신뢰 문제에 있다. 이는 과거의 비업무적 경험에서 발생한다. 본래 남을 잘 믿지 못하는 일부 관리자들은 기본적으로 동료를 신뢰할 수 없는 대상으로 본다. 그러면서도 자기네 불안감이나 정신적인 프로그래밍 말고는 특별한 이유도 없이 동료를 신뢰하지 않는다. 불신은 조직의 업무 문화가 만들어낸 결과일 수도 있다. 일부 업무 문화는 냉소와 불신이라는 특성을 지녔으며 편집증으로 가득하다. 이러한 근무 환경일 경우 관리자들은 조직 내 다른 관리자들, 심지어는 부하 직원들조차 믿지 못할 수 있다. 이 경우 불신은 기업 내 제도적 문제에 가깝다. 불신은 불신을 낳는다. 이런 독이 되는 환경에서 일할 때, 마이크로매니지먼트를 하는 상사가 직원이 제대로 업무를 못 할까 봐 겁이 나서 잔소리하는 건지, 아니면 형편없는 직원처럼 보이게 하려고 혹은 자기가 돋보이려고 의도적으로 굴고 있는지 판단하기 쉽지 않다. 팬데믹 동안 과잉 통제를 했던 몇몇 상사들은 직원들의 근태와 활동을 감시하는 온라인 툴을 이용해 마이크로매니지먼트의 수준을 새로운 경지까지 끌어올렸다.

관리자들이 직원들을 믿지 못하고 마이크로매니지먼트를 택하는 또 하나의 이유는 직원들이 직장에서 반복적으로 실수를 저지르거나 잘못된 행동을 하기 때문이다. 어떤 관리자는 문제를 일시적으로 바로잡기 위해 통제적인 방식으로 개입하거나 더 이상 실수를 저지르지 않도록 가장 센 마이크로매니지먼트 모드에 돌입하길 바란다. 이 경우 마이크로매니지먼트의 강도는 관리자의 성격에 따라, 아니면 다른 직원들이 저지른 실수가 관리자의 평가에 얼마나 영향을 미치는지에 따라 달라질 수 있다. 직장에서 신뢰가 사라진 근본적인 문제가 무엇이든 간에, 관리자가 신뢰를 갖지 못하면 이 문제는 자기 자신의 성과와 타인에 대한 객관적인 인식, 그리고 관리하는 직원들의 성과와 행복에 해를 끼칠 것이다(그리고 잠재적으로 번아웃까지 이어질 수 있다).

마지막으로, 마이크로매니지먼트는 직원들을 철저히 감독하고 싶은 상사들이 부추길 수도 있다. 가장 높은 직위에 있는 임원들도 심각한 마이크로매니지먼트형 관리자일 수 있다. 이런 수준의 마이크로매니지먼트는 알 수 없는 무언가가 기업의 명성, 또는 승진의 기회를 망칠 수 있다는 두려움에서 모든 상황을 완전히 통제하고 싶어 하는 만큼 아주 해롭다.

피터의 법칙

조직 심리학에는 '피터의 법칙 Peter Principle'이라는 이론이 존재하는데, 이는 역량과 승진 사이의 관계를 반영한다. 피터의 법칙은 위계 구조에 속한 사람들은 능력이 부족해지는 순간까지 승진할 수 있다고 주장한다. 다시 말해서, 사람들이 더 이상 좋은 성과를 낼 수 없을 때까지는 계속 승진한다는 의미다.

흥미롭게도, 피터의 법칙은 스스로 무능력하다고 깨달은 사람들이 일반적으로는 자기 상황에 불만을 가지는 반면 그 사실을 깨닫지 못한 사람은 안온하다고 주장한다. 그러나 여러 (업무) 문화에서 피터의 법칙이 언제나 적용되지는 않는다. 따라서 사람들은 편애와 연줄, 족벌주의와 정치적 인맥 덕에 능력 이상의 지위까지 승진할 수도 있다. 중동에서 와스타 Wasta(혹은 탄탄한 인맥)는 일자리를 얻거나 유지하기 위해, 또는 골치 아픈 일을 해결하기 위해 반드시 구축해야 한다. 중동에서는 와스타가 있어야만 단순히 업무 능력이나 성과를 넘어선 지위까지 올라갈 수 있다. 전 세계 어디서든 강한 유대 관계를 바탕으로 승진할 수 있지만, 일부 나라에서는 다른 요소보다도 더 중요하게 작용한다. 시쳇말로 "연줄이 곧 능력"이며 강한 사회적 인맥이 성공적인 커리어의 중심이 된다고도 한다.

직장에서 마이크로매니지먼트를 피하는 방법

그렇다면 직장에서 상사가 당신을 마이크로매니지먼트하려 할 때 어떻게 해야 하는가? 윗사람과의 관계를 타협하지 않고 자율성과 의사 결정 권한을 더 크게 누리기 위해 적용할 수 있는 다양한 전략들이 있다. 이때 접근법은 당신의 상사가 마이크로매니지먼트를 하는 이유에 따라 크게 달라진다. 또한 마이크로매니지먼트가 (일회성이 아니라) 주기적으로 이뤄지는지 체크하는 일도 중요한데, 이를 파악하려면 자주 확인해야만 한다. 다음의 전략들은 상사의 통제 행위가 성격 탓인지 직장 탓인지에 따라 어떻게 마이크로매니지먼트에 대처할지를 제시한다.

성격 기반의 마이크로매니지먼트

당신의 상사가 "나는 그런 식으로 일하는 게 마음에 안 들어. 이런 식으로 채워줬으면 좋겠어"라고 말하면서 마이크로매니지먼트를 한다. 항상 당신의 등 뒤에서 지켜보다가 업무를 어떻게 해야 할지

지시하는 상사가 있다면, 당신이 스스로 생각하고 일하는 능력을 갉아먹게 된다. 때로는 이를 거부해서 개인적인 자유를 가지고 업무를 헤쳐 나가는 능력을 갖춰야 한다.

정중하게 거절할 때는 이렇게 말해보자. "조언 주셔서 감사합니다. 그 접근법도 살펴보겠습니다. 제가 지금까지 해왔던 식으로 해서는 안 될 특별한 이유가 있을까요? 제게 해주신 조언은 이런 류의 프로젝트를 더 독립적으로 진행하려면 어떻게 하는 게 최선인지 깨닫는 데 도움이 되네요."

직장 기반의 마이크로매니지먼트

불신이 조직 문화의 일부인 근무 환경에서는 신뢰를 쌓기가 어렵다. 이러한 조직의 업무 문화는 보통 매우 경쟁적이고, 정치질이 난무하며, 직원들이 불공평한 대우를 받는 경우가 많다(더 자세한 조직 내 정치에 관해서는 레드 플래그 11번을 살펴보자). 냉소와 불신의 환경에서 성장한 상사들은 어느 정도까지는 자기네가 일하던 방식대로 조직 문화를 구현한다. 이는 가끔 직장 기반의 마이크로매니지먼트로 이어지는데, 모두가 선호하는 경영 방식은 아니다. 원래 조직 내에 신뢰가 없거나 일의 특성 때문에 상사들이 직원들을 믿지 않을 수도 있다. 이런 시나리오에서는 상사와 가까운 인간관계를 형성하는 것이 이롭다. 신뢰와 책임감은 밀접하게 연관되어 있고, 마이크로매니지먼트를 하는 상사와 개인적인 신뢰를 쌓을 방법을 찾는 것은 신뢰 없는 조직에서 최고의 전략이다. 우리는 신뢰와 책임감이라는 관점에서 상사의 주요한 걱정들이 무엇인지 이해하려고 노력하면서 강력한 유대 관계를 형성할 수 있다. 일단 상사의 주요한 걱정이 무엇인지 이해하면, 당신은 가장 투명한 방식으로 업무 목적을 달성하는 믿을 만하고 책임질 수 있는 사람임을 보여주며 상사를 설득할 수 있다.

더 탄탄한 유대 관계를 형성하기 시작하려면 다음과 같은 말을 해보자. "현재의 근무 환경에서는 서로를 신뢰하기가 어렵다는 건 압니다. 그러나 일을 완전히 투명하고 효율적으로 처리하려면 제게 의존하셔도 된다고 확신을 드리고 싶어요. 우리가 어떻게 해야 함께 탄탄하고, 믿을 수 있으며, 마음이 열린 관계를 함께 만들어갈 수 있을지 알려주세요."

부하 직원에게 원하는 게 많고 마이크로매니지먼트를 행하는 상사의 전형으로 영화 〈악마는 프라다를 입는다〉에서 메릴 스트립이 분한 미란다 프리슬리가 있다. 프리슬리는 완벽함을 요구하고, 매우 살벌하게 행동한다. 거들먹거리고 무자비한 성격으로 다른 사람들 앞에서 자기 조수를 무시하는 걸 즐긴다. 마이크로매니지먼트형 상사가 삶을 피폐하게 만드는 것을 보여주는 교과서적인 사례다.

내 인생의 드라마

좋은 상사 밑에서 일한다면 직장에서 성과와 발전의 기회를 얻을 수 있다. 가끔 사람들은 명성만 보고 회사에 들어가지만 관리자와의 관계가 힘들어서 퇴사하기도 한다. 상사와의 관계가 좋은지 나쁜지에 따라 직장에서 흥할 수도 망할 수도 있기 때문에, 상사와 믿을 만한 관계를 발전시켜 나가는 일이 중요하다. 아무리 노력해도 당신을 믿지 않거나 독립적으로 일하지 못하게 하는 폭군과 일하고 있음을 깨달을 수도 있다. 짜잔, 마이크로매니지먼트의 세계에 오신 걸 환영합니다! 이는 직원으로서 겪을 수 있는 가장 지독한 악몽이다. 마이크로매니지먼트를 하는 상사는 업무를 어떻게 해야 할지 정확하게 지시하고, 가끔은 당신이 업무를 잘 해낼 수 있다는 사실을 믿지 않는다. 그런 상사 밑에서 일하는 것은 가혹하고도 진빠지는 경험이 될 수 있으며, 이는 당신의 성과와 심지어는 정신 건강에 부정적인 영향을 미칠 수 있다.

마이크로매니지먼트를 하는 상사와 효과적으로 소통하는 방법을 배워야 한다. 직장에서 신뢰를 구축하고 자율성을 유지할 수 있는 방법을 찾고 싶다면 반드시 개발해야 할 중요한 기술이다. 마이크로매니지먼트는 가끔 팀 전체에 영향을 미치기 때문에 (예를 들어 팀 회의 중에) 그룹으로 문제를 해결하는 것도 중요하다. 당신의 상사가 마이크로매니지먼트를 행하는 이유를 파악하면 직장에서 갈등을 해결하려 할 때 중요한 첫걸음이 될 것이다.

레드 라이트 발견하기

- 당신이 자기네 방식대로 일하지 않는다고 상사가 화를 낸다.
- 상사가 (직·간접적으로) 당신을 신뢰하지 않는다고 표현한다.
- 재택 근무를 하는 동안 당신의 근태와 업무 활동을 모니터하려고 상사가 온라인 감시 툴을 사용한다.
- 당신은 실수하거나 일자리를 잃을까 봐 두려워서 마이크로매니지먼트를 용인한다.

그린 라이트 발견하기

- 상사가 직원들이 일할 때 유연성과 자율성을 준다.
- 상사가 직원들이 재택 근무를 할 때 믿어준다. 매일 팀이 몇 시간 동안 일하는지가 아니라 얼마나 생산적인지에 집중한다.
- 기업 문화가 학습을 장려하고, 실수를 저지르는 것을 범죄가 아니라 배우고 성장할 기회로 본다.
- 상사가 당신의 일하는 방식과 개선 방향에 대해 지적하는 대신 피드백을 준다.
- 마이크로매니지먼트에 반대하는 의견을 효율적으로 제시할 수 있다. 마이크로매니지먼트를 하는 상사가 당신의 업무 방식을 신뢰하도록 만드는 한편 지위에 따른 권위는 존중해 준다.

관계를 지속할까, 끊어낼까? 다음을 고려하자

당신을 신뢰하지 않고 매번 지시하는 상사 밑에서 계속 일하고 싶은지 그만두고 싶은지를 결정하기란 쉽지 않다. 정말로 일을 사랑한다면, 관리자와 효율적으로 일할 수 없을 때 힘들고 의욕이 꺾일 수도 있다. 가능한 한 가장 효과적으로 일할 수 있는 방법을 찾는 것은 업무 생산성을 높일 때뿐 아니라 자존감과 자신감을 향상시키는 데에도 중요하다. 특히나 독이 되는 환경에서 일하고 있다면 직장에서 사람들과 신뢰를 쌓기가 더 어려울 수 있으나, 어디서 일하든 언제나 까다로운 상사를 만나기 마련이다. 마이크로매니지먼트를 하는 상사에게 대처하는 방식을 배우는 일은 힘들지만 불가능하지는 않다. 이 직장에 머물 것인지, 떠날 것인지를 결정하는 건 상사와 당신 사이에 신뢰가 얼마나 잘 형성되어 있는가, 그리고 당신이 독립적으로 일할 수 있게 상사를 얼마나 잘 설득할 수 있는가에 달려 있다.

함께하겠다는 마음가짐

- 상사는 좋은 사람이지만 팀을 잘 관리하는 데 적합한 관리자 훈련을 받지 못했다. 하지만 상사가 당신의 능력과 업무 능력을 더 깊이 믿는 데 도움이 될 방법을 알고 있다.
- 당신은 직접적인 지시를 받거나 자주 실수를 저질러도 괜찮다고 느낀다. 취업 후 초기 단계에서는 더욱 괜찮다.

- 마이크로매니지먼트 문제를 상사와 직접 해결하고 함께 일할 수 있는 방법을 찾아낸다. 이를 통해 상사에게 당신의 판단 능력과 업무 방식을 믿어도 된다고 보여줄 수 있다.
- 마이크로매니지먼트를 하는 상사가 오래가지 못할 것임을 알기 때문에 버틸 수 있다.

이제는 거리를 둘 때

- 직장에서 마이크로매니지먼트를 해결하려고 노력했지만 여전히 상사가 당신을 통제하고 불신한다.
- 마이크로매니지먼트 때문에 성장할 수 있는 기회가 위태롭다고 느낀다.
- 부정적인 마이크로매니지먼트 때문에 행복에 위협을 느낀다.
- 마이크로매니지먼트를 하는 상사가 당신을 조직에서 소외시켜서, 당신이 겪고 있는 문제에 대한 지지를 얻기 어렵게 만든다.

레드 플래그 ⑪

"나만 믿어!"
사무실 정치

"정치에서는 어리석음이 약점이 아니다."
— 나폴레옹 보나파르트

직장 내 정치꾼들

일하러 가면서 사무실 정치에 끼어들 생각부터 하는 사람은 거의 없을 것이다. 당신은 주어진 업무에 집중하고 쉬는 시간이나 점심시간에는 동료와 가볍게 수다나 떨고 싶다. 모든 사람이 자기 일을 좋아하지는 않지만, 적어도 평화롭고 큰 스트레스 없이 일하고 싶을 것이다. 사무실 정치에 얽이면 시간을 낭비하게 되며, 정치질하는 사람들은 당신이 상종하고 싶지 않은 험담꾼들일 수 있다. 이는 사무실 정치를 생각할 때 사람들이 보통 떠올리는 인식으로, 시간과 에너지를 지나치게 잡아먹는 부정적인 대상이라고 여긴다. 또한 회사에서의 친목을 믿지 않으며, 오직 결과만이 중요하다고 생각한다. 불행하게도 성공에는 뛰어난 능력만 필요한 것이 아니다. 당신을 지원해줄 인맥과 동지, 명성, 선의, 그리고 사방으로 영향력을 미칠 수 있는 능력에 따라 결과는 크게 달라질 수 있다. 사무실 정치는 단순히 직장에서 독이 되는 행동에 그치는 것이 아니라, 당신이 커리어에서 성공하고 마침내 권력을 휘두르고 싶을 때 배워야 할 다차원적인 역량이기도 하다.

그러나 대부분의 경영대학원과 최고위 과정 프로그램에서는 사무실 정치의 기술과 과학을 가르치지 않는다. 따라서 혼자 힘으로 상황을 파악해야 하는 경우도 가끔 생긴다. 그런 일은 불필요하다! 이 장에서 우리는 사무실 정치가 정말로 무엇인지, 왜 중요한지 깊이 파고 들어가 보려 한다. 사무실 정치의 이면을 들여다보며 직장에서 정치적 개입을 이끄는 (어두운) 심리를 탐색하는 한편, 일터에서 정치적 행동을 구분하는 법과 여기에 반박하는 법을 배울 것이다. 사무실 정치에서 레드 라이트와 그린 라이트를 구분하는 일은 당신이 빠르게 상대의 부정적인 행동을 파악하고 무효로 만드는 데 도움을 줄 것이다. 또한 직장에서 평판을 높이고, 강한 동맹을 맺고, 지위와 권력을 확보하는 (또는 적어도 지위를 보장하는) 데 도움이 될 긍정적인 행동을 강화할 것이다.

사무실 정치란 무엇인가?[1]

우리는 사무실 정치를 떠올릴 때면 보통 부정적인 뭔가를 생각한다. '뒷담화', '험담', '태업' 같은 독이 되는 행동, '해고', '불신' 같은 비극적 미래, 그리고 '금기'나 절대로 입에 올려서는 안 될 것 같은 부정적인 단어들과 연결하기도 한다. 이 부정적인 신념은 마음속에 깊이 박혀서, 대부분의 사람들이 정치적 각색에 참여하기를 꺼리게 만든다. 잘못된 정치 싸움에 휘말렸다가는 자신의 일을 희생해야 할 수도 있으며, 대개 사람들은 일을 제물로 바치고 싶어 하지 않는다. 또한 많은 사람들이 사무실 정치나 친목질, 상사에게 아부하는 것이 승진할 수 있는 최고의 방법이라 믿지 않는다. "오직 업무만 중요하고, 업무만이 나를 승진시켜줄 유일한 길"이라는 생각을 품고 출근하는 사람들도 많다. 그러나 사무실 정치와는 상관없이 우리는 모두 뛰어난 장점 하나로는 사회와 직장에서 성공할 수 없다는 사실은 안다. 또한 우리가 누구를 알고 있으며 어떻게 사람들을 움직여서 자신이나 조직의 목표를 달성할 수 있게 도움을 받을지도 중요하다.

사무실 정치는 단순히 다른 사람들을 괴롭히거나 진실하지 못한 행동에 관여하는 수준이 아니다. 일단 사무실 정치를 조직에 긍정적인 변화를 불러올 힘이자 배워야 할 중요한 기술이라고 바라보기 시작하면, 직장에서 인간관계를 조성하는 방법을 개선할 수 있다. 사무실 정치는 영향력과 권력을 강화하고 목표를 달성하기 위해 직장에서 활용하는 행동과 역학, 전략들을 반영한다. 직장에서 정치 영역을 성공적으로 장악하기 위해서는 똑소리 나게 (그저 상사와 직접적인 동료와의 관계뿐 아니라) 조직을 아우르는 인맥을 구축해야 한다. 사람들은 일에 너무 몰두하느라 회사에서 의도적으로 타인들의 욕구와 우려를 알아내는 데는 덜 몰두한다. "중요한 것은 무엇을 아느냐가 아니라 누구를 아는가다"라는 유명한 문장은 사내 정치에 성공적으로 뛰어들기 위한 핵심이다. 능력치는 떨어지지만 인맥 쌓기에 능하고 직장에서 강력한 연줄과 동맹을 맺는 것이 중요하다는 사실을 이해하는 사람들이 조직에서 더 오래 살아남는 건 당연하다. 가끔은 더 많은 지식이나 경험을 지닌 사람들보다도 빠르게 발전할 수도 있다.

왜 사무실 정치에 관심을 가져야 할까?

내가 의아한 지점은 그 어떤 경영대학원이나 기업 교육 프로그램도 사람들에게 성공에 필수적인 사무실 정치를 가르쳐주지 않는다는 사실이다. 언제나 물 흐리는 미꾸라지 한 마리가 있기 마련이지만, 그렇다고 해서 이런 요소가 반드시 사무실 정치가 수반하는 것은 아니다. 사무실 정치는 조직 안팎에서 탄탄한 인간관계를 굳히고, 아군과 적을 구분한 뒤 어떻게 이들과 효율적으로 일할 수 있는지 이해하고, 뛰어난 개인 브랜드와 명성을 만들어내고, 조직에서 권력을 얻었을 때 스스로를 관리할 수 있는지가 관건이다. 이런 기술을 발전시켰을 때 크게 성공하고, 생산성을 드높이고, 스트레스 수준도 최소화할 수 있다. 회사에서 골치 아픈 일이 벌어졌을 때 자신과 팀의 이익을 보호하는 데 도움이 되는 것은 말할 것도 없다.

사무실 정치의 심리학

일반적으로 사무실 정치의 중심부에는 인간의 심리가 자리하고 있다. 이 심리는 사람들의 태도와 행동을 이끌어가는 보이지 않는 요인을 설명하는 데 도움이 된다. 직장에서 정치적인 기술을 마스터하려면 사람들이 그렇게 행동하게 만든 심리적 동기들을 이해해야 한다. 상사가 당신의 일을 가로채려고 한다면 이 행동은 두려움이나 자신감 부족에서 나왔을 수 있고, 이에 더해 효과적으로 경영할 수 있는 기술을 갖추지 못했음을 보여준다. 언제나 팀에서 리더나 대변인 역할을 맡고 싶어 하는 동료는 권력과 지위를 추구하는 사람일 수 있고, 그 자체로는 나쁜 게 아니다.[2] 그러나 권력과 지위를 추구하다 보면 일부 사람들을 비윤리적으로 행동하게 부추길 수도 있다. 사무실 정치의 심리에는 어두운 측면이 존재하고, 이는 왜 사람들이 직장에서 나쁘게 행동하거나 다른 사람들에게 못되게 구는지를 설명하는 데 도움이 된다. 이런 행동을 가져오는 동기를 이해하는 일은 직장에서 독이 되는 행동을 식별하고 무효로 만드는 방법들을 찾는 데 있어 매우 중요하다.

권력

권력은 조직 정치학의 가장 중요한 교리다. 사람들은 자신의 권력이나 자기가 대표하는 집단의 권력을 키우기 위해 사무실 정치에 끼어든다. 조직에서 권력을 획득하는 데는 다양한 방식들이 있다. 더 많은 권력을 얻는 첫 번째 방법은 조직의 사다리를 오르는 것이다. 조직의 계층 구조에서 더 높은 곳에 있는 사람은 조직 자원에 접근할 수 있는 권력이 더 크다. 그러나 지위가 주는 권력은 조직에서 더 많은 권력을 얻을 수 있는 유일한 방법이 아니다. 개인적인 권력은 조직 전체에서 탄탄한 인간관계를 맺는 데 능한 사람들 손에 들어가고, 가끔은 기존의 명령 체계나 공식 체계를 뛰어넘기도 한다. 조직에서 적절한 사람들과 연이 닿아 있을 때, 특히나 그 사람이 더 윗 사람이라면 힘겨운 변화의 시기에도 더 많은 직업적 기회에 접근할 수 있거나 보호를 받을 수도 있다. '전문가 권력'은 권력을 획득하는 또 다른 형태다. AI 같은 분야의 전문가가 되거나 특정한 시장에 대한 지식이 있다면 전문가 권력을 가질 수 있고, 이는 조직 내에서 지위와 가치를 높여준다.[3]

마키아벨리즘

마키아벨리즘은 권력과 돈을 얻기 위해 조작적·기만적인 행동을 활용하는 성격 특성이다. 마키아벨리적인 사람들은 권력을 얻기 위해 남을 속이고 다른 사람들의 행동을 통제하거나 강요한다. 마키아벨리즘이라는 용어는 《군주론》을 쓴 니콜로 마키아벨리(1469~1527년)에서 비롯된 것으로, 교활함과 기만, 정치적 통찰 같은 공격 행위를 찬양한다. 오늘날 사람들이 정치를 부정적으로 바라보는 여러 이유 가운데 하나가 마키아벨리즘이다. 또한 많은 사람들이 직장에서 자원과 권력을 획득하기 위해 공격과 조작이라는 전술을 실행하려고 하는데, 정치는 냉혹한 것이며 출세하고 싶다면 강압적이어야 한다고 믿기 때문이다.

개인적 동기

인간의 행동은 다양한 동기에 의해 움직인다. 권력은 개인과 집단의 행동에 동기를 부여하는 여러 요인 중 하나일 뿐이다. 가끔은 통제하고 싶은 욕구가 권력과 연결된다. 통제욕은 예측과 질서가 필요한 가운데 생겨날 수 있지만, 불안과 긴장에서 발생하거나 다른 사람들보다 뛰어나고 싶다는 필요성에서 비롯되기도 한다. 나는 가끔 A급 선수는 A급 선수를 선택하고 B급 선수는 C급 선수를 선택한다고 말한다. B급 선수는 능력이 부족해 보이거나 일자리를 잃을 수도 있다는 두려움 탓에 똑똑한 사람들과 일할 만큼 자신감이 없기 때문이다.

또 다른 개인적 동기로는 인정 욕구가 있다. 어떤 사람들은 인정받으면서 동기를 얻고, 목표를 달성하기 위해 기대 이상으로 노력한다고 비쳐지길 바란다. 한편 인정받을 자격이 있는 사람들을 인정하지 않을 때, 이 역시 직장에서 정치적인 상황으로 이어질 수 있다. 인정받고 싶은 심오한 욕구는 인생의 다양한 영역에서 생겨나고 일부는 어린 시절 트라우마에서 비롯되는데, 이는 직장 내 행동을 긍정적으로나 부정적으로 이끌어갈 수 있다. 마지막으로, 자율성 역시 주요한 동기가 될 수 있다. 특정 부서나 프로젝트 팀이 의사 결정이나 자원 배분을 두고 더 큰 자율성을 얻기 위해 사무실 정치에 뛰어들 수도 있다.

조직 문화

조직 문화는 사람들이 사무실 정치에 얼마나 적극적으로 참여하는지에 있어서 주된 역할을 한다. 일부 조직의 경우 정치적으로 움직이는 것이 필수다. 그러지 않으면 커리어 패스를 길게 가져갈 수 없기 때문이다. 누군가를 해고당하게 만들려고 적절한 사람들과 친목을 쌓거나 동료들과 동맹을 맺는 등의 사례는 독이 되는 근무 환경의 일부를 보여준다. 그런 직장에서 일하라고 권하지는 않겠으나, 어떤 사람들은 그런 환경에서도 정말로 크게 성장한다. 사무실 정치 역시 긍정적인 존재가 될 수 있다. 특히 회사나 기관처럼 대형 조직에서는 이익이 상충하는 집단들이 여럿 존재하며, 따라서 적절한 조직 문화를 갖춰서 멘토링과 이익 집단을 위한 자원을 마련해야 한다. 여러 부서에 걸쳐 긴밀한 인간관계를 형성하는 방법과 함께 공통된 목표를 달성하기 위해 각양각색의 동기들을 강화하는 방법도 배워야 한다.

임원의 5퍼센트는 사이코패스다!

일반 대중 속에서 사이코패스를 발견할 가능성은 보통 1퍼센트 남짓이지만, 조직에서 이 숫자는 훨씬 더 높게 나타난다. 사이코패스는 항상 감옥에만 갇혀 있는 게 아니라, 임원실에도 만나볼 수 있다. 일부 소식통에 따르면 사이코패스 특성을 보이는 임원과 고위직들의 비율은 5퍼센트에서 20퍼센트라는 충격적인 숫자 사이에 있다.[4] 적절한 임상 평가 없이 누군가를 사이코패스라고 판단하기는 어렵지만, 행동적 특성은 알아보기 쉽다. 사이코패스는 권력 지향적이며 통제력을 갖는 지위(특히 사회 자원과 물적 자원)를 추구한다.[5] 성공한 사이코패스는 카리스마, 결단력, 자신감, 스트레스에 대한 높은 면역 같은 특성을 보이는데, 이런 특성들은 종종 효과적인 리더십과 연계된다.[6] 특히 빠르게 변화하며 안정적이지 못한 오늘날 회사의 사이코패스들은 번창할 수 있다.[7] 사이코패스는 공감할 줄 모르고, 정서적으로 소통하거나 타인의 감정을 이해할 수 없다. 따라서 단호하고 냉정한 결정을 내리기가 쉬우며, 직장 환경에 부정적인 영향을 미칠 수 있다. 견제와 균형이 약한 회사들, 협업 대신 영웅주의와 카리스마를 자랑하는 이들은 특히나 사이코패스적인 행동에 취약하다. 심리학자 로버트 헤어 박사와 폴 바비악 박사는 저서 《당신 옆에 사이코패스가 있다 Snakes In Suits(원제인 '양복 입은 뱀'은 사이코패스나 소시오패스를 뜻하는 은유적인 표현-옮긴이)》에서 회사의 사이코패스들을 자세히 묘사하고 어떻게 다룰 수 있는지를 설명했다.

정정당당하게 행동해서 성공하자!

사무실 정치는 우리가 피해야 할 대상이 아니며, 반대로 우리가 통달해야 할 대상이다. 정치적이라는 특성을 사악하다고 믿는 이들이 있다. 정치적 인간이 되거나, 그러지 말거나. 나는 이 잘못된 믿음을 바꿔놓고 싶다. 정치적이라는 것은 특성이 아닌, 우리가 배워야 할 기술이기 때문이다. 나는 조직 정치의 5P 프레임워크 5Ps Framework

를 개발해왔다(내 웹사이트인 www.drfenwick.com에서 이 체계의 도해를 찾아볼 수 있다). 이 체계는 직장에서 정치적 상황을 더 능숙하게 헤쳐 나가려면 개발해야 할 기술과 역량의 네 가지 인벤토리를 설명한다. 모델의 중심에는 심리Psychology 인벤토리가 자리하고 있으며, 이는 네 가지 인벤토리의 심리적 측면과 권력의 중요성을 설명하는 데 도움이 된다.

5P 프레임워크의 왼쪽은 내·외부적으로 미치는 개인적인 영향력을 나타낸다. 내적인 영향력(또는 개인 관리 인벤토리Personal Management Inventory)은 직장에서 정치적인 상황에 직면했을 때 자신을 관리하는 능력이다. 당신은 상황을 해결하는가, 아니면 회피하는가? 또한 개인 관리 인벤토리는 사무실 정치에 대한 개인적인 신념과 두려움을 처리하고, 조직의 사다리를 타고 올라가면서 권력을 얼마나 잘 다루는지를 담당한다. 외적인 영향력(정치 인벤토리Politics Inventory)은 조직에서 다른 사람들에게 정치적인 영향력을 얼마나 미칠 수 있는지를 반영한다. 이는 갈등 관리에 제대로 개입하는지, 또는 자신의 이익을 제대로 보호할 수 있는지와 관련 있다. 그러나 정치 인벤토리는 조직 내에서 벌어지는 정치 게임과 독이 되는 행동을 나타내기도 한다.

5P 프레임워크의 오른쪽은 내·외부적으로 다른 사람들에게 영향력을 미치는 당신의 능력을 나타낸다. 얼마나 잘 개인 브랜드를 구축하는지나 명성을 높일 수 있는지 등이다(개인 명성 인벤토리Personal Reputation Inventory). 개인 명성 인벤토리는 조직의 내부와 외부에서

명성을 쌓아서 커리어를 발전시킬 수 있는 능력을 나타낸다. 협업을 잘하고, 긍정적이며, 믿을 만한 사람이라고 인식될 때 직장에서 다양한 도움을 받을 수 있다. 이를테면 승진을 하거나, 대변인이나 대표로 선발될 수도 있다. 조직에서 눈에 띌수록 승진하고 권력이 커질 기회도 많아진다. 외부적으로 다른 사람에게 영향을 미치고 싶다면 조직 내부와 외부에서 강력한 동맹과 전략적인 파트너십을 맺어야 한다(파트너십 인벤토리 Partnership Inventory). 조직에서 변화를 만들어 내려고 할 때, 가장 중요한 투자자가 당신 편이어야 한다. 조직 안팎에서 다양한 구성원이 필요한 까닭을 이해해야 이들과 동맹을 맺을 수 있다. 사무실 정치의 여러 인벤토리와 관련된 기술과 역량을 터득해야 자신감을 가지고 직장에서의 정치적 상황을 헤쳐 나갈 수 있으며, 개인의 목표와 팀의 목표를 달성하기 위해 직장 내 인간관계를 활용할 수 있다.

야망 넘치는 군사령관이었던 율리우스 카이사르가 정치 권력을 손에 쥐었을 때 이는 혼자 힘으로 달성한 것은 아니었다. 여러 동지가 그의 모험을 지지했다. 가장 가까운 동지 가운데 하나는 부유한 로마 장군이었던 크라수스였다. 크라수스는 카이사르의 경제적 후원자였으며 카이사르에게 필요한 인맥을 제공하기도 했다. 중요한 투자자들과의 강력한 동맹은 성공이라는 사다리를 오르고 싶다면 필수적이다. 또한 투자자들의 욕구를 잘 활용해 이를 더 거대한 계획으로 끌어오는 방법을 배워야만 권력을 유지하고 성장할 수 있다.

내 인생의 드라마

직장에서의 정치적 행동은 조직 생활에서 피할 수 없는 부분이다. 사람들이 무리로 함께 일할 때마다 권력 투쟁과 자원 경쟁은 일어난다. 반대되는 가치를 좇는 사람들은 개인 행동을 취해서든, 공동의 목표를 달성하려고 동맹을 맺어서든 간에 더 많은 권력을 얻으려고 제로섬 게임을 한다. 당신은 커리어를 쌓는 동안 한 차례 이상은 정치적인 공격에 시달리든지, 제자리에서 버티면서 이익과 일자리를 보전하려고 사무실 정치에 개입하든지, 아니면 그 과정에서 권력을 얻고 다른 사람들을 끌어내릴 것이다. 그러나 사무실 정치는 직장에서의 태업이나 험담, 뒷담화만을 의미하지 않는다. 모든 직원이 익혀야 할 다양한 핵심 기술과 역량을 필요로 한다. 예를 들어 동맹과 파트너십을 맺거나, 직장에서 개인 브랜드와 명성을 얻거나, 지도자로서 성장하고 권력 때문에 부패하지 않으려면 다중 지능을 사용하는 법을 배워야 한다. 직장에서 정치적 기술과 정보를 쌓으면 커리어에서 성공을 거두고 회사 안팎에서 권력을 이양받을 수 있는 뒷받침이 될 것이다. 사람들의 심리는 사무실 정치의 기반이 되어,

좋든 나쁘든 정치적 행위 뒤에 숨은 동기들을 설명해 준다. 동시에 왜 사람들이 정치적으로 행동하는지 이유를 해석해 줌으로써, 직장에서의 정치 공격을 효율적으로 무효로 만드는 방법을 보여주는 로드맵이 된다.

레드 라이트 발견하기

- 상사가 당신이 일한 공을 가로채려 한다.
- 상사가 당신을 조직의 중요한 정보와 인물로부터 고립시키려 한다.
- 동료들이 당신에 관한 루머를 퍼트린다.
- 이러한 나쁜 상황을 파악하고 해결하기에는 조직 내 견제와 균형의 역할이 부실하고, 협업 대신 개인적인 성과와 카리스마를 부추기는 문화가 있다. 또한 직장에서의 보상 제도가 부정적인 정치 행동을 부추기고 있다.

그린 라이트 발견하기

- 조직에서 전략적인 파트너십과 동맹을 맺는 방법을 배워서 개인과 집단, 조직의 목표를 달성하는 데 도움이 된다.
- 직장에서 개인 브랜드와 명성을 위해 노력한다. 신뢰와 우수한 능력을 바탕으로 인간관계를 맺고, 당신은 다른 사람들의 이익을 지지하고 보호해줄 사람으로 비친다.
- 권력을 효율적으로 다루는 법을 안다. 권력을 얻는 방법뿐 아니

라 권력으로 인해 부패하지 않도록 자신을 보호하는 방법도 익혔다.
- 직장에서 정치 공격에 효과적으로 대응한다. 정치 공격이 일어나지 않게 막거나, 그런 일이 벌어졌을 때는 정면으로 해결한다.

관계를 지속할까, 끊어낼까? 다음을 고려하자

매우 정치적인 조직에 남을지 떠날지를 결정하기는 어렵다. 그러나 당신이 어디로 가는지는 중요치 않으며, 어딜 가든 언제나 정치 게임과 불행한 정치적 조작에 어떻게든 노출될 것이다. 따라서 정치적 기술을 개발하는 것뿐 아니라 어떤 환경에서 성공하고 싶은지를 인지하는 것이 중요하다.

함께하겠다는 마음가짐

- 지금 하는 일을 즐기고 있고 어떻게 게임에 임해야 하는지 아는 것도 중요하다고 생각한다. 어딜 가든 사무실 정치는 언제나 존재하니까.
- 가능한 한 오래 당신의 자리를 지키기 위해 조직에서 권력을 쌓을 방법을 찾았다. 상사나 동료들과 좋은 관계를 유지하는 것 외의 정치적 논의에는 참여할 생각이 없다.

- 조직에서 마당발이 되기를 즐긴다. 조직 전체의 사람들과 인연을 맺길 좋아하고, 목표를 달성하는 데 필요한 일이라고 생각한다.
- 조직 내 든든한 동맹의 중요성을 이해한다. 뭔가를 옹호하길 좋아하고, 자신의 신념을 위해 싸울 준비가 되어 있다. 자기편 사람들을 지키고 그들의 욕구를 충족시키려면 사무실 정치에 개입하는 일이 필수라고 본다.

이제는 거리를 둘 때

- 비열한 정치 공격의 표적이 되어 왔으며, 이제는 떠날 때라고 믿는다.
- 당신의 개인적인 가치와 맞지 않는 독이 되는 환경에서 일하고 있다. 이 업무나 회사에 계속 남았다가는 결국 당신을 망치고 똑같은 사람이 될 것임을 알고 있고, 그렇게 되고 싶지 않다. 이제는 떠날 때다!
- 권력을 쥐고 있는 사람들과 잘 지내지 못한다. 직장에서 제대로 대우받지 못하거나 나쁜 상황의 희생자가 될 것으로 예상된다.
- 사무실 정치에 끼어드는 일이 정신 건강과 신체 건강에 해를 끼치고 있다. 매일 스트레스를 받고, 사무실 안팎의 인간관계에 영향을 미친다.

레드 플래그 ⑫

"다음번엔 목표치를 달성 하세요!"

골대를 계속 옮기는 상사

"목표를 달성하지 못할 것이 확실해졌을 때,
목표가 아닌 실행 단계를 수정하라."
— 공자

골대 바꾸기

직장에서의 명확한 목표치는 해야 할 일에 계속 집중하기 위해서 중요하다. 계속 동기를 부여받을 수 있을 뿐 아니라, 목표를 달성하기 위해 얼마나 잘하고 있는지를 평가하는 데도 도움이 된다. 목표와 목표치는 정신적 골대처럼 작용해서, 직장에서 매일 의사 결정을 내리고 우선순위를 정할 수 있게 지침을 준다. 사람들은 단기적인 목표와 장기적인 목표를 모두 가지며, 타인이 목표를 설정해줄 수도 있고 스스로 만들 수도 있다. 스스로 설정한 목표는 가장 강력한 영향을 미친다. 목표는 활기를 불어넣고, 업무와 관련한 행동들을 이끌어간다. 특히나 목표 달성이 금전적인 보상이나 비금전적인 보상으로 이어질 때 더욱 그렇다. 관리자들은 직원들이 조직의 목적에 집중하고 성과를 높이기 위해 목표와 목표치를 활용한다.

그러나 관리자들이 계속 목표치와 목적을 바꾸는 일은 빈번히 벌어진다. 이를테면 매출 목표와 프로젝트 완료율을 달성하기 어렵거나 전혀 도달할 수 없게 설정하는 식이다. 가끔은 비용을 최소화하거나 직원들을 속이려고 일부러 목표를 계속 바꾸는 행태가 벌어지기도 하는데, 이런 관행이 직원들의 직업 만족도를 얼마나 떨어뜨리는지를 깨닫지 못한다. 이 장에서 우리는 목표 설정의 심리를 샅샅이 살펴보고, 직장에서 목표를 어떻게 활용해 동기를 부여하는지 배울 예정이다. 또한 관리자들이 업무 성과를 독려하는 방식에서 레드 라이트와 그린 라이트를 구분하는 방법을 배우고, 가짜 목표에 끌려

다닐 가능성을 최소화하는 방법을 찾아보려 한다. 더 중요한 것은 외적인 강화나 금전적인 보상 없이도 일의 동기를 유지하려면 무엇을 해야 하는가다. 이는 당신의 커리어와 개인적인 삶을 뒷받침하기 위해 개발해야 할 핵심 기술이다.

인생에서 목표의 필요성

인생에서 목표를 가져야 달성하고 싶은 대상에 계속 집중할 수 있다. 당신은 단기 목표와 장기 목표를 모두 가질 수 있고, 이는 인생의 다양한 단계에서 당신의 행동을 이끌어준다. 당신은 양육 및 주변 환경의 영향을 받아 인생의 목표를 부여받을 수 있다. 예를 들어 결혼하고 싶다거나, 집을 사겠다거나, 부모님이 원하는 직장에서 일하겠다거나 등이다. 또한 목표를 스스로 설정할 수도 있으며, 이를 통해 인생의 방향성과 의미를 얻을 수 있다.

당신의 목표와 이를 이끄는 열정, 그리고 이 목표가 일상에서 당신의 의사 결정에 어떻게 영향을 미치는지 떠올려보자. 이는 불확실성과 변화의 시기에 의사 결정을 도와주는 (도덕적) 나침반이 되고, 마치 어떤 고귀한 존재가 인도하는 듯한 느낌을 준다. 목표는 행동을 일으키고 활기를 북돋아 주며, 동기를 만들어내는 강력한 근원이 된다.

목표가 동기와 행동에 미치는 영향

목표는 동기의 중요한 자원이다. 이를 통해 당신은 집중력을 유지하고, 업무에 노력을 쏟으며, 끝내 목표를 달성할 수 있다. 사람들이 목표와 그에 따른 보상에 부여하는 정서적·인지적 의미는 직장에서 동기를 불러일으키는 핵심이다. 사람들은 흔히 돈이 직장에서 행동을 주도하는 유일한 요소라고 믿는다. 솔직히 말해 돈 문제가 해결되지 않으면 사람들에게 동기를 부여하기가 불가능할 수도 있다. 그러나 돈이라는 주제를 제외하고 보면, 직원들은 인정받고 싶은 욕구와 소속감, 사회적 지위와 권력, 창의적이고 혁신적이며 개인적인 탁월함 같이 다양한 요소들로부터 동기를 얻는다는 사실을 깨달을 수 있다.

나 같은 경우 다른 사람들이 성장하는 모습을 볼 때, 최선을 다해 나만의 기술을 계속 연마할 방법들을 찾으려는 동기를 얻는다. 또한 내가 원하는 대로 일할 수 있다면 다섯 배는 더 열심히 일한다. 우리에게 외적으로 동기를 부여하는 요인들(보상, 지위, 징벌 등)뿐 아니라 내적으로 동기를 부여하는 요인들(성취감, 야망, 창의성 등)을 찾아내는 일이 중요하다. 내적 동기는 가장 강력하고 지속 가능한 행동을 만들어내는 원천이며, 외부 상황이 힘들어질 때도 계속 목표에 집중할 수 있게 도와준다.

왜 관리자들은 계속 골대를 옮길까?

목표와 명확한 목표치를 설정하는 일은 직원들에게 동기를 부여하기 위해 중요하다. 이를 통해 조직의 전체적인 목표를 달성할 수 있으며, 어떤 유형의 행동과 성과가 인정받고 보상받는지 명확한 기대를 설정할 수 있다. 그러나 관리자 중에는 확실한 목표치를 설정해주지 않는 이들도 있고, 가끔은 이를 달성하기 더 어렵게 만들려고 골대까지 옮긴다(달성이 가능한 범위 내라 쳐도 말이다). 매출 목표가 예상보다 달성하기 쉽거나, 직원들이 노력한 만큼 금전적인 보상을 해주지 않으려고 의도적으로 바꾸기도 한다.

관리자들이 애매하고 수량화할 수 없는 사업 목표를 설정해서, 무엇을 달성하고 어떻게 평가해야 할지 아무도 제대로 이해할 수 없게 만드는 경우도 있다. 목표가 명확할 때조차도 누군가의 성과를 두고 '기대 이하의 성과', '양호한 성과', '뛰어난 성과'로 평가하는 일은 극도로 주관적이다. 이는 '관리자의 재량'이라고 설명할 수 있는데, 관리자의 모든 개인적·정치적인 동기에 따라 달라질 수 있다는 의미다. 골대를 옮기고, 비현실적인 목표치를 설정하며, 사업 목적을 계속 애매하게 남겨둘 때, 직원들의 사기를 꺾는 부정적인 영향을 미칠 수 있다. 또한 직장에서 신뢰를 깨트리고 심지어는 절도와 사기, 왕따, 태업, 높은 퇴사율과 결근 같은 반생산적인 행동을 불러올 수 있다.[1]

브룸의 기대 이론

브룸의 기대 이론Expectancy Theory은 왜 사람들이 목표를 달성하려고 노력을 쏟거나 쏟지 않는지를 설명하는 유명한 동기 모델이다. 브룸은 직원들이 다음과 같은 경우에만 노력 한다고 주장한다.

1. 도달할 수 있는 목표치라 믿는다(기대감).
2. 목표치를 달성했을 때 보상을 받는다(수단성).
3. 직원들이 받고 싶은 보상이다(유의성).

직원이 목표치에 도달할 수 없다고 믿으면, 목표치를 달성하기 위해 노력하지 않을 것이다. 손에 넣기 너무 어려운 목표거나, 업무를 제대로 해내기에 적합한 기술을 갖추고 있지 않거나, 아니면 정치적인 문제 때문에 생겨날 수 있는 상황이다. 일단 목표를 달성하면 적절한 보상을 받을 수 있다고 믿는가? 이는 직원이 목표치를 달성했을 때 관리자가 실제로 보상을 해줬는지, 혹은 온전히 달성할 수 없도록 골대를 의도적으로 옮겼는지에 달렸다. 고용주가 당신의 성과를 공정하게 평가하는 대신 어떻게든 제대로 보상해 주지 않으려고 애를 쓸 경우 성과 평가가 전쟁처럼 느껴질 수 있다. 이 보상은 보너스 지급처럼 반드시 금전적일 필요는 없지만, 승진이나 최우수 사원상처럼 내적인 욕구(인정 및 성취 욕구)를 반영한 보상이어도 좋다.

회사가 약속을 지키지 않는다는 징후

레드 플래그 7번 "가족 같은 회사"에서 보았듯, 약속을 반드시 지키는 태도는 직장에서 긍정적인 인간관계를 쌓는 데 중요하다. 약속이 지켜지지 않았을 때 당신이 회사와 맺은 심리적 계약이 어그러지고, 이는 신뢰와 연대가 줄어드는 결과를 낳는다. 직장에서 약속은 쉽게 정해지고, 또 쉽게 잊힌다. 관리자들은 미래를 쉽게 약속하지만, 나중에 자기네가 한 약속을 잊어버리기도 한다. 여기에 대해 언제나 관리자를 탓할 수는 없다. 그들에게는 신경 써야 할 일이 많기 때문이다. 그러나 일부러 거짓 약속을 했다면, 이는 완전히 잘못된 관리 행태이자 직장에서의 인간관계를 망칠 것이다. 거짓 약속에 얽매여 있다면, 당신이 관리자들과의 관계를 어떻게 유지하고 싶은지 결정하는 일이 중요하다. 그저 약속이 깨지길 기다리는 대신(이런 문제는 절대로 잘 풀리지 않는다) 다른 시나리오를 준비하는 게 낫다. 다음은 관리자와 계약을 맺을 때 주의해야 할 몇 가지 레드 라이트, 그리고 이에 대응하거나 피하는 방법이다.

애매한 목표 설정하기
"내년까지 신제품의 브랜드 인지도를 높여주면 좋겠어요."

본래 질적인(비非수치적인) 목표는 해석의 여지가 있고 주관적으로 평가된다. 일부 조직에서 관리자들은 재량권을 행하기 위해 의도적으로 그런 목표를 설정한다. 그러나 주관적인 성과 평가가 지닌 문제는,

인간 뇌가 모든 사건과 경험을 똑같이 기억하거나 평가할 수 없다는 것이다. 혹은 관리자가 직장에서 누군가의 행동과 성과를 충분히 이해하지 못할 때도 있다. 대개 특정 사건만이 두드러지고 기억에 남으면서, 평가의 핵심을 차지한다. 이를 해결하는 방안에는 두 가지가 있다. 첫 번째로, 모든 목표를 SMART(Specific: 구체적인, Measurable: 측정 가능한, Achievable: 달성 가능한, Relevant: 관련성 있는, Time-bound: 시간제한 있는)[2]에 따라 설정하자고 관리자와 협의하는 것이다. '현재와 비교해서 브랜드 인지도를 20퍼센트 올려라' 같은 식이다. 두 번째로, 직장에서 성과를 고려할 때 다면 평가(360도 평가)를 도입하자. 다면 평가는 당신의 성과에 관한 질문들로 이뤄진 설문조사로, 당신이 직장 내·외부에서 관여하는 여러 이해관계자(동료, 관리자, 고객, 공급자 등)를 대상으로 발송된다. 이 방식으로 당신은 다양한 평가를 수집할 수 있으며, 이는 단순한 경영진 평가보다 포괄적이다.

약속 깨트리기
"안타깝지만 아직은 승진을 시켜줄 수 없어요."

회사와의 약속이 너무 자주 깨지고 과거의 협상을 덮으려 새로운 약속을 하려 한다면? "우리는 막 팬데믹에서 벗어났고, 그 누구도 연봉을 높여줄 수 없어요. 하지만 내년에 열심히 해준다면 반드시 고려해볼 거예요"라는 말을 들을 수도 있다. 이런 식의 애매모호함은 심각한 레드 라이트다. 반드시 약속을 지키겠다는 의도가 없기 때문이다. 말로 한 약속들은 쉽게 깨지고, 따라서 가까운 미래에 받기로 한 보상과 이를 위해 어떤 성과를 기대하는지 문서로 남겨두는 게 중요하다. 미래의 성과는 미래의 기대와 연결되어 있음을 잊지 말자. 조직 문화는 관리자들이 얼마나 약속을 충실히 지키는지와 깊이 관련돼 있다. 일부 업무 문화에서는 조직의 일부가 되려면 미래의 보상과 혜택을 희생해야 한다는 식으로 지시하면서, "우리는 뭔가를 얻으려면 뭔가를 잃어야 해"라고 말한다.

가짜 약속의 영향력을 최소화하려면 다음의 두 가지를 기억하자. 첫 번째로, 직장에서 성과와 보상의 관점에서 무엇이든 합의했다면, 회의 후 관리자나 당신이 합의한 내용을 이메일로 보내서 반드시 문서로 남겨야 한다. 합의를 문서화했을 때 언제나 이를 다시 꺼내서 관리자들에게 무엇을 (누가 언제) 합의했는지 일깨워줄 수 있다. 그렇게 한 후에도 관리자들은 여전히 (합당한 이유든 아니든) 약속을 이행하지 않을 수 있다. 하지만 문서로 합의한 것은 언제나 구두로 약속한 것보다 낫다. 두 번째로, 가능한 보상에 대한 대안을 마련해 놓자. 금전적 보상이 아니라면 새로운 지위나 휴가, 원격 근무나 교육의 기회 확대 같은 비금전적 보상을 생각해 보자. 돈이 더 이상 협상의 대상이 아닐 경우 당신이 만족할 만한 대안들을 선택할 수 있는지 확인하자. 그 대신 회사에서 내년에 승진을 시켜주겠다고 약속하면, 당신이 어떻게 승진하게 될지 (이정표와 함께) 보여주는 분명한 계획이 마련되어 있는지 확인하자.

중간에 목표치 바꾸기
"3분기와 4분기 목표치를 20퍼센트 증가시켜야겠어요."

관리자가 중간에 연간 목표치를 바꾸면 매우 짜증 날 수 있다. 특히 목표 달성이 코앞일 때 새로운 목표치를 받아들여야 한다면 아주 불공평하게 느껴질 수도 있다. 이런 일은 다양한 이유로 벌어진다. 가끔은 시장 상황이 예상보다 좋지 못해서 목표치가 낮게 조정된다. 산업계에 영향을 미치는 예상치 못한 사건들도 목표치를 낮추는 타당한 이유다. 반대도 마찬가지다. 상황이 나아지면서 목표치가 상향 조정될 수 있다. 그러나 이전의 목표치를 고려하지 않고 상향 조정하면 숫자를 달성하겠다는 의욕을 꺾어버릴 수 있으며, 회사가 정당한 방식으로 보상해 주길 원치 않거나 목표치를 달성했을 때 지급하기로 한 약속을 어기려 한다고 느끼게 된다. 실제로 벌어지지 않길 바라지만, 업무 문화나 관리자에 따라 그럴 가능성이 있다. 또한 관리자가 계획을 세우는 데 서툴러서 해당 연도의 목표치를 신중하게 정하지 못했을 가능성도 있다. 따라서 왜 목표치가 조정됐는지 알아내고 마음이 편안해질 새로운 조건을 협상할 방법을 찾으려면 관리자와 친밀하게 일하는 것이 중요하다. 지금까지 달성한 목표치에 대해 보상받고, 새로운 목표치를 달성했을 때의 보상을 재협상하는 방법을 고려해 보자. 당신의 회사나 업무 라인 상에서 목표치를 수정하는 일이 빈번히 벌어진다면, 미래를 제대로 대비하기 위해 관리자와 미리 대안적인 시나리오를 논의해 보자.

달성할 수 없는 목표 설정하기
"무리한 일인 건 알지만, 당신이 할 수 있다고 확신해요!"

당신의 관리자가 비현실적인 목표를 설정했다면 업무 동기를 유지하기가 몹시 어려울 수 있다. 판매 목표량을 달성할 수 없다고 믿는 순간, 통제력을 잃었다고 느끼게 되기 때문이다. 인간으로서 우리는 안전하고 생산적이라고 느끼려면 주변 환경을 통제하고 있다고 체감해야 한다. 통제력을 잃을 때 우리는 목표를 달성하려고 노력해야겠다는 마음을 잃을 수 있다. 관리자들은 일반적인 수준보다 더 높은 목표치를 설정해야 직원들에게 열심히 하라고 강요할 수 있다고 말할지도 모른다. 무리한 목표를 설정하면 더 큰 동기를 부여할 수 있지만, 그 목표치가 비현실적일 때는 완전히 반대의 결과를 낳을 수 있다.

그러나 우리가 스스로에게 던져야 할 질문은 "그 목표가 정말로 달성하기 불가능한가?"다. 진짜 문제인가, 아니면 인식의 문제인가? 진짜 문제라면 또다시 이렇게 묻자. "왜 관리자는 그렇게 어이없는 목표를 세웠지?" 이제는 목표를 설정한 의사 결정 이면의 근본적인 이유에 딴지를 걸 때다. 문제가 인식에서 발생했다면, 몇 가지 기술 훈련이나 업무 코칭으로 이를 바꿀 수 있다. 무엇이 당신의 통제하에 있는지(그리고 무엇이 아닌지), 무엇을 달성할 수 있는지 깨닫는 것이 가장 중요하다.

회사가 설계하는 모든 보너스 계획이 직원들에게 올바른 방향으로 동기를 부여해 주지는 않는다. 가끔은 공격적인 목표나 일방적인 인센티브 계획을 세워서 나쁜 행동을 부추길 수도 있다. 심각한 회계 스캔들로 파산해 버린 미국의 에너지 기업인 엔론의 사례를 살펴보자. 이들의 보상 계획은 주로 단기적인 이윤에 집중했으며, 그로 인해 직원들은 내부 제도를 악용하고 잘못된 업무 문화를 만들어 냈으며, 온갖 비윤리적인 행위들이 이어졌다. 돈은 사람에게 동기를 부여하지만, 가끔은 잘못된 방식으로 부여한다.

내 인생의 드라마

목표 설정은 강력한 동기 부여 요소다. 목표는 당신이 업무에 집중력을 잃지 않게 도와주며, 얼마나 잘하고 있는지를 평가해 준다. 단기적인 목표가 될 수도 있고, 장기적인 목표가 될 수도 있다. 그리고 이는 당장의 의사 결정이나 시간이 흐르면서 보여주는 행동에 영향을 미치기도 한다. 또한 목표는 행동을 활성화하고 활기를 불어넣는다. 우리는 삶과 인생에서 목표에 도달했을 때 성취감과 자긍심을 느끼기 때문이다. 직장의 목표치는 직원들이 업무에 집중하고 일에서 동기를 얻도록 하는 데 쓰인다. 그러나 가끔 직장에서의 목표 설정이 부정적인 영향력을 발휘할 수도 있다. 목적이 모호하거나, 달성하기 어렵거나, 순간순간 바뀔 때 특히나 그렇다. 관리자들은 목표치에 쉽게 도달하겠다고 판단하면, 기존의 목표치를 높이는 버릇이 있다. 어떤 관리자는 연말에 성과를 달성하면 승진시켜 주겠다고 약속했지만, 이를 이행하지 않기도 한다. 골대를 계속 옮기는 일이 계속되면 신뢰와 동기, 그리고 직원 윤리를 망가뜨리고 만다. 이는 약속을 어기는 일과 마찬가지로, 말 그대로 형편없는 경영 관행이다. 물론 기업의 필요에 따라 목표치를 일회성으로 조정하는 일은 있을 수 있고, 그래도 괜찮다. 그러나 습관처럼 목표치를 수정하는 건 반드시 피해야 한다.

레드 라이트 발견하기

- 관리자가 골대를 계속 옮기면서, 목표치를 달성하기 어렵게 만들고 직원들의 사기를 꺾어 놓는다.
- 관리자가 비현실적인거나 애매한 목표를 세워서, 이를 이해하거나 달성하기가 어렵다.
- 관리자가 당신의 전체적인 성과를 평가하기 위해서 단순 사건들(그냥 벌어지는 일들)을 바탕으로 연 1회(혹은 연 2회) 성과 평가를 한다. 당신을 전체적인 성과로 평가하지 않는다.
- 관리자가 '경영자의 재량'에 따라 보너스의 큰 부분을 결정한다.

그린 라이트 발견하기

- 관리자가 직원들에게 내적으로나 외적으로 어떻게 동기를 부여할 수 있는지 이해하고 있다.
- 관리자가 쉽진 않지만 고무적이고 성취 가능한 목표를 설정해서 당신이 계속 동기를 가지고 성장할 수 있게 돕는다.
- 당신은 목표치와 보너스 계획을 문서로 확실히 남긴다.
- 당신은 약속을 문서화하고 목표를 SMART에 맞춰 설정하면서 가짜 약속들에 적극적으로 맞선다.

관계를 지속할까, 끊어낼까? 다음을 고려하자

직장에서 가짜 약속에 휘둘리고 목표가 빈번히 바뀐다면, 당신은 관리자와 심지어는 조직에 대한 신뢰를 잃었을 가능성이 매우 크다. 이쯤에서 다음과 같은 질문들이 떠오른다. 당신은 구두로 합의한 약속을 지키지 않는 회사에 계속 남아 있고 싶은가? 이런 일은 어쩌다가 벌어질 뿐, 회사가 갑자기 목표를 바꾼 타당한 이유가 있는가? 아니면 비용을 최소화하면서 생산성을 최대화하기 위해 이런 식의 경영이 조직에서 흔한 관행이 됐는가? 끊임없이 골대를 옮기는 조직을 위해 계속 일하고 싶은지 결정해야 할 때가 왔다.

함께하겠다는 마음가짐

- 기업이 심각한 변화를 겪고 있으며 기존의 목표와 전략을 재평가해야 할 때임을 이해한다.
- 관리자와 좋은 관계를 유지하고 있으며, 기꺼이 변화에 따르고 싶다.
- 일을 하고 싶은 본질적인 동기가 있다. 주기적으로 목표가 바뀌는 것이 조금 짜증나지만, 개인적으로는 크게 거슬릴 게 없다.
- 협상의 중요성을 이해한다. 보상을 늘려준다고 할 때만 새로운 목표치를 인정한다.

이제는 거리를 둘 때

- 목표치가 중간에 바뀌었기 때문에 이를 달성하지 못하는 경우를 지나치게 자주 겪어왔다.
- 목표가 의도적으로 애매하게 설정되어 있다.
- 관리자가 자주 약속을 깨고, 그로 인해 당신의 동기와 신뢰가 흔들린다.
- 관리자가 당신을 괴롭히기 위해 의도적으로 골대를 옮긴다.

3부.

연애라는 관계

Red Flags

Green Flags

지금 연애 시장은 그 어느 때보다 활발하게 움직이고 있다. 온라인 데이트와 데이팅 앱의 등장은 한때 즐거우면서도 노력을 쏟아야 했던 활동을 소파에 편안하게 앉은 채 힘들일 필요 없는 시도로 바꿔놓았다. 또한 오늘날 우리는 데이트를 할 때 과거보다 더 많은 선택권을 가진다. 서로를 알아가기 위해 까다로운 질문을 할 필요도 없다. 온라인 개인 프로필은 그 사람이 무엇을 좋아하고 무엇을 추구하는지 등 필요한 모든 정보를 제공한다. 손쉬운 접근과 다양한 선택지는 분명 우리가 현대식 연애 시장의 르네상스를 맞이했다는 의미다. 안타깝게도 현대의 연애 시장은 극도로 애매모호하고, 헤쳐 나가기 까다로우며, 심지어는 해롭기까지 하다. 어떤 사람은 이를 뱀이 우글거리는 구덩이라고 말한다. 장기적으로 누군가와 데이트를 하려면, 당신이 추구하는 바가 무엇인지 아는 것이 중요하다.

현대의 연애는 섹스 파트너나 FWB Friend with Benefits(잠자리를 같이 하는 이성 친구-옮긴이), 시추에이션십 Situationship처럼 새로운 형태의 친밀한 관계를 탄생시켰다. 여기에는 여러 장점과 문제점들이 존재하지만, 독점적인 관계나 오래 지속되는 관계를 갈구한다면 해당 사항이 없다. 그리고 온라인 데이트가 몹시도 쉬워지니, 어떤 사람들은 가벼운 마음으로 연애를 해도 괜찮다고 생각하면서, 잠수 이별이나 어장 관리, 끼 부리기, 오비팅 Orbiting(소셜 미디어에서 '좋아요'

는 누르지만 개인적이고 의미 있는 소통은 차단하는 것-옮긴이) 등 온갖 독이 되는 행동이 등장하게 됐다. 현대의 연애는 '결혼 예행 연습'이라기보다는 '이혼 예행 연습'처럼 보인다. 따라서 오늘날 그 어느 때보다 연애에서 건강한 행동과 그렇지 못한 행동을 구분할 수 있는 능력이 중요해졌다. 그래야만 중요한 사람에게 집중하고 앞으로 닥칠 골치 아픈 일들을 예방할 수 있기 때문이다. 데이팅 앱은 불행하게도 아직 쓰레기 거름망을 갖추지 못했다.

그러나 한번 생각해 보자. 이 세상에 완벽한 사람은 없으며, 우리도 누구나 마음속에 레드 라이트를 품고 있다. 특히나 연애를 시작할 때, 과거의 트라우마로 인한 생각과 행동이 표면으로 드러날 수도 있다. 당신은 처음 뜬 레드 라이트를 보자마자 도망가는가? 아니면 연애하는 과정에서 비협조적인 행동이 드러날 수도 있다는 사실을 알고 있는가? 혹은 사랑과 이해, 헌신으로 과거의 고통을 극복하고 성장하도록 서로를 돕는 파트너가 될 수 있다고 생각하는가? 지금부터 우리는 연애에서의 레드 라이트와 그린 라이트를 다루는 여섯 개의 장을 통해 현대식 연애가 자아낸 복잡한 정글을 잘 헤쳐 나와 올바른 짝을 찾아내고 시간이 흘러도 더욱 단단해지는 관계를 만들어 보려 한다.

레드 플래그 ⑬

"그냥 연애가 하기 싫어!"
싱글로 남기를 선택하는 사람

"우리의 최대 약점은 포기다."
— 토머스 에디슨

연애하지 않는 사람들의 등장

연애가 점차 버거워진다고 느끼는가? 누군가를 알아가느라 엄청난 노력을 기울이고 있지만 별 진전이 없는가? 아니면 또다시 상처받을까 봐 두려워서 누군가와 가까워지는 게 두려운가? 과거의 끔찍했던 싸움과 배신을 되돌아보며, "다시는 안 해. 그냥 혼자인 게 낫겠어"라고 중얼거릴 수도 있다. 아니면 당신도 나쁜 남자 혹은 나쁜 여자의 단계에 접어들어, 다른 누군가의 마음을 아프게 할 준비가 됐는가? 개X끼에게 상처를 받은 여자가 이제는 나쁜 X이 되어 보복할 차례일 수도 있다. 이 중 익숙하게 들리는 게 뭐든 있다면, 당신은 지금 솔로로 연애 같은 건 전혀 생각도 하지 않을 가능성이 높다.

그러나 실연의 아픔과 자아 탐구 외에도 사람들이 연애를 포기하는 이유는 다양하다. 혹자는 소셜 미디어 때문에 사람들이 연애를 하겠다는 의지가 줄어들었다고 믿고, 아니면 데이팅 앱이 주요한 원인이라고 지목하기도 한다. 또 누군가는 사회 규범이 변하면서 정서적·사회적인 인연이 사라진 탓이라고 책임을 돌리기도 한다. 때로는 자기 자신에게 집중하는 것도 좋지만, 새로운 사람을 만나거나 누군가와 깊은 인연을 맺기를 너무 두려워하거나 꺼리는 상황이라면 뭔가 다른 요인이 작용하고 있다는 의미일 수 있다. 그 이유가 무엇이든, 연애하고 싶은 흥미를 느끼지 못하는 이유가 어디에서 탄생했는지 알아보는 일은 중요하다.

우리는 선천적으로 사회적인 존재다. 우리의 인지 행동과 면역 체계의 기능을 포함해 정신적·신체적인 행복도 타인과의 인연에 전적으로 달렸다. 이 장에서 요즘 사람들이 연애를 하지 않는 심리를 파헤쳐볼 예정이며, 연애하지 않기로 결심한 것이 레드 라이트가 되는 때와 그린 라이트가 되는 때를 살펴보려 한다. 또한 사람들이 연애를 추구하지 않을 때 어떤 대안을 가지는지 들여다보고, '자기 자신과의 연애' 또는 '가상의 인물과 사랑에 빠지기' 같은 유행들을 간단히 짚어보려 한다. 현대의 연애 시장에서 사람들이 무엇 때문에 더 가까워지고 친밀해지는지 흥미로운 통찰을 제공해줄 것이다.

현대의 연애 추세

〈저널 오브 퍼스널리티 앤 소셜 사이콜로지 The Journal of Personality and Social Media Psychology〉를 비롯해 인간관계를 주요 주제로 다룬 다양한 연구들에 따르면, 요즘은 연애를 안 하는 것이 추세처럼 보인다.[1] 많은 사람들이 더 오래 싱글로 남기를 선택하고, 장기적인 인간관계와 가족 계획을 더 늦은 시기까지 미룬다. 싱글 라이프는 소셜 미디어에서 '놓치지 말아야 할 건 사랑이 아니라 비행기 Catch Flight, Not Feelings' 같은 영상들로 활발히 홍보된다. 많은 이들이 (원치 않을 때도) 데이트를 해야 한다는 사회적인 압박을 느낄 수도 있다. 사회가 연애나 결혼을 하지 않는 사람을 불완전한 존재로 인식하기 때문이다. 가족과 친구들만 이런 압박을 주는 게 아니라 동료나 심지어는 생전 처음 보는 낯선 이들도 입을 댄다. 사람들에게 당신이 싱글이라고 밝히면, 의심 가득한 곁눈질로 힐긋거리며[2] "그러니까, 아직 결혼을 안 했단 거죠?" 또는 "왜 이렇게 오랫동안 싱글로 지내요?"라고 묻는다. 그러면서 분명 당신에게 뭔가 문제가 있어서 여전히 싱글로 남아 있는 것이라고 은연중에 내비친다. 연애를 할 수 없는 타당한 이유들이 존재하지만, 대부분의 사람들은 편견 때문에 결혼이나 전통적인 형태의 결합을 대안적인 관점에서 보지 못한다(특히나 행복한 싱글 라이프가 행복에 관한 기혼자의 신념을 뒤흔들어 놓기도 한다). 사람들은 수많은 이유로 홀로 살기를 선호한다. 모든 이유를 언급할 수는 없지만, 현대의 삶과 연애에 있어 가장 중요한 이유들을 살펴보자.

과거의 연애 경험

사람들이 데이트를 하지 않고 자기 자신에게 더 초점을 맞추기로 결심한 주요 이유 가운데 하나는 과거에 경험한 나쁜 연애다. 나르시시스트를 사귀었거나(나르시시즘에 대해서는 레드 플래그 16번을 참고하자), 학대적인 관계에 있었다거나(레드 플래그 22번을 참고하자), 아니면 파트너가 바람을 피운(레드 플래그 23번을 참고하자) 경험들은 불안함이나 취약함, 또는 트라우마를 느끼게 하고 심지어는 남을 못 믿게 만든다. 이런 일을 겪게 되면 다른 사람에게 다시 집중할 만한 여유가 없어지며, 자기 자신에게 집중하는 것이 최선이 된다. 그리고 나쁜 연애의 경험에서 회복한 후에도 또 나쁜 사람을 만날

까 봐 두려워서 애인을 찾는 데 관심이 없을 수도 있다. 자기 자신에게 집중하고 그 누구로부터도 다시는 상처받지 않겠다는 결심은 아마도 가장 안전한 선택일지도 모른다. 소셜 미디어에서 너무 많은 남자와 여자들이 자신과 똑같은 과정을 겪는 모습을 보면서 싱글 라이프를 선택한 사람이 자기 하나만이 아니라고 깨닫고 위로를 얻을 수도 있다. 말하자면 나는 소셜 미디어Social Media가 그다지 사회적Social이지 않다고 생각한다. 사람들을 무심결에 고립시키는 능력을 지녔기 때문이다.

현대식 체크리스트

오늘날의 삶을 살펴보면 우리는 분명 과거보다 더 많은 정보를 가지고 있다. 정보가 더 많은 만큼 우리는 더 나은 의사 결정을 할 수 있어야 하지만, 지나치게 많은 정보에 접근할 수 있기 때문에 더 기가 빨릴 수도 있다. 모든 상황을 과하게 생각하고 과하게 분석하게 되기 때문이다. 삶은 그 어느 때보다도 바빠졌고, 글로벌 팬데믹, 지정학적 불안, 생성형 AI 같은 빠른 기술 발전 등 사람들은 불확실성에 끌려다닌다. 사람들은 일자리를 잃을지도 모른다는 두려움에 시달리고 있다. 또한 많은 사람들이 오늘날 잘 짜인 스케줄[3]을 가지고 있고, 스케줄에 맞지 않으면 연애에도 관심을 덜 가진다. 틱톡TikTok에서 유행하는 "10시간 동안 일하고, 2시간 동안 운동하고, 8시간 동안 잔다. 내가 당신에게 문자를 보낸다? 당신은 중요한 사람이야!"라는 말은 이러한 추세의 밑바탕을 이루는 사고방식을 보여준다. 내 친구는 언젠가 이렇게 말했다. "요즘 우리는 모두 체크리스트를 가지고 있어. 인터넷이랑 소셜 미디어 때문에 그 체크리스트가 더 길어지고 있지. 자신이 원하는 대로 해주지 않으면 굳이 그 관계를 끌고 가지 않을 충분한 이유가 항상 있거든."

연애를 할지 말지, 오래 만날 사람을 찾을지 말지를 고민할 때는 타협하지 않으려는 의지가 존재한다. 그렇기 때문에 많은 사람들이 싱글로 남아서 행복해한다. 일과 운동, 사회적 상호 작용으로 하루를 채울 수 있고, 사회적인 욕구는 온오프라인에서 친구들을 잠깐 만나면서 채울 수 있다. 긴장이 고조되고 어느 정도 달콤한 감정을 느끼고 싶을 때, 정기적으로 만나는, 아니면 데이팅 앱에서 엮인 파트너들은 당신에게 필요한 순간적이고 친밀한 행복을 안겨준다. 디지털 공간은 당신이 자기 자신에게 집중하기 더 쉽게 만들어졌다. 서구 사회에서 소비자 기술과 앱이 개인적인 성향을 증가시키도록 설계됐다는 사실은 놀랍지도 않다. 따라서 아이폰 iPhone과 아이리저브 i-Reserve, 아이폼빌더 iFormBuilder, 메르세데스 미 Mercedes Me와 마이스페이스 Myspace 같은 이름은 개인의 중요성을 반영하고 있다. 동아시아에서는 좀 더 집단적인 관점이 인간관계의 기반을 이루고 있으며, 중국 기업인 위챗 WeChat과 위페이 WePay 같은 앱 이름에도 반영되어 있다.[4]

이케아 효과

과거에 우리는 서로를 더 깊이 알아가고 탄탄한 관계를 쌓기 위해 상대와 얼굴을 맞대고 밀도 있는 시간을 보냈다. 인간관계가 잘 이어지기 위해서는 노력이 필요했고, 여전히 필요하다. 또한 과거에 우리는 안전하다고 느끼고 지지를 얻기 위해 친밀한 사회적 네트워크에 더 많이 의존했다. 우리는 오늘날 더 많은 가상의 '친구'[5]를 가졌을 수 있지만, 진정한 우정(과 우정으로부터 얻는 전체적인 만족감)은 빠르게 줄어들고 있다.[6] 팬데믹, 기술 발전은 현대 사회에서 우리가 친구들과 연결되는 방식, 그리고 이 우정에 기꺼이 투자하고 싶은 밀도 있는 시간의 양을 바꿔놓았다. 누군가와 연애하기 위해 투자하는 시간의 양도 마찬가지다.

우리는 다른 사람에게 노력을 더 많이 쏟을수록 그 사람에게 더 큰 가치를 부여한다. 심리학에서 이 인지 편향을 가끔 이케아 효과 IKEA effect라고 부른다.[7] 사람들은 더 많은 노력을 쏟은 물건(또는 사람)에게 주관적인 가치를 부여한다. 그렇게 해서 이케아가 성공했다. 사람들은 이케아에 가서, 나무판자 몇 조각(더 흔하게는, 그다지 필요하지 않은 가정 용품 뭉치)에 돈을 쓰고 자기 손으로 이 판자들을 조립해야 하는데도 말이다. 그러니까, 왜일까? 이케아 효과는 이미 완성된 가구를 사는 것보다 DIY Do-It-Yourself(직접 조립한) 가구를 가지는 쪽이 만족감이 더 클 수 있으며, 이는 노력을 들일수록 대상의 가치가 점차 커지는 심리와 직접적으로 연관된다. 우리는 연애 관계에 노력을 적게 들일수록 가치를 적게 부여한다.

무성애자^{Ace}·무낭만자^{Aro}

사람들이 연애를 하지 않는 더 본질적인 이유는 선천적으로 타인에 대해 어떻게 매력을 느끼는지와 관련이 있다. 모든 사람들이 타인에게 연애 감정이나 성적 끌림을 느낀다는 것은 거짓된 믿음이다. 아무런 매력도 느끼지 못하는 사람들이 많지만, 그렇다고 해서 그 자체가 정신 건강 문제나 과거의 트라우마로 연결되지는 않는다.[8] 다른 사람에게 연애적인 매력을 느끼지 못하는 사람을 '무낭만자(Aromantic, 혹은 줄여서 Aro)'라고 한다. 가끔 사람들은 무낭만을 무성애와 혼동하는데, 이 둘은 같지 않다. 무성애자(Asexual, 혹은 Ace)는 누군가에게 성적인 끌림을 느끼지 못하는 사람이다. 무낭만자는 누군가에게 성적으로 끌릴 수 있지만, 이 성적인 에너지를 연애와 연결 짓지는 않는다. 가끔은 무낭만자가 사랑을 경험하지 않는다고 말하기도 하지만, 사실이 아니다. 이들은 친구나 부모를 사랑한다. 단지 누군가에게 연애 감정을 느끼지 못할 뿐이다. 무낭만자가 누군가와 낭만적인 관계를 바랄 수는 있으나, 실제로 연애적인 끌림이 없을 뿐이다. 무성애자는 누군가와 사랑에 빠지거나 연애의 감정을 느낄 수 있으나, 성적으로 끌리지 않는다. 흥미롭게도 일부 무성애자는 섹스를 하지만, 다만 정말 성적으로 끌리지 않을 뿐이다. 무성애자이면서 동시에 무낭만자가 될 수도 있다. 이런 사람들은 누군가와 연애를 하거나 성적인 관계를 맺고 싶다는 욕망이 거의 없다(심지어 그런 생각을 하는 것만으로도 역겨움을 느끼기도 한다). 또한 타인에게 성적으로나 연애적으로 끌리는 감정이 실제 욕망이라기보다는 사회적 압력에 대한 반응에 가까운 것은 아닌지 의문을 품기도 한다.

연애하고 싶지 않은 마음이 그린 라이트가 될 때

데이트나 연애를 하고 싶어 하지 않아도 당연히 괜찮고, 누군가가 억지로 강요해서도 안 된다. 가까운 친구나 동료가 연애하는 모습을 보면서, 당신도 연애를 해야 한다고 느낄 수도 있지만 반드시 그래야 하는 것은 아니다. 요즘 세상에 혼자 살거나 홀로 지내는 건 생활양식의 선택과 같으며 사회적으로 금기시되는 행동도 아니다(인생에서 일찍 결혼하는 것을 문화적으로 강요하는 사회도 여럿 존재한다). 혼자 살면서 연애를 하지 않기로 선택한 싱글들은 그 이유로 "자신의 평화를 위해 선택했다", "더 많은 자유를 누린다", "커리어에 초점을 맞출 수 있다", "치유의 시간이 필요하다" 등을 든다.

사람들의 생활 양식은 시대에 맞춰 달라진다. 예전보다 더 많은 여성이 가족보다 커리어를 선택하고, 헌신적인 관계와 출산 등을 30대와 40대까지 한참 미룬다. 우리는 자기 계발과 정신 건강을 최우선으로 하는 세상에서 살고 있다. 요즘 들어 많은 사람이 연애를 시작하기 전에 먼저 잠재적인 파트너가 스스로를 수양하길 요구한다. 누군가에게 몰두하기 앞서, 과거의 연애에서 교훈을 얻고 상대에게 더 좋은 파트너가 되는 방법을 고민해 보거나, 과거의 상처와

트라우마를 치유하는 법을 배우기를 강력히 권고한다. 이 모든 것은 연애 대신 자기 자신에게 집중하기로 결심했을 때 그린 라이트가 된다.

연애하고 싶지 않은 마음이 레드 라이트가 될 때

연애하지 않는 것은 개인적인 선택이지만, 모든 개인적인 선택이 옳지는 않다. 함께 있는 것이 나을 때도 홀로 있기를 선택하는 경우라면 더 깊이 고민해볼 필요가 있다. 오랫동안 홀로 지내는 것이 너무 익숙해진 나머지 기본 설정이 되어버리면, 신중하게 판단하지 않고 당신에게 다가오는 사람은 모두 밀쳐낼 수도 있다. 그게 아니라면 상대에게 당신을 위해 뭔가를 해달라고 (당신의 생활 양식에 맞춰달라고) 요구하는 게 너무 많아질 수 있다. 오해하지 말아주길, 자립은 좋은 일이다. 그러나 다른 사람들에게 맞추고 싶지 않거나 누군가를 만나기가 두렵다는 이유로 아무도 인생에 들어오지 못하게 막는다면 장기적으로 당신에게 상처를 줄 수 있다.

85년 동안 사람들을 추적한 하버드 대학교의 랜드마크 연구는 사람들이 더 오래, 더 행복하게 살 수 있는 요인들을 발견했다. 우리는 모두 젊은 시절에 건강하게 먹고 적극적으로 활동하는 것이 행복하게 장수하는 길이라고 인식하고 있다. 부분적으로는 사실이기도 하다. 그러나 연구에 따르면 장수로 이어지는 가장 중요한 요인은 끈끈한 사회적 관계다.[9] 현대인들은 단기적인 성향 때문에 어떻게 해야 삶의 여러 분야에서 오래 지속되는 관계를 만들어갈 수 있는지 배우지 못한다. 그 결과, 우리는 오랜 인연을 맺지 못하고 세월이 흐를수록 더 저급한 삶을 살게 될 위험에 처한다.

허구의 인물과 연애하기

나는 2000년대 초 일본에 살던 당시, 아니메(일본 만화영화)와 망가(만화책)에 익숙해졌다. 일본에서 아니메와 망가는 청소년들뿐 아니라 성인들 사이에서도 인기였다. 다 큰 어른들이 아니메나 망가 주인공에게 열광하는 경우도 아주 흔했다(여전히 그렇다). 헬로키티조차 엄청난 팬덤을 거느리고 있다(헬로키티는 전 세계적으로 유명해져서 이제는 컬트적인 지위에 다다랐다).[10] 이때 처음 허구의 인물과 유사 사회적 관계 Parasocial Relationship를 맺는 사람들의 이야기를 들었다.[11] 특히 만화 〈샐러리맨 킨타로〉가 기억나는데, 근로 계급에 속하는 일본인들은 폭주족 출신에서 월급쟁이 회사원이 된 주인공에게서 자기 모습을 보았다. 사람들이 흔히 직장에서 경험하는 부패와 불공정에 맞서 싸우는 이 남자, 킨타로는 직장에서 매일 압박과 좌절을 겪는 현실 회사원들에게 정신적인 탈출구였다.[12] 그는 세계화와 불경기로 요동쳤던 시대에 많은 이들에게 희망의 빛이 되어주었다.

지난해 나는 내 소셜 미디어에서 허구의 인물과 사랑에 빠지는 현상을 여러 차례 다뤘다(이를 보통 픽토로맨스Fictoromance, 픽토섹슈얼리티Fictosexuality, 픽토필리아Fictophilia라고 한다).[13] 당시 내가 목격했던 추세는 점차 서구로 퍼져나가고 있었지만, 여기에 관해 이야기하는 사람은 거의 못 봤다. 어떤 사람들은 이야기 속 주인공과 사랑에 빠진다. 보통은 소설이나 만화에서 그려내는 슈퍼 히어로나 악당이고, 사람들은 자기네가 진짜가 아닌 누군가를 흠모하는 것임을 아주 잘 알고 있다. 왜 사람들이 동일시할 수 있는 허구의 인물에 그토록 사로잡히는지, 그리고 진심으로 공감하고 푹 빠질 수 있는지를 이해하기란 어렵지 않다. 사람들은 현생이 주는 좌절감에서 탈출하고 싶어 한다. 가정에서 경험하는 끊임없는 싸움에서 벗어나 머리를 식힐 수도 있고, 현실의 사람들 때문에 진절머리가 날 정도로 실망했을 때 허구의 인물이 위안을 줄 수도 있다. 어쩌면 당신은 외로워서 이야기의 주인공에게 그토록 절실한 동지애를 느낄지도 모른다. 무슨 일이 벌어지든 허구의 인물은 언제나 같은 자리에서 당신을 기다리고 있고, 절망에서 구해주며, 절대로 상처를 주지 않는다. 거절당할 염려도 없고, 당신은 허구의 상대와 맺은 유사 사회적 관계를 언제든 통제할 수 있다는 사실을 안다.

　내가 이 주제를 가지고 다양한 소셜 미디어 플랫폼에 게시한 영상은 빠르게 퍼져나갔다. 나는 서구 사람들이 허구의 인물들에게 품는 애정과 열병이 내 예상보다 더 크다는 것을 깨달았다. 그러나 이 현상은 사람들이 연애를 비롯해 인간관계에서 크게 실망하게 된 탓이라고 설명할 수 있었다. 처음에 이 개념은 이상해 보였지만, 픽토필리아는 현대 사회의 연애와 성적 관계가 자연적으로 진화한 것으로 볼 수 있다. AI가 많은 사람들에게 새로운 탈출구가 되어준다 해도 놀랍지 않다. 이를테면 자기에게 공감해 주는 AI 챗봇과 로봇, 그리고 그 외 인간과 비슷한 자동 인형 등과 관계를 쌓으려 하는 것 등이다.

이야기 속 영웅이나 악당과 자신을 동일시하는 현상은 주인공이 독자들의 눈에 너무나 완벽해 보이기 때문에(그 어떤 인간보다 훌륭해 보여서) 벌어진다. 혹은 이야기가 그려내는 악당(이나 그 악당의 삶)이 사람을 죽이고 세상을 파괴한다 하더라도 내 마음에 들 수도 있다. 인기 있는 일본 아니메인 〈진격의 거인〉에 등장하는 에렌 예거는 많은 사람들이 열광하는 허구의 인물이지만 분명 롤 모델로 삼을 만한 좋은 사람은 아니다. 흥미롭게도 사람들은 현실의 악당과도 사랑에 빠진다. 예를 들어, 멕시코에서 나코 쿨투라 Narco Cultura(멕시코의 마약 조직)는 멕시코인들 사이에서 우상이자 로망이다. 시날로아 카르텔은 멕시코에서 가장 큰 카르텔이자(미국 정보기관에 따르면 세계에서 가장 크다) 많은 이들이 흠모하는 가문이다. 이 가문의 불법 행위 자체 때문이 아니라, 그 호사스러운 생활 양식 때문이다.[14] 거리 문화, 패션, 심지어 음악까지도 이 거대한 마약왕에게서 영감을 얻는다. 왜 사람들이 폭력 집단의 삶을 이상화하는지 상상하기란 어렵지 않다. 특히나 선한 행위를 한다고 해서 우리에게 언제나 이득이 되는 것이 아님을 알게 되었다면 더욱 그렇다.

오늘날 많은 사람이 괴로운 과거 경험과 적합한 파트너를 찾기 어려워 연애를 포기하는 현실은 자기 자신에게 초점을 맞추는 것이 최고의 선택처럼 보이게 만들 수 있다. 그러나 현실에서 누군가를 찾으려는 노력을 포기한다면 누구와 사랑에 빠질 것인가? 허구의 인물과 사랑에 빠졌다면… 그래도 걱정하지 말자. 미친 게 아니라, 정말로 괜찮다![15] 인정하기 조금 부끄러울 수 있지만, 이런 경험을 하는 사람들이 많다. 그러나 현실에서 누군가와 연애를 하고 있지만 현생의 파트너가 아닌 허구의 인물에게 더 끌리거나 사랑한다는 사실을 깨닫는다면 문제가 될 수 있다. 그때는 인간 애인과 허심탄회하게 이야기해 봐야 한다.

새로운 유행 - 나 자신과 연애하기

오늘날 '나'를 중시하자는 운동 때문에 사람들은 자기 자신과의 연애를 선택하고 있다. 하지만 '나와의 연애'는 무슨 의미일까? 나와의 연애는 자기 자신과의 관계를 돌보는 데 시간과 에너지를 쏟는 것으로, 우리가 바라는 이상적인 데이트의 모습이 될 수 있다. 큰 마음 먹고 홀로 호사스러운 저녁 식사를 하고, 홀로 휴가를 떠나고, 홀로 촛불을 켜고 간식을 먹으며 밤새 넷플릭스를 보고, 아니면 홀로 영화 데이트를 한다. 어디를 가든 든든한 핸드폰이 함께해서, 여전히 사회적으로 연결되어 있고 그 시간을 사진으로 남길 수도 있다. 의도적으로 홀로 있기를 선택한 것이다. 혼자만의 시간(또는 자기 자신을 토닥이는 경험) 말고도, 나와의 연애는 치유의 역할을 할 수 있다. 데이트가 어떻게 흘러가는지 통제할 수 있는 환경(상황에 따라 '좋다'와 '싫다'를 말할 수 있다)을 제공하기 때문에 다른 사람과 데이트를 할 때 제대로 이끌어가는 데도 도움이 된다. 슬프게도 많은 사람이 소소한 수다에 끼어들거나, 낯선 이에게 말을 걸거나, 감정을 표현하는 데 어려움을 겪는다. 사람들은 연애하는 법을 다시 배울 필요가 있다(오랫동안 연애를 쉰 사람의 경우 특히 그렇다).

일본에서는 홀로 식사를 하고 싶은 사람에게 서비스를 제공하는 식당들이 있다. 혼자 밥을 먹을 수 있는 칸막이를 제공해 주며, 원치 않으면 종업원과도 사회적인 상호 작용을 할 필요가 없는 곳이다.[16] 나는 미래에 여행업과 서비스업이 '홀로 데이트족'에게 더 많이 초점을 맞추더라도 놀라지 않을 것 같다. 2023년 6월 36세의 뉴요커인 로사나 라모스는 레플리카^{Replika}[17]라는 앱을 사용해 직접 만들어낸 AI 챗봇인 에렌 카르탈[18]과 가상으로 결혼했다. 개인적으로 나는 혼자만의 시간을 지나치게 부추기는 것에 그리 찬성하지 않는다. 외로움이 자아낸 악화된 건강 상태 관련 증거가 많으며,[19] 인간은 태생적으로 사회적인 동물임을 잊지 말아야 한다. 우리는 살아남기 위해 다른 사람이 필요하다(독립적으로 살아갈 수 있는 모든 기술을 갖추고 있을 때조차도 그렇다).

내 인생의 드라마

연애를 하지 않겠다는 결심은 건강하든 건강하지 않든 하나의 선택이다. 요즘 사람들이 싱글로 남겠다고 선택하는 이유로는 여러 가지가 있다. 그러나 이 모든 이유들이 건강한 건 아니다. 커리어에 집중하고 싶어서 싱글로 남기로 했는가, 아니면 과거에 부정적인 데이트 경험으로부터 치유받길 원해서 싱글로 남기로 했는가? 올바른 이유로 싱글이 되기로 선택했다면 심리적으로 풍요로워질 수 있고, 따라서 연애를 하지 않는 타당한 이유가 된다. 또는 당신의 인생이 지나치게 촘촘히 계획되어 있거나, 너무 오랫동안 싱글로 지내오다 보니 다른 사람에게 맞춰 인생을 바꿀 에너지가 없다고 깨달을 수도 있다. 어쩌면 당신은 다른 사람에게 전혀 매력을 느끼지 못해서 연애를 하지 않을 수도 있다. 어쩌면 당신은 자기가 너무 늙었다고 생각하거나, 자존감이 낮거나, 아니면 소셜 미디어에서 들은 온갖 괴담들 때문에 연애를 하지 않기도 한다. 바로 지금이 당신이 연애에 있어서 올바른 선택을 했는지를 되돌아볼 순간이다. 왜 당신이 홀로 남기로 선택했는지 그 이유를 분명히 알고 있어야 한다. 연구들에 따르면 고독한 삶이 어느 정도는 좋을 수 있지만 장기적으로 보았을 때 당신을 병들게 할 수 있다. 당신의 선택을 더 분명히 인지하고 있을수록 더 주도적으로 (싱글의) 삶을 살 수 있다. 이번 장은 주로 자기 자신의 레드 라이트와 그린 라이트를 알아보는 데 초점을 맞춘다.

레드 라이트 발견하기

- 너무 오랫동안 혼자였고 자기만의 방식에 지나치게 집착한다. 협상할 마음이 없고, 다른 사람들이 당신의 생활 양식에 맞춰주길 바란다(반대로는 해주고 싶지 않다).
- 몇 년 동안 연애를 하지 않았더니 데이트를 하거나 연애를 추구하기가 너무 두렵게 느껴진다. 아마도 당신의 두려움이나 불안한 기분에 대해 누군가와 이야기를 나눌 때가 왔을지도 모른다.
- 관계에서 오는 어려움과 분쟁을 다룰 줄 모른다. 갈등은 어떤 인간관계에서든 피할 수 없지만, 당신이 골치 아픈 일이 생기자마자 잠수를 타버린다면 엄청난 레드 라이트다.
- 허구의 인물이나 AI 챗봇에 너무 집착해서 인간과 다시 연애를 하거나 사랑에 빠지기를 거부한다.

그린 라이트 발견하기

- 당신은 의도적으로 커리어를 우선순위에 두고 있으며, 목표를 달성하는 데 집중해야 할 시기에 누군가의 마음을 아프지 않게 하려고 연애를 하지 않는다.
- 치유의 시간을 가지고 있으며, 누군가와 연애하기 전에 먼저 자기 수양을 하고 싶다. 당신이 이런 선택을 한 까닭은, 과거의 트라우마를 치유하거나 스스로를 개선함으로써 더 효과적으로 경계선을 설정하고 욕구를 표현하기 위해서다.
- 당신은 개X끼나 나쁜 X(또는 자기가 애인에게 못되게 구는 경향이

있음을 알고 있는 사람)이며, 당신이 연애를 했다가는 상대방의 마음을 아프게 하리라는 것을 안다. 당신은 변하고 싶고 변할 수 있다고 느끼는 시기에 도달할 때까지 자연스러운 만남에 집중하고 (가능한 한) 교활한 전술로 다른 사람들의 삶에 영향을 미치지 않기로 결심한다(하지만 당신은 언제나 변할 수 있음을 기억하자!).

- 여전히 자기 자신이 어떤 사람이고 무엇을 진정으로 원하는지 알아보는 중이다. 지금으로서는 탐색과 실험이 주요한 목표다. 연애는 적당한 순간이라고 느껴질 때 자연스레 전개될 것이다.

상황을 지속할까, 끊어낼까? 다음을 고려하자

현대 세계는 혼자 살면서 자립하기에 더 쉬워졌다. 싱글로 남겠다는 결심은 생활 양식을 선택한 것으로, 많은 이들이 싱글 라이프를 선택하고 있다. 그러나 싱글 라이프는 그에 따른 결과를 수반한다. 너무 오랫동안 싱글로 지내면 당신의 건강과 전반적인 행복에 악영향을 끼칠 수 있다. 현실에서 다른 사람들과 상호 작용하기가 불편해질 수 있고, 누군가와 함께 살거나 관계를 맺기 위해 생활 양식을 바꾸려 하지 않게 된다. 너무 오랫동안, 또는 특정한 나이까지 싱글로 살기를 선택한 사람들에게는 여전히 사회적 낙인이 찍힌다. 그러나 누군가와 함께 살기로 결정하는 일도 헌신과 노력, 적응과 희생이 필요한 만큼 쉽지는 않다. 그뿐 아니라 부정적인 연애 경험은 당신이 데이트하고 싶지 않게 가로막을 수 있다. 이는 당신이 다시 한번 신뢰를 가지고, 당신의 발달 영역과 파트너의 발달 영역을 마주해야 한다는 의미다. 그럴 준비가 됐는가, 아니면 아직은 때가 일러서 한동안은 싱글로 머물기를 선호하는가? 결정을 내릴 때 다음의 사항들을 고려해 보자.

싱글로 남는 게 낫다

- 정신적으로나 신체적으로 누군가와 함께할 준비가 되어 있지 않다. 그렇다면 싱글로 남자! 자기 자신과 커리어, 치유의 여정이나 인생의 목적에 집중하자.
- 당신은 혼자만의 시간이 (외롭지 않고) 즐겁다. 싱글로 지낼 때 힘을 얻고, 인생 전반을 통제할 수 있다. 좋은 파트너가 되기 위해서는 혼자서도 만족스럽게 지낼 수 있음을 스스로 증명해야 한다. 혼자서 지낼 수 있는지 여전히 알아보는 중이라면, 우선 혼자 지내보자. 그것이 당신, 그리고 미래의 관계 모두에게 도움이 될 것이다.
- 자신이 무성애자나 무낭만자로 느껴진다. 비슷한 사람, 또는 당신을 있는 그대로 인정해줄 사람을 찾는 데 어려움을 겪고 있다면, 딱 맞는 사람을 찾을 때까지 싱글로 남는 편이 낫다. 당신의 가치와 감정을 타협하지 말자.

(다시) 연애를 시작할 때

- 누군가 다가오기를 다시 원한다고 느끼는 순간. 외면하지 말자. 데이트를 시작하자.
- 온라인 데이트는 포기했지만 여전히 연애하고 싶은 욕망이 있다면, 계속 데이트를 하자. 데이팅 앱 말고도 누군가를 만날 수 있는 방법은 많다는 사실을 기억하자. 친구가 연 파티에서, 클럽과 바에서, 행사, 스포츠클럽, 심지어는 슈퍼마켓에서도 만날 수 있다. 다만 상대와 대화를 시작할 수 있어야 한다.
- 데이트 경험은 당신이 어떤 모습의 파트너가 되고 싶거나 되고 싶지 않은지를 깨닫는 데 도움이 된다. 또한 한 사람과만 데이트하기로 결정할 때 '양보다 질'의 마음가짐을 가질 수 있다.

레드 플래그 ⑭

"아직 뭐라고 정의하고 싶지 않아"

썸만 타는 사이

"나는 내가 당신 마음의 여름일 뿐, 사계절이 아님을 알아요."
— 에드나 세인트 빈센트 밀레, 《소네트 27》

시추에이션십이란

누군가를 몇 달 동안 만나왔지만 상대방에게 내가 어떤 사람인지 정의하는 지점까지는 다다르지 못한 경험이 있는가? 당신이 너무 두려워서 말을 꺼내지 못하는 경우도 있고, 아니면 파트너가 당신과의 관계를 규정하길 거부할 때도 있다. 이런 상황이 바로 시추에이션십 Situationship이다. 시추에이션십은 서로를 애인이나 파트너라고 규정짓지 않은 느슨한 관계라고 정의할 수 있다. 이를 연인 관계라고 믿으면서 몇 년 동안이나 시추에이션십을 유지할 수도 있지만, 아무것도 결정되지 않았다는 사실을 인지하고 있으면서도 서로에게 헌신하거나 다른 사람을 만나지 않겠다고 명시적으로 동의하지도 않는다. 몇 달이 지나도 둘 사이를 '연인 관계'로 부르자는 이야기가 나오지 않는 이유를 스스로에게 묻는다면, 혼란스럽고 좌절감을 느낄 수 있다. 당신은 파트너와 함께하는 것들이 계속 유지될지, 여기에 더 많은 시간을 쏟아도 될지 걱정이 된다.

시추에이션십은 파트너가 교활한 행동을 한 결과일 수도 있지만, 둘 모두가 원하는 인연의 형태일 수도 있다. 솔직히 말해보자. 다양한 선택지가 존재하는 세상에서, 당신이 놓인 관계를 정의하지 않으면 상대와 꽁꽁 엮일 필요 없이 인생을 즐길 수 있는 자유와 유연성이 생긴다. 시추에이션십은 장기적인 연인 관계로 이어질 수 있지만, 관계를 계속 끌어가기 위해서는 노력을 쏟아야 한다. 뜻대로 풀리지 않더라도 실망하지 말자. 시추에이션십 이면의 심리가 무엇인지, 왜 사람들이 그런 관계를 원하고, 오늘날의 연애 현장에서 시추에이션십을 어떻게 끌어갈지를 이해한다면 당신은 자기 주도적으로 결정을 내리는 입장에 설 수 있다. 빠르게 변하고 있으며 예전보다 더 많은 형태의 연인 관계가 존재하는 현대 연애의 세계에서는 더욱 그렇다. 현재 시추에이션십에 엮여 있다면, 이제는 어떻게 해야 할지 결정할 때가 왔다!

연애 시장에서 시추에이션십이 핫해진 이유

시추에이션십의 심리를 파헤쳐보기 전에, 우선 이 용어가 어디에서 왔으며 최근 몇 년 동안 이런 관계가 그토록 인기를 얻은 이유들을 살펴보자. 온라인 사전 워드센스WordSense에 따르면, 시추에이션십이라는 용어가 처음 문헌에 등장한 때는 2014년이었다.[1] 그러나 구글 상의 여러 출처에 따르면 이 용어는 데이팅 앱이 유행하기 시작한 2017년 카리나 시에라는 사람이 처음 공식적으로 사용했다. 같은 해, 데이팅 앱 틴더Tinder는 연간 보고서에서 시추에이션십을 유효한 연애 상태로 언급했다.

온라인 데이팅 앱은 사람들이 연애하는 방식, 그리고 '가벼운 만남Hook-up'과 '연애Date'를 바라보는 방식에 큰 영향을 미쳤다. 버튼을 한 번 누르면 당신은 어마어마한 수의 잠재적인 파트너와 그들의 개인 정보와 성적 취향에 접근할 수 있고, 화면을 왼쪽이나 오른쪽으로 스와이프 하면서(틴더에서는 화면을 오른쪽으로 스와이프 하는 것이 '수락'의 의미다-옮긴이) 둘러볼 수 있다.[2] 그뿐 아니라 당신을 될 수 있는 한 앱에 잡아두기 위해 백그라운드에서 알고리즘이 작동하면서, 잠재적인 가벼운 만남이 더 많이 이뤄지도록 알람을 띄운다. 당신이 인생에서 '발정기'를 겪고 있다면 딱이지만, 한 사람과 꾸준히 연애하기를 바란다면 어려운 시스템이다. 이는 마치 중독성 있는 갈고리 같아서, 즉각적인 만족을 위해 빠르고 쉬운 선택지로 이끄는 한편 한 사람에게 너무 많이 몰두하고 싶지 않게 만든다. 데이팅 앱은 우리가 극적인 상황과 감정에 대처할 필요 없이 쉽게 다른 누군가를 찾을 수 있다는 환상을 심어준다. 사람들은 "잘 가라, 나쁜 놈. 다음 사람!" 같은 태도를 가지게 된다. 5분만 있으면 또 다른 '선택지'가 생길 것임을 알기 때문이다.

연애 문화는 과거 20년 동안 급격히 변했고, 모든 세대를 아울러 사람들은 '유독'하고 '감정이 없는' 지점과 '타인들을 선택지처럼 취급하는' 방식을 비난한다. 디지털 혁명 이전에 우리는 누군가를 찾으려면 밖으로 나가야 했고, 더 많은 것을 알아가기 위해 자주 만나야 했다. 누군가를 만나고 연애하려면 노력이 필요하다는 것이 규범과 같았다. 하지만 이제 쉽게 접근하고 가볍게 만나며 다양한 선택지가 있는 세태가 표준이 되어버렸고, 연애처럼 근면함을 요구하는 관계는 번거롭고 특이하다고까지 느껴진다(이런 연애 문화 속에서 성장한 이들에게는 더욱 그렇다). 낭만적인 연애 관계와 일부일처제의 전통적인 개념은 희박해지고 있으며 사람들은 더 이상 꾸준한 인간

관계를 선택하지 않는다. 당신은 싱글이자 NSA^{No String Attached}(구속하지 않는 사이)를 추구하고 있는가? 아니면 파트너가 있는가? 누군가와 자주 데이트를 하지만 여전히 다른 사람과 만날 기회가 있길 바라는가? 아니면 이 모든 것에 해당하는가? 우리가 택할 수 있는 선택지는 아주 다양하며, 이것이 바로 시추에이션십이 그토록 유행하게 된 주요한 요인이다.

현대식 연애의 다양한 형태

얼마 전까지만 해도 우리는 '싱글' 아니면 '임자 있는 몸(예를 들어 단기적인 만남이나 장기적인 연애, 법적으로 등록된 파트너십 또는 혼인 등)'이었다. 전통적인 관계에서 벗어난 뭔가에 속해 있는 경우에는 "말로 설명하기는 복잡한 관계"라는 식이었다. 과학 연구에서조차 대부분은 이 이분법에 따라 관계를 구분하고 있다. 디지털 기술과 소셜 미디어, 그리고 변화하는 관계의 기준은 연애의 장을 혼란스럽고 다루기 어렵게 만들었다. 우리가 선택할 수 있는 다양한 연애 관계는 말할 것도 없다. 오늘날 연애의 세계는 거의《그레이의 50가지 그림자》수준으로, 분명 더 포용적이지만 아주 혼란스럽기도 하다. 사람들이 누군가와의 연대에 이름 붙일 수 있는 다양한 방식들을 더 자세히 살펴보자. 이는 정서적 연결과 성적 개입의 수준을 바탕으로 분류할 수 있다.

동지애

동지애Companionship는 함께 많은 시간을 보내면서(예를 들어 함께 외출을 하거나 식사를 한다) 서로에게서 (주로 정서적으로) 편안함을 느끼는 두 사람 간의 유대로 정의할 수 있다. 동지애는 주로 높은 수준의 친밀감이 수반되는 플라토닉한 유대다. 동지애와 우정 간의 차이는 친구들보다 더 많은 시간을 함께 보낸다는 점이다. 인간 이외에 반려동물 역시 동지애를 안겨줄 수 있다.

부티 콜

부티 콜Booty Call은 빠른 성관계(영국에서는 Quick Shag, 미국에서는 Quick Fuck이라고 한다)를 위해 누군가와 가볍게 만나는 것이다. 부티 콜의 성적 개입도는 매우 높지만 정서적 연결의 수준은 낮다. 그렇다고 해서 부티 콜 관계에 친밀감이 빠져 있다는 의미는 아니다.[3] 누군가와 가끔씩 즉각적이고 가볍게 만나기 위해서는, 단순히 육체적 욕구를 채우기 위해서일지라도 어느 정도는 친밀감이 필요하다.

섹스 파트너

섹스 파트너는 부티 콜보다 한 단계 더 진화한 형태다. 섹스 파트너는 섹스를 위해 정기적으로 만나는 두 사람을 의미한다. 가끔은 우정이 개입될 수도 있으나, 이 상황에서는 아주 적은 부분을 차지할 뿐이다. 성적 개입의 수준은 높고, 정서적 연결은 낮은 수준에서 중간 수준 정도를 유지한다. 두 사람 모두 자신들이 함께하는 주요한 목표는 섹스이며 그 외에는 아무것도 없다는 사실을 안다.

FWB

FWB Friends with benefits(잠자리를 같이하는 이성 친구)는 섹스 파트너보다 한 단계 더 나아간다. FWB는 상대와의 섹스에 주로 관심을 가지고 가끔은 함께 (또는 다른 친구 무리와) 술을 마시거나 식사를 하러 놀러 나가는 사이다. 성적 개입의 수준은 높거나 중간 정도이고, 정서적 연결의 수준은 중간에서 낮은 정도다.

시추에이션십

시추에이션십은 FWB와 어느 정도는 비슷하지만, 어떤 관계라고 절대로 부를 수 없을 만큼 복잡한 문제가 더해진다. 시추에이션십에서는 상태가 분명하게 규정되어 있지 않은 만큼, 두 파트너 중 한 명이 상대에게 연애 감정을 키워가고 독점적인 관계로 발전되기를 바랄 수도 있다(반면에 상대는 그렇지 않다). 시추에이션십을 둘러싼 애매함과 그로부터 비롯되는 스트레스 때문에 나는 이를 쉣추에이션십 Shituationship이라고 부르고 싶다. 성적 개입의 수준은 높거나 중간 정도이고, 정서적 연결의 수준은 중간부터 높은 정도까지다.

합의된 비일부일처제

합의된 비일부일처제 Consensual Non-monogamous Relationship, CNM는 비독점적인 관계로, '개방적 관계'나 '비배타적 관계'라고도 부를 수 있다. 두 파트너 모두 개방적인 관계를 유지하는 데 만족하고, 함께 또는 개별적으로 섹스를 하기 위해 다른 사람들을 만나기로 결정할 수 있다(혹은 두 가지 모두를 조합하기도 한다). 성적 개입과 정서적 연결의 수준은 모두 높다.

전통적인 관계

마지막으로 전통적인 관계는 양 파트너가 일부일처제를 함께 유지하기로 선택한 낭만적인 관계로, 지속되는 기간은 다양할 수 있다. 성적 개입의 수준은 중간에서 높은 정도이고 정서적 연결의 수준은 높다.

시추에이션십 이면의 심리는 무엇인가?

왜 사람들이 시추에이션십을 선호하는지를 설명해줄 단 하나의 이론이나 심리적 원칙은 존재하지 않는다. 사람들이 시추에이션십을 선택하는 이유는 다양하고, 왜 그 관계를 유지하는지를 설명하는 이유는 더 다양하다. 둘 모두를 설명해줄 심리학적 원인들을 살펴보자.

시추에이션십을 선택하는 심리학적 이유

다수의 선택지 또는 더 나은 선택지: 특정한 상대와의 관계를 일부러 애매하게 남겨두려고 시추에이션십을 선택하는 사람이 있다. 그러면 다른 사람과 데이트를 할 수 있고, 결국에는 더 나은 사람에게로 옮겨갈 수도 있기 때문이다. 사람들은 더 많은 선택지를 쥐고 있을 때 삶을 통제할 수 있다는 기분이 들고 자기가 더 강해진다고 느낀다. 또한 고립 공포감이나 손실 회피 성향 때문에 여러 명의 파트너를 원하기도 한다. 예측할 수 없고 불확실한 세상에서 사람들은 생존하기 위해 선택지를 최대로 늘려야 한다고 느낀다(원초적인 본능이다). 그러나 왜 사람들이 다수의 선택지를 가지기로 결심했는지를 설명하는 근본적인 이유가 늘 생존만은 아니다. 결국에는 성격이나 개인별 헌신의 문제일 수도 있으며, 악의나 교활함을 가진 사람들도 다수의 선택지를 원해서 시추에이션십을 맺으려고 할 수 있다.

일시적인 집중: 혹자는 짧은 기간만 특정 지역에 머물기로 계획하는 바람에 시추에이션십을 선택하기도 한다. 훗날 일이나 가족과의 약속, 아니면 더 나은 기회를 찾기 위해 다른 어딘가로 움직일 것을 알고 있기 때문이다. 온전히 헌신하지 않는 일시적인 파트너를 찾는 것은 정서적·육체적 욕구를 채우기에는 도움이 되면서도, 헤어져야 할 시간이 왔을 때 부담을 줄일 수 있다. 헤어지는 부분만 제외하고 누군가에게 너무 깊이 빠지지 않으면 당신의 개인적·직업적 목표에 집중하기 쉬워진다. 그러나 일시적인 집중은 종종 교활한 행위가 될 수도 있다. 파트너가 가까운 미래에 떠나야 해서 단기적으로만 집중하려는 당신의 의도를 모른 채 마음의 준비를 하지 못하고 있다면 더욱 그렇다.

책임 덜기: 헌신적인 관계에서 오는 책임감을 원치 않기 때문에

시추에이션십을 선택할 수도 있다. 이는 상대에게 더 깊이 개입하고 싶은 욕망이 없거나 사적인 걱정 때문에 일어날 수 있다. 이들은 정서적 연결과 성적 개입을 원하면서도, 어느 정도 분리된 방식이길 바란다. 또한 자기 인생을 전적으로 통제할 수 없다는 느낌 때문에 헌신적인 관계에서 오는 책임감을 원치 않기도 한다.

시추에이션십으로 남으려는 심리학적 이유

거절의 두려움: 발전하는 관계를 어떻게 규정지을 것인지 이야기를 꺼내기가 겁나고, 그런 대화가 시추에이션십을 잠재적으로 끝내버릴 수도 있다는 두려움 때문에 이 상태에 머물기로 선택할 수 있다. 이는 종종 거절의 두려움과 연결되어 있는데, 이 두려움은 과거의 경험, 피플 플리저의 성향, 불안한 애착 관계, 처절한 자존감, 자기비판과 불안 같은 여러 요인으로 인해 촉발된다. 당신의 정서적 욕구를 존중해 주지 않거나 당신과의 시추에이션십을 유지하려고 일부러 불안감을 악용하는 사람에게 계속 마음을 주는 상황은 건강하지 않다. 그 사람을 떠나지 않고 곁에 머무는 동안 자기 자신에게 더 큰 상처를 주게 될 것이다.

사회적 압박: 어떤 사람은 결혼이나 연애에 대한 사회적 압박에 따라야 한다는 필요성을 느끼지 못해서 시추에이션십을 유지하기로 결심하기도 한다. 시추에이션십은 당신이 누군가를 만나면서도 별도로 자유를 유지할 수 있는 기회가 된다. 또한 주변에서 사회적으로 인정하지 않는 연애(예를 들어 다른 문화나 종교를 가진 사람과 연

애를 한다거나 동성 연애를 하는 등)에 관심이 있어서 시추에이션십을 선택할 수도 있다. 누군가에게 온전히 헌신하지 않을 때 당신은 스스로의 욕망을 상대에게 드러내지 않고 탐색할 수 있는 자유를 누릴 수 있다. 어떤 문화권에서는 개인이 공적인 장소에서 '적절하게' 행동해야 한다는 기대를 받는 만큼 사적인 장소에서는 '원하는 대로' 행동해도 된다. 가혹하고 불공평하게 들리겠지만, 이런 일은 생각보다 흔하다. 이럴 경우 시추에이션십은 한 파트너가 다른 파트너 몰래 바람을 피우기 위해 만들어지기도 한다. 결코 좋은 짓은 아니다!

    사용의 편리성: 일부일처제에서 요구하는 헌신과 깊이 없이 정서적인 연결과 육체적인 친밀도를 즐기고 싶어서 시추에이션십을 유지하기로 결심할 수도 있다. 시추에이션십은 동지애와 안정감을 제공하고, 과거의 관계에서 받은 충격으로부터 치유받을 수 있는 시간을 주기도 한다. 양쪽 파트너가 모두 시추에이션십에 동의하고 너무 진지한 관계를 바라지 않는다면, 이상적일 수도 있다. 이는 마치 고정된 감정 없이 욕망과 욕구를 바탕으로 당신만의 관계를 설계하는 것과 같다. 시추에이션십을 원하는 상대를 찾아내기도 쉽다. 다만 당신이 의도적으로 시추에이션십을 유지하고 있는지, 거기에 만족하고 있는지를 확인하자.

'철벽 치기'를 당했을 때

'철벽 치기' 또는 '친구 사이로 선 긋기$^{Friend\ zoned}$'는 연애 분야에서 빈번히 쓰이는 말이다. 이는 상대방(보통은 친구나 지인)과 연애나 성적 흥미를 추구하길 바라지만 거절당할 때를 가리킨다(예를 들어 '제이크는 제니랑 연애하고 싶었지만 제니는 별 관심이 없었고, 그래서 철벽을 쳐버렸어'라는 식이다). 당신 역시 누군가와 몇 차례 데이트를 한 후 철벽 치기를 당할 수 있다. 데이트를 했던 상대방이 당신에게 흥미를 잃었을 수도, 다른 누군가를 찾았을 수도, 아니면 당신과의 섹스가 별로였다거나 사랑의 감정을 추구하기에는 인연이라고 느끼지 못해서 이런 일이 벌어질 수 있다. 상대방은 여전히 당신이 친구로서 좋아하기 때문에, 잠수를 타는 대신 친구 사이로 선을 그었을 것이다.

시추에이션십이 유리한 상황이란?

앞서 언급했듯, 시추에이션십이 무조건 나쁜 것만은 아니다. 사람들은 관계를 맺는 이점(정서적 연결, 친밀감 또는 동지애)을 누리면서도 싱글 라이프를 즐길 수 있기 때문에 시추에이션십을 유지한다. 시추에이션십은 서로를 알아가면서 상황을 살펴볼 수 있는 시간을 허용해 준다. 그 누가 두 마리 토끼를 다 잡을 수 있겠는가? 상황을 애매하게 남겨두는 또 다른 합당한 이유도 있다. 아마도 양쪽 모두 인생에서 각기 다른 목표나 흥미를 가지면서, 서로에게 헌신하는 것이 다른 인생의 기회를 위태롭게 할까 봐 두려웠을 것이다. 아니면 정서적 여유가 없거나 미숙한 탓에 충분히 서로에게 집중하지 못할 수도 있다. 시추에이션십은 인연을 찾고 발견하는 장이 되어주면서도, 다른 선택지를 탐색해볼 수 있는 유연성을 지녔다. 상황을 규정하지 않고 남겨둔다고 해서 언제나 악의가 있다고는 할 수 없다. 단순히 상대가 해당 시점에 더 깊은 관계를 만들기가 두려울 수도 있고, 아니면 오늘날 빠르게 변화하는 세계에서 압박을 느끼면서 인생이 덧없다고 생각할 수도 있다. "나는 좋은 시간을 보내려는 거지, 오래 같이 지내려는 게 아냐"는 요즘 들어 내가 고객과 학생들로부터 수차례 듣는 말이다. "이 세상에 그렇게 많은 선택지가 있는데, 내가 바라는 게 뭔지 이게 나한테 맞는 건지 어떻게 확신해?"

긍정적인 시추에이션십을 보여주는 또 다른 사례로는 '상호 배타적인 시추에이션십'이다. 이 용어는 최근 소셜 미디어에 새로이 등장했다. 양쪽 모두 상대와 함께하는 것을 즐기면서, 다른 사람들과 잘 수 있지만 자지 않고 '배타적으로 섹스하는 Sexclusive' 상태를 가리킨다.[4] 이를 통해 파트너가 나와 맞지 않는 가치나 신념을 가졌을 때 나쁜 감정 없이 시추에이션십을 그만둘 수도 있다. 모든 긍정적인 시추에이션십의 공통점은 솔직한 소통과 존중을 바탕으로 이 인연 안에서 행복하고 건전하게 지낼 수 있다는 것이다. 내가 어떤 사람인지 규정하지 않음으로써 목적을 달성할 수 있으며, 어쩌면 불확실성으로 가득한 연애의 세계에서 나만의 사랑 이야기를 만들어가는 방식이 될 수도 있다.

시추에이션십인지 어떻게 알 수 있을까?

이쯤에서 당신은 스스로에게 이렇게 물을 수도 있다. "내가 시추에이션십 관계에 놓여 있는지 어떻게 알지?" 당신이 겪고 있는 관계가 확실치 않고 더 분명해지길 바란다면 꼭 해야 할 필수 질문이다. 다음은 당신이 현재 시추에이션십을 맺고 있는지 확인할 수 있는 체크리스트다. 다음의 진술 가운데 동의하는 내용이 네 개나 다섯 개 정도 되는가?

- 6개월 이상 누군가와 데이트를 했지만 연인 관계라고 부를 수 있는지 확실치 않다.
- 둘의 관계를 '연인'이라고 부르고 싶다는 이야기를 꺼낼 때마다 파트너가 아직 관계를 규정하고 싶지 않다는 변명을 늘어놓고, 논의를 피하거나 화를 낸다.
- 더 진지하거나 배타적인 관계가 되는 문제를 두고 오랫동안 거짓 약속을 받아 왔다.

- 파트너에 대한 감정을 키워가고 있지만 너무 겁이 나서 이를 솔직히 이야기할 수 없다. 파트너와 함께 해왔던 모든 것들을 위험에 빠트릴까 봐 두렵기 때문이다.
- 관계의 불확실성 때문에 정서적으로 기진맥진한 느낌이다.
- 당신이나 파트너가 여전히 다른 사람들과 잠자리를 한다.
- 파트너가 옳은 말만 하지만 행동은 뒤따르지 않는다.
- 파트너가 이미 6개월 이상 데이트를 해왔는데도 불구하고 더 진지한 관계로 발전하기에 당신이 적절한 상대인지 확신할 수 없다고 말한다.

시추에이션십에서 벗어나는 방법

시추에이션십을 유지하고 있으나 만족스럽지 않을 때, 그때가 바로 떠나야 할 때다! 시추에이션십에는 명확성이나 경계, 헌신, 그리고 일관성이 없는 만큼 당신의 정신 건강과 신체 건강에 심각한 영향을 미칠 수 있다. 연구들에 따르면 시추에이션십은 불안과 외로움, 자존감 문제와 우울증을 키울 수 있으며, 아무도 당신을 원하지 않을 것이라 믿거나 끝낼 수 없는 악순환에 빠졌다고 생각하면서 겁에 질려 관계를 떠날 수 없게 되기도 한다.[5,6] 이런 일이 벌어지지 않게 막고 싶다면(또는 이 글을 읽는 지금 시추에이션십에 놓여 있는 당신이 행동을 취하고 싶다면), 다음은 당신이 시추에이션십에서 빠져나가기 위한 두 가지 방법이다.

파트너와 진솔한 대화하기

당신의 욕구에 관해 파트너에게 솔직하고 정중하게 이야기하고, 시추에이션십이 어떤 영향을 주는지 설명하자. 파트너가 대화를 피한다면, 당신의 행복에는 관심 없거나 희망 고문을 한다면, 이제는 떠날 때가 온 것이다. 당신은 시추에이션십을 맺고 있으니, 아무것에도 특별히 묶여 있지 않았던 셈이다. 파트너에게 집착하거나 자신에게 집착하지 말자. 물론 파트너를 떠나보내기가 두려울 수 있지만, 그 두려움은 내면에서 시작됐음을 기억하자. 사람들은 자신감 넘치고 스스로를 잘 돌보는 사람에게 끌린다. 당신의 자존감이 낮고 두려움 때문에 관계를 떠나지 못한다고 느낀다면, 이제는 다른 누군가에게 헌신하기보다는 자신에게 집중할 시간이 왔다.

파트너를 차단하자!

당신의 파트너와 그런 대화를 나눌 수 없다고 느껴지면, 설명이 담긴 문자 메시지를 보내고 안녕을 고하자. 냉정하게 들리겠지만 당신의 정신 건강에 해롭고, 어떤 개선의 여지도 보이지 않는다면 앞으로도 개선되지 않을 가능성이 크다. 나는 언제나 미래에 어떤 사람이 행동하는 방식을 보여주는 최고의 지표는 현재의 행동이라고 주장한다. 정중하고 초연한 태도로 이들을 제거해 버리자.[7] 파트너들이 공격적으로 굴거나 당신을 제자리에 눌러 앉히려 한다면 차단해

버리자! 어쩌면 "박사님, 어떻게 그런 말을 하세요?"라고 생각할 수도 있다. 그러나 기억해 주길. 나는 당신의 최대 행복을 염두에 두고 있으며, 이같은 상황에서는 상대를 당신의 인생에서 즉각 몰아내기를 강력하게 권고하는 바다.[8] 골칫거리를 덜어내고 값비싼 심리 치료비도 아낄 수 있을 것이다.

내 인생의 드라마

연애의 세계에서 시추에이션십은 상황을 애매하게 놔둘 의도를 가지고 분명하게 이름 붙이지 않은 가벼운 관계다. 시추에이션십에서는 명확한 기대, 해도 되는 일과 안 되는 일, 그리고 미래 계획에 관해서 이야기를 꺼낼 수 없다. 한쪽 파트너(또는 양쪽 모두)가 관계를 유연하게 유지하고 싶어 하기 때문이다. 가끔은 의도적으로 이런 관계가 유지되며, 따라서 정서적인 욕구를 채우고 연애의 다른 이점(예를 들어 동지애)을 누리면서도 또 다른 사람들과 연애할 수 있는 선택지가 존재하게 된다. "우리는 무슨 사이야?"가 명확해지길 바라는 경우라면 아주 혼란스러울 수밖에 없다. 이런 일이 당신에게 일어나면, 현재의 불확실성은 시간이 지남에 따라 정신 건강과 신체 건강 또한 혼란스럽게 만들 수 있다는 사실을 깨닫도록 하자.

전통적인 관점에서의 연애를 하고 싶은 욕망은 사라지고 온라인 데이트가 만연하면서, '헌신'이라는 단어가 금기처럼 보일 만큼 가벼운 만남을 위주로 하는 문화가 형성됐다. 내 뜻대로 할 수 있는 온라인 데이트의 선택지가 그토록 많다면, 극적인 상황을 만들어내는 한 사람만 만나고 관계를 유지하려고 애쓰는 이유는 뭘까? 누군가가 헌신할 준비가 되어 있지 않다고 말한다면, 앞으로 바뀔 것이라고 은연중에라도 바라지 않아야 한다. 자기 자신을 희망 고문하는 건 다른 사람을 희망 고문하는 것만큼 잘못된 일이다. 그러나 모든 시추에이션십이 나쁜 것은 아니며, 이 관계 역시 도움이 될 수 있다. 당신이 과거의 관계에서 회복할 수 있게 도와주고, 다른 누군가에 대해 감정을 싹틔울 수 있는 시간을 준다. 시추에이션십은 당신이 누군가와 함께 있고 싶지만 여전히 다른 선택지를 탐색하고 진짜로 원하는 것이 무엇인지 알아내는 데에도 긍정적인 역할을 할 수 있다. 시추에이션십이 제대로 역할하기 위해서는 정직과 존중, 솔직한 소통 등이 핵심이 되어야 함은 말할 것도 없다. 언젠가 시추에이션이 '더욱 명확해진' 관계로 바뀔지는 아무도 모르는 일이다.

레드 라이트 발견하기

- 파트너가 마치 당신과 연애를 하는 척 '연기'하지만 헌신하지 않고 진지한 관계라고 규정짓지 않는다.
- 6개월 이상 시추에이션십을 유지했고 '헌신'이나 '연애' 같은 주제를 논해본 적 없지만 당신은 그런 것들을 원한다. 이는 둘 모두에게 레드 라이트다.
- 당신의 존재가 무엇인지 혼란스럽다. 파트너는 당신이 데이트, 연

애나 함께하는 미래에 관해 이야기를 나누고 싶어 할 때마다 대화를 피하거나 가스라이팅한다.
- 파트너가 당신에게 이렇게 말한다. "지금 당신은 5순위지만, 우리 사이에 일이 잘 풀리면 1순위로 올라갈 수도 있어." 이런 사람은 즉각 내쫓자.
- 당신은 시추에이션십이 만들어낸 불확실성 때문에 정신적으로나 신체적으로 고통을 받고 있다.

그린 라이트 발견하기

- 당신과 파트너는 상황을 함께 살피고 시간을 들여 더 탄탄한 정서적 유대를 쌓고 싶기 때문에 시추에이션십을 유지하고 있다.
- 당신과 파트너는 현재 둘의 사이를 명확하게 알고 있고, 둘 다 서로에게 헌신하지 않고 관계의 이점을 즐기고 싶어 한다.
- 당신은 자신이 무엇을 원하는지 아직 잘 모르겠고, 어디에 관심이 있는지 더 알아보고 싶다. 그러나 이 부분을 파트너에게 확실히 알려줘야 한다.
- 당신은 누군가와 더 진지한 관계에 접어들기 전에 정신적 치유를 받고 싶다. 시추에이션십은 이를 위한 좋은 기회가 된다. 다시 한번, 이 사실을 파트너와 확실히 소통하자.

관계를 지속할까, 끊어낼까? 다음을 고려하자

짜증나는 연애를 하고 있다는 생각이 들면, 우선 스스로에게 묻자. '정말로 나는 연애를 하고 있나?' 이제 어떻게 할 것인가? 관계를 유지할 것인가, 떠날 것인가? 파트너에게 감정을 키우고 있었다면 특히나 어려운 결정이 될 수 있다. 다음은 무엇을 해야 할지 결정하는 데 도움이 될 몇 가지 조언이다.

함께하겠다는 마음가짐

- 여전히 서로를 알아가는 과정이며 상황을 파악하려면 시간이 걸린다.
- 둘 모두 서로 함께함을 즐기면서 여러 선택지를 탐색하고 싶다. 진지한 관계를 찾고 있지 않으며, 상황이 어떻게 흘러가는지 기쁜 마음으로 지켜보고 있다(심지어 상대방이 다른 누군가에게로 떠나가도 괜찮다).
- 당신이나 파트너가 (아직) 정서적으로 헌신할 준비가 되어 있지 않다고 느낀다. 더 이상의 진전 없이 서로에게 시간을 줘도 괜찮다면, 시추에이션십을 즐기자. 시추에이션십의 목표가 정서적·신체적 욕구를 채우기 위해서임을 확실히 하자. 치유, 관심, 동지애, 누군가와 함께하며 밀도 있는 시간을 보내는 것은 굳이 헌신할 필요 없이 시추에이션십만으로도 충족할 수 있는 여러 정서

적 욕구들이다. 당신은 의도적으로 서로에게 유리한 정서적·신체적 거래 관계에 관여하고 있는 셈이다.

이제는 거리를 둘 때

- 파트너가 당신과 어떤 사이인지, 함께할 미래는 어떨 것인지에 대한 질문을 계속 피한다.
- 파트너가 이미 다른 누군가와 연애를 하거나 결혼한 상태임을 알게 됐다. 2순위인 사람으로 머물지 말자. 다른 사람들을 존중하지 않는 사람은 그리 빨리 변하지 않는다. 도망쳐!
- 당신이 명확한 관계를 요구했을 때 파트너가 가스라이팅하거나 공격적으로 변하고, 아니면 학대를 가한다. 당장 그만둬야 하는 확실한 레드 라이트다! 스스로에게 이렇게 물어보자. "나를 이런 식으로 취급하는데 왜 여기 있어야 하지?" 언제나 기억하자. 당신이 학대적인 관계를 오래 유지할수록 상황은 더욱 악화될 것이다.
- 시추에이션십이 주는 불확실성이나 파트너의 행동 때문에 당신의 정신 건강과 신체 건강이 악화되고 있다.

레드 플래그 ⑮

"미안해요. 아홉 달 동안 연락을 못했네요. 충전기를 잃어버렸는데 이제 찾았어요. 오늘 뭐해요?"

현대식 연애의 위험성

"자라 보고 놀란 가슴 솥뚜껑 보고 놀란다."
— 옛 속담

현대식 연애의 등장

현대식 연애는 많은 사람들에게 이해할 수 없는 난제이며, 진지한 관계를 찾는 이들에게는 엄청난 실망을 안겨주기도 한다. 온라인 데이트는 가끔 경박하게 굴면서 유해한 행동을 하는 사람들로 가득 찬 악의 구렁텅이에 비교된다. 온라인 데이트는 현실 세계에서 한때 우리가 진실이라고 믿었던 연애의 규범과 행동들에 이의를 제기한다. 다양한 데이팅 앱을 통해 가능한 '선택지'가 과다해지면서 상대를 쉽게 발견하고, 사용하고, 대체할 수 있다는 환상을 만들어내고, 이는 사람들이 서로를 어떻게 대할지에 영향을 미친다. 사랑을 찾기 위해 더욱 많은 사람들이 전자기기에 매달리고 있지만, 온라인에서 관계하며 느끼는 친밀감은 현실의 상호 작용과 비교해서 줄어들고 있다.

온라인과 오프라인을 불문하고 사람들의 연애 방식에 알고리즘이 미치는 영향은 말할 것도 없다. 이를테면 어장 관리와 잠수 이별, 오비팅 같은 새로운 행태가 늘어났으며, 한 사람에게 전념하는 관계에 흥미를 가진 이들의 수는 점차 줄어들었다. 언젠가 경제학은 '우리는 더 많이 가질수록 더 행복해질 것'이라고 말했다. 그러나 행동과학은 '우리는 더 많이 가질수록 더욱 경직된다'고 증명하고 있다. 오늘날 연애의 심리학을 깊숙이 들여다보면, 왜 사람들이 서로를 지금의 방식으로 대하는지를 어느 정도 파악할 수 있다. 이런 통찰들은 당신이 개인적인 상황을 이해하거나 주변에서 벌어지는 일을 설명하는 데 도움이 될 뿐 아니라, 어떻게 해야 연애의 장에서 성공 가능성을 높일 수 있을지 도와줄 것이다. 현대식 연애의 방식을 이해하고 왜 그런 상황이 벌어지는지 파악한다면, 많은 이들이 현대식 연애를 두고 걱정하는 부분들을 덜어낼 수 있다. 이제 상황을 명확하게 정리하고 과잉 생각을 줄여보자.

현대식 연애 vs 구식 연애

현대식 연애와 구식 연애의 차이가 무엇인지 궁금하려나? 음, 이 질문에 답하기 위해서는 전통적인 연애 접근법을 설명하면서 시작하는 것이 최선이겠다. 전통적으로 사람들은 술집이나 클럽에서, 친구나 가족을 통해서, 아니면 신문에 난 데이트 광고를 보고 서로를 만났다. 연애하기에 적합한 사람을 찾는 과정에는 시간과 노력이 필요했다. 일단 만날 사람을 찾으면, 서로를 알아가는 시간이 들었다. 전통적으로 연애할 때 아름다운 점은 우리가 누군가를 만났을 때 흥분을 느꼈다는 것이다. 우리는 잠재적인 파트너에게 감동을 주기 위해, 장기적으로 만남을 이끌어가기 위해 추가적인 노력을 들여야 했다. 누군가와 연애를 하는 주요한 이유 가운데 하나는 긴 세월 동안 함께할 수 있고 주기적으로 섹스를 할 수 있는 적합한 사람을 찾는 것이었다. 물론 사람들은 당시에도 바람을 피웠고, 당연히 독이 되는 관계도 존재했다. 그러나 선택지가 적은 만큼, 그리고 견고한 가족 단위를 형성하는 데 집중하라는 사회적 압박 때문에 사람들은 연애를 '제대로' 해야 한다는 강박에 시달렸다. 전통적인 연애의 긍정적인 결과는 많은 커플들이 함께 회복력을 갖추는 방법을 배웠다는 점이다. 관계를 깨트린다는 선택은 당시에는 그리 쉽지 않았고 (오늘날에도 여전히 쉽지 않은 문화권이 여럿 있다), 그것이 바로 우리 같은 밀레니엄 세대와 X 세대의 부모들이 여전히 부부로 함께 사는 이유다.

솔직히 말해서 현대식 연애는 구식 연애와 그리 다르지 않다. 오늘날에도 많은 사람들이 여전히 사랑받고 싶고, 함께 시간을 보낼 누군가를 원하며, 결혼을 하고 싶어 한다. 오늘날 연애의 세계에서 큰 차이가 있다면 누군가를 찾는 데 노력이 덜 든다는 점이다. 데이팅 앱과 소셜 미디어 플랫폼은 잠재적인 파트너를 찾거나 그 사람을 알아가는 데 장벽을 낮췄다. 앱에서 선호하는 필터를 간단히 바꾸기만 하면… 짜잔! 섹시한 억대 연봉 아저씨가 나타난다. 문신에, 턱수염을 기르고, 성기는 육중하고, 여가 시간에 고양이 영화를 보는 은밀한 취미를 가졌으며 일요일에는 침대까지 아침 식사를 가져다 준단다(단, 아내가 집에 없을 때만이다). 아니면 저 귀여운 스물여섯 살의 로스쿨 학생도 있다. 독서와 여행, 파티를 즐기고 뭔가 배타적인 것 (그리고 좀 '변태적 Hentai'[1]인 것)에 개방적인 사람을 찾는단다. 잠재적인 파트너가 야망남이길 바라든 괴짜이길 바라든 간에, 이제는 어떤 유형이든, 앱에서 찾을 수 있다. 게다가 고를 수 있는 사람이 아주 많다. 좋은 일이라고 생각할지 모르지만, 불행하게도 쉽게 접근

260

할 수 있고 이용할 수 있다는 지점이 주요한 문제점임이 입증됐다.

손가락 하나에 그리 많은 선택지가 달렸다는 사실은 사람들이 짝짓기 대상과 전략을 평가하는 방식을 바꿔놓았다. (정기적인) 섹스를 하는 파트너를 찾는 건 사람들이 연애를 하려는 핵심이다. 가벼운 만남과 원나잇이 세계 여러 지역에서 사회적으로 인정받는 경우가 늘어나고 있다. 이런 이유로 전통적인 관점에서의 연애는 덜 선호하게 되고, '가벼운 만남' 문화가 부상하고 있다. 일반적으로 남성의 짝짓기 전략은 여성보다 단기적으로 운영되며,[2] 시간이 갈수록 더 많은 파트너를 원하고, 섹스하자는 동의를 얻는 데 여성보다 시간이 덜 걸린다고 밝혀졌다. 이는 다양한 문화와 사회 경제 계급을 막론하고 진실이다. 그러나 여성도 마찬가지로 단기적인 짝짓기 전략에서 이득을 얻으며, 따라서 이런 전략에 함께 참여한다. 장기적인 관계보다 단기적인 관계에 집중하게 되면서, 사람들이 서로를 대하는 방식은 최근 몇 년 동안 아주 많이 바뀌었다. 섹스는 서로를 더 깊은 수준까지 정서적으로 연결해 주는 행위가 아니라 거래 행위에 가깝게 보인다. 게다가 장기적인 파트너를 찾는 데 덜 집중하게 되면서, 정서적·심리적 학대 같은 악성 행위가 더 많이 등장하게 됐다. 과거에는 사회적 연결망이 우리가 만나는 사람들을 거르는 데 도움이 될 수 있었던 반면, 온라인 공간은 정신적으로 연애하기에 적절하지 못하거나 나쁜 의도를 가진 남녀를 포함해 온갖 사람들이 접근할 수 있게 해준다.[3] 모든 요인이 합쳐지면서, 오늘날의 세계에서 연애는 번잡해지고 많은 경우 아주 고통스러운 경험이 되고 있다.

온라인 데이트의 심리학

건강하고 지속적인 관계를 육성하고 원활히 유지하기 위해서는 노력하고 전념할 필요가 있다. 인간의 사고와 행동은 복잡하고 가끔은 결함(예를 들어 정신적 편향이나 오해, 외골수 등)도 있다. 또한 긴 시간 동안 사람들과 효과적으로 어울리려면 정제된 사회적 기술과 정서 지능이 필요하다. 그뿐 아니라, 과거의 트라우마와 인생 경험들은 훗날 최선이 아닌 행동으로 이어질 수 있다. 오랫동안 누군가와 연애를 할 때, 일상적인 스트레스 요인뿐 아니라 파트너의 행동과 인지적인 결점에 잘 대처해야 한다. 있는 그대로 받아들여야 할 부분이다. 신뢰와 헌신, 용서, 희생과 지지 같은 심리적 개념들은 인생의 어느 영역에서든 장기적인 인간 대 인간의 관계를 제대로 만들고 싶다면 갖춰야 할 중요한 미덕이다.

그러나 데이팅 앱이 짝짓기에서 장기적인 전략보다 단기적인 전략을 강조하면서, 이런 미덕들은 대부분 필요성이 줄어들었다. 데이팅 앱이 연애 문화에 미치는 영향력은 말할 것도 없다.[4] 디지털 공간이 연애에 미치는 심리적 영향을 이해하기 위해서 나는 다음의 요소들이 인간 행동에 미치는 효과들을 분석해 보았다.

손쉬운 접근(접근성)

뭔가가 희소해지면 우리는 거기에 더 많은 가치를 부여하고 그것을 획득하기 위해 노력한다. 심리학에서는 이를 '희소성의 효과'라고 부르며, 이는 인간 행동에서 아주 강력한 동인이 된다. 부킹닷컴 Booking.com 웹사이트에서 "마지막 하나 남은 객실입니다. 지금 예약하세요!"라는 팝업창을 띄우는 장면을 떠올려보자. 그런 메시지가 뜨지 않았을 때보다 객실을 예약할 가능성은 더 커진다. 또는 런던에서 비공개 클럽에 들어가려고 몸이 얼어붙을 것 같은 추위에 바깥에서 대기하고 있다고 생각해 보자. 모든 사람이 그 클럽에 들어가고 싶고 공간이 한정되어 있기 때문에 우리는 기다린다.[5] 희소성의 반대는 풍요로움이며, 뭔가를 쉽게 얻을 수 있을 때 우리는 중요성을 덜 부여하는 경향이 있다. 연애 현장에서 풍요의 마음가짐은 우리가 즉각적인 만족에 더 집중하는 반면, 깊은 인연은 덜 중시하게 만들 수 있다. 사람을 인간 자체가 아닌 선택지로 보고, 존중 없이 대하게 될 가능성이 높아진다. 또는 어려운 시기가 찾아왔을 때 이를 극복하려고 노력하는 대신, 풍요의 마음가짐은 우리가 다른 누군가를 찾도록 동기를 부여한다. 그러면 정신적인 과업이 줄어들기 때문이다. 시간이 흐르면서 접근이 손쉽다고 인지하면, 어려운 상황(예를 들어 의견 충돌에 대처하거나, 잠자리 문제와 별개로 사람들과 가까워지려고 노력하는 등)을 처리할 의지와 능력이 줄어들게 된다.

손쉬운 이용(이용성)

인간의 뇌는 태생적으로 게으르고, 주어진 만큼 생각하기를 좋아하지 않는다. 육체적·정신적 행위를 수행해야 할 때 더욱 그렇다. 그렇기 때문에 우리는 이용하기 쉬운 것들을 좋아한다. 마트에 간다고 생각해 보자. 대부분은 똑같은 제품과 브랜드를 사는 식으로 고정되어 있다. 똑같은 물건을 고르면 우리는 선택을 하기 위해 너무 많이 생각할 필요가 없고, 어떤 품질을 기대할 수 있는지도 안다. 우리는 하기 쉽고 즐거운 일들을 반복할 가능성이 크고, 결국 이는 무의식적인 습관으로 바뀌어, 자신의 행동을 덜 의식하게 된다. 그러나 연애의 세계에서 사람들을 이용하기 쉬운 대상으로 보는 것은 좋지 않다. 온라인에서 누군가의 환심을 쉽게 살 수 있다는 사실을 알면, 그 과정에서 더 적은 노력을 쏟게 된다. 이는 다음과 같이 해석할 수 있다. 섹스를 하기 전에 대화를 거의 하지 않고 단기적인 연애 전략에 집중하게 되며(누군가를 좋아해도 그리 헌신하지 않는다), 연애와 섹스가 거래가 되고(감정적인 면이 줄어든다), 더 좋은 사람이 되기 위해 나쁜 행동을 바꿀 필요가 없어진다(행동을 고치려면 아주 많이 노력해야 하기 때문이다). 우리의 전통적인 연애를 되짚어보면, 바로 이런 어려움과 노력이 관계와 사랑을 오래 지속시키는 핵심적인 요소였다.

인지적 거리(근접성)

근접성은 인간 심리에 있어서 아주 흥미로운 개념이다. 물리적 근접성이나 인지적 근접성은 우리가 사물을 경험하는 방식에 영향을 미친다. 우리는 사물이 가깝다고 인지할 때 더 많은 관심을 쏟는다. 근접성은 사람과 사람 사이의 물리적 거리와만 관련 있는 것이 아니라, 함께 보내는 시간과도 관련이 있다.[6] 연구들에 따르면 함께 보내는 시간과 끌림 사이에는 양의 상관 관계가 있다. 이는 우정과 업무 관계에 있어서도 통용된다. 우리는 교실이나 직장에서 멀리 않은 사람보다는 바로 옆에 앉은 사람과 친해질 가능성이 높다. 거리가 멀다고 인지하면, 사물이나 사람으로부터 덜 영향을 받거나 관련이 없다고 느끼기도 한다. 예를 들어, 신용 카드로 결제한다고 생각해 보자. 행동 과학에서 '지불의 고통 Pain of Paying'[7]이라는 개념이 있는데, 이는 어렵게 번 돈으로 뭔가를 지불할 때 경험하는 부정적인 감정을 가리킨다. 지불의 고통은 전자 지불 방식보다 현금으로 지불할 때 더 커진다. 신용 카드나 체크 카드를 사용할 때는 덜 고통스럽게 느껴지고 따라서 더 쉽게 결제할 수 있다. 이 인지적 거리는 사람들이 돈으로 교환할 수 있는 대용 화폐(암호화폐, 주식, 서브프라임 모기지 등. 엔론 스캔들이 그 예다)를 거래할 때 더 기꺼이 비윤리적이 될 수 있는 이유이기도 하다. 온라인 데이트 행위도 마찬가지다. 우리는 온라인에서 누군가에게 못되게 굴 때 덜 고통스럽다. 그 사람이 멀리 있다고 느끼기 때문이다. 또한 온라인에서는 익명성이 보장되므로, 우리가 한 행동의 결과를 깊이 생각하지 않는다. 사람들이 자신의 진짜 정체를 숨기는 경우는 말할 것도 없다(넷플릭스 다큐멘터리 〈데이팅앱 사기: 당신을 노린다 Tinder Swindler〉[8]를 생각하자). 인지적 거리는 우리가 교묘하게 빠져나갈 수 있다고 믿게끔 속이며, 사람들이 소셜 미디어나 DM에서 인싸가 되길 좋아하는 이유이기도 하다. 그러나 이들을 직접 만나보면, 완전히 다르게 행동하거나 심지어는 우리를 피하기도 한다.

현대식 연애의 유행

인간 행동에 기술이 미치는 영향에 대해서는 이야기할 거리가 많다. 데이팅 앱과 사회적 연결망은 짝짓기를 더 쉽게 만들었을 뿐 아니라, 독이 되는 가벼운 만남과 연애 문화에도 기여했다. 손쉬운 접근성과 가까운 인지적 거리는 독이 되는 행위를 악화시켰을 뿐 아니라, 선한 사람들조차도 나쁜 방식으로 행동하게 부추겼다. 온라인 데이트 덕에 급부상한 현대식 연애는 대부분 부정적인 양상인데, 데이팅 앱이 인간 행동에 미치는 심리적 영향을 바탕으로 삼는다. 다음은 요즘 모든 사람이 언급하고 당신도 알아야 할 일곱 가지 연애 현상이다. 이 가운데 몇 가지나 경험했고, 또 다른 사람에게 저질렀는가?

끼 부리기

끼 부리기Breadcrumbing(빵가루 흘리기라는 의미다-옮긴이)는 가끔 가다 추파를 던지는 메시지를 보내거나 곧 만나자고 거짓으로 약속하면서 이에 뒤따르는 행동은 하지 않는 것이다. 끼 부리기는 순수한 심리 작전인 경우부터, 미래에 이득을 보거나 즐기기 위해 당신을 붙잡아 놓으려고 메시지를 보내는 경우까지 다양한 목적을 가진다.

잠수 이별

잠수 이별Ghosting은 누군가가 당신의 메시지에 더 이상 답하지 않고 인생에서 사라져 버리는 것이다. 잠수 이별은 누군가와 관계를 맺어가는 다양한 단계에서 일어날 수 있으며, 특히나 오랫동안 상대를 만나왔다면 더욱 고통스럽다. 잠수 이별을 당한 사람들에게 해줄 수 있는 최고의 조언은 "(상대의) 명복을 빕니다!"이다. 그들은 그저 인연이 아니었을 뿐.

오비팅

오비팅Orbiting은 누군가가 당신의 문자 메시지나 DM, 전화에는 응답하지 않으면서 당신이 소셜 미디어에 올린 포스트나 스토리는 확인하고 '좋아요'를 누르는 것이다. 오비팅은 다양한 이유로 일어난다(예를 들어 평범한 문자 메시지로는 대화가 잘 이어지지 않는다거나, 전 애인이 치사한 사람이라서 당신을 지켜보고 있지만 메시지에는 답하지 않았다거나). 그러나 기분은 매우 좋지 않다.

포케팅 또는 숨기기

포케팅Pocketing은 누군가가 당신을 가까운 친구나 가족에게 계속 숨기는 흔한 연애 유행이다. 포케팅이나 숨기기Stashing를 당했을 때, 그 사람은 당신을 은밀한 장소(예를 들어 집)에서만 만나고 공개적인 장소(예를 들어 식당)에서는 만나지 않으려고 한다. 당신과 꽤나 오래 만나왔는데도 친한 지인들에게 소개하길 꺼린다. 사람들은 여러 가지 이유로 포케팅을 하며, 이미 다른 누군가를 만나고 있기 때문에 그럴 수도 있다.

어장 관리

어장 관리Cookie jarring는 누군가가 당신과 연애를 하고 있지만 더 진지한 관계를 추구하는 데는 관심이 없는 경우다. 이들이 주로 관심을 가지는 대상은 다른 사람이고, 당신은 그저 안전망이나 예비 계획 정도기 때문이다. 필요할 때를 대비해 어장에 우리를 넣어두지만, 필요하지 않을 때는 그냥 내버려 둔다. 종종 자기 자신에 대한 의구심 때문에 어장 관리를 하기도 한다. 이들은 파트너가 결점을 알게 됐을 때 자기를 떠날지도 모른다고 믿거나, 상대방이 자기를 좋아하는지 확신할 수 없어 한다.

연애 좀비

연애 좀비는 잠수를 탔다가 몇 달 후에 다시 나타난다. 좀비라는 표현은 어떤 사람이 우리를 다시 찾기 위해 죽은 상태에서 되돌아온다는 의미다. 어느 날 아침 누군가가 다음처럼 문자 메시지를 보낸다고 생각해 보자. "미안해요. 아홉 달 동안 연락을 못했네요. 충전기를 잃어버렸는데 이제 찾았어요. 오늘 뭐해요?"

섬세하게 차기

직장에서의 조용한 퇴사와 비슷하게(레드 플래그 7번에서 조용한 퇴사를 다룬다), 섬세하게 차기Delicate Dumping도 파트너와 공격적이지 않은 방식으로 이별하는 방법이다. 연락이 전적으로 끊길 때까지 에너지와 관심, 연락 빈도를 점차 줄여나간다. 이별을 고하는 일이 곤란

할 수 있기 때문에, 파트너에게 잘 맞는 짝이 아니라고 말하는 대신 섬세하게 차버리는 쪽을 선택한다.

캣피싱과 키튼피싱

캣피싱Catfishing은 인터넷의 등장과 함께 만연해졌다. 캣피싱은 가짜 페르소나나 사진을 이용해서 누군가를 연애 관계로 꾀는 행위를 말하며, 가끔은 희생자로부터 돈을 뽑아내려는 목표가 따르기도 한다. 누군가에게 필터 씌운 사진(또는 10년 전 사진)을 보내서 만나자고 꾀고, 대면으로 만난 후에는 성적으로 엮이기를 바라는 행위는 키튼피싱Kittenfishing이라고 부른다.

데이팅 앱의 알고리즘

앱 개발자들은 새로운 앱을 만들 때 설득력 있게 설계한다. 설득력이 강해질수록 우리는 더 긴 시간 동안 그 앱을 사용할 가능성이 커진다. 개발자들은 접근성과 이용성, 그리고 사용의 빈도에 초점을 맞춰서 설계한다. 사용하기 쉬울수록 더 즐겁게 사용할 수 있다. 접근하기 쉬울수록 더 자주 사용할 것이다. 적어도 단기적으로 생각해서는 그렇다. 그러나 개발자들은 당신을 붙들어 놓기 위해 더 무시무시한 기술을 적용한다. 이를테면 기대치 못했던 알림이나 매칭, 할인과 보상 같은 소식을 내보내고, 당신의 감정을 파고든다. 심지어는 반응을 끌어낼 개인 맞춤형 메시지까지 보낸다. 내 연구를 비롯한 다양한 연구들은 데이팅 앱 설계 방식이 사람들이 데이팅 서비스에 중독되는 핵심적인 역할을 한다고 보고한다. 데이팅 앱은 고립 공포감 FOMO, Fear of Missing Out 을 자아낸다. 앱이 당신을 유혹하는 만큼 한 사람에게 집중하기도 더욱 어려워진다. 스와이프를 기반으로 하는 데이팅 앱은 이런 심리적 불편감을 더욱 많이 자아낸다.[9] 결론적으로, 모바일 앱 디자인은 의도적으로 사용자들이 관여하고 집착하도록 만들어졌다. 데이팅 앱은 전통적인 연애를 숫자 놀음으로 바꿔놓았다. 데이팅 앱을 너무 자주 사용하면 정신 건강에 해로우며, 온라인에서 다른 사람들을 향해 부정적인 행동을 하도록 만드는 데 기여하기도 한다. 누군가를 찾으려고 너무 많은 시간을 보내지 않는 편이 더 나은 전략이며, 그 대신 찾아낼 가치가 있는 사람이 되는 데 더 많은 시간을 보내도록 하자. 고립의 즐거움 JOMO, Joy of Missing Out 을 만들어내기 시작해 보자.

덧없는 로맨스와 신속하고 가벼운 만남은 단순히 최근에 생겨난 세태가 아니다. 1900년 초 저명한 스페인 화가였던 파블로 피카소는 최고의 바람둥이로 널리 알려져 있다. 피카소의 자서전에서는 여러 여성들과 벌인 불장난이 상세히 묘사되어 있다.

> 그는 애인들에게 양면적인 행동을 보인 것으로 유명한데, 처음에는 여신처럼 대접하다가 나중에는 쓰레기처럼 버렸다고 한다.[10]

내 인생의 드라마

현대식 연애는 가끔 미로처럼 보일 수 있다. 디지털 환경은 연애를 쉽고, 접근이 용이하며, 끝이 없게 만들었다. 어쩌면 당신은 가벼운 만남보다는 진지한 연애를 하려고 누군가를 찾는 일이 과거보다 쉬워졌다고 생각할지도 모른다. 그러나 전혀 사실이 아니다. 데이팅 앱을 이용하기가 쉬워지고, 만날 수 있는 잠재적인 짝들이 끝도 없이 제공되면서, 실제로는 반대의 효과를 낳게 됐다. 유해한 행동들은 더욱 심각해졌고, 사람들은 연애를 할 때 패배감을 느끼게 됐다. 최근 몇 년 동안 캣피싱, 잠수 이별, 끼 부리기, 어장 관리처럼 새로운 유행들이 등장했고, 이 모든 부정적인 행태는 데이팅 앱이 어떻게 타인을 악하게 대하게 만드는지를 반영한다. 인간 대 인간으로 연결되지 못한 채 당신이 데이팅 앱에서 보는 얼굴은 그저 '선택지'일 뿐이므로 쉽게 이용하고, 학대하고, 잃어버릴 수 있는 대상이라는 착각을 만들어낸다. 또한 데이팅 앱이 설계된 방식은 사람들의 연애 행동에 부정적인 영향을 미쳐서, 사용자들이 좋아하는 사람을 찾아냈을 때조차 데이팅 앱을 지워버리지 못하게 만든다. 오늘날 연애 현장은 가벼운 만남과 그 외 단기적인 짝짓기 전략이 넘쳐난다. 갈수록 더 많은 사람들이 깊은 인연을 맺으려는 의지를 갖지 못하고 방황하면서, 현실의 어려운 상황에 대처할 능력을 잃어가고 있다.[11] 현대 세계에서 성공적으로 연애하기 위해서는 시간, 노력, 집중력, 그리고 인내심이 필요하다.

레드 라이트 발견하기

- 당신을 배려하지 않는 게 보이지만, 단순히 당신을 붙들어 놓기 위해 가끔 문자 메시지를 보내거나 달콤한 말을 한다.
- 당신의 문자 메시지에는 답하지 않지만, 당신의 소셜 미디어를 스토킹하거나 포스팅에 '좋아요'를 누른다. 그러나 그 이상으로는 관여하지 않는다.
- 공개적으로 당신을 만나지도 않고 친한 친구나 가족 같은 친밀한 관계의 사람들에게 소개하지 않는다.
- 당신과 가벼운 만남을 가지거나 연애를 하려고 온라인에서 필터를 씌웠거나 오래전 자기 사진을 보내고 과장된 소개글을 보여주면서 유혹한다.

그린 라이트 발견하기

- 문자 메시지나 전화 통화로 연락을 정기적으로 계속하면서 서로에 대한 관심을 내비친다.
- 성관계 말고도 서로를 알아가면서 상대에게 진정한 관심을 보

인다.
- 서로에게 정중히 대한다(예를 들어 차단을 하지 않고, 상대의 경계선을 존중하며, 잠수 이별이나 섬세하게 차기 등의 행동을 하지 않는다).
- 두 사람 모두 안정감을 느끼고, 곤란한 대화까지 나눌 수 있다.

관계를 지속할까, 끊어낼까? 다음을 고려하자

현대식 연애가 얼마나 해로운지 알았다면, 이제는 놈팡이 탐지기를 갖추고 온라인에서 연애하기에 알맞은 상대를 찾아낼 필요가 있다. 여기에는 언제 당신이 나쁜 사람이 되는지, 좋은 사람이 되기 위해서는 행동을 어떻게 바꿔야 하는지를 파악하는 일이 포함된다. 온라인 데이트를 이대로 계속 이어갈지 말지를 결정하기란 어려운 문제다. 진지한 관계에 관심을 가지는 사람을 찾기도 어렵다. 다음은 당신의 결정에 도움을 줄 몇 가지 지표다.

함께하겠다는 마음가짐

- 간절하게 연애에 관심을 가지고 있다면, 우선 연애를 하자.
- 함께 지낼 수 있을 가능성이 눈에 보이는가? 둘의 관계, 해도 되는 일과 안 되는 일, 인생에 관한 파트너의 관점에 동의한다면, 이는 관계를 더 깊이 가져가도 된다는 신호일 수 있다.

- 당신은 연애할 준비가 됐다고 느끼며 적합한 사람을 찾아내려고 기꺼이 시간을 투자하겠다는 각오가 되어 있다. 인연을 찾으려면 추가적인 노력이 필요하다는 점을 이해하고 어려운 도전에 임할 준비가 됐다면, 이제 온 마음을 다해 스와이프를 시작하자.

이제는 거리를 둘 때

- 연애를 할 만큼 인내심이 없으며 당신에게 유해한 온라인 데이트에 얽매여 있음을 깨달았다. 아마도 지금은 다른 누군가와 함께 있기보다는 자기 자신에게 초점을 맞출 시기다(싱글로 남기로 선택하는 문제에 대해서는 레드 플래그 13번을 살펴보자).
- 파트너가 당신을 학대하거나 탐색 단계에서 레드 라이트를 경험했다. 이제는 떠날 때가 왔다.
- 당신과는 달리, 상대방은 앞으로 당신과 관계를 진전시키는 데 그다지 관심을 보이지 않는다(함께 가능성을 논한 후에도 마찬가지다). 환상을 좇지 말자.[12]

레드 플래그 ⑯

"우리가 겨우 두 번째 만난 건 알지만, 사랑해요!"
애정 공세

"사랑으로 뭘 할 건데?"
— 티나 터너

사랑의 열병

데이트는 신이 난다. 우리는 새로운 누군가를 만난다는 그 짜릿함을 좋아한다. 그러다가 어느 날 특별한 사람을 만난다. 얼굴도 예뻐, 향기도 좋아… 그리고 세상에, 느낌까지 좋다. 이 사람은 무슨 말을 해야 할지, 어떻게 해야 우리가 기분이 좋아질지 정확히 안다. 우리에게 칭찬을 쏟아내고, 우리가 자신을 특별한 사람처럼 느끼도록 수고로움을 마다한다. 너무 좋아서 믿기 어려울 정도지만, 우리는 새로운 사람에게 홀딱 반해서 상황이 어떻게 흘러갈지 마음을 열고 지켜본다. 동시에 과거에 나쁜 사람과 연애했었고 똑같은 실수를 저지르고 싶지 않기 때문에, 너무 푹 빠질까 봐 두렵다. 우리는 이렇게 생각한다. '저 사람의 감정이 진짜라고 어떻게 확신하지? 나는 다시는 나쁜 사람에게 마음을 빼앗기고 싶지 않아. 하지만 이번엔 정말 인연이라고 느껴져.'

사랑의 열병에 걸려 눈이 머는 일은 흔하다. 연애 초기 단계에서는 더욱 그렇다. 가끔은 너무 푹 빠져서 바로 눈앞에 놓인 경고 신호조차 보지 못할 때도 있다. 이런 열병 같은 감정은 애정 공세라든지 거짓된 미래 투사 같은 여러 가지 조작 전술로 더욱 심해질 수 있다. 불행하게도 모두가 건강한 방식으로 사랑할 줄 아는 건 아니기에, 사랑할 줄 아는 사람과 모르는 사람을 구분하는 능력이 중요하다. 초기 연애 단계에서 레드 라이트와 그린 라이트를 구분하는 능력은 당신이 더 나은 의사 결정을 내리고 그 과정에서 수많은 극적인 상황을 겪지 않게 도와줄 수 있다. 나는 가끔 주변 사람들이 이렇게 한탄하는 소리를 듣는다. "초기 위험 신호에 더 관심을 쏟았더라면, 그 많은 고통을 피할 수 있었을 텐데." 이 장에서는 연애 초기 단계에 누군가를 처음 만났을 때 레드 라이트와 그린 라이트를 알아채는 방법을 배울 것이다. 애정 공세 행동들과 그 뒤에 숨은 심리를 탐색하고, 어떻게 해야 더 오래가는 관계를 구축할 수 있는지 배워 보자.

누군가를 처음 만났을 때

데이트는 가끔 버겁게 느껴질 수 있지만, 당신이 표면적이고 가벼운 만남보다는 진지한 관계를 찾고 있다면 여전히 누군가를 알아가는 최고의 방식이다. 누군가를 점차 알아가는 동안 당신이 상대와 신체적·정서적·정신적으로 어떻게 조화를 이룰 수 있는지 발견하게 된다. 이 과정에서 당신이 좋아하는 누군가의 긍정적인 면을 알아보는 것뿐 아니라 바람직하지 못한 부분을 파악하는 것도 중요하다. 이 사람은 쉽사리 감상에 빠지는가, 아니면 물러서서 혼자만의 시간을 가지는가? 상대가 가장 밝고 좋은 상태가 아닐 때 어떻게 반응하는지를 이해해야만 갈등에 얼마나 잘 대처하는지도 알 수 있다. 갈등은 그 어떤 인간관계에서든, 낭만적인 관계든 플라토닉한 관계든 간에 피할 수 없는 부분임을 인정하자. 어려운 상황을 함께 해결할 수 있다면, 관계의 성공을 보여주는 핵심 지표라 할 수 있다. 기억하자.

그 누구도 완벽하지 않다. 당신도 그렇다. 그러니 상황이 진지해지기 전에 무엇이 당신과 당신의 잠재적 파트너를 자극하는지 알아차려야 한다.

관계가 너무 빠르게 진행될 때

모든 것이 괜찮게 느껴진다. 당신은 데이트 상대와 함께해서 즐겁고, 상대는 당신이 특별한 사람인 것처럼 느끼게 해주며, 칭찬(과 어쩌면 선물)을 쏟아낸다. 섹스는 환상적이었다. 그러나 관계가 너무 빠르게 진행되면 의문이 생겨날 수 있다. 아마도 속으로는 '그냥 흘러가는 대로 몸을 맡겨볼까?'라고 생각할 수도 있다. 요즘 사람들은 상대방에게 적절한 관심을 쏟기는커녕 두 번째 데이트 후에 문자 메시지도 보내지 않는다. 반면 두 번째 데이트 후에 "사랑해요"라는 말을 하는 게 조금 이상하고, 세 번째 데이트 후에는 좀 과하게 챙겨주는 느낌이지만, 관심을 받는 일은 기분이 좋기에 당신은 결국 동조하기로 결심한다. 주변에 있는 모두가 연애를 하는 것처럼 보이고, 당신도 옆에 있는 누군가를 좋아하고 싶다. 그러나 두 달이 지나고, 애인이 전에는 보이지 않던 방식으로 당신에게 냉정하고 무심해진다. 당신은 얼떨떨해질 테다. 보통은 배려 넘치고 다정한 사람이었으니까. 그러나 당신은 그 사람을 잃고 싶지 않고, 따라서 무슨 일이 벌어졌는지 이해하고 상대방의 욕구를 가능한 한 충족하려고 최선을 다한다. 상대는 한동안 냉정하게 굴다가, 뜬금없이 예전의 사랑 넘치는 자아로 되돌아온다. 그러나 당신의 모든 것을 내어준 후에야 상대를 되돌릴 수 있었다. 한 달 후, 그 주기가 반복되고 당신은 다시 전부 똑같이 해주어야 한다. 관계가 진전될수록 당신은 살얼음판 위를 걷듯 눈치를 보고, 다음번 폭발은 언제 일어날지 확신하지 못한다. 애인이 당신을 마치 비난받아야 할 당사자인 양 느끼게 만든 탓에 자기 자신을 의심하게 된다.

이런 일이 벌어진다면, 당신은 애정 공세Love Bombing에 당했을 가능성이 크다. 낭만적인 연애의 초기 단계에 자주 등장하는 조작 전술로, 과도한 소통(예를 들어 관심과 다정한 말, 선물 등을 쏟아낸다)을 통해 빠르게 인연을 만들어간다는 특징이 있으며, 누군가를 통제하는 권력을 손에 넣는 게 목적이다. 애정 공세는 희생자가 애정 표현에 의존하게 만든 후에, 행동을 통제하거나 굴복시키려고 얼마나 많은 애정을 쏟을지 의도적으로 결정함으로써 권력을 얻는다.[1] 애정 공세의 초기 단계에는 당신이 받는 입장인 만큼 놀랍게 느껴질 수 있다. 특별한 관심, 장미, 선물… 현실이라고 믿기지 않을 정도다. 그러나 마침내 기쁨을 주는 행동은 중단되고, '밀고 당기는' 전략으로 추진되는 심리적 덫으로 바뀌고 만다. 밀어내는 단계에서 당신의 애정 공세 파트너는 철벽을 치거나 사라지고,[2] 끼만 부리고,[3] 심지어는 공격적으로 대한다.[4] 당기는 단계에서는 다시 당신과 친구가 되려 애쓰며, 당신을 손에 넣기 위해 할 수 있는 모든 적절한 말을 들려준다. 당신이 애정 공세를 받는 입장임에도 그다지 안정을 느끼지 못하거나 과거에도 나쁜 연애를 한 적 있다면, 이 학대적인 주기의 희생물이 될 가능성이 높다.[5] 애정 공세가 미치는 영향력은 아주 커서, 수치심을 느끼고 자존감이 낮아지거나 우울증과 PTSD로 이어질 수도 있다. 2023년 영국 왕립검찰청 Crown Prosecution Service 은 공식적으로 애정 공세를 학대 행위로 인정했고, 그 덕에 법 집행관들은 희생자에게 애정 공세를 한 이들을 체포할 수 있게 됐다.[6] 하지만 슬프게도, 세계적으로 보았을 때 애정 공세를 법적 처벌이 가능한 행위로 인정하는 경우는 그리 흔치 않다. 그러나 왜 사람들은 애정 공세를 퍼붓는 자들을 사랑하는가? 그리고 이 이상한 행위 이면의 심리는 무엇인가?

상대가 애정 공세를 펼치는 까닭

남성들이 자주 가해자처럼 그려지지만, 여성들도 똑같이 애정 공세를 퍼붓는 입장이 될 수 있다. 애정 공세는 종종 심리적 요인들과 연결된다. 애정 공세를 다룬 최초의 연구들 중 하나에서, 연구자들은 낮은 자존감과 불안한 애착 유형, 나르시시즘의 결합으로 고통받는 사람들이 애정 공세를 퍼붓는 성향을 가질 가능성이 높으며 애정 공세는 나르시시즘에만 특정되지 않는다는 사실을 발견했다.[7] 문제의 핵심은 개인의 애착 유형에 달려 있었다.[8] 어린 시절 부모나 양육자와 파괴적이거나 불안정한 관계를 겪었다면, 이는 약한 애착 유형으로 이어져 스스로를 가치 없다고 느끼면서 다른 사람들을 믿지 못하게 된다. 자존감이 부족하고 애착 유형이 불안정하면(예를 들어 불안해하거나 회피한다) 훗날 자신의 자존감 문제를 덮기 위해 나르시시즘적인 성향으로 연결되고, 이는 허세를 부리거나 특권 의식을 가지고 다른 사람의 욕구를 무시하는 등의 행동으로 나타난다.[9] 연구자들은 나르시시스트가 흔히 개인적인 이득이나 자기 고양을 위해 다른 사람들을 조종하고 통제하려는 목적으로 애정 공세를 사용한다고 말한다.[10]

애정 공세 뒤에 숨은 심오한 심리적 원인은 생존 욕구다. 성장 과정에서 무시당했다고 느끼며 인정받고 싶은 욕구를 키운 사람에게, 애정 공세는 누군가와 정서적으로 빠르고 깊게 연결되기 위한 생존 전략이 된다. 애정 공세를 하는 자의 무의식적인 프로그래밍은 "당신은 나와 함께 해줘야 해. 나를 버리지 마!"라고 말하고 있을 것이고, 따라서 초기 단계에 어마어마한 애정과 관심이 쏟아질 테다. 그러나 시간이 흐르고 일단 연결이 형성되면, 좀 더 의도적이고 악의적인 조종 행동이 등장할 수 있다. 예를 들어 가스라이팅이나 고립, 학대 등이다. 이 이야기에서 슬픈 부분은 애정 공세를 하는 나르시시스트는 실제로 당신을 사랑하는 것이 아니라, 자기네 마음속 이상화된 당신과 사랑에 빠졌다는 점이다. 일단 자기 머릿속 당신의 이미지를 깨뜨리는 사건이 관계에서 벌어지면(이런 일은 만나고 처음 몇 달 사이 가끔 일어난다[11]), 강압적인 행동과 조종, 가스라이팅이 끼어든다. 생각해 보자. 당신이 거울을 깨뜨렸다면 (7년 동안 재수가 없다는 미신은 접어두고) 예전처럼 다시 되돌려놓을 수 없고, 따라서 그 거울의 가치를 낮게 보취 시작할 것이다. 또한 거울은 예전처럼 반

짝이지 않을 테고, 완벽히 고쳐지길 바라봤자 소용없다. 결국 애정 공세를 하는 나르시시스트는 당신을 버리거나 교체해 버린다. 특히 자신이 스스로를 통제할 수 없다고 느끼면 더 가차 없다. 다음은 나르시시스트가 연인 관계에서 보여주는 흔한 패턴이다.

1. 애정 공세
2. 폄하, 그리고 마침내…
3. 유기[12]

왜 사람들은 애정 공세에 넘어가는가?

우리가 애정 공세에 반하는 이유에는 여러 가지가 있다. 아무리 스스로 약삭빠르고 달콤한 말에 넘어가지 않는다고 생각해도 소용없다. 애정 공세를 펴는 자들이 사용하는 전술은 심리적으로 아주 강력하며, 좋아하는 사람이 퍼붓는 관심과 칭찬, 선물은 마음을 크게 사로잡는다. 솔직히 말해보자. 누군가가 자기를 원한다는 기분을 느끼고 싶지 않은 사람이 어디 있을까? 이는 인간의 본능이다. 이런 관심 표현에 민감하거나 취약하다면 쉽게 반하게 된다. 특히 정서적 결핍이 있고 과거의 파트너가 마땅히 누렸어야 할 관심을 주지 않았던 경우, 우리는 지금 만난 사람만큼은 다르고 어쩌면 '내가 찾던 그 사람'일지도 모른다고 믿는다. 애정 공세 시기에 다정한 말과 강렬한 감정이 쓰나미처럼 몰려오면 최면에 걸리고 심지어는 시간이 흐르면서 중독될 수도 있다. 정서적·심리적으로 의존하게 되고, 이 관계가 지배나 학대로 이어져도 떠나기 어려워진다. 다음 차례의 애정 공세가 재시작될 것이라는 희망 속에 살면서, 다시 도파민이 들이닥쳐서 처음에 경험했던 그 느낌을 겪을 수 있길 기다린다.

애정 공세를 남용하는 자에게 권력과 통제권이 넘어가는 이유는 애정 공세를 받는 사람에게서 불균형과 의존성을 만들어내기 때문이다. 우리에게 엄청난 관심을 쏟고 온갖 적절한 이야기를 들려줄 때 불균형이 생겨나고, 그로 인해 우리는 (비록 처음에는 이상하게 느껴지더라도) 보답하고 싶어진다. 우리는 관심과 찬사를 되돌려 주면서 보답할 수도 있지만, (사람을 처음 만날 때 자연스레 생겨나는) 경계심을 풀고 감정을 더 빠르게 발전시키려고 할 수도 있다. 특히나 본능적으로는 뭔가 이상하다고 느껴질 때 너무 빨리 경계심을 풀면, 자신의 정서를 명확하게 인식하지 못해 추가적인 공격에 더 취약해진다. 어떻게 해야 애정 공세로부터 신체적·정서적으로 거리를 둘 수 있는지 배우도록 하자. 그래야만 생각을 정리하고, 이 인연이 진정성 있고 건강한지 평가할 때 더 나은 결정을 할 수 있다.

애정 공세를 퍼붓는 사람과 진정한 관심을 보이는 사람의 차이를 어떻게 설명할 수 있을까? 그 답은 과도함에 있다. 뭔가가 '투 머치'로 느껴진다면, 너무 빠르거나 압도적이라고 느껴진다면 대부분은 그게 맞다. 또한 현실이라 믿을 수 없을 정도로 황홀하게 느껴진다면, 현실이 아닐 가능성이 높다. 이는 한 발짝 물러나 되돌아봐야 할 레드 라이트일지도 모른다. 애정 공세를 펼치는 나르시시스트들은 취약한 사람들을 표적으로 삼는다. 취약함은 정서적으로 나약하거나 잘 속아 넘어가는 것만을 의미하지 않으며, 다툼이 많았던 연인 관계나 결혼에서 막 벗어나 애정이 필요한 사람, 혹은 나쁜 연애를 해봐서 잘못된 행동에 익숙해진 사람들도 해당한다. 건강한 연인 관계를 만들어가기 위해서는 시간이 걸린다. 사람들은 서로에게 천천히 마음을 터놓는다. 양쪽 다 관계를 진전시킬 마음이 있다면, 보통은 균형 잡힌 기브 앤드 테이크를 통해 서서히 발전시켜 나간다.

새로운 사람과 연애할 때 주의해야 할 부분들

누군가를 알아갈 때 장기적으로 발전할 가능성을 보여주는 자질들을 찾아내는 일이 중요하다. 상대방을 지지하고, 흥미를 보이고, 노력을 쏟고, 상대방과 다른 사람들을 존중하는 자세와 함께, 적극적으로 듣고 자기 행동을 반성하며 어려운 상황을 효과적으로 해결하고 동등하게 보답할 수 있는 능력 등이 여기에 속한다. 다음은 그린 라이트가 되는 행동들의 사례다.

살펴봐야 할 그린 라이트

배려
"네가 그 목표를 달성하려고 얼마나 열심히 하는지가 보여. 내가 도와줄 부분이 있을까?"

보답
"제발 이번에는 내가 밥을 사게 해줘."

적극적인 경청

"주말마다 파티에 가는 대신 집에서 함께 시간을 보내는 게 더 좋다는 의미로 하는 말인 거지?"

갈등 해결

"네가 화난 건 알겠어. 감정을 좀 가라앉히고 무슨 일이 벌어졌는지 다시 생각해 보자. 나는 우리가 이 상황에서 보는 관점이 다를 뿐이라고 생각해. 이 상황을 네가 어떻게 해석했는지 내가 이해할 수 있게 좀 도와줄래? 그러면 네 생각을 이해할 수 있을 거 같아."

반성과 사과

"어제 벌어진 일을 찬찬히 생각해 봤어. 그리고 내가 다르게 말을 했어야 했다는 걸 깨달았지. 그 점을 짚어줘서 고마워. 다음번엔 더 조심할게."

마찬가지로, 연애 초기 레드 라이트일 수도 있는 행동들을 찾아내는 것도 중요하다. 심각한 레드 라이트는 쉽게 눈에 띄고, 우리는 대부분 바로 도망갈 수 있다. 그러나 악의가 있는 사람들(예를 들어 조종의 달인처럼)은 나쁜 행동을 감추는 데 도사다. 정서 지능을 발휘하는 데 속아 넘어가지 말자. 예를 들어 자기가 감정에 충실하다거나 영적이라고 말하는 남자, 혹은 내면을 가꾸는 노력을 열심히 한다고 말하는 여자 등이다. 이런 말들은 본성을 감추기 위해 의도적으로 할 수 있다. 기억하자. 누구든 사람과 친해질 때 최선을 다하는 게 정상이다. 그리고 진짜 좋아하는 사람이라면 나쁜 점을 찾기가 어려울 수 있다. 그러나 그 누구도 아주 오랫동안 자신의 진짜 모습을 감추거나 모든 행동을 제어할 수는 없다. 그렇기 때문에 사람들이 보여주는 미묘한 행동에도 관심을 기울이는 것이 중요하다. 예상치 못한 스트레스 상황에서 어떻게 행동하는지, 또는 무슨 말을 하는지 살펴보면 흥미로운 사실들이 대놓고 드러난다. 예를 들어 말다툼을 할 때 당신이 어떤 기분이 들게 하는가?(안전하지 못하다고 느끼게 하는가?) 얼마나 통제적인가?(대화를 주도하거나 함께 내린 결정을 제멋대로 휘두르는가?) 또는 당신을 폄하하는가?(업신여기는가?) 다음은 아주 미묘한 경우부터 더 노골적인 경우까지, 레드 라이트들을 보여주는 사례들이다.

주의해야 할 레드 라이트

미묘하게 불안감을 조성한다
"와, 아주 재미있네. 보기보다 똑똑한 모양이야."

비난을 받아들이지 못한다
"정말 믿을 수 없네. 나한테는 왜 항상 이런 일이 벌어지는지 모르겠어. 내가 그랬잖아… 옛날 애인들은 다 미친 사람들이었다고!"

책임을 미룬다
"내가 다 망쳐서 미안해. 정말 어쩔 수가 없어. 내 과거 때문에 다 이렇게 된 거야!"

비난한다
"왜 그렇게 살아?"

"왜 밥을 먹으면서 항상 쩝쩝거려?"

"왜 그렇게 늦게 일어나?"

"나는 네 여동생이 마음에 안 들어."

일반화

"와, 그런 식으로 말한다는 게 믿을 수 없네. 와, 진짜, 와! 진짜 실망이야. 너도 다른 사람들이랑 똑같아."

삼각관계화

"또 시작이네. 내가 그런 짓을 했다고 생각한 거지? 진지하게 너는 머리가 어떻게 된 거 아닌지 확인해 봐야 해. 네가 한 짓을 친구들한테 말했거든. 그랬더니 다들 네가 미쳤대."

다른 사람들을 비난하고 헐뜯는 것 외에도, 새로운 사람을 만날 때 주의해야 할 사악한 레드 라이트가 몇 가지 더 있다. 정말로 달콤한 말처럼 들릴 수도 있겠지만, 이들은 당신을 속일 수 있다. 악의적인 사람들은 의도적으로 설득 커뮤니케이션 전술을 사용한다. 따라서 경계심을 풀지 말고 오랜 시간을 들여 정말 상대의 말이 믿을 만한지 판단해야 한다.

주의해야 할 조작적 화술

특별한 사람 증후군

"너 같은 여자 처음 만나봐."

"영혼의 짝을 찾은 거 같아."

"그 누구도 너만큼 나를 이해하지 못해."

물론 상대가 지금까지 만나본 적 없는 특별한 사람이 당신일 가능성도 틀림없이 있다. 둘의 감정이 상호적이며, 오랫동안 함께했던 경험이 그 말을 정당하게 뒷받침해 준다면, 참 아름다운 이야기고 있는 그대로 받아들여도 좋다. 그러나 그 말을 너무 일찍 들었거나 당신 내면에서 옳지 않다는 목소리가 들린다면, 넘어가지 말자. 당신이 정말 그렇게나 특별한 사람이라면, 그 말을 한 사람은 얼마든지 기다려줄 것이다.

거짓된 미래 투사

"우리가 결혼해서 아이를 낳는다고 상상해봐."

"우리가 발리의 바닷가에서 함께 칵테일을 마신다고 상상해봐."

오랫동안 함께 해온 파트너라면, 이는 멋진 전망이 된다. 당신과의 관계를 다음 단계로 끌어올리고 서로에게 더 진지해지는 건 근사한 일이니까. 그러나 데이트 몇 번 했다고 이런 식으로 이야기하는 사람은 그저 당신을 속이려는 것일 수 있다. 당신의 꿈과 희망을 건드리는 건 당신에게 어떤 일을 시키거나 감정을 빠르게 발전시키고 신속히 믿음을 키우려는 아주 조작적인 전술이다. 주의하자!

누군가를 알아가는 올바른 접근법

올바른 방식으로 연애를 하기 위한 정확한 규칙은 없지만, 좀 더 철저하게 다른 사람을 알아가는 몇 가지 기본적인 원칙은 존재한다. 데이팅 앱 덕에 상대에 대한 아주 많은 사실을 쉽게 알 수 있지만, 그 프로필 정보가 항상 옳다고 누가 그러던가? 여러 연구에 따르면, 사람들은 직접 만날 때보다 전화나 온라인 매체로 소통할 때 거짓말을 더 많이 하는 경향이 있으며, 파트너에게 평균적으로 하루에 여섯 번 거짓말 한다.[13,14] 스냅챗으로 야한 사진을 보내거나 DM으로 짧은 '미라클 모닝' 영상을 보낸다 하더라도, 여전히 그 사람의 진짜 모습을 알기는 어렵다. 그렇다면 어떻게 해야 제대로 알아갈 수 있을까? 다음은 오프라인 세상에서 데이트를 할 때 적용해야 할 세 가지 원칙이다.

모든 것에는 시간이 필요하다

무작정 달려들지 말자. 여러 번 데이트를 하고 상대방을 알아가자. 속도를 늦추고, 당신이 중요하다고 느끼는 행동에 특별히 관심을 기울이자. 특히 (기대치 못한) 사소한 행동들이 그 사람에 대해 많은 것을 이야기해 줄 수 있다. 당신은 다양한 상황에서 그 사람과 함께 해서 즐거운가(아니면 침대에서만 즐거운가)? 그는 당신을 지지하고 배려하는가? 그리고 당신과 주변 사람들을 존중하는가? 실제로 그 사람에 관해 알고 나서야 이 질문들에 답할 수 있다.

상대의 사랑의 언어를 배우자

'사랑의 언어 Love Language'가 최근 소셜 미디어에서 크게 유행하고 있다. 모두가 사랑을 표현하는 다양한 방식에 관해 이야기한다. 누군가가 사용하는 사랑의 언어를 알아가기 위해 시간을 투자하는 것은 상대와 친해질 수 있는 아주 좋은 방법이다. 어떤 사람은 신체적 접촉을 사용해서, 파트너를 어루만지며 사랑을 표현한다(포옹, 키스, 껴안기, 공공연하게 애정 표현하기 등). 또 어떤 사람은 긍정의 말(격려의 말이나 감사 표현)이나 선물, 아니면 친절한 행동(예를 들어 일손을 빌려주거나 지지해 준다)을 하거나 밀도 있는 시간(예를 들어 아무도 방해하지 않고 서로에게만 전념하는 시간)을 함께 보내며 사랑을 보여준다. 사람들은 다양한 방식으로 사랑을 표현한다. 따라서 누군가의 사랑의 언어를 이해하고 거기서 조화로움을 찾으려면 시간이 걸릴 수 있다. 당신이 사랑을 표현하는 방식과 파트너가 좋아하는 방식을 서로 맞춰가자. 개인적으로 나는 낭만적인 관점에서 누군가를 알아가면서 사랑의 언어를 탐색하는 관계가 좋다. 나는 신체적 접촉과 밀도 있는 시간을 함께 보내는 방식을 결합하며 누군가에게 내 사랑을 표현하고 싶다. 그 진가를 알아봐 주는 누군가를 찾는 일은 오래 지속되는 관계를 만들기 위한 중요한 요소다.[15]

친밀함을 키우자

1997년 뉴욕주립대학교 스토니브룩 캠퍼스의 심리학자 아서 아론과 동료들은 서로 모르는 사람들이 36가지로 구성된 질문지에 답하는 과정에서 사랑에 빠질 수 있는지를 실험했다. 이 질문들의 목표는 낯선 이들이 서로 친밀감을 느끼고 스스럼 없어지는 연애 과정을 빠르게 진행하는 것이었다.[16] 질문들을 하나하나 거치면서 참가자들은 점차 호기심을 느끼고 친밀해졌다. 그리고 마침내 사람들을 더 가까이 결합시켰다. 다양한 출처들에 따르면 이 36개의 질문을 사용한 덕에 참가자들은 사랑에 빠지고 심지어 결혼까지 했다고 한다.

내 소셜 미디어와 틱톡, 인스타그램 릴스에서 이 36개의 질문은 입소문을 탔고, 수백만 뷰와 '좋아요'를 달성했다. 또한 나는 여기서 영감을 얻어 사람들이 탄탄한 연대를 형성하고 심지어 사랑에 빠지게 할 자체적인 질문들을 만들어낼 수 있었다(책 마지막에 실린 25가지 레드 라이트와 그린 라이트 질문들을 살펴보고 누군가와 더 깊은 인연을 맺어보자). 왜 사람들이 관계에서 더 친밀해지길 원하는지를 설명해 주는 타당한 이유가 있다. 오늘날의 세계에서 실제 사람과 사람의 연결이 너무 순식간에 이루어진다고 느끼는 이들도 늘어났기 때문이다. 더 깊게 연결되기 위해 어떤 전략을 쓰든, 정서적·심리적 친밀감을 키우는 방법을 찾아내야 성공적인 관계를 만들어갈 수 있다.

섹스의 덫을 조심하세요!

섹스에 있어서 남성과 여성은 화학적 경로에서 차이가 난다.[17] 연구들에 따르면 여성은 훌륭한 섹스를 하고 난 후 남성보다 더 정서적으로 영향을 받는 것으로 나타났다. 섹스를 하는 동안 분비되는 화학 물질이 만들어낸 결과다. 여성들이 섹스를 할 때는 옥시토신이 분비되는데, 이 호르몬은 파트너에게 더 깊은 정서적 애착과 신뢰를 품게 하는 '유대의 호르몬'이다. 반면 남성은 섹스를 할 때 바소프레신이라는 호르몬의 영향을 받는다. 이 호르몬은 어려움을 극복하거나 특정한 목적을 달성했을 때 느끼는 긍정적인 감정과 연결되어 있다. 따라서 남성은 섹스를 통해 연대를 맺는 것이 아니라, 섹스를 하고 절정에 이르는 데 더 집중한다고 볼 수 있다.[18]

나르시시스트와의 섹스는 아주 색다르게 느껴질 수 있다. 나르시시스트는 매우 독단적이며 열정적이고 탐욕스러운 연인이 될 수 있다.[19] 연애 초반에는 특히나 그렇다. 나르시시스트의 애정 공세와 넘치는 사랑이 더해져서 상황이 평소보다 더 강렬하게 느껴질 수 있다. 성적 강렬함은 강한 정서적 애착으로 이어질 수 있고, 괜찮은 섹스를 사랑으로 착각할 수 있다. 특히 여성은 남자 나르시시스트와 정신이 혼미해지도록 섹스를 한 후 더 큰 애착을 가지게 된다.[20] 옥시토신이 섹스에서 연대로 이어지는 과정에서 작동하기 때문이다. 강렬한 성적 연결은 왜 어떤 여성들이 불안정한 관계를 오래 유지하기로 결심하는지 설명해 준다.[21] 이 사실을 인식하면 악순환을 끊을 수 있다. 사람들이 섹스의 덫을 인지하게 만들려고 내가 자주 쓰는 표현은, 레드 라이트의 비유를 들어 "그냥 침대가 빨갛게 달아올랐다는 이유로 네 이성에도 도움이 된다는 의미는 아니야"다. 그렇다면 사람 대 사람의 끌림은 어떻게 호르몬으로 설명할 수 있을까? 흥미롭게도 한 연구에 따르면 옥시토신이 남성 동성애자에게 미치는 영향은 이성애자에게 미치는 영향과 달랐다.[22] 옥시토신은 남성의 매력과 접근성을 평가할 때 그 점수를 높여주었다. 한편, 에스트로겐과 테스토스테론 같은 성 호르몬과 더불어 유대 호르몬은 성적 지향의 기저를 이루는 잠재적인 메커니즘이라는 증거가 일부 존재한다.[23,24]

줄리아 폭스가 칸예 웨스트와 연애를 시작했을 때, 칸예(지금은 '예Ye'로 개명했다)는 그녀에게 서둘러 선물 공세를 펼쳤다. 〈뉴욕포스트〉에 따르면, 칸예는 첫 번째 공식 데이트 후 줄리아에게 선물하기 위해 호텔 스위트룸을 옷으로 가득 채웠다.[25] 줄리아는 이를 애정 공세로 보지 않았지만, 연애 초기 단계에 이상적인 파트너가 되어야겠다는 생각이나 이상적인 파트너를 가졌다는 생각을 심어주려고 사치스러운 선물을 퍼붓는 일은 위험 신호가 될 수 있다.

내 인생의 드라마

애정 공세는 연애 파트너를 심리적으로 통제하고 정서적으로 학대하는 조작 기술이다. 애정 공세를 하는 사람들은 연애 초기에 관심과 다정한 말, 선물을 쏟아낸다. 이 과도한 관심과 애정의 표현은 심리적·정서적 애착을 빠르게 형성하는 강력한 방식이다. 그 강렬함 때문에 당신은 영혼의 짝을 찾았다고 믿을지도 모른다. 그러나 애정 공세를 펴는 자는 당신과 실제로 사랑에 빠지지 않았으며, 갑자기 멀어지거나 흥미를 잃을 수 있다. 그리하여 당신은 혼란스럽고 공허해지면서, 다시 똑같은 수준의 관심과 친밀함을 바라게 된다. 이는 밀당의 효과를 가지면서 악순환에 빠지게 되고, 폭력적인 파트너의 학대와 같은 나쁜 행동을 받아들이게 된다. 애정 공세는 고의가 아닐 수도 있고, 강도가 다를 수도 있다. 또한 (다른 성격 장애를 포함해) 나르시시즘적 성격 장애를 가진 사람들이 애정 공세를 펼치는 경우가 흔하다. 애정 공세를 하는 이유로는 정서적 결핍과 버림받는 것에 대한 두려움부터(이는 보통 어린 시절 트라우마에서 비롯된다. 양육 방식이 훗날 행동에 어떤 영향을 미치는지가 궁금하다면 레드 플래그 2번을 참고하자) 통제나 학대를 하려는 사악한 의도까지 다양하다. 연애 초기에 레드 라이트를 알아보면 그 이후 골치 아픈 일들을 피할 수 있다. 또한 새로운 사람을 만날 때 당신의 어떤 행동이 유발되는지를 늘 염두에 두자. 당신의 행동 또한 레드 라이트일 수 있기 때문이다.

레드 라이트 발견하기

- 두 번째 데이트를 마치고는 "사랑해" 또는 "너는 내 영혼의 짝이야"라고 말한다. 도망쳐!
- "너는 보기보다 똑똑하네" 같은 말로 미묘하게 불안하게 만든다. 시간이 흐를수록 이런 말들은 당신의 자신감에 영향을 미칠 수 있다. 이것이 조작 전술임을 잊지 말자.
- "내 옛날 애인들은 다 돌았어"라는 말은 이들이 자기 행동에 책임을 지지 않으며 언제나 상대방을 비난한다는 의미다. 이제 더 빠르게 도망치라고!
- 현재 당신은 정서적으로 취약하고 관심에 민감한 상태다. 경계심을 너무 빨리 풀면 통제하거나 학대하는 행동들에 더 크게 흔들릴 수 있다.
- 그 사람을 '고치거나' '구할 수' 있다고 생각해서 레드 라이트를 무시한다.
- 인생에서 극적인 상황이 벌어지길 좋아하거나 "와, 완전 핫한데!"라고 생각하기 때문에 레드 라이트를 무시한다. 당신이 고난을 자처하는 셈이다.

그린 라이트 발견하기

- 새로운 사람과의 상호 작용이 긍정적이고 균형 잡힌 관계라고 느낀다. 누군가를 알아가는 과정은 상호적인 방식으로 일어나야만 한다.

- 상대에게 실망하는 일이 있어도 당신을 안전하다고 느끼게 해준다.
- 당신에게 다가가는 데 충분한 시간을 들이고 서둘러 달려들지 않는다.
- 당신의 욕구와 파트너에게 바라는 점을 전달할 수 있다. 또한 당신의 경계선을 분명히 밝히고 어떤 행동을 받아들일 수 있거나 없는지 말할 수 있다.
- 상대방이 당신과 비슷한 가치를 가졌음을 알아보고, 서로를 긍정적인 방식으로 칭찬한다.

관계를 지속할까, 끊어낼까? 다음을 고려하자

애정 공세를 하는 많은 나르시시스트들은 실제로 아주 매력적이고 침대에서도 끝내준다. 당신이 어느 정도 당장의 강렬한 즐거움을 즐기고 싶다면(그리고 도전에 응하고 싶다면) 애정 공세를 펼치는 자를 즐겁게 해줘도 좋다. 찬양과 관심과 선물, 끝내주는 섹스를 즐기자. 그러나 방심하지 말자. 행복한 시기가 난처한 단계로 접어들기 시작할 때(결국 그런 일은 벌어진다) 그 신호에 관심을 기울이자. 상황이 악화되면 주저하지 말고 즉각 자리를 박차고 일어나 도망가자. 연락이 오면 "즐거웠어. 고마워. 굿바이!"라고 말하자. 애정 공세를 하는 자에게 최악의 경우는 당신을 통제하지 못하는 상황이다. 이들은 아마 당신을 되찾으려 하겠지만(그러면서 자신들의 에고를 드높이려 하겠으나) 멀찍이 떨어지는 것이 최고다.

함께하겠다는 마음가짐

- 당신은 골치 아픈 일에 맞설 준비가 되어 있고 애정 공세가 유쾌하다(또는 적어도 재미있다)고 생각한다.
- 당신은 오직 섹스에만 관심이 있으며 정서적으로 애착을 가지지 않겠다고 스스로에게 다짐할 수 있다.
- 당신은 책을 집필하고 있어서, 나르시시스트나 애정 공세에 관한 따끈따끈한 자료를 직접 수집하고 싶다.

이제는 거리를 둘 때

- 애정 공세를 펼치는 자가 뒤로 물러서거나 갑자기 부정적인 행동 변화를 보인다.
- 그들이 당신을 통제하거나 학대하려 한다.

레드 플래그 ⑰

"왜 나는 나이 많은 애인이 좋을까?"
연상이나 연하와 연애하기

"나이는 숫자에 불과하다. 당신이 포도주가 아닌 이상 전혀 상관없다."
― 조안 콜린스

성숙한 파트너를 찾아서

아름다움은 보는 눈에 따라 다르다. 당신이 누구를 매력 있다고 느낄지는 매우 다양한 요인들에 따라 달라진다. 외모, 성격, 키와 체구, 그리고 나이에 따라 그 사람이 매력적이라 느낄 수 있다. 흥미롭게도 우리는 자기 자신을 더 매력적으로 만들기 위해 이 신체적 특성을 (가능하다면) 바꾸려고 애쓴다. 매력을 구성하는 흥미로운 요인 가운데 하나는 나이다. 아름다움과 관련해 떠올리는 요소들에는 여러 가지가 있고, 나이가 더 많거나 적은 사람에게 끌리는 것 역시 시간이 흐르면서 달라질 수 있다. 아름다움은 자주 젊음과 연계되며, 이는 우리가 젊은 시절에 가장 아름답다는 의미가 된다. 젊은 사람은 생명력과 활기로 가득 차며, 아이를 낳기에 최상의 상태다. 그러나 모든 사람들이 더 젊다고 더 매력 있다고 느끼지는 않는다. 나이가 많고 인생 경험도 많은 파트너에게 끌리는 사람도 많다.

당신은 이것이 순전히 엄마나 아빠의 문제, 또는 숨은 동기 때문이라고 생각할지도 모르지만, 젊은 사람보다 나이 많은 사람에게 매력을 느끼는 흥미로운 이유가 여러 가지 있다. 그리고 이 차이는 당신이 어떤 성별에 끌리는지에 따라 달라질 수 있다. 인터넷과 온라인 데이트 사이트, 소셜 미디어가 급부상하면서, 우리가 흥미를 느끼는 사람들과 연락하기가 아주 쉬워졌다. 누군가에게 왓츠앱 메시지나 인스타그램 DM, 또는 페이스북 메시지로 "안녕, 아저씨! 저는 당신 분위기가 마음에 들어요. 언제 커피 한잔 해요"라고 보내는 일은 쉽다. 하지만 또래 집단에서 벗어난 사람과 연애를 하는 것은 까다롭고, 사회적으로 어려우며, 극적인 상황으로 가득할 수도 있다. 이 주제와 관련해 살펴볼 수 있는 연구가 어마어마하게 많으며 때로는 상충되는 결과를 내놓기도 한다. 나이가 더 많거나 적은 사람과 연애할 때의 기회와 어려움, 그리고 나이의 매력 이면에 자리한 심리를 파헤치는 일은 당신이 연애에 쏟는 노력이 성공하는 데 도움이 될 것이다. 나이는 숫자에 불과하지만, 차이가 너무 크다면 어떻게 해야 할까? 수명 측정기에서 마일리지가 더 높거나 낮은 사람과 연애할 때 주의해야 할 레드 라이트와 그린 라이트에는 무엇이 있을까?

나이 차이 문제는 사회마다 달라진다

연애에 있어서 나이 차이 문제는 오랜 세월에 거쳐 진화하고 있으며, 사회 문화에 크게 종속되어 있다. 전 세계의 사회들은 데이트와 연애에서 나이 차이에 대해 다양한 관점을 가지고 있고, 이를 사회적으로 수용할 수 있는지를 평가할 때는 반드시 사회 문화적 관점에서 살펴야 한다. 그러나 특정한 지역 사회에서 연령 격차 문제는 사회 규범이나 성적인 선호뿐 아니라 배우자를 만날 수 있는 가능성, 짝짓기 전략, 성 역할 등에 따라 달라진다. 최근 몇 년 동안 여성은 전문적인 커리어를 좇느라 더 나이가 들 때까지 결혼과 출산을 미루기로 결정하고 있다. 남성이 가족 내 유일한 부양자여야 한다는 신념 역시 (특히나 서구 사회에서) 점차 변해가면서, 더 많은 여성이 (가족 내에서) 부양자 역할을 맡거나 더 자신 있게 연애에 임하게 됐다. 세계적인 맥락에서 연령 격차가 있는 데이트와 연애도 전반적인 추세(노산 등)와 경제적 요인(구직 시장, 인플레이션 등), 불확실성(팬데믹, 전쟁, 외계인… 그래, 제대로 읽은 게 맞다[1]) 등으로부터 영향을 받을 수 있다. 예를 들어 많은 Z세대 젊은이들은 나이가 더 많은 사람들과 연애하면서 편안함을 느낀다.[2] 나이 많은 파트너를 선호하는 이유로 안정감 때문이라고 말한다.[3]

연상·연하와 연애할 때의 만족도

연령 격차가 큰 연애를 다루는 과학적 문헌은 차고 넘친다. 전 세계적으로 많은 연구는 이러한 연애가 비슷한 또래와의 연애 만족도와 비슷하다는 결과를 보여준다. 일반적으로 연령 격차가 적을 때(파트너 간에 나이 차가 3년까지 나는 경우. 보통은 남자가 더 나이가 많다) 장기적인 이성 교제와 결혼에서 가장 높은 관계적 만족을 보였다.[4] 구체적으로 말하면 장기적인 연애의 초기 단계에서 관계적 만족은 동갑일 경우 가장 높았다. 대부분의 나라에서 장기적인 연애 파트너 간의 연령 격차는 평균 1년에서 3년까지였지만,[5] 아프리카 국가들은 연령 격차가 세계에서 가장 큰 것으로 나타났다.[6] 아프리카가 유럽이나 미국과 비교해 연령 격차가 큰 이유를 진화적으로 설명하는 이론 중 하나가 기생충 스트레스 이론Parasite-stress theory이다. 이 개념은 여러 사람과 여러 자녀를 낳을 때 유전자가 다각화되고, 따라서 병원균으로 사망하기 쉬운 환경에서 살고 있다면 다양한 유전자 계통이 살아남을 가능성이 더 높아진다는 것이다. 그 결과 일부 분야에서는 다원발생론[7]을 수용하게 됐다. 결혼할 수 있는 여성의 수가 줄어들면 결혼을 하려는 남성들의 경쟁이 치열해지고, 어린 여성들과 결혼하는 남성들의 나이는 올라간다. 여러 명의 아내와 가정을 유지할 수 있는 수단을 가지고 있기 때문이다. 기생충 스트레스 이론은 경제적 선진국에서는 왜 연애의 연령 격차가 더 작은지 설명해 준다(질병 발생률이 낮고 접근할 수 있는 배우자는 많기 때문이다).[8]

또한 나이 차가 3년 이상인 커플들은 관계적 만족이 크다는 연구 결과도 있다. 나이 차가 5년 이상이고 장기 연애를 하는 커플들은 연애 초기에 만족도가 컸고, 어린 파트너와 연애하는 연상의 남녀는 동갑과 연애하는 사람들보다 더 행복해 보인다.[9] 서구 사회에서 이성 교제의 8퍼센트는 10년 이상 나이 차가 나는 커플이다.[10] 동성 연애 커플의 경우, 연령 격차가 큰 연애의 비율은 15퍼센트(여성-여성 관계)에서 25퍼센트(남성-남성 관계)까지 다양하다.[11] 연령 격차가 큰 연애는 이성애자보다 동성애자 사이에서 더 흔하게 나타나는데,[12] 이는 제한적인 교제풀 때문인 경우가 많다(다만 이성애자 커플에서와 마찬가지로 사회 경제적 또는 심리학적 이유가 작용할 수도 있다).

그러나 연애와 성관계에서 나이 차에 대한 연구는 우울한 측면도 드러낸다. 연령 격차가 큰 관계는 또래와의 연애에 비해 부정적인 결과를 더 많이 경험하기도 한다.[13] 예를 들어, 시간이 흐르면서 결혼 만족도가 빠르게 감소하거나(파트너 간에 나이 차가 클수록 더 그렇다), 이혼 가능성이 커지며, 한국에서 실시된 한 연구에 따르면[14] 우울증 같은 정신 건강 문제도 더 많이 일어난다. 이 이야기가 실망스럽게 들릴 수도 있지만, 절망하지는 않았으면 한다. 모든 연구 결과가 일관적으로 나타나는 것은 아니니까. 심지어는 모순적인 결과도 있다. 〈사이콜로지 오브 우먼 쿼터리 Psychology of Women Quarterly〉[15]에서 실시한 2008년도 연구에서는 연상의 여성과의 관계가 연하의 여성을 만나는 경우와 비교해서 훨씬 만족스럽다고 나타났다. 이런 차이를 만들어낸 한 가지 이유로는 여성이 나이가 많을 경우 반대와 비교해서 더 큰 신뢰와 헌신을 경험하는 반면 질투는 더 적게 경험한다는 연구 결과가 있다. 그러나 그 관계를 두고 동료나 가족, 친구들이 사회적으로 거부한다면 연애의 행복감이 빠르게 타격을 입는다는 점을 언급하지 않을 수 없다.

연령의 공존 가능성 – 생각보다 복잡한 문제다!

연령을 이야기하면서 "뭐가 공존할 수 있다는 거지?"라고 생각할 수도 있다. 대부분의 사람들은 비슷한 나이 카테고리에서 파트너를 찾는다. 그리고 우리는 학창 시절부터 노년까지 비슷한 연령 카테고리에서 동료들과 함께 대부분의 시간을 보낸다. 우리는 같은 나이나 같은 세대의 사람들과 비슷한 인생 경험과 세계관, 기대와 흥미를 나눈다. 당연히 친숙하게 느껴지는 쪽으로 끌리고, 따라서 비슷한 또래에게 끌릴 가능성이 더 커진다. 그러나 이성적 매력은 우리가 다른 사람들과 보낸 시간만으로는 생겨나지 않는다. 우리는 나이가 더 많거나 적은 사람, 보통은 엮일 일이 별로 없는 사람에게도 끌릴 수 있다. 따라서 연령의 공존 가능성은 중요한 개념이자 대부분의 사람들이 생각하는 것보다 복잡하다. 인간에게는 신체 연령(근육 긴장, 피부 탄력, 기동성 등)뿐 아니라 정서적·심리적 연령(예를 들어 정서적 안정감, 유머 감각, 유쾌함, 보살핌, 지성, 지혜, 성숙)과 성적 연령(스태미너, 성적 욕망, 성 개방성, 가임력 등)도 있다. 이런 카테고리는 다양한 연령 집단 사이에서 공존할 수 있다. 예를 들어 당신은 동료들보다 정신적으로 더 성숙하다는 느낌을 줄 수 있고, 따라서 나이 많은 사람이 당신에게 끌릴 수 있다. 반대의 경우도 마찬가지다. 여전히 마음속에는 천진난만한 아이가 살고 있고 신체적으로도 건강해서, 같은 나이 또래보다는 더 어린 사람[16]과 어울린다고 느낄 수 있다.

다른 연령 카테고리에 있는 사람과 연애를 하고 싶거나 하는 중이라면, 타인들이 당신의 관계에 대해 어떤 의견을 가졌을지 걱정할 수도 있다. 여러 지역 사회와 문화에서는 보통 파트너 간의 큰 나이 차에 얼굴을 찌푸린다. 타인들은 당신의 관계가 사랑보다는 숨은 동기를 바탕으로 하고 있으리라 믿을지도 모른다. 조롱당하거나 사회적으로 낙인찍히는 일은 연령 격차가 큰 관계의 커플에게 흔히 벌어진다. 이쯤 되니 '사회적으로 용인되는 파트너 간의 나이 차이가 도대체 뭐야?'[17]라고 궁금할 수도 있다. 이 질문에 완벽한 답은 없으나, 경험적인 법칙에 따라 사회에서 용인한다고 보는 커플 간의 최소 나이 차를 계산할 수 있다. 바로 '나이 나누기 2 더하기 7'이다.[18] 따라서 40세인 사람에게는 이 공식에 따라 27세(40/2+7=27)가 누군가와 사회적으로 용인되는 관계를 맺을 수 있는 가장 어린 나이가 된다. 이 공식은 정해진 것은 아니나, 다른 사람들 눈에 받아들여질 수 있는지 빠르게 판단하기에 유용하다.[19]

연상·연하와의 연애 심리학

사람들이 나이가 더 많거나 적은 사람을 선호하는 이유는 다양하다. 양쪽 연령 집단에서 배우자 선호에 영향을 미치는 심리적 동인을 살펴보자.

연상과 연애할 때

일반적으로 나이 많은 파트너를 선택한 나이 어린 남성과 여성은 성적 지향과는 상관없이 정서적·신체적·경제적 안전과 안정에의 욕구에 이끌린다. 이런 심리적 욕구는 단순히 사회적으로만 생겨나는 것이 아니라 진화적인 기반을 가진다. 나이가 많지만 지위가 높고 경제적 능력이 있는 남성은 젊은 경쟁자와 비교해서 '더 훌륭한 유전자'를 가졌을 것이 틀림없다. 반면에 젊은 경쟁자는 단기적인 짝짓기 전략으로 자신의 가치를 드러낼 수도 있다(인스타그램이나 스냅챗, 틴더에 페라리나 람보르기니 앞에서 찍은 사진을 올리는 남자들의 블링블링한 포스트를 생각해 보자. 열에 아홉은 차도 없는 뚜벅이일 것이다).

생물학적으로 여성의 생식력은 나이와 함께 줄어들기 때문에, 번식의 관점에서 젊은 남성이 나이 많은 여성을 선택하는 이유를 설명할 수 없다. 그러나 왜 젊은 남성이 연상의 여인에게 끌리는지를 설명할 수 있는 진화적 이유가 있다. 나이 많은 여성은 어린 여성들보다 젊은 남성들을 더 포용적으로 성장할 수 있게 도와준다.[20] 또한 여성들이 커리어를 추구하면서 경제적 안정을 갖추는 동안, 그로 인해 나이 어린 남성들은 매력을 느낀다. 권력과 생존 문제는 양 성별에서 더 나이 많은 사람과 연애하고 싶은 욕망에 불을 지피는 것으로 보인다.

마지막으로 더 나이 많은 파트너에게 끌리는 이유는 '마미 이슈Mummy Issue'나 '대디 이슈Daddy Issue'로 귀결되기도 한다. 마미 이슈와 대디 이슈는 문제적인 부모-자녀 관계(학대, 방임, 부재 등)가 만들어낸 심리적 쟁점들을 가리키는 흔한 유행어로, 이 문제는 훗날 파트너에게 끌릴 때 드러나곤 한다. 마미 이슈와 대디 이슈는 가끔 나이 많은 애인과의 복잡하고 역기능적인 관계를 낳는다.

연하와 연애할 때

나이 많은 남성이나 여성이 어린 파트너를 선택하는 심리적 이유들도 강력한 사회적·진화적 기반에서 비롯된다. 어린 여성을 선택하는 나이 많은 남성은 번식하고 싶은 욕망, 젊어진 기분을 느끼고 싶은 욕망, 스트레스를 덜 받고 싶은 욕망, 또는 자존감을 높이거나 지배하고 싶은 욕망과 관련이 있다. 나이 많은 여성이 어린 남성을 선호하는 이유는 이들이 스태미너와 젊음을 표출하면서도 부담이 적기 때문이다. 적극적인 삶을 사는 나이 많은 여성은 특히나 신체적으로 탄탄한 젊은 남성들에게 매력을 느낀다(신체적 나이의 공존 가능성을 떠올려 보자). 또한 젊은 남성은 늙은 남성에 비해 커뮤니케이션 기술이 더 뛰어나서, 감정과 마음 상태를 잘 표현할 수 있다는 주장도 있다. 오늘날 젊은 남성들은 나이 많은 경쟁자와 비교해서 더 개방적이며, 자신과 내면의 감정을 표현하기 위해 더 다양한 방식(대화, 문자 메시지, GIF나 이미지, 영상을 사용할 수 있다)으로 소통한다. 또한 젊은 남성들은 기꺼이 관계를 시도해 보기 때문에, 몇몇 나이 많은 여성들은 늦은 나이에 점차 마음을 열게 된다. 성적으로 단호하게 표현하는 데 능해지는 것은 말할 것도 없다. 미의 기준과 인생의 우선순위가 바뀌고, 온라인 데이트 사이트로 잠재적인 짝에게 접근하기 쉬워지면서 나이 많은 여성들의 자신감을 높여주고, 성적인 만족도도 높아지는 결과를 낳았다. 또한 연하의 남성과 연애하면서 여성들은 관계에서 성 역할을 바꿔볼 수 있으며, 더 큰 권력을 얻고 경제적인 부양자가 될 수도 있다. 연하의 애인과 연애를 할 때는 많은 이점이 따르며, 나이 든 여성은 이를 잘 활용해야 한다.

데이팅 앱이 알려주는 놀라운 사실들

데이팅 앱 오케이큐피드^{OKCupid}가 실시한 한 연구에 따르면,[21] 20대 초중반의 여성들은 대부분 연상과의 연애를 바란다. 26세 이후부터 남성들은 같은 나이의 여성들보다 연애할 기회가 더 많아지고, 48세가 되면 남성들을 찾는 수요는 여성들보다 거의 2배 가까이 높아진다(여전히 중년 남성들은 20대 초중반의 여성들과 연애하길 선호하기 때문이다). 반면 여성들은 비슷한 연령대의 파트너를 찾는 것처럼 보인다. 나이가 더 많은 남성에게 끌리는 여성들의 경우, 남성들처럼 뚜렷한 패턴을 보이지 않는다. 젊은 여성들은 나이가 더 많은 남성이 매력적이라고 느끼지만, 이런 끌림은 여성이 나이가 들어도 계속된다. 나이 든 남성들의 젊은 여성 선호와는 다른 점이다. 그러나 오케이큐피드에 따르면 40세 이후 여성들은 젊은 남성들을 찾는 경향이 있다. 흥미롭게도 나이가 많은 여성들이 앱을 통해 메시지를 먼저 보내면, 55세 남성보다 26세 남성에게서 답장을 받을 가능성이 더 높다(55세 남성의 응답률은 36퍼센트인 반면에 26세 남성의 응답률은 60퍼센트다).[22] 30세 남성은 50세 여성에게 답장을 보낼 가능성이 가장 높은 연령 집단이었다. 온라인 데이트에서 여성의 적극성은 나이 차에 대한 젠더 규범을 뒤바꿀 수 있다.

젠더에 따른 연령 격차의 불공평함

문화 전반에서 나이가 많은 남성이 어린 파트너를 만나기로 했을 때 여성보다 덜 철저하게 평가받는다. 여러 사회에서 사람들은 나이 많은 남성이 더 젊은 파트너를 가질 수 있다고 여긴다(심지어는 여러 명의 파트너도 인정해 준다. 예를 들어 히스패닉 문화에서 성적인 기교는 아량 있는 남자다운 행위의 상징이다).[23] 그러나 여성의 경우 완전히 이야기가 달라진다. 젊은 남성에게 관심을 가지는 여성에게는 흔히 '연하 킬러(영어 표현으로는 '퓨마Cougar'다-옮긴이)'라는 딱지가 붙으면서, 젊은 남성을 좇는 이들의 동기가 같은 연령대의 남성이 가진 동기보다 사악하다고 믿는다. 이런 개념은 인기 영화나 TV 시리즈를 통해 강화되는 경우도 잦다. 영화 〈아메리칸 파이American Pie〉에 등장하는 스티플러의 엄마나 〈섹스 앤 더 시티Sex and the City〉의 사만다 존스를 떠올려보자. 그뿐 아니라 여러 문화에서 특정 나이 이상이면서 아직 싱글이거나 돌싱인, 새로운 사랑을 찾는 여성들을 남다르게 바라본다.

특히나 문화적 차원에서 남성성과 권력 거리Power Distance(계급 간의 불평등을 받아들이는 정도-옮긴이)가 높은 나라일수록 정말로 그렇다.[24] 이런 국가에서는 가부장적인 규범과 성 역할에 대한 전통적인 관점이 여전히 생생하게 살아 있어서, 젠더 고정관념과 미소니지Misogyny(반反여성적인 편견-옮긴이)를 부추긴다(핀란드와 덴마크, 네덜란드처럼 더 여성적이고 평등주의적인 국가들과 비교해서 그렇다). 중

국에서는 20대 후반까지 결혼하지 못하면 '剩女('성뉘'라고 발음한다)' 또는 '잉여 여성'으로 취급받으며 짝을 찾기가 어려워진다. 중국에서 나이가 많은 남성과 연애하는 것은 괜찮지만 30세 이상 여성들은 대부분 더 젊은 짝을 선택할 수 없게 제한을 받는다. 나이 많은 남성들이 젊은 여성들을 선호하기 때문이다. 일본에서도 비슷한 추세가 눈에 들어온다. 몇 년 동안 일본에서 25세를 지나고도 결혼을 하지 않은 여성들은 'クリスマスケーキ('쿠리스마스 케키'라고 발음한다)' 또는 '오래된 크리스마스 케이크'라고 불렸다. 12월 25일이 지나면 크리스마스 케이크가 상하므로 아무도 사지 않는다는 의미다. 일본과 다른 아시아 국가의 여성들은 점차 오늘날의 환경에서 진지한 연애 관계보다 커리어를 더 우선시하고 있으나, 이런 모욕과 젠더에 대한 제한적인 신념이 여전히 일부 문화권에서 팽배해 있다.

그러나 최근 몇 년 동안 전통적인 성 역할에 대한 세계적인 시선이 바뀌면서 여성의 나이가 더 많은 커플도 선뜻 받아들여진다. 열한 살 차이의 프리앙카 초프라와 닉 조나스, 그리고 열다섯 살 차이의 엘렌 드 제너러스와 아내 포티아 드 로시 같은 커플은 나이 차이가 큰 결혼에 대한 고정관념을 깨며, 이런 관계를 보는 대중의 인식에 긍정적인 영향을 미치고 있다.[25]

연상·연하와 연애할 때 겪는 어려움

또래가 아닌 사람과 연애하는 일은 아주 신나지만 꽤나 어렵기도 하다. 연령 격차가 큰 파트너들이 겪는 도전의 대부분은 다음의 문제점과 연관되어 있을 것이다.

1. 인생의 목표와 경험, 성숙도의 불일치
2. 건강, 에너지 수준과 성적 욕망
3. 사회적 비난과 낙인
4. 잘못된 행동들

당신보다 나이가 더 많거나 적은 사람과 연애할 때 경험할 수 있는 예상치 못한 뜻밖의 문제들에 좀 더 집중해 보자.

연상의 연인이라 해서 언제나 성숙하지는 않다

당신은 나이 많은 누군가를 만날 때 아마도 정서적으로 안정적이고 성숙한 사람과 함께한다는 점이 좋았을 수도 있다. 그러나 나이가 많다고 해서 언제나 정신적으로 성숙하거나 안정적인 것은 아니다. 일부 나이 든 사람들은 지적으로는 성숙해졌으나 정서적으로는 여전히 어린 시절에 붙들려 있어서, 그때와 똑같은 방식으로 일상의 극적인 상황에 반응할 수도 있다. 해결되지 못한 과거의 트라우마나 성격적인 문제는 성인기에도 끈질기게 이어질 수 있다. 또한 나이 많은 사람들은 커다란 짐을 짊어지고 있어서, 사랑에 빠지거나 정서적으로 다가가기 어려울 수 있다. 게다가, 사람들은 나이가 들수록 과거의 연애나 인생의 경험에서 효과적이었던 행동을 파악하고 있어 상대를 능숙하게 조종할 수도 있다. 나이가 많은 남성이나 여성은 연하의 파트너가 더 순진하기 때문에 연애를 하면서 나쁜 짓을 하거나 어린애처럼 굴어도 빠져나갈 수 있다고 생각할 수 있다. 따라서 우리가 어떤 사람과 연애하는지, 그리고 나이 많은 파트너가 우리를 어떻게 대하는지 신중하게 판단해야 한다.

나이 많은 남성이나 여성은 더 통제적이다 - 권력의 불균형

둘 간의 나이 차가 클 때는 파트너 역학에도 영향을 미칠 수 있다. 보통 연상의 파트너가 관계에서 더 통제하고 지시하는 역할을 맡는다. 일부 연하의 파트너는 이를 좋아하거나 매력적이라고까지 느끼지만, 건강한 연인 관계는 상호적인 지지와 소통, 존중과 신뢰를 나눌 수 있어야 한다. 권력이 한쪽으로 몰리면 파트너 간의 일상적인 교환 행위는 균형을 잃을 수 있고, 결국은 나이 때문에 젊은 파트너 쪽의 생각이나 목소리가 묵살되기도 한다. 연령 격차가 큰 연애에서 이런 권력 다툼은 시간이 흐를수록 충동적으로 변하고 심지어는 학대에 가까운 행동으로 이어질 수 있다.

연하의 파트너가 언제나 사랑과 성장을 바라지는 않는다

일반적으로 나이 어린 사람들이 나이 많은 사람과 연애하는 이유는 단순한 보살핌 때문이 아니다. 경제적인 안정과 지위 역시 나이 많은 사람들과 연애하기를 선호하는 주된 요인이다. 심지어 대중 문화는 당신의 카드값을 대신 내주고 퍼스트 클래스 항공권과 값비싼 루이비통 가방을 사줄 '슈가 대디 Sugar Daddy'나 '슈가 마마 Sugar Mama'를 찾으라고 부추긴다. 예를 들어 퀸 허비는 "내 슈가 대디가 프라다를 사줬어"라고 노래하고, 카디 비는 메건 더 스탈리온과 함께 〈왑 WAP〉에서 "푹 젖은 내 거시기에 키스하고 싶으면 수업료를 내줘"라고 노래하는 등, 여러 대중 가수들의 전형적인 가사가 그렇다. 그렇다면 당신이 만나는 연하의 연인이 정말로 관심을 가지는 것이 당신의 소유물이 아닌 당신 자체라고 어떻게 확신할 수 있는가?[26]

오늘날의 세계에서 데이트에 관한 (불행한) 진실은 대부분의 젊은이가(구체적으로는 Z세대와 후기 밀레니엄 세대[27]) 장기적인 관계를 추구하지 않는다는 점이다. 나는 몇 년 전 스물한 살 젊은이가 마케팅 연구를 위한 인터뷰 도중에 다음과 같이 자신 있게 말했던 것을 잊지 못한다. "저는 누군가로부터 뭔가를 원하기 때문에 연애를 해요. 일단 원하는 걸 손에 넣으면, 더 이상 그 관계가 필요하지 않아요." 처음에 이 말을 듣고 놀랐으나, 나중에는 빠르게 변화하는 불확실한 세상에서 자란 젊은이들은 그저 전진하고 살아남기만 바란다는 사실을 깨달았다. 우정과 연애는 오랜 시간을 들여 몰두해야 하는 '사람'이 아니라 (빠르게 만들고 내보내야 하는) '교환 상품'에 가까워지고 있다. 소셜 미디어에서 누군가에게 "조건 없는 사랑에 대해 어떻게 생각해?"라고 물으면 대다수는 "그런 건 없어! 모든 것에는 조건이 있어"라고 답하리라. 이를 통해 나는 스물세 살이 정의하는 '사랑'이나 '연애'는 마흔 살이 정의한 내용과 다를 수 있으며, 이는 온갖 오해와 잘못된 기대로 이어지리라는 것도 깨달았다.[28] 당신이 나이 어린 파트너와 진지한 관계를 추구하고 싶다면, 당신의 욕구와 기대를 솔직히 털어놓고, 장기적인 관점에서 뭔가를 함께 만들어낼 수 있는지 공통점을 찾아보자. 성공적인 연애를 위해서는 육체적인 접촉을 위한 단순한 거래가 아니라 더 높은 수준의 관여와 깊은 연결이 필요하다.

내 인생의 드라마

당신보다 나이가 많거나 적은 상대와의 연애는 전혀 새로운 이야기가 아니다. 연령 격차가 큰 연애 이야기는 몇 세기 동안이나 기록되어 왔고, 보통은 나이가 더 많은 남성과 연애하거나 훨씬 어린 여성과 결혼하는 내용을 담고 있다. 연구에 따르면 남성과 여성은 일반적으로 자기 또래의 사람에게 매력을 느끼지만, 연령 격차가 큰 연애를 하는 경우도 점점 늘어나고 있다.

동성 연애에서는 이성 연애와 비교해서 나이 차가 큰 경우가 더 흔하다. 나이 어린 여성은 보통 나이 많은 남성에게 끌린다. 장기적으로 안정감과 안전을 제공해 주기 때문이다. 나이 어린 남성도 나이 많은 여성에게 끌리는데, 자신이 더 세련되게 성장하는 데 도움이 될 수 있기 때문이다. 최근 몇 년 동안 변화하는 젠더 규범과 소셜 미디어, 온라인 데이팅 앱 덕에 연상 여성과의 연애가 유행하게 됐다. 그러나 여성들은 연하의 파트너와 연애를 할 때 남성보다 더 큰 반발에 직면한다.

일반적으로 연령 격차가 큰 연애는 일치하지 않는 인생의 목표와 사회적 낙인, 에너지 수준과 성적 욕망의 부조화로 여러 어려움에 부딪힌다. 또한 파트너 사이의 나이 차가 더 클수록 비슷한 나이의 커플들과 비교해 점차 관계에서 얻는 만족도가 떨어질 가능성이 높다. 사회적으로 용인되는 나이 차의 한계는 '당신 나이의 반 더하기 7'의 공식을 따른다. 나이가 많거나 적은 사람과 연애를 할 때 장기적으로 순조롭게 만날 수 있을지, 그리고 함께하는 근본적인 이유가 무엇인지를 고려하는 것이 가장 중요하다. 더 진지한 관계로 발전해 나가는 기쁨을 누리는 데 도움이 될 것이다.

레드 라이트 발견하기

- 감춰진 동기(예를 들어 재정적 자원, 복수 등)가 있어서 나이 많은 연인을 사귀고 있지만 상대는 그 사실을 모른다. 슈가 대디나 슈가 마마를 찾고 있다면, 당신과 파트너가 같은 마음인지를 확실히 하자.
- 당신에게 마미 이슈나 대디 이슈가 있기 때문에 나이 많은 상대와 무의식적으로 연애를 하고 있다. 연상과 연애하면 과거의 문제들을 해결할 수 있을 것이라 믿지만, 악순환이나 독이 되는 관

계에 갇히고 만 자신을 발견하게 될 것이다.
- 연상의 파트너가 여전히 아이처럼 행동한다(예를 들어 계속 파티만 즐긴다거나 미성숙하게 굴고 무책임하게 행동한다). 하지만 당신이 더 어리기 때문에 자신의 행동은 그냥 넘어갈 수 있다고 생각한다.
- 연상의 파트너가 당신을 선택한 이유는 (이를테면 경험 부족이나 미성숙함 때문에) 당신을 쉽게 조종할 수 있기 때문이다.
- 당신과 파트너의 가치와 신념, 가족의 욕구, 목표 등이 나이 차 때문에 일치하지 않는다.

그린 라이트 발견하기

- 당신은 장기적으로 공존할 수 있다고 보았기 때문에 연상의 파트너를 골랐다.
- 신체적인 매력 외에도 정서적으로나 지적으로 서로에게 끌린다. 상대와 함께 있으면 힘을 얻을 수 있고 나이 차가 관계를 저해하지 않고 오히려 찬사가 된다.
- 서로 효율적으로 소통할 수 있으며, 나이 차 때문에 함께 경험하지 못할 수도 있는 인생의 순간들(파티나 여행, 출산 등)에 대해 각자의 기대를 명확하게 정한다.
- 당신과 파트너는 다른 사람들이 나이 차에 대해 뭐라고 생각하든 상관하지 않으며, 외부의 압력이 이 관계에 부정적인 영향을 미치도록 내버려두지 않는다.

관계를 지속할까, 끊어낼까? 다음을 고려하자

서로 다른 연령 카테고리를 넘어선 상대와의 연애는 보상도 크지만, 동시에 매우 어려울 수 있다. 당신은 당신보다 나이가 훨씬 더 많거나 적은 사람과 함께했을 때의 유리한 점과 불리한 점을 가늠할 필요가 있다. 나이 차가 둘 모두에게 도움이 되고 서로를 축복할 수 있다면 멋진 일이다. 계속 전진하자! 그러나, 나이 차 때문에 감당할 수 없는 싸움이나 불편함이 생기고 정서적 학대로 이어진다면, 이제는 떠날 때다. 다음은 연상이나 연하와의 연애가 당신에게 맞는지 판단하면서 고려해야 할 몇 가지 핵심적인 부분이다.

함께하겠다는 마음가짐

- 양쪽 모두 현재를 즐기고 있으며, 지나치게 진지한 관계는 추구하지 않는다.
- 당신은 연상 혹은 연하의 파트너가 내어주는 감정이나 경험에 감사해하고 있다.
- 양쪽 모두 더 진전된 관계를 원한다면, 커다란 나이 차가 장기적인 연애에 미칠 수 있는 한계들을 파악하고 의논해야 한다.
- 양쪽 모두 정서적으로나 지적으로, 그리고 신체적으로도 서로와 공존할 수 있다고 느낀다.

이제는 거리를 둘 때

- 한쪽이 다른 한쪽을 정서적으로나 신체적으로, 아니면 경제적으로 이득을 보려고 이용하고 있다.
- 파트너가 당신을 학대하고 있으며, 나이 차가 많이 나기 때문에 그냥 넘어갈 수 있다고 생각한다.
- 당신은 다른 사람들이 이 관계를 어떻게 생각하는지에 민감하며, 사회적으로 인정받지 못하는 데 초연할 수 없다.

레드 플래그 ⑱

"내게 딱 맞는 사람을 찾은 거 같아. 그런데 느낌이 전혀 안 와!"

아무런 감정도 느껴지지 않을 때

"우리가 그저 긍정적인 감정만 원한다면, 인간은 아주 오래전에 소멸하고 말았을 것이다."
— 마틴 셀리그만

아무것도 느낄 수 없을 때

인생에서 가장 아름다운 순간 가운데 하나는 사랑에 빠진 때다. 이 경험은 '완전히 휩쓸리고 긍정적으로 압도당한다'고 설명하는 것만이 최선이리라. 당신의 감정은 이 세상 모든 곳에 존재하고, 가슴속에서 나비 한 마리가 날갯짓이라도 하듯 두근거리고, 파트너에 대해 오직 행복한 생각만 떠오른다. 오직 함께 있으면서 행복한 미래를 만들어 갈 수 있기만을 욕망한다. 이런 느낌은 너무나 강렬해서, 시간 관념(과 가끔은 입맛)조차 잊을 수 있고, 이 순간이 영원히 계속되길 기도하게 된다. 어떤 사람은 인생에서 오직 한 번이나 두 번만 사랑에 빠지고, 또 어떤 사람은 여러 번 사랑에 빠지며, 누군가는 단 한 번도 사랑에 빠지지 못한다. 이는 영화와 문학 속에서 자주 묘사되는 경험이고, 이별과 함께 이 세상 모든 곳에서 여러 노래의 주제가 된다. 스페인의 세레나데부터 아랍의 사랑 노래, 그리고 발리우드 영화 음악까지.

그러나 많은 사람들이 요즘 자신에게 딱 맞는 사람을 발견했다고 생각할 때조차 아무 느낌도 오지 않는다고 불평한다. 현대의 연애 세계에서 사람들은 정서적 연결보다 성적인 화학 작용을 우선시하고, 뭔가가 가장 마음에 든다고 표현할 때 이모티콘을 사용한다. 그러나 사람들이 서로를 향해 아무런 감정도 느끼지 못하는 현실이 오직 데이팅 앱 탓일까? 현대의 삶은 우리가 누리고 싶은 정서적 연결에 얼마나 큰 영향을 미치는가? 그리고 아무런 느낌도 없다는 것은 언제 더 심각하고 근본적인 문제의 징후가 되는가?

인간은 심오한 사회적 연결을 위해 프로그래밍된 정서적 존재다. 협동보다 자립을 더 우선시하는 세상에서 살아가다 보면 심각하게 부정적인 결과를 낳을 수 있다. 당신 자신뿐 아니라 연애 생활과 사회 전반에도 영향을 미친다. 그렇기 때문에 이러한 정서적 마비가 언제 레드 라이트가 되고, 또 언제 그린 라이트가 되는지 파악해야 한다.

아무런 느낌도 없는 상태가 정상일까?

인생에서 구체적인 상황이나 시기에 아무것도 느끼지 못하는 상태가 정상인지 궁금할 수도 있다. 때때로 아무런 느낌도 받지 못하는 상태는 완벽하게 정상이다. 시험이 코앞에 닥쳤다거나, 당해 연도 목표치를 달성하기 위해 너무 일을 많이 한다거나, 여자 친구나 남자 친구와 헤어진 경험을 과도하게 생각한다거나, 운동 루틴에 지나치게 집중하며 스트레스를 느끼는 것 등은 사람들이 정서적으로 둔감해지거나 필요할 때에도 타인에게 감정을 표현하지 못하는 아주 흔한 이유다. 당신은 아무런 느낌도 없는 상태가 이상하다고 생각할 것이며, 특히 생일이나 졸업, 결혼식이나 장례식처럼 뭔가를 느껴야 한다는 걸 아는 순간에는 더 그럴 테다. 당신은 주변 사람들이 강렬한 흥분과 행복, 아니면 슬픔을 느끼는 모습을 지켜보지만, 막상 자기는 똑같이 느끼지 못하는 것처럼 보인다. 정서적 마비는 온갖 모습과 크기로 찾아오며, 감정을 평소보다 약하게 경험하거나 전혀 느끼지 못하는 상황을 반영한다.

정서적 마비나 정서적 둔화, 또는 감소한 정서적 반응은 당신에게 단절된 느낌을 주고, 다른 사람들을 (가끔은 자기 자신조차) 배려하지 못하거나 마지못해 배려하는 척하게 만든다. 당신이 느껴야 하는 만큼 느끼지 못하는 이유에는 여러 가지가 있다. 특히 당신이 좋아하는 사람을 만났을 때도 아무것도 느끼지 못하는 경우라면 말이다.

정서적 마비의 심리학적 이유

누군가의 감정을 읽는 일은 때때로 어려울 수 있다. 당신이 험난한 시기를 거치고 있을 때는 더욱 그렇다. 대응 기제의 하나로서 자기 자신과 해리되는 것은 스트레스를 받거나 생존 모드에 들어갔을 때 흔히 나타나는 인간의 반응으로, 자신의 감정 상태뿐 아니라 다른 사람의 감정 상태도 읽기 어려워진다. 옛 애인 때문에 과거에 상처를 입었거나 실망한 적 있다면, 정서적 마비의 시기를 거쳤을 수 있다. 가끔 우리가 경험하는(경험했던) 불안과 스트레스, 슬픔이나 트라우마 때문에 몸이 자동적으로 반응하기도 하고, 어떤 경우에는 자기 보호를 위해 의식적으로 선택하기도 한다. 정서적 마비를 개인적인 이유나 사회적인 이유에서 선택할 수도 있다. 부정적인 감정에 대처하는 대신 마비되길 바라는 사람들도 있으며, 이들은 주구장창 TV를 보거나, 소셜 미디어에서 몇 시간씩 보내고, 일에 몰두하거나, 폭식, 폭음 또는 마약을 하기도 한다.[1]

그러나 이는 언제나 개인적인 선택만은 아니며, 사회적 규범이나 양육 과정에서 기인할 수도 있다. "사내가 울면 쓰나"라든가 "사람들 앞에서 약점을 내보이지 마" 아니면 "네가 그 사람을 좋아한다는 걸 보여줄 순 없어. 그래선 안 돼!"라는 말을 들어본 적 있을 것이다. 당신이 진정으로 느끼는 것을 표현하지 말라는 주위 환경의 압박을 느낀다면 당신은 감정을 억눌러야 한다고 길들여질 수 있다. 정서적 마비에 관한 불행한 진실은 감정을 선택할 수 없다는 점이다. 고통에서 마비되려면 기쁨과 흥분도 마비시켜야 한다. 아무것도 느끼지 못하는 것과 연결된 더 심각한 심리적 상황도 존재한다. 우울, 정신분열증,[2] PTSD,[3] 불안장애, 해리장애,[4] 그리고 경계성 인격장애[5]는 가끔 정서적 마비와 연결되곤 한다. 명상과 약물 치료 역시 감정이 둔해지는 상황과 연관이 있다.[6]

감정 표현 불능증

감정 표현 불능증Alexithymia(그리스어로 '감정을 표현할 말이 없다'란 의미다[7])은 자신의 감정을 느끼거나 읽을 수 없을 때를 가리키는 성격 차원이다. 임상 문헌에서는 감정 표현 불능증 자체를 정신 장애라고 보지 않지만, 우울이나 자폐처럼 심리 장애의 일종으로 연결 짓는다.[8] 또한 감정 표현 불능증은 정신 건강에 문제가 없는 사람들 사이에서 널리 퍼져 있고, 평생 안정적으로 유지되는 심리적 특성으로 보인다. 문헌에 따르면 감정 표현 불능증은 인구 중 10퍼센트에게 나타나서, 꽤 흔하다. 감정을 경험하는 사람으로서 감정을 느끼거나 읽을 수 없는 상황을 상상하기는 어려울 수 있다. 색맹과 마찬가지로 감정맹이 있는 셈이다.

감정 표현 불능증을 가진 사람도 사랑을 경험하지만, 대부분의 사람들처럼 감정을 표현하거나 애정이 담긴 말을 하지 못할지도 모른다. 받는 사람 입장에서는 (특히 시작하는 단계에서) 이 관계가 어려울 수 있다. 감정 표현이 없으면 설득력이 없다고 느낄 수 있기 때문이다. 그러나 상대방을 위해 뭔가를 함으로써 자신의 사랑을 행동으로 옮기기로 선택하기도 한다.

성적인 화학 작용이 전부다!

우리는 성적 화학 작용이 정서적 연결보다 우선시되는 사회에서 살고 있다. 온라인 데이트와 포르노는 성적인 행위를 거래 행위처럼 만들어 버렸다. 하루에 언제든, 욕구를 느끼면 그대로 추구할 수 있다. 누군가에게 구애한다거나 친밀해지려고 많은 시간을 보낼 필요도 없다. 데이팅 앱이나 소셜 미디어 계정으로 곧장 접속하면, 당장 침대로 같이 뛰어들 누군가를 찾을 가능성이 매우 커지기 때문이다.

과거에는 새로운 사람을 만나고 육체적인 관계를 맺기 위해 더 많은 노력이 필요했다(구식 연애와 현대식 연애에 대해서는 레드 플래그 15번을 참고하자). 사람을 만나는 가장 쉬운 방법은 술집이나 클럽에 가는 것이었지만, 다음 단계로 넘어가려면 적어도 술이라도 마시고 춤이라도 춰야 했다. 인터넷이 등장하기 이전에 사람들은 대부분 육체적으로 가까워지려면 (돈을 내지 않는 이상) 데이트를 해야 했다. 그리고 데이트를 하면 그 사람에 대한 감정을 키울 가능성이 있었다. 요즘에는 정서적 연결을 형성하는 데 들이는 시간이 점점 더 줄어들고 있다. 하다못해 깊은 관계를 맺으려 하지도 않는다. 성적 화학 작용을 정서적 연결보다 우선시하는 게 오늘날 연애 현장의 표준이 됐기 때문에, 사람들은 상처받을까 두려워서 정서적으로 연결되기를 두려워한다.

성관계는 잦고 가벼워졌지만 정서적으로 연결되지 않는 이 조합은 인간을 정서적으로 마비시켰다. 요청한(혹은 요청한 적 없는) '거시기 사진'과 '가슴 사진', '섹시 짤'에 끊임없이 노출되면서 평범한 섹스에 덜 흥분하게 되는 문제는 말할 것도 없다.[9] 어떤 사람들은 섹스를 스트레스 받는 사건으로 경험할 수 있고, 따라서 섹스를 하기 전에 술을 마셔야겠다는 충동을 느끼기도 한다. 이는 단기적으로는 스트레스를 줄여줄지 몰라도 장기적으로는 정서적 마비를 불러일으킨다.[10] 정서적 연결 없이 섹스에만 집중하는 경험은 장기적으로 보았을 때 우리가 얼마만큼 감정을 강렬하게 느끼는지에 영향을 미친다.

정말 첫눈에 반했을까?

커플들과 이야기를 나눌 때면 "첫눈에 반한 사랑이었어요"라는 말을 자주 듣는다. 하지만 나는 그것이 정말 사랑이었을까 의문이 든다. 누군가와 사랑에 빠지려면 시간이 걸리며, 그 사람 자체와 상대가 내게 내어주는 감정을 온전히 이해해야 한다. 사랑은 누군가를 향한 긍정적인 감정이 발전해 나가는 연속적인 사건의 결과다. 첫눈에 반한 사랑이란, 첫눈에 끌렸다거나 첫눈에 미혹됐다는 것에 가깝고, 이는 누군가에 대해 아주 강력하고 지속적인 인상을 남길 수 있다. 알에서 깨어나 처음으로 어미를 본 새끼 오리들을 생각해 보자. 오리는 알에서 부화한 후 살아남기 위해 양육자의 이미지를 찾고 기억하도록 타고났다. 아주 오래도록 남는 이 각인은 오리에게만 국한된 것이 아니라 다른 동물과 곤충, 물고기와 포유류에게서도 볼 수 있다.[11]

인간에게서도 비슷한 인지적 메커니즘이 작동하는데, 첫인상을 형성할 때 특히나 그렇다. 첫인상은 우리가 몇 년 후 그 사람을 어떻게 평가하고 느끼는지에도 영향을 미칠 수 있다. 이런 편향을 '단편판단Thin Slicing'이라고도 부른다. 다양한 인지적·사회적 심리 연구가 첫인상이 태도와 신념에 미치는 영향을 조사해왔다. 첫인상은

15분의 1초에서 2초 정도로 순식간에 형성된다.[12] 이제 다시 첫눈에 끌리는 매력에 관해 생각해 보자. 누군가를 본 첫 몇 초는 그로부터 얼마나 많은 감정을 만들어낼 수 있는지(아니면 감정을 만들어내려는 의지가 있는지)에 강력하게 작용한다. 오늘날 '오른쪽으로 스와이프' 사회는 비현실적인(필터를 씌운) 이미지와 삶을 제시하고, 이 첫인상 편향 때문에 우리는 사람들을 비판적으로 바라보게 되고, 심지어는 현실 세계의 누군가와 (온라인에서 본 기준에 맞지 않기 때문에) 정말로 친해질 수 없다. 필연적으로 이는 정서적인 발달과 애착을 방해한다.

단순 노출 효과

레드 플래그 17번 "왜 나는 나이 많은 애인이 좋을까?"에서 나는 학교와 직장, 또는 사회적 환경에서 함께 보낸 시간 때문에 우리가 또래에게 끌린다고 언급한 바 있다. 심리학에서는 이를 '단순 노출 효과'라고 부른다.[13] 오랜 시간 동안 누군가에게 단순히 노출된 것만으로도 그 사람을 향한 긍정적인 태도와 감정을 발전시킬 수 있다. 익숙해졌기 때문에 관심, 또는 끌림이 생겨나는 것이다. 인간의 뇌는 생존을 위해 보통은 익숙하게 느껴지는 것들을 좋아한다. 익숙해지면 처리하기가 더 쉬워지기 때문에, 예측할 수 있고 순조롭다고 깨달은 대상(또는 사람)을 향해 긍정적인 감정이 생겨난다.[14]

또한 단순 노출 효과는 왜 우리가 비슷한 유형의 사람들에게 끌리는지도 설명해 준다. 여기서 궁금한 점은, 특정한 사람과 연애하고 싶은 최초의 끌림에 무엇이 영향을 주며, 왜 그 사람이 다른 사람보다 더 매력적이라고 느껴지는지다. 단연코 호르몬이 영향을 미치지만, 각인 역시 같은 역할을 한다. 양육자가 만들어낸 심리적·사회적 각인은 당신이 성인기에 형성하는 애착 유형[15]에만 영향을 미치는 게 아니라, 어떤 사람에게 성적으로 끌리는지[16]에도 영향을 미친다(이쯤이면 프로이트가 다시 안심하고 무덤 속으로 되돌아갔으리라 확신한다). 어린 시절 양육자가 만들어준 각인은 성인이 되어 매력적이라고 느끼는 요소들에 영향을 미치며, 키[17]나 눈동자 색깔,[18] 머리카락 색깔,[19] 머리숱[20] 같은 신체적 특성들이 유사하거나 비슷한 성격, 행동 특성[21] 등을 공유하는 파트너를 찾게 된다.

지금쯤 당신은 여기서 읽은 내용들이 모두 역겹게 느껴질 수도 있다(특히 예전에는 성적 각인을 의식해본 적 없거나, 현재나 과거의 파트너가 당신의 양육자처럼 생겼거나 행동한다는 사실을 막 깨달았다면 더욱 그럴 수 있다). 그러나 당신이 부모나 형제에게 성적으로 끌린다는 이야기가 아니다. 다만 양육자가 지닌 신체적·정신적 속성들이 무의식적으로 생존과 연결될 수 있고, 오늘날 당신이 어떤 사람을 매력적이라고 느끼는지에 영향을 미칠 수 있다.[22] 당신이 어떤 사람에게 매력을 느끼는지는 유전적인 영향을 받으며, 조상들이 선택한 배우자와도 연결되어 있다고 주장하는 연구도 있다.[23] 반대의 주장도 진실이다. 사람들은 힘든 과거나 양육자(예를 들어 단 한 번도 곁에 없던 부모)를 떠올리지 않게 해주는 사람에게 끌리기도 한다. 일부 연구들은 양육자의 각인이 우리가 훗날 매력적이라고 느끼는 사람에 미치는 전반적인 영향에 반박하고 있으며,[24] 지금으로서는 결론이 나지 않고 있다. 인간 행동과 뇌에 대해 더 많이 알아갈수록, 우리는 결국 프로이트가 무덤에서 벌떡 일어나게 만드는 법을 찾을지도 모른다.

데이팅 앱이 감정을 죽였을까?

데이팅 앱과 소셜 미디어의 등장 이래 사람들은 현실에서 관계를 맺는 데 시간을 덜 쓰고, 탄탄한 정서적 유대를 형성하는 데 덜 집중하며, 아무렇지 않게 사람들을 떠나보낸다. 디지털 플랫폼상의 다른 상업적인 앱과 비슷하게, 데이팅 앱은 우리를 가능한 한 오래 붙들어 놓도록 개발됐다. 연구들에 따르면 사람들이 잠재적인 파트너를 찾은 후에도 데이팅 앱을 지우지 못하는 이유 가운데 하나는 설득적인 기술 설계[25]와 지나친 스와이프 행위[26]다(인연을 맺기보다는 즉각적인 만족을 위한 매칭과 자존감 평가에 더 집중하게 된다). 앱 개발자들과 디자이너들은 사용자들에게서 습관적 행동을 만들어내기 위해 의도적으로 행동 심리학을 적용한다.[27,28] 스와이프와 매칭, 댓글 달기 등 행위를 더 오래 할수록, 당신이 계속 서비스를 사용할 가능성은 더 높아진다. 이런 기술은 뇌 화학 물질에 침투하고, 당신을 기분 좋게 만들거나 일시적으로 부정적인 감정을 가라앉혀주는 폭발적인 도파민 스파이크를 가져온다. 불행하게도 스마트폰 사용이나 소셜 미디어 소비는 우리가 부정적인 감정을 지우도록 도와주지 않으며, 실제로는 문제를 더욱 악화시킨다.[29] 계속되는 도파민 분출과 신속한 해결도 사람들의 정서를 마비시키는 것으로 나타났다.[30] 데이팅 앱은 우리가 사랑을 찾든 말든 전혀 상관없으며, 온라인에서 누군가를 만난 후 트라우마를 경험해도 상관하지 않는다. 이들은 우리가 자기네 앱에서 가능한 한 오래 머무는 데만 관심을 기울인다. 나를 비롯해 점점 더 많은 연구들이 현대 기술이 인간의 정서와 연결을 해친다는 사실을 보여주고 있다. 이제는 기술 개발자들이 (데이팅) 앱을 어떻게, 왜 설계하는지를 다시 생각해 보고, 인간의 특성을 해치지 않고 강화할 수 있는 초석으로서 기술을 사용하는 데 초점을 맞출 때가 왔다.[31]

미Me 세대 – 자립의 위험성

인생을 살다 보면 자기 자신에게 집중할 필요가 있다고 깨닫는 순간이 찾아온다. 일을 내려놓고 인생의 우선순위를 다시 생각해 보며, 진정한 자아를 찾는 것이 그 훌륭한 예다. 자기 자신에게 집중해야 할 또 다른 순간은 특정한 사고 패턴이나 행동이 사랑이나 우정 관계에서 문제를 일으키면서 자신에게 도움이 되지 않는다고 깨달을 때다. 연애를 다시 시작하기 전에 이런 자기 제한적인 신념을 살펴보고 마음가짐이나 행동, 건강 등 인생에서 문제가 되는 영역들을 해결할 시간이 필요하다. 거친 세상으로 모험을 떠나기에 앞서 건강한 생활 습관을 키우는 시간이 필요할지도 모른다. 솔직하게 들여다보자. 현대의 삶은 사람들이 더 자립하기 쉽게 만들어졌다. 자기 자신에게 집중하는 것이 든든한 인간관계를 맺으려고 애쓰는 것보다 쉽게 느껴질 지경이다(그리고 이를 자기 보호라고 합리화한다). 오늘날의 세대를 종종 '미 세대me-Generation'[32]라고 불러도 전혀 놀랍지 않다. 지나친 자립이 주는 역설은 우리가 스스로를 바꾸려 하지도 않고 다른 사람에게 맞추려고도 하지 않는다는 것이다. 원하는 대로 모든 것을 혼자서 할 수 있는데 왜 바뀌어야 하는가? 뇌는 그런 면에서 아주 게을러서, 정신적으로 품이 드는 일로 보일 때 그리 많은 노력을 쏟으려 하지 않는다. 우리는 더욱 자기 중심적이 되고 자기 세계관에 맞는 정보에만 관심을 가진다. '스마트' 기기가 실제로는 우리는 더 바보로 만든다고 할 지경이다. 이런 엄청난 역설이라니!

자기애 넘치는 자립심은 뭐든 혼자 하는 것이 궁극적인 목표라는 착각을 만들어내고 도움을 요청하는 일은 궁상스럽고 수치스럽게 느낀다.[33] 자기 역량 강화Self-Empowerment의 움직임은 외로움의 증가에 기여하고 있다. 자신의 문제를 누군가와 공유하지 않은 채로 오랫동안 감정을 억누르면, 이는 정서적 마비로 이어지고, 결국 당신을 외롭다고 느끼게 만들 수 있다.[34] 너무 큰 자기애는 분명 자기 태만이라는 악순환에 빠진다.[35]

자기에게만 집중하다 보면 넓고 비판적으로 사고하는 능력을 잃고 만다. 요즘 사람들은 자신이 좋아하지 않는 행동에 무조건 '독이 되는'이라는 수식어를 붙이고, 자기에게 충분한 관심을 쏟지 않는 상대를 '나르시시스트'라고 부르며, 골치 아픈 경험은 '트라우마'라고 하는 경향이 있다.[36,37] 자기 역량 강화의 관점에서 보았을 때, 비판적으로 생각하지 않고 무작정 꼬리표를 붙이다 보면 잘못된 자기 보호 메커니즘이 심어져, 그로 인해 감정이 무뎌질 수 있다. 그러나 자기 중심적으로 행동하면서 변하지 않으려는 의지와 더 좋은 사람이 되려고 시간을 할애하는 행동 사이에서 균형이 존재할 수 있다. 균형이 핵심이다. 특히나 자립을 강조하는 사회에서 살아가는 우리는 자신의 자아에만 너무 익숙해져서는 안 된다.

내 인생의 드라마

요즘 데이트나 연애에 있어서 감정이 무뎌진다고 말하는 사람들이 많다. 그러나 여기서 등장하는 중요한 질문은 바로 "왜?"다. 이 질문에는 간단히 답할 수 없다. 인간의 감정은 복잡하며, 여러 가지 이유로 우리는 느껴야 하는 만큼 느끼지 못하거나 전혀 느끼지 못한다. 감정이 무뎌졌다 해서 당신이 잘못된 것은 아니다. 직장에서 스트레스받는 상황에 정신적으로 대처하는 방식일 수도 있고, 특정 활동에 지나치게 집중한 결과일 수도 있다. 그러나 어떤 경우의 정서적 마비는 우울이나 PTSD 같이 더 심각하고 근원적인 심리적 문제의 징후일 수도 있다. 최근 몇 년 동안 우리의 인생은 불확실성과 기술의 획기적 발전, 그리고 재빠른 사회 발전이라는 특징을 겪었다. 이런 특징들은 우리가 자신과 인간관계, 특히나 연애에 관해 느끼는 방식을 다양하게 변화시켰다. 삶 속 선택이 어떻게 감정에 영향을 미치는지 인식하고 정신 건강을 관리해야 빠르게 변화하는 세상에서 정서적 기반을 닦고 제대로 된 연애를 할 수 있다. 너무 큰 자기애는 자기 태만으로 이어져서, 외로움은 커지고 인연은 줄어들게 된다.

레드 라이트 발견하기

- 한동안 제대로 된 감정을 느끼지 못했다. 왜 무감각해졌는지 확실한 이유를 찾지 못했다면, 이제는 전문가와 상담할 때가 왔을지도 모른다.
- 마지막 연애 이후 너무 오랫동안 자신을 사랑하는 데에만 집중했다. 반려동물은 제외하고 누군가와 애정 어린 인연을 맺는 데 흥미가 별로 없다면 레드 라이트다.
- 연애할 때 성적인 화학 작용을 정서적 연결보다 우선시한다. 당신이 잘못된 메시지를 보내고 있는 만큼 성공적인 연애를 하는 데는 도움이 되지 않을 것이다.
- 당신은 누군가와 함께하고 싶지 않은 이유(또는 누군가와 헤어지고 싶은 이유)에만 더 집중한다. 하지만 사랑에서 중요한 것은 헌신, 그리고 지속적인 관계의 수립이다.

그린 라이트 발견하기

- 직장이나 사적인 생활의 스트레스 때문에 감정이 무뎌졌다.
- (예를 들어 사랑하는 이를 잃는 것 같은) 슬픔에 대처하는 방법으로 감정이 무뎌졌다.
- 당장의 업무에 집중하기 위해 감정을 자제하기로 결심했다. 업무가 완료되면 다시 감정을 풍부하게 느끼는 상태로 돌아갈 수 있다.
- 피곤하기 때문에 감정이 무뎌진다. 조금 더 휴식을 취할 수 있으면 감정이 생생해지리란 것을 안다.

상황을 지속할까, 끊어낼까? 다음을 고려하자

감정이 무뎌지는 일은 아무 이유 없이 벌어지지 않는다. 어떤 경우에는 감정을 덜 느끼려고 의식적으로 선택하기도 한다. 우리는 어려운 상황을 해결하려고 할 때, 해야 할 일에 집중하는 것을 우선순위로 선택하거나 일시적인 해결책으로서 감정의 스위치를 꺼버릴 수도 있다. 그러나 감정 없이 사는 삶의 시기가 과도하게 길어지면서 기본값이 되면, 누군가와 다시 연결되는 것을 힘들어하거나 심지어는 겁이 날 수도 있다. 나쁜 연애를 몇 차례 경험했다면 누군가와 다시 정서적으로 연결되는 것에 완전히 흥미를 잃을 수도 있다. 따라서 주로 자신에게 집중하면서, 그 누구도 끼어들지 못하게 막기도 한다. 그러나 우리는 정서적 인지 불능Emotional Blindness 때문에 잠재적인 연인에게 무관심하다는 오해를 살 수 있다는 점을 알고 있다. 따라서 가능한 방식으로 사랑을 표현함으로써, 상대방이 인정받는다고 느낄 수 있는 행동을 해야 한다. 다음은 당신이 고려해볼 수 있는 몇 가지 시나리오다.

지속하겠다는 마음가짐

- 자기 자신을 잘 파악하고 있으며, 감정이 무뎌지거나 전혀 느낄 수 없는 상황은 곧 지나갈 일시적인 문제라고 이해한다.
- 인생에서의 선택이 자신이 느끼는 방식에 영향을 미치고 있음을 깨닫고, 더 풍부한 감정을 느끼기 위해 선택을 바꿀 준비가 되어 있다.
- 자기 자신을 위해 경계선을 세우는 법을 알아가고 있으며, 지금으로서는 죄책감과 수치심 같은 기분을 덜 느끼는 쪽이 경계선을 세우는 데 도움이 된다.

이제는 변해야 할 때

- 감정이 무뎌지거나 느끼지 못하는 상태가 계속되고 있으며, 그 문제에 대한 확실한 답을 찾을 수가 없다. 이제는 변해야 할 때라고 생각하며, 이를 위해 뭔가를 하고 싶다.
- 감정을 제대로 느끼지 못하다 보니 개인적인 인간관계에 금이

가고 있음을 깨달았다. 인간은 생존하기 위해 유대가 필요하고, 따라서 이제는 감정을 되찾기 위해 노력하고 사회적으로 어울리지 못하고 있는 상황을 인식할 때다.
- 감정이 무뎌지면서 공감 능력이 떨어지고, 따라서 다른 사람들을 그다지 배려하지 못하고 있음을 깨달았다.

4부.

모든 낭만적 관계

Red Flags

Green Flags

낭만적 관계는 우리 삶에서 중요한 역할을 맡고 있다. 자기 자신이 진실로 누군지 이해하고 자존감을 높이는 데 도움을 주고, 삶의 목적과 유대, 행복의 근원이 되기 때문이다. 애정 관계에 시간과 노력을 투자하는 것은 인간이 태생적으로 다른 사람들과 정서적·심리적으로 연결되길 바라는 만큼 효과를 발휘한다. 그러나 애정 관계에서 상황이 순조롭게 흘러가지 않는다면 한 사람의 정신적·신체적 행복에 심각한 영향을 미칠 수 있다. 관계 초기에 경고 신호를 알아보는 것은 성공적인 관계를 이루고 불필요한 고통과 괴로움에서 자신을 보호하기 위해 필수다. 건강하고 장기적인 관계를 유지하려면 시간과 노력, 희생이 필요하다. 하지만 그리 마음이 가지 않는 관계에 에너지를 쏟아야 할까? 낭만적 관계에서 레드 라이트를 식별하고 나면 반드시 멈춤과 반성의 순간을 가져야 한다. 관계를 계속 이어가는 것이 타당한지 판단하기 위해서뿐 아니라, 레드 라이트의 심각함과 진정한 문제의 원천을 알아보기 위해서다. 파트너가 싱크대에 설거짓거리를 그대로 내버려 두었다고? 그래, 불만스러울 수 있지. 하지만 레드 라이트인가? 아마도 아니리라. 당신을 깔아뭉개기 위해 "너는 나 없으면 아무것도 아니야!"라고 말했다면 레드 라이트인가? 대부분은 그렇지! 어떤 레드 라이트는 다른 신호들보다 더 붉고, 심지어는 당신 자체가 레드 라이트인 환경도 존재할 수 있다.

그러나 레드 라이트는 당신과 파트너가 성장하고 배울 기회를 제공해줄 수 있다. 가끔 우리는 특정 행동이 실제로 그런지와는 상관없이 경고 신호라고 믿고, 어떤 경우는 낭만적 관계의 이상과 기대를 충족시키지 못하는 모든 것을 레드 라이트로 보기도 한다. 특정 행동이 당신을 도발하는 이유를 이해한다면, 생각의 결함을 인식하고 상대에게 어떻게 반응하고 어떻게 해야 이 이슈들을 가장 잘 다룰 수 있는지를 깨닫고 더 나은 파트너가 될 수 있다. 우리가 다른 사람에게서 보았다고 믿는 레드 라이트는 가끔 내 안의 레드 라이트가 비친 모습이다(다만 우리는 스스로의 결점을 되돌아볼 때 선택적 색맹이 되는 경우가 많다). 낭만적 관계에서 진짜 레드 라이트와 가짜 레드 라이트를 구분하는 능력은 애정 생활과 정신 건강을 위해 꼭 필요하다. 그러나 궁극적으로, 관계에서 레드 라이트를 알아보았을 때 가장 중요한 지점은 무엇을 하고, 어떻게 반응할지를 결정하는 것이다. 행동을 취했는가? 부정적으로 반응했는가? 아니면 그저 흐린 눈을 하고 아무런 조치도 하지 않았는가? 지금부터 낭만적 관계에서의 레드 라이트를 다룰 여섯 개의 장은 우리가 나무가 아닌 숲을 보고 애정 생활에서 더 나은 결정을 내리는 데 도움이 될 것이다.

레드 플래그 ⑲

"안정적인 관계는 이제 지루해!"
혼돈은 사랑의 징후인가

"모든 사람은 세상을 바꾸려고 생각하지만, 그 누구도 자신을 바꾸려고 생각하지 않는다."
— 레프 톨스토이

권태의 시작

연인 관계에서 지루함과 덤덤함이란 감정은 빈번하게 생겨난다. 관계가 안정화되고 일상생활에서 정해진 루틴을 만들었을 때 더욱 그렇다. 연인 관계가 지루해졌을 때 처음 보이는 반응은 불꽃이 사그라들었다거나, 파트너가 더 이상 함께할 가치가 없다는 식의 평가일 수 있다. 솔직해져 보자. 낭만적 관계는 재미있고 신나며 열정으로 가득 차야 하는 법이다. 그리고 우리는 주변에서 관계가 전혀 지루하지 않은 커플을 많이 보기도 했다. 그러나 연구들에 따르면 연인 관계에서의 권태는 아주 흔히 나타나며, 시간의 흐름에 따라 관계의 만족감이 줄어드는 주요한 원인이기도 하다.[1] 지루한 순간을 어떻게 함께 헤쳐 나갈지 배우는 일은 오래오래 만날 수 있는 성공적인 관계를 유지하는 데 필수적이다. 지루함을 해결하지 못한다면 그 과정에서 더 심각한 문제를 일으킬 수 있고 결국은 파국을 맞을 수도 있다.

그렇다면 한때의 흥분이 잦아들고 관계가 시들해지기 시작할 때 무엇을 해야 할까? 모든 관계가 다 똑같은 식으로 지루하진 않기에, 같은 방식으로 고칠 수 없음을 알아야 한다. 분위기의 변화를 평가하기 위해 적합한 첫걸음은 왜 우리가 권태를 느끼는지 알아내는 것이다. 가끔 권태는 도돌이표 인생의 단조로움 때문이 아니라, 변화와 자극을 원하는 인간의 욕구 때문에 생겨난다. 또는 어린 시절이나 과거의 관계에서 겪은 트라우마적인 경험에 무의식적으로 반응해서이기도 하다. 어쩌면 파트너가 더 이상 우리에게 부담을 주지 않고 욕구를 만족시켜 주기만을 원할 때도 권태를 느낄 수 있다. 이유가 무엇이든, 권태의 원인을 알아내는 것은 이를 해결하기 위한 중요한 첫걸음이다. 그래야만 정면으로 맞부딪힐 수 있기 때문이다.

나 자체가 레드 라이트라면?

낭만적 관계를 권태롭다고 느끼는 이유를 되돌아보면, 파트너에게 질린 이유가 내Me 문제인지 네You 문제인지 알 수 있다. 처음에는 첨예한 대립이 일어날 수 있고, 어떤 경우 인정하고 싶지 않을 수도 있다. 그러나 우리는 이 지루함이 특정 과정이 작동하면서 생겨난 결과물임을 마음속 깊은 곳에서부터 알고 있다. 어떤 정신 작용이 우리의 신념과 정서적 반응 이면에서 작용하는지 밝혀내야 한다. 그 답을 얻기 위해 우리는 "지루한 감정이 나타내는 내 모습은 무엇인가?", "건강하고 안정적인 관계에서 무엇이 그리 지루한가?" 또는 "다른 사람을 만난다면 잃어버린 흥분을 되찾을 수 있을까? 아니면 훗날 똑같은 문제를 또 겪게 될까?" 같이 성찰이 담긴 질문을 스스로에게 던질 수 있다. 혼자서 질문과 답을 써보고, 고민해볼 시간을 가지자. 잊지 말자. 다른 사람을 평가하긴 쉬워도 내면을 들여다보고 자기 생각 이면에서 작동하고 있는 메커니즘에 이의를 제기하는 일은 어렵다. 마지막으로, 내Me 관점에서 관계에서의 지루함을 평가할 때, 어떤 정서적·심리적 욕구가 현재 충족되지 않았으며, 현실적으로 파트너가 그 욕구를 채워줄 수 있는지 자문자답해 보자. 이를 통해 당신은 스스로 어떤 점이 변화하길 바라며 파트너와 함께 둘의 관계를 어떻게 대화하고 싶은지 깨달을 수 있다. 이게 내Me 문제라 할지라도, 낭만적 관계에서는 언제나 우리Us의 해결책이 존재한다고 기억하는 것이 중요하다.

학대적 관계를 겪은 후 안정이 지루해졌다면

학대적 관계는 보통 정서적·신체적 고통, 불확실하고 예측 불가능한 느낌, 죄책감, 수치심, 그리고 안전의 부재不在 같은 특징을 가진다. 한 번이라도 학대적인 관계를 경험해본 사람은 그 관계가 끝나고 나서도 고통과 괴로움은 멈추지 않음을 안다. 그 정서적·심리적 영향력은 관계가 끝이 난 후에도 지속될 수 있다. 특히 새로운 연인 관계를 형성했을 때 죄책감과 수치심, 불신과 의심 같은 감정들이 불쑥 솟아나서, 우리를 계속 생존 모드에 가둬 놓는다.

생존 모드에서 우리는 파트너와 단단하고 건강한 유대감과 환경을 만들어가는 데 집중하는 대신, 새로운 환경이 안전한지 확인하는 데 더 초점을 맞춘다. 실제로, 학대적인 관계에서 살아남은 자의 뇌는 경계 태세를 끄는 데 힘겨운 시간을 보내고, 관계를 구축할 때 중요한 부분들에 손을 대지 못한다. 또한 많은 학대 생존자의 경우, 안전하게 느끼게 해주는 파트너를 만나는 것만으로 이미 충분하다고 느끼기도 한다. 그러나 연애 초기 명확한 경계선을 세우고 효율적으로 소통할 방법을 찾는 데 충분한 시간을 보내지 못하면, 장차 다른 문제로 이어질 수 있다(안전이 더 이상 걱정거리가 아닐 때 가끔 일어나는 일이다). 학대적인 관계에서 살아남는 데는 도움이 됐지만 건강한 관계에는 유용하지 않은 옛 사고 패턴을 바꾸지 않아서 생겨나는 문제들은 말할 것도 없다(경계를 최고 수준으로 높이거나, 믿지 않거나, 관계에서의 혼돈을 삶의 방식으로 바라보는 등을 의미한다).[2] 낭만적 관계에서는 우리의 공존 가능성을 시험하고 양쪽이 행복하게 함께할 수 있는 공통의 장을 발견하기 위해 유대하고 경계선을 설정하는 역동적인 순간이 필요하다. 우리가 오직 안전함만 원할 때, 여기에 도달하는 순간부터 관계가 아주 지루하게 느껴질 수도 있다.

연인 관계가 안정을 되찾으면, 학대적인 관계의 생존자들은 흔히 과거 관계의 혼돈스럽고 예측 불가능했던 상황을 그리워하는 모습을 보인다. 학대를 그리워한다는 의미가 아니라, 과거 관계의 절망이 주는 불확실성에 익숙해져서 건강한 관계가 더 이상 흥미롭게 느껴지지 않는다는 뜻이다.[3] 관계가 평화로우면 내면의 혼돈을 더 의식하게 된다. 과거 관계의 예측 불가능성은 중독적인 요소를 지닌다. 마치 슬롯머신의 핸들을 당기는 것과 같아서, 언제 그림 세 개가 일치하는 순간을 얻게 될지 절대로 알 수 없다. 학대받은 뇌는 흥분에 잔뜩 절여져 있고, 안정감은 뇌가 원하는 만큼 자극을 주지 못한다.

당신이 학대적인 관계의 생존자이며 그 사실을 인지하고 있다면, 바로 지금 경험하고 있는 권태가 사실은 파트너와 형성한 안정적인 유대에서 흥분을 찾기 위해 당신의 뇌가 거쳐야 할 단계임을 깨달아야 한다. 어떤 사람들은 학대적인 관계를 떠났지만 변덕스러운 관계에서 경험하는 절박함을 다시 느끼려고 아드레날린이 솟구치는 경험(레이싱이나 격투기, 낙하산 강하 등)을 추구하기도 한다. 아동기나 성인기에 경험한 건강하지 못한 유대감은 우리가 자신을 바라보고 새로운 관계를 형성하는 방식에 영향을 미칠 수 있다.

독이 되는 관계에 중독됐을 때

불행하게도, 학대적인 관계의 생존자들이 건강한 관계를 끝내고 다시 학대적인 관계로 되돌아가는 일도 빈번히 일어난다. 이들이 원하는 짜릿함은 기존에 익숙해진 혼돈과 연결되어 있기 때문이다. 감정적인 폭발을 사랑의 행위로 보기도 하고, 다투지 않으면 서로를 사랑하지 않는다고 믿기도 한다. 학대 생존자의 뇌는 양 파트너의 의식적인 노력과 인내를 통해 정신적인 프로그래밍을 변경해야 한다. 몇 년에 걸쳐 건강한 관계를 유지한 후에도 학대 생존자는 여전히 과거의 정신적인 프로그래밍에 갇혀서, 현재의 파트너와 상호 작용하는 방법에 악영향을 미칠 수 있다.

조니 뎁과 앰버 허드 사건은 독이 되는 관계가 어떤지를 보여주는 증거다. 당신이 조니를 응원하든 앰버를 응원하든 둘 다 응원하지 않든 간에, 실시간으로 중계된 재판에서 이 할리우드 커플이 롤 모델이 될 만한 연인이 아니었다는 사실이 확실해졌다. 이들의 짧은 결혼 생활은 어느 각도에서 보아도 독성을 내뿜는다. 제대로 된 정신이 박힌 사람이라면 누가 그런 관계를 유지하겠는가? 진실은, 너무나 많은 사람이 그런 관계를 유지한다는 것이다.

사람은 독성에 중독될 수 있다. 본질적으로 상처받는 것을 즐기거나 다른 사람들을 아프게 하고 싶어서가 아니라, 극적인 상황이 없는 인생은 특히나 거기에 익숙해진 사람들에게 '지루하게' 느껴질 수 있기 때문이다. 건강하지 못한 환경에서 컸거나 여러 불안정한 관계를 경험했다면, 아마도 "잦은 다툼은 당연히 괜찮아. 그건 사랑의 행위야"라고 생각할 수도 있다. 반면에 다툼과 논쟁이 있을 수도 있지만 이를 서로에 관해 더 알아가는 기회로 삼아야 한다고 생각하는 사람은 "다툼은 인생의 불가피한 일부로, 이를 건설적으로 해결하고 성장할 수 있는 방법을 찾아야 해"라고 생각할 것이다. 의식적으로 우리는 독성이 싫고 나쁘다고 말할 수 있지만, 무의식적으로는 그 독성에 마음을 빼앗길 수 있다. 당신의 경험을 어떠한 틀에 넣어 바라보고 있는지, 정말로 무엇에 마음이 끌리고 있는지를 인식하는 것이 중요하다.[4]

뇌가 만들어내는 권태

권태가 어디서 나왔는지 이해하기 위해 그 이면에서 무슨 일이 벌어지고 있는지 이해해야 한다. 안정감이 고통스러울 때 뇌에서 무슨 일이 벌어지고 있는지 살펴보자. 인간의 뇌는 진화적으로 완벽한 작품이다. 몇백만 년 동안 우리의 뇌는 몇 기가바이트의 정보를 처리하는 동시에 걷고 말하고 시시덕거리며 소셜 미디어를 훑어볼 수 있는 슈퍼 컴퓨터로 진화했다(생각해 보면 정말 대단한 일이다). 매일 반복되는 활동을 무의식적이고 노력이 필요 없는 처리 과정으로 바꿔놓는 습관 덕에 뇌는 멀티 태스킹을 하면서 효율성을 유지하는 능력을 터득했다. 일상적인 행동이 습관이 되는 순간 뇌는 "이 짓거리를 자동화해서 더 중요한 일에 집중할 수 있게 하자"라고 말한다. 더 많은 부분이 자동화될수록 더 적은 에너지가 필요하다. 이 과정은 더 이상 신경학적으로 자극이 되지 않는다는 게 문제다. 따라서 파트너를 만나서 똑같은 일을 하고 또 하면, 도파민은 대폭 줄어들고, 관계가 권태롭다고 느끼기 시작한다.

파트너가 욕구를 모두 채워주면 지루해질까?

독성에 중독되었다는 것이 안정적인 관계가 지루하게 느껴지는 유일한 이유는 아니다. 가끔은 당신에게 무조건 맞춰주고 말다툼을 벌이지 않는 파트너가 있다는 이유로 관계를 단조롭게 느낄 수도 있다. 논쟁과 갈등은 어떤 관계에서든 자연스레 나타날 수 있고, 효과적으로 대처한다면 더 탄탄하고 건강한 유대감을 형성할 수 있다. 의견 다툼을 하지 않는다면 이유는 둘 중 하나다. 당신의 욕구에 모두 맞춰주는 이상적인 파트너를 만났거나(그렇다면 뭔가 조치를 취해야 하는 대상은 바로 당신이다), 관계에서 뭔가 잘못된 부분이 있거나다.

파트너가 모든 대가를 치르고서라도 당신을 계속 행복하게 만들고 싶어 한다면, 지루함을 덜어내는 것이 당신의 우선순위가 되어서는 안 된다. 만약 순수하게 사랑에서 나온 행동이 아니라면, 왜 파트너가 당신을 기쁘게 해주고 욕구에 맞춰주려 하는지 근본적인 원인에 집중하자. 상당히 오랫동안 관계를 유지해온 후에도 상대방을 기쁘게 해주려는 행동을 하고 있다면, 두려움과 죄책감, 또는 관계에서 오는 불행 같은 정서 때문에 최근에 행동이 바뀐 것일 수 있다. 이유가 무엇이든, 그것이 네 문제일 때와 내 문제일 때를 알아야 하며, 관계를 지속하고 싶은 마음이 있다면 우리의 해결책을 찾으려고 노력해야 한다. 같이 문제를 해결하려는 데 진전이 없다면, 이제는 둘이 함께 있는 목적을 다시 판단해 봐야 할 때일지도 모른다.

관계의 권태로움이 그린 라이트일 때

대부분의 연애는 처음에는 신나고 재미있다. 처음 몇 주, 몇 달 동안에 연인들은 서로를 알아가는 시간을 가지고, 모든 것은 새롭고 신이 난다. 마침내 파트너와 가까워졌다고 느끼고, 서로에게서 무엇을 기대할지 알게 되면, 이때부터 시들해지기 시작하고 흥분은 줄어든다. 그렇다면 이게 좋은 일인가? 음, 대부분의 경우에는 그렇다. 당신과 파트너가 서로에게 편안해졌다는 의미기 때문이다. 관계는 안정적이고, 루틴을 갖추게 되었으며, 무엇이 일어날지 예상할 수 있다.[5]

연구들에 따르면 지루함은 창의력을 불러일으킨다. 따라서 많은 사람들이 연인 관계에 새로운 경험을 끌어들이려는 의욕이 넘치는 이유를 설명해 준다.[6] 지루함이 시작되는 건, "감각을 자극해야 할 때"라고 뇌가 말하는 방식이다. 특히나 오래 만난 사이일수록 일상의 상호 작용부터 침대에서의 행위까지 관계의 모든 측면에서 여러 차례 각양각색의 권태를 경험할 것이다. 지루함이 스멀스멀 올라오기 시작되면, 관계에서 지루한 순간을 어떻게 다룰지 배우고 새로운 방법을 찾는 일이 점점 더 중요해진다. 연인 관계나 결혼 생활에 짜릿한 요소를 되찾는 것은 당신이 파트너에게 흥미와 에너지를 다시 집중시키는 데 도움이 된다.

관계를 다시 짜릿하게 만들려면

연인 관계가 단조롭고 지루하게 느껴진다면, 이제 짜릿함을 주입할 때가 온 셈이다. 아마도 당신은 어떤 짜릿함이 필요한지 궁금할 테고, 아주 훌륭한 궁금증이다. 재미있는 활동은 다양한 형태로 존재하지만, 즐거움을 준다고 해서 관계의 지루함을 해결하는 데 이롭게 작용하는 것은 아니다. 어떤 짜릿함이든 의도를 가지고 만들어내는 게 중요하다. 사람마다 흥분의 의미는 다를 수 있고, 누구나 지루함을 느낄 때 재미있는 활동에 참여하고 싶어하는 것도 아니다.

흥분에는 보통 두 가지가 있다. 예측할 수 있는 자극의 순간과 성장을 자극하는 순간이다. 예측할 수 있는 자극의 순간은 당신이 일상에서 한 걸음 물러서도록 도와준다. 저녁을 먹으러 나가거나, 친구를 만나거나, 함께 영화를 보는 식이다. 이런 활동들은 일반적으로 즐겁고, 둘 모두 각 행사가 주는 결과를 알고 있다. 이런 식의 흥분은 양쪽 모두 긍정적으로 경험한다면 관계에 도움이 되겠지만, 불꽃 같은 짜릿함을 되돌려주지는 않는다. 이런 경험은 익숙하게 느껴지고, 관계에서 안정감을 유지해 준다. 반면에 성장을 자극하는 순간은 둘 모두에게 자극을 주고, 새로우며, 관계를 탐색할 기회를 주는 경험이다. 먼 곳까지 여행을 가고, 함께 또는 따로 강좌를 듣고, 관계에서 문제를 해결할 새로운 방법을 찾거나 섹스 생활을 한 단계 업그레이드해 줄 방법을 모색하는 것 등이 있다. 성장을 자극하는 순간은 더 많은 시간과 노력이 필요한 만큼 쉽지 않으며, 두 파트너 모두 활동에 똑같이 몰두하고 참여해야 한다. 이러한 경험들은 관계에 새로이 불을 지피고, 유대감을 더욱 강화해줄 수 있다.

연인과의 관계에 활기를 불어넣을 수 있겠다고 느낀다면, 가만히 앉아서 상황이 마법처럼 바뀌리라고 바라지 말자. 짜릿한 과정을 한번 도맡아보자! 사랑과 보살핌 이외에도 재미와 흥분을 관계에 더하는 일은 모든 파트너가 오래도록 사랑하려면 우선순위로 꼽혀야 한다. 그러나 우리는 가장 필요한 순간에 관계에 활기를 불어넣기 위해 전략적으로 생각하기는커녕, 대부분 그 사실 자체를 잊고 만다. 이것이 많은 커플이 마침내 헤어지거나 불행한 관계를 유지하는 주요한 이유다. 따라서 다음은 우리의 신나는 연애 생활에 한층 박차를 가하기 위해 당장 적용할 수 있는 세 가지 실용적인 전략이다.

기분 좋은 놀라움

모두가 뜻밖의 놀라움을 좋아하지만, 어떤 유형의 놀라움을 선사할 수 있을지 사려 깊게 고민하는가? 글쎄, 행동 연구에 따르면 의도적으로 놀라운 순간을 만드는 일은 여러 방면에서 이로울 수 있다.[7] 놀라움은 뇌를 해킹해서 우리가 무엇을 믿고 세상을 어떻게 바라볼지를 바꿔놓는 신경학적 메커니즘 가운데 하나다.[8] 우리는 모두 카타르에서 열린 2022 피파 월드컵에서 아르헨티나가 사우디아라비아를 상대로 예상치 못하게 승리를 거뒀던 사건을 기억한다. 그 누구도 사우디아라비아가 이길 것이라고 예상치 않았지만, 그들이 이겼다. 이 사건은 모두를 어리둥절하게 만들고, 팀과 경기 전반에 새로운 흥분과 관심을 불러일으켰다. 마찬가지로, 연인 관계에서 긍정적인 놀라움은 새로운 에너지와 믿음을 불어넣으면서 관계를 진전시키는 촉매가 될 수 있다. 놀라움을 의도적으로 사용했을 때, 마법과도 같은 순간이 생겨나고 심지어는 더 풍요로운 삶도 만들어질 수 있다. 그렇다면 어떻게 당신의 관계에 놀라움을 전략적으로 활용할 수 있을까? 한 가지 예로는 함께 반려동물을 키우는 것이 있다. 특히 아이와 상관없는 관계라면, 함께 반려동물을 돌보는 것은 유대감을 형성하는 새로운 방법이 될 수 있다. 우리가 파트너를 (심지어 자기 자신도) 다른 관점에서 바라보는 데 도움이 될 수 있다. 관계에 기분 좋은 놀라움을 불어넣는 또 다른 사례로는 확신과 지지의 말을 의도적으로 더 많이 주고받으며 소통하는 방법이 있다. 특히나 권태기에 당신이 사랑과 지지, 헌신을 전하는 방식을 다시 생각하다 보면, 서로에 대한 흥분을 다시 한번 되살릴 수 있는 예상치 못한 계기가 될 것이다.

새로운 약속 만들기

연인과의 관계가 단조로워질 때, 일상적인 활동이 성가시게 느껴질 뿐 아니라 그 사람과 함께해야 하는 의미를 잃을 수도 있다. 관계의 지루함은 함께하는 순간의 소중함과 서로에 대한 의미를 잃었다는 신호이기도 하다. 따라서 이쯤에서 작은 의식이나 기념일이 도움이 될 수 있다. 이런 약속은 우리에게 의미와 유대, 방향성을 공유하는 순간을 제공한다. 크리스마스와 다른 주요한 행사가 어떻게 사람들을 하나로 묶어주는지 생각해 보자. 성공적으로 오래 지속되는 관계는 기념일을 활용해 긍정적인 경험을 되돌리고, 모멘텀을 유지하면서 어려운 시간을 헤쳐 나갈 수 있다. 결혼하고 몇 년이 지난 후에 혼인 서약을 다시 써본다거나, 핸드폰 화면을 들여다보는 일 없이 서로와 연결되어 있음을 확인하기 위해 '핸드폰 없는 일요일' 같이 간단한 의례를 만들 수도 있다. 어떤 전통을 만들든 간에, 공통되는 의미와 정서적인 연대가 핵심이 되어야 한다.

성생활에 활기 불어넣기

육체적 친밀함은 어떤 애정적 관계에서든 중요한 기반이 된다. 육체적 친밀함이 없는 관계는 애정적 관계라 보기 어렵다. 이유가 무엇이든 성생활이 시들해졌다면, 우리는 아마 상대방에게 흥미를 잃고, 결국에는 그 사람을 내 반쪽이라기보다는 친구에 가깝게 느낄 수 있다. 혹자는 제한적인 성생활에 만족하고 관계의 다른 측면에 더 초점을 맞추기를 선호할 수도 있다. 관계에서 친밀함의 수준에 만족하는 것과 만족하지 못하는 것 간의 차이는 파트너를 향해 연민이나 열정 중 무엇을 느끼는지 여부에 달렸다. 또한 사람들의 관심과 욕망은 시간이 흐르면서 바뀌기 마련이라, 변화하는 욕구를 신중하게 표현하는 것은 아무리 어려워도 중요한 일이다. 진정한 연민은 개인적인 욕구에서 벗어나 상대에게 중요한 문제에 더 집중하는 것을 의미한다. 따라서 당신의 열정적인 욕구에 연민을 합쳐서 파트너와의 관계에 활기를 불어넣는 것은 좋은 전략이다. 침실에서의 상황을 바꿀 방법을 의논하고 고민해 보면 어느덧 따분하게 보이는 루틴에 흥분을 더해줄 수 있다. 이를 실천할 수 있는 방법에는 여러 가지가 있다. 침실에서 뭔가를 착용(예를 들어 옷이나 액세서리 한 가지)하는 것만으로도 흥분을 자아낼 수 있고, 가끔 롤 플레이를 하거나 관습에 얽매이지 않는 저녁 데이트를 하며 활기를 불어넣을 방법을 찾아볼 수도 있다.

내 인생의 드라마

관계에서 가끔 지루함을 느끼는 것은 당연하다. 모든 장기적 관계는 권태기를 거치며, 특히나 상황이 너무 타성에 젖게 되면 더욱 그렇다. 어떻게 해야 서로를 새롭게 하고 관계에 활력을 불어넣을 수 있는지 알게 된다면 단조로운 커플 사이를 극복할 수 있다. 관계의 지루함을 바라볼 때는 상황을 다르게 이끌어갈 기회라고 생각하는 것이 바람직하다. 관계가 실제로 너무 지루해지면 권태기가 시작될 수 있다. 누구도 상황을 다르게 바꿔보거나 개선하는 데 관심이 없을 때, 최선을 다하지 않으면서 관계를 습관처럼 유지한다. 반면 가끔 우리는 관계가 안정적이고 안전하며 예측할 수 있을 때 이를 지루하다고 인식하면서, 파트너에게 뭔가 잘못된 점이 있다고 생각한다. 그러나 실제로는 당신 자체가 레드 라이트일지도 모른다. 당신이 과거에 학대적인 관계에 놓여 있었거나 혼돈스러운 환경에서 자랐다면 특히나 그럴 수 있다. 관계 속에서 불안정하고 예측할 수 없는 상황을 경험하지 못하면 내면의 혼돈과 마주하게 되면서 불편하게 느낄 수 있기 때문이다. 존중과 안정감, 예측 가능성은 건강한 관계의 중요한 특성이다. 그러나 혼돈에 중독된 사람에게는 몹시 지루하게 느껴지고, 심지어 살아 있다는 느낌을 얻기 위해 극적인 상황을 연출하고 싶어질 수도 있다. 지루함의 근원이 무엇인지 이해하는 것이 중요하다. '네' 문제인가 '내' 문제인가? 상황이 어떻든 항상 '우리'라는 해결책이 나와야 한다.

레드 라이트 발견하기

- 안전하고 예측 가능한 관계를 지루하게 느낀다.
- 당신이나 파트너가 관계의 지루함을 해결하려는 노력을 전혀 하지 않는다.
- 당신이나 파트너가 습관처럼 관계를 이어간다. 누구도 상황을 개선하려 노력하지 않는다.
- 파트너가 더 이상 흥미롭다고 느껴지지 않는다. 그 이유를 생각해볼 때다.

그린 라이트 발견하기

- 당신이나 파트너가 직장이나 가정, 가족과 함께 밀도 있는 시간을 함께 보내기 위해 루틴에서 벗어날 방법을 찾는다.
- 흥미라는 요소는 장기적인 관계 안에서 변화한다는 점을 이해한

다. 권태기가 시작되면 진화하는 욕구에 관해, 그리고 이 새로운 욕구를 함께 만족시키기 위해 서로 어떻게 맞춰갈 것인지 열린 대화를 나눈다.
- 따분한 시기가 시작되면 침실에서의 행동에 활기를 불어넣을 방법을 찾는다.
- 내면의 혼돈이 애정 생활의 안정감을 지루하다고 느끼게 만든다는 사실을 인식하고, 파트너와 이 문제를 해결할 방법을 적극적으로 찾는다.

관계를 지속할까, 끊어낼까? 다음을 고려하자

관계의 지루함은 언제든 생겨날 수 있고 여러 가지 이유에서 비롯될 수 있다. 중요한 것은 원인을 알아내려는 노력이다. 당신의 관계가 너무 안정적이고 뻔하게 느껴져서 행동을 취하고 싶은가? 이 권태로움은 일시적인 문제라서 시간이 흐르고 당신이 조금만 노력해도 지나갈 것임을 아는가? 포르노그래피에 중독됐고 이제 당신의 성생활을 그 포르노에 비교하자니 지루하게 느껴지는가? 아니면 파트너가 정말로 지루한 사람이고, 당신이 여러 차례 상황을 되돌리려 노력한 후에도 상대는 관계 개선을 위해 아무런 노력도 하지 않는가? 문제의 핵심을 파악하고 앞으로 함께할지 말지를 결정하려면 심오한 성찰과 구체적인 대화가 필요하다.

함께하겠다는 마음가짐

- 지루함은 일시적이며, 장기적인 관계에서 피할 수 없는 부분임을 알고 있다.
- 멀리 여행을 떠나거나 새로운 데이트를 하고, 기존의 루틴에서 벗어나거나 침실에 활기를 북돋아주는 등 관계에 흥분을 더해줄 방법을 찾는다.
- 관계의 지루함이 '내' 문제임을 깨닫고 파트너와 이를 함께 해결할 방법을 찾으려고 노력한다.

이제는 거리를 둘 때

- 당신이나 파트너가 더 이상 서로를 사랑하지 않거나, 관계를 개선하는 데 흥미가 없다.
- 당신이나 파트너가 습관적으로 함께 시간을 보내지만, 이별하기는 두렵다.
- 내면의 혼돈 때문에 파트너와의 안정적인 관계를 유지하기가 어렵다는 사실을 깨달았다. 한동안 혼자만의 시간을 보내고 싶다.
- 관계의 지루함이 질릴 정도이며, 자신이 옴짝달싹할 수 없음을 깨달았다. 그로 인해 당신의 정신 건강과 신체 건강이 위협을 받고 있다.

"너는 내게 너무 과분한 사람이야!"

불안한 파트너

> "다른 사람이 주워 가리라는 걱정만 없다면 우리가 버릴 물건들이 좀 많지."
> — 오스카 와일드, 《도리안 그레이의 초상》

불안해? 누가? 내가?

우리는 모두 인생에서 어느 순간 불안함을 느낀다. 오늘날 우리는 자신이 내리는 선택, 찾아가는 장소, 그리고 만나려고 고르는 사람들에게 영향을 미치는 여러 가지 불안을 안고 산다. 극히 일부만 불안한 감정을 간직한다는 생각은 틀렸다. 자신을 의심하는 건 인간의 본성이다. 불안은 불확실하고 불충분한 기분을 반영하며, 이는 우리의 자아상과 자신감을 형성한다. 한 사람이 느끼는 불안의 근원은 해석하기 쉽지 않으며, 인생과 발달의 여러 영역에서 비롯될 수 있다(예를 들어 성장 과정이나 인생의 경험들, 루틴의 변화, 트라우마, 문화적 요소, 기술의 이용 그리고 심지어는 성격적인 특성도 있다). 불안한 감정은 다양한 사람들에게서 다양한 방식으로 발현되며, 긍정적인 방향으로 동기를 부여받는 사람이 있는가 하면 어떤 사람은 무너져 내릴 수도 있다. 당신이 다음번 발표를 잘할 수 있을지 확신할 수 없고, 다른 사람들이 당신보다 잘하는 모습을 볼 때 자신감을 잃는다고? 인생은 가장 강한 사람마저도 불안하게 만들 가능성으로 가득 차 있다. 그러나 두려움이나 불안함이 언제나 나쁜 것일 필요는 없다. 유명한 권투선수 무하마드 알리는 2003년 저서 《나비의 영혼 The Soul of a Butterfly》에서 "우리는 두려움 없이 용감해질 수 없다"라고 말하면서, 그가 링 위에 오르기 전에 느꼈던 긴장이 건강한 감정이었으며 도움이 됐다고 말했다. 불안을 알아차리고 어떻게 다룰 것인지 배우는 일은 당신의 정신 건강과 관계의 성공을 위해 중요하다.

관계에서 불안의 탄생

연구들에 따르면 높은 자존감은 관계에서의 만족도와 관계의 질에 긍정적인 영향을 미친다.[1] 장기적인 관계를 맺고 있다면 당신과 파트너 모두 함께 또는 독립적으로 성장하고 변화하는 것이 당연하다. 마음가짐이나 심리적 변화 모두를 포함해 이런 변화들은 당신이 자신과 상대를 어떻게 바라보는지에 영향을 미칠 수 있다. 당신이나 파트너가 관계에서 불안해지는 이유에는 여러 가지가 있다. 몸의 변화나 노화 등으로 시간이 흐를수록 불안감이 커질 수 있다. 또는 파트너가 당신을 얕보거나 당신의 행동이나 외모를 부정적으로 언급할 때 자신을 의심하기 시작할 수 있다(왜 사람들이 우정 관계에 있는 다른 사람들을 무시하는지에 관해서는 레드 플래그 5번을 참고하자). 또한 관계 이외의 이유들로 불안감이 커질 수도 있다. 당신의 자존감은 언제나 낮았을 수도 있다(성격 특성과 비슷하게, 자존감의 수준은 시간이 흘러도 상당히 안정적으로 유지된다). 불안감은 사랑하는 이를 잃거나 일자리에서 잘리는 등의 사건으로도 생겨날 수 있고, 그로 인해 인간관계나 애정 생활에서 자신감이 떨어지기도 한다. 이유가 무엇이든, 파트너와 함께 불확실하거나 불충분하다는 감정에 대해 이야기를 나누는 것이 필수적이다.

파트너가 불안을 느낀다는 징후들

상대의 불안을 알아차리는 일은 늘 어렵다. 모든 사람이 편안하게 자기의 불완전하고 취약한 모습을 보여줄 수 있는 건 아니며, 관계에서 신뢰가 문제가 될 때는 더욱 그렇다. 게다가, 사람들은 불안과 단점들을 덮을 방법으로 정반대의 행동을 하는 경우가 꽤 흔하다. 다음은 당신의 파트너가 자괴감과 불안감을 겪고 있음을 시사하는 전형적인 행동들을 전반적으로 훑어본 것이다.

자존감 부족

자존감은 자신의 능력과 사람으로서의 가치에 대해 느끼는 믿음을 반영한다. 자존감 부족은 가지각색의 방식으로 드러난다. 자존감이 낮은 사람은 가끔 애정 관계에서 인정과 확인을 구한다. 불안한 파트너는 이렇게 물을지도 모른다. "자기, 아직 나 사랑해?" "아직도 내가 매력적이라고 느껴?" 이런 식의 질문이 연인 관계에서 불쑥 튀어나오는 것은 아주 정상이지만, 계속 안심시켜 줘야 한다거나 극도로 절실하게 군다면 정상이 아니며, 가끔은 당신의 파트너가 불안과 싸우고 있다는 레드 라이트일 수 있다. 당신의 애정 관계에서 이런 경우가 전에 없었더라면, 왜 이런 일이 벌어지는지 알아내야 한다. 개인적인 이유에서인가, 아니면 당신이 파트너를 대하는 방식 때문인가, 또는 최근 관계가 변화한 양상 때문인가? 낮은 자존감을 보여주는 또 다른 사례로는 부정적인 자기 대화가 있다. 낮은 자존감으로 괴로워하는 파트너들은 자주 자신을 비하하고 믿지 않으면서, 자기가 가진 신념이나 능력을 비판한다. 또한 결정을 내릴 때 다른 사람들이 어떻게 생각하는지에 크게 의존한다. 이들은 "나는 너를 만날 자격이 없어!" 또는 "나는 아무것도 제대로 하는 게 없어!" 같은 말을 늘어놓기도 한다.[2]

질투

파트너가 가끔 질투를 한다면, 이는 불안에 대처하고 있다는 신호일 수 있다. 스스로 부족하다고 느끼는 것 외에는 질투할 만한 합당한 이유가 없다면 더욱 그렇다. 불안한 파트너는 자신의 질투를 다양한 방식으로 드러낼 수 있다. 질투에 빠진 파트너들은 "나는 네가 친구들 중에서도 그 애를 만나는 게 싫어", "방금 누구한테 문자 보냈는지 나한테 보여줘!" 또는 "나는 네가 그 옷 입은 게 별로야"라는 식으로 말하기도 한다. 질투는 파트너가 당신을 의심하고(배신의 두려움), 통제하고 있다는 느낌을 누리기 위해 당신을 비난하거나 깎아내리도록 부추긴다. 또는 당신을 인정하지 않으면서 당신이 거둔 성과를 얕보기도 한다. 질투는 관계를 죽이는 범인이 될 수 있으며, 심지어는 파트너들이 허위로 비난당했던 활동을 실제로 저지르게 부추길 수도 있다. 이를 소위 '자기 충족 예언'이라고 한다. 너무 많이 비난당하다 보니, 결국 질투하는 파트너가 질투에 빠질 원인을 줘버리는 것이다. 재앙을 일으키기 딱 안성맞춤이다.

비난에 과잉 반응하기

불안한 사람들이 약하디 약한 비판에도 과잉 반응하는 일은 아주 흔하다. 그 어떤 부정적인 피드백이나 비판도 개인적인 공격으로 받아들이고 방어 태세를 갖춘다. 부정적인(혹은 건설적인) 피드백은 자신에 대한 부정적인 믿음에 주목하게 만들뿐 아니라, 파트너에게 거절당한다고 느낄 수도 있다.[3] 거절의 두려움이 마음속 아주 깊은 곳에 자리하고 있으며, 이는 과거의 트라우마나 불안정 애착에서 비롯된다. 불안한 사람들이 비판받았을 때 하는 말로는 "너만큼 완벽한 사람이 아니라서 참 유감이네! 아마도 평생 너처럼 되지 못하겠지!"라든지 "왜 언제나 내 실수만 지적하는 거야?" 또는 "너도 다른 사람이랑 똑같아. 나를 위축되게 만들어. 내가 부족하면, 다른 좋은 사람을 만나!" 등이 있다.

지나치게 난잡한 사람

불안함을 느끼는 이유 가운데 이해하기는 어렵지만 오늘날의 시대정신을 반영한 것이 바로 많은 성교 횟수(다수의 섹스 파트너를 보유하는 것)이다. 오늘날의 연애 현장은 보통 가벼운 만남이라는 특징을 가졌고, 인생에서 여러 명의 파트너를 가진 사람들도 많다. 미국에서 남성과 여성이 평균적으로 가지는 섹스 파트너의 수는 일곱 명에 가깝고, 이탈리아의 경우 다섯 명이다.[4] 여러 명의 파트너와 잠자리를 하는 것은 심리적 행복감에 부정적인 영향을 미치고,[5] 이는 자존감 문제로 이어진다(그러다 보면 더 많은 잠자리를 하고 다니기도 한다). 행동학적 관점에서 보면, 가벼운 만남이 잦은 사람은 똑같이 섹스를 쉽고 가볍게 여기는 상대에게 노출된다. 우리는 (너무 자주 기준을 낮추고 난 후에) 눈이 높거나 가치가 높은 사람으로 보이는 누군가를 만나면 불안을 느꼈을 수도 있다(상대가 당신에게 너무 과분하다고 여긴다).

애정 관계에서 자신이 불안함을 느낀다고 깨달았거나 파트너가 불안함을 느끼는 사람이라면, 이를 헤쳐 나가는 방법을 찾는 것은 전적으로 당신 손에 달렸다. 그대로 내버려 두면, 둘의 관계 및 서로에 대한 욕망에 부정적인 영향을 미칠 수 있다. 파트너가 도와주려고 애를 쓰면, 불안한 사람은 그 불안함 때문에 죄책감마저 느낄 수 있다. 자신을 제대로 대우해 주지 않는 다른 사람과 함께하려고 이 건강한 관계를 저버리기도 한다. 불안함이 만들어내는 또 다른 문제는 파트너가 악의를 가지고 당신을 통제하려고 그 불안함을 악용하는 것이다. 자신을 사랑한다고 말하는 사람이 그런 짓을 저지르리라 생각지도 못하겠지만, 연애나 결혼은 언제나 사람들이 서로 협상하고 설득해 나가는 파트너십임을 잊지 말자. 가끔 우리의 불안이 지렛대 역할을 하기도 한다.

불안이 관계를 좀먹을 때

불안은 다양한 방식으로 관계를 해칠 수 있다. 부족한 자신감과 과한 자괴감은 관계에서 본연의 모습을 드러내지 못하게 가로막거나 파트너에게 확신을 가지지 못하고 질투하게 만든다. 깊이 뿌리 내린 불안(유기 불안이나 불안정 애착)은 무의식중에 우리가 사랑하고 아끼는 사람을 통제하거나 조종하고, 심지어는 학대하고 싶게 만든다. 불안이 어떻게 파트너에 대한 인식과 행동에 영향을 미치는지 깨닫는 것이 문제를 해결하는 첫걸음이다. 지금부터 당신이나 파트너의 불안이 어떻게 관계를 좀먹는지 그 사례를 보여주려 한다.

파트너가 나의 불안을 이용해 나를 조종하려 할 때

불안한 파트너는 상대를 의존적으로 만들기 위해 애정을 주지 않거나 헤어지겠다고 위협하는 경우가 흔하다. 당신의 파트너 역시 당신을 조종하려고 의도적으로 애정을 주지 않을 수 있다(당신이 자신에게 인정받길 바란다는 것을 알고 있다). 이들은 당신이 힘겨운 시기를 거치는 동안 애정이나 정서적인 지지를 거부하거나 당신이 거둔 성취를 인정하지 않는다.

파트너가 자신의 불안 때문에 나를 통제하거나 조종하려 할 때

유기 불안이 있는 파트너는 당신을 끌어당겼다가 다시 밀쳐내기도 한다. 이런 행동을 '밀당 Hot and Cold'이라고 부를 수 있다. 관계가 냉탕과 온탕을 드나들 때, 밀고 당기기는 심지어 중독이 될 수 있다. 당신은 상대를 언짢게 만들지 않으려고 살얼음판을 걷게 되고, 파트너가 화가 나면 언제 다시 기분이 풀릴지 계속 확인해야만 한다.

내가 나의 불안 때문에 파트너를 질투할 때

당신은 불안 때문에 파트너에게 자신감이 떨어질 수도 있다. 그러면 파트너가 어떻게 보이는지, 어떻게 행동하는지, 어떤 사람이랑 어울리고 어떤 시간을 보내는지 질투하게 된다. 상황이 괜찮다고 끊임없이 안심받고 싶어 하거나 파트너가 누구를 만나는지 알고 싶어 할 수도 있다. 당신은 파트너가 하지 않은 일을 비난하게 되고, 파트너는 당신이 비난한 그 활동을 해야 한다는 부담을 느낄 가능성이 있다. 불안은 당신이 후회할 만한 행동을 하게 만들고, 파트너와의 신뢰를 깨뜨릴 수 있다(예를 들어 핸드폰을 검사하거나 상대를 깎아내리고 바람을 피우기도 한다).

파트너가 불안을 느낄 때 해야 할 일

불안은 사람들 내면에 깊숙이 뿌리 내리고 있으며, 이런 감정과 믿음을 바로잡으려고 할 때 사람들은 방어적이고 심지어는 공격적인 자세를 취하게 된다. 중요한 건 파트너에게 공감하고, 마음을 열고 대화하며, 일방적으로 판단하지 않겠다는 태도로 접근하는 것이다. 그리고 본질적으로 문제를 해결하려고 애쓰기에 앞서 안전하고 믿음직한 환경을 조성해야 한다. 이를 실천할 방법에는 몇 가지가 있다. 귀를 먼저 기울이고 입은 나중에 열자. 파트너에게 우리가 이야기를 듣고 있으며 그들의 걱정을 인식하고 있음을 느끼게 해주자.

사람들은 다양한 방식으로 과거의 경험에 반응할 수 있고 그 반응이 저마다 다를 수 있음을 기억하자. 따라서 파트너의 경험과 그 경험에 대한 반응을 존중하자. 일단 파트너와 과거의 상처에 관해 이야기를 나누게 되면, 그들의 경험은 타당하며 당신이 신경 쓰고 있다고 안심시켜 주자. 이들에게는 아주 취약한 순간이 될 수 있다. 따라서 당신이 상대를 이해하며 헌신하고 있음을 다시 말해준다면, 걱정을 해소해 주는 방법을 찾는 결정적인 순간이 될 수 있다. 또한 마음을 열고 파트너의 불안에 대해, 그리고 그 불안이 관계에 어떤 영향을 미치는지에 대해 생각을 나눌 수 있는 순간이기도 하다. 이 단계에서 당신이 걱정스러운 부분을 공유하려는 목적은 파트너를 돕고 관계를 개선하거나 보호할 수 있는 방법을 찾고 싶어서라고 설명해야 한다. 다시 한번 강조하지만, 이 시점에서 중요한 것은 대화를 나누면서 상대를 안심시키는 것이다.

마지막으로, 상황을 변화시키기 위해 무엇을 바꿔야 하는지 합의점을 찾자. 미래를 향해 나아가려면 당신과 파트너는 무엇을 해야 하는가, 또는 더 이상 하지 말아야 하는가? 자신을 더 돌봐야 하는가? 더 효과적으로 소통해야 하는가? 친구와 대화를 나누거나 전문가 상담을 받아야 하는가? 둘이 함께 무엇을 해야 할지 합의하고, 이를 실천할 계획을 세우자. 또한 상황이 어떻게 발전하고 있는지 살펴보고 바뀌어야 할 부분을 파악하기 위해 간격을 두고 함께 확인하기로 의견을 모을 수도 있다. 심리학자 버지니아 사티어는 언젠가 "우리는 비슷한 점을 기반으로 만나고, 다른 점을 기반으로 성장한다"라고 말했다. 관계 안에서 성장할 수 있는 법을 배워야만 장기적으로 함께할 수 있다.

자신감을 쌓는 열 가지 방법

나는 평생 경영이나 교육, 정치와 스포츠 분야에서 높은 성과를 낸 사람들과 일하면서, 자신감과 회복탄력성에 대해 많이 배웠다. 핵심적인 교훈 가운데 하나는 회복탄력성의 원천이 언제나 긍정적인 부분에서 나올 필요는 없다는 것이었다. 높은 성과를 낸 사람 중 다수는 인생에서 여러 트라우마를 겪었고, 그로 인해 제한적 신념이나 심리적 장애가 생기는 대신 영감과 동기가 솟아나는 원천이 됐다. 이들은 난관을 위대함으로 통하는 잠재적인 디딤돌로 보는 법을 발견했다.[6] 이들이 부정적인 경험을 재해석하는 방식은 어떻게 부정적인 상황이나 두려움을 긍정적으로 바꿀 수 있는지가 핵심이다. 불행하게도 하룻밤 사이에 자신감을 키울 수 있는 간단한 방법은 없지만, 다행인 사실은 우리가 두려움에 제동을 걸고 과거를 재평가하거나 현재의 경험을 살필 수 있는 기술들이 존재한다는 것이다.

다음은 우리가 경험을 재해석하고 불안에 효과적으로 대처할 수 있는 열 가지 방법이다.[7]

1. 자신에 대해 가지고 있는 부정적인 생각을 찾아내고 여기에

도전하는 법을 배운다.
2. 우아하게 나이 드는 법을 배우고 자기 몸에 자신감을 가진다.
3. 유연하게 생각하자. 다른 사람의 입장에서 자신의 경험을 들여다보자. 똑같은 경험에 대해 다른 관점으로 볼 수 있는가?
4. 과거의 경험을 두고 어떤 점을 탓하거나 탓하지 말지 되돌아보자.
5. 실패를 자연스러운 배움의 과정으로 바라보려 노력하자.
6. 관계에 있어서 당신이 노력하고 싶은 목표를 세우자.
7. 어떻게 해야 자신감을 더 갖출 수 있는지 상상해 보고, 미래가 어떤 모습일지 시각화하자.
8. 일기를 쓰거나 명상을 하면서 긍정적인 성장의 마음가짐을 기르도록 노력하자.
9. 긍정적인 자기 대화를 연습하고 자신의 강점에 집중하자.
10. 친구와 이야기를 나누거나 치료사와 함께 불안을 다스리는 등 인맥을 활용해 도움을 얻자.

내 인생의 드라마

자괴감이나 불안은 극히 정상적인 인간의 행동 양식이다. 누구나 살면서 어느 순간 이런 감정을 경험하고, 어떤 사람은 다른 사람들보다 더 많이 경험하기도 한다. 자괴감은 불안한 생각과 정서를 유발하고, 그로 인해 주저앉을 수도 있고 더 나은 성과를 보이겠다는 동기를 부여받을 수도 있다. 그러나 지나친 불안은 인생의 다른 문제들로 이어질 수도 있다. 자신의 불안(과 그 불안이 어디서 나왔는지)을 알아채는 것이 첫걸음이다. 애정 관계에서는 당신이나 파트너가 불안 때문에 건강하지 못한, 심지어 해로운 행동을 할 수 있다. 그러나 관계 전문가들로부터 적절한 상담을 받지 않고 불안을 근절하기란 쉽지 않고, 어떤 경우에는 불가능하기까지 하다. 자신의 불안이나 파트너의 불안이 관계를 위험으로 몰아넣을 때 얼마나 적극적으로 대처할지 결정해야 한다. 당사자 모두 관계의 불안에 대처해야 할 책임이 있다. 즉 부족하다는 느낌을 극복해야 할 뿐 아니라, 자신의 이익을 위해 상대의 불안을 이용하면서 생겨날 수 있는 학대로부터 서로를 보호해 줘야 한다.

레드 라이트 발견하기

불안한 파트너는

- 자신의 불안 때문에 당신을 무시하거나 깎아내리면서 똑같이 불안을 조장한다.
- 바람을 피우거나 당신을 비난하고 학대한다. 당신도 자기와 똑같이 행동하고 있다고 믿기 때문이다.
- 언제나 당신이 어떻게 보이는지, 무엇을 하는지, 또는 누구와 어울리는지 등을 질투한다.
- 자신을 향한 사랑과 헌신, 충실도, 혹은 다른 사람을 만나려는 의

지 등을 항상 확인하고 확신을 얻으려 한다.

당신은
- 자신의 불안 때문에 파트너를 무시하거나 학대한다.
- 불안 때문에 정서적으로 솔직해지지 못하고, 파트너를 믿지 않는다.
- 파트너가 당신을 대하는 방식 때문에 불안해하기 시작하고 자신감을 잃는다.
- 파트너의 불안을 이용해 가지고 놀거나 통제한다.

그린 라이트 발견하기

불안한 파트너는
- 불안에 관해 당신과 솔직히 소통한다.
- 긍정적인 자기 대화를 하고 자기 반성과 마음챙김 기술을 연습하면서 자신을 바라보는 방식을 적극적으로 개선한다.
- 불안한 상태에서도 당신을 질투하거나 화를 내지 않는다. 그보다는 스스로 수양하고 관계를 개선하려고 최선을 다하면서 두려움과 불안에 맞선다.

당신은
- 파트너의 불안에 적극적으로 귀를 기울이고, 당신의 욕구와 경계선을 타협하지 않고도 해결할 수 있는 방법을 찾는다.
- 파트너에게 공감을 표하고, 아무런 잣대도 들이대지 않고 그저 이야기에 귀를 기울인다.

- 관계를 개선하기 위해 대화를 나누는 동안 파트너를 안심시키고, 꾸준하게 불안함을 다스리는 방법을 찾는다. 사람에게는 다정하게, 합의와 원칙에는 엄격하게 굴자.

관계를 지속할까, 끊어낼까? 다음을 고려하자

관계 안에서 불안을 다루기는 까다로울 수 있으나, 지속적으로 애정 어린 관계를 유지하고 싶다면 반드시 거쳐야 하는 과정이다. 불안함을 느끼는 상황은 흔하지만, 불안을 다루는 방식은 사람마다 다르다. 또한 이 불안을 해결하기 위해 관계 내에서 얼마나 많은 지지가 필요한지는 더욱 크게 다를 수 있다. 불안을 어루만지고 관계를 개선하려고 파트너를 얼마나 적극적으로 지지하고 있는가? 불안의 당사자가 당신이라면, 얼마나 적극적으로 자신의 문제에 노력을 쏟고 있는가? 어느 정도면 참을 만큼 참은 셈인가? 다음은 당신이 이 관계를 유지할지 말지를 결정할 때 고려해볼 몇 가지 상황이다.

함께하겠다는 마음가짐

- 상황을 함께 헤쳐 나가고 싶다.
- 서로 솔직하게 소통하고, 공통점과 합의점을 찾을 수 있다.
- 함께하는 미래를 꿈꾸며, 개인적인 불안과 어려운 상황을 해결

해 나가는 과정이 오래갈 관계를 만들려면 꼭 필요하다고 이해한다.

이제는 거리를 둘 때

- 파트너가 당신을 학대하거나 바람을 피운다. 당신도 똑같이 행동한다고 믿기 때문이다.
- 반복적으로 당신을 바보로 만들고 통제하려 한다. 당신이 불안에서 빠져나올 수 있게 돕는 대신 이를 악용한다.
- 질투할 필요가 없다고 안심시킨 이후에도 계속 당신을 질투한다.
- 파트너가 극도로 당신에게 집착하고, 계속 안심시켜 주길 바라며, 원하는 대로 되지 않을 때 분노한다.

"이제 우리 개방적으로 지내자!"
한 명으로는 부족할 때

"열려라, 참깨!"
― 알라딘

개방적인 관계(소위 '합의적 비非 일부일처제')

개방적인 관계란 무엇인가? '합의적 비 일부일처제'라고도 하는 이 관계는 파트너 이외에 다른 사람들과도 육체적으로 친밀하게 지낸다는 특징을 지닌다. 개방적인 관계에 있는 커플들은 각자, 또는 함께 다른 사람들과 섹스 하기를 선택할 수 있다. 개방적인 관계라는 개념은 많은 사람들을 겁에 질리고 경악하게 만들며, 따라서 폴리아모리 Polyamory(비독점적 다자간 연애)가 사회에서 불쾌한 취급을 받는 것도 당연하다. 일부일처제는 여러 사회와 문화, 종교에서 굳건히 자리 잡고 있기 때문에, 사랑하는 사람을 다른 누군가와 공유한다고 상상하기란 쉽지 않다.

그러나 개방적인 관계는 세계적으로 증가하고 있으며, 어느 날 당신의 (미래) 파트너가 방에 들어오더니 개방적인 관계로 지내자고 제안하는 일도 생길 수 있다. 이런 일이 벌어지면 어떻게 반응해야 할까? 심지어 이를 가능성으로 고려하긴 해야 할까? '개방적인 관계'라는 말을 입에 올리느니 상어가 우글거리는 수영장에서 수영하는 게 낫겠다 싶을 때는 어떻게 해야 할까? 이 장에서 우리는 왜 어떤 커플들은 개방적인 관계를 가지기로 결정했는지 그 이유들을 상세히 파헤치고, 이런 상황이나 파트너의 행동은 언제 레드 라이트이고 언제 그린 라이트인지를 알아보려 한다. 또한 왜 개방적인 관계가 유행하게 됐는지 이면의 심리적·사회적 동기들을 논하고, 눈치 보지 말고 이 복잡한 문제를 해결할 수 있는 최선의 전략을 제시할 것이다.

개방적인 관계는 왜 인기를 얻고 있는가?

서구 사회에서, '평생'의 무언가를 찾는 시대는 끝이 난 것처럼 보인다. 평생 직업, 평생 친구, 평생 파트너 같은 것들이 모두 드물어지고 있다. 현대 세계는 빠르게 변화하고 몹시 불확실해지면서, 우리는 점차 인생 자체를 경험할 시간이 줄어들었다는 압박 속에서 계속 움직여야 한다고 느낀다. 이는 장기적인 헌신에 대한 두려움을 만들어낸다. 또한 사회 규범이 변하면서 개방적인 관계처럼 다양한 형태의 관계를 이야기하기 쉬워졌다. 관계에 대한 시선이 변한 것 말고도, 오늘날 다양해진 선택지 또한 한 파트너에게만 매달리지 않으려는 이유가 될 수 있다. 데이팅 어플과 소셜 미디어 플랫폼이 다양해지면서 사람들은 그 어느 때보다 더 많은 선택을 할 수 있게 됐고, 심지어는 다음 연애 상대를 찾느라 집 밖으로 나갈 필요도 없다.

커플들이 서로에게 질리고 다른 사람에게 매력을 느끼는 상황은 몹시 정상이다. 여전히 많은 커플이 서로에게 헌신하기 위해 노력하고 있고, 더 견고한 유대를 만들어가려고 시간과 욕망을 희생한다. 그러나 관계의 개념은 빠르게 바뀌고 있고, 모두가 장기적이고 헌신적인 관계를 맺어야 한다고 느끼지 않는다. 최근 들어 젠더 인식과 성적 다양성이 전통적인 일부일처제라는 일반적인 개념에 이의를 제기하고 있음은 말할 것도 없다. 오늘날의 세계는 너무 치열해서 장기적인 헌신을 두려워하게 만들고, 여러 파트너십이 개방적인 성격을 띠거나 연애 초기 단계에서 '비배타적' 기반을 두고 서로를 만

나도록 부추기고 있다.[1]

개방적인 관계에 대한 낙인

다양한 연구들에 따르면 개방적인 관계가 사회에서 오명을 사고 있다.[2] 당연한 일이기는 하다. 개방적인 관계는 보통 건전하지 못하고, 위험하며, 진지하지도 않고 짧게 끝나버리는 관계로 인식된다. 또한 어이없이 들릴 수도 있지만, 일부 연구들은 개방적인 관계에 있는 사람들이 세금을 제대로 내지 않고 영양제를 규칙적으로 챙겨 먹지 않을 가능성도 크다고 한다.[3] 그러나 최근 들어 폴리아모리는 특히나 서구 국가들의 젊은 세대들 사이에서 조금씩은 받아들여지게 됐다. 폴리아모리나 다른 형태의 관계들이 인기를 얻으면서, 파트너가 개방적인 관계를 요구할 때 어떻게 대처해야 할 것인지가 점차 중요해지고 있다. 보통은 우리가 정신줄을 놓지 않기 위해서다.

지금은 도망칠 때

사람들이 개방적인 관계라는 개념을 좋아하는 데는 여러 가지 이유가 있다. 그러나 '좋아하는 개념'이라고 해서 '좋은 개념'이지는 않다. 레드 라이트 사이에서 그린 라이트를 구분하는 방법은 상황을 뒤흔들길 원하는 동기가 무엇인지 이해하는 것이다. 개방적인 관계에서 어느 한쪽은 관심이 필요하지만 파트너로부터 당연히 받아야 할 관심을 받지 못할 경우 레드 라이트가 되어버린다. 이를 실생활에서 살펴보자. 파트너가 당신에게 충실한 관계로 굳어지기 전에 여전히 다른 사람을 탐색하는 중이라고 말하면, 상대방은 당신을 '더 훌륭한' 뭔가가 나타나면 교체해 버릴 수 있는 '물건'으로 본다는 것이 명확해진다. 이런 취급도 괜찮다고 받아들이는 것은 아주 새빨간 레드 라이트로 여겨야 한다. 당신이 자신을 사랑과 헌신의 대상이 될 가치가 있는 존재로 평가하지 않는다면, 이는 누군가와 진지한 관계가 되기 전에 앞서 자신에게 초점을 맞춰야 한다는 징후다.

나는 한 고객으로부터 자기가 파트너의 '넘버 파이브 Number Five' 애인이며, 4년 동안 개방적인 관계로 지낸 후에 드디어 '넘버 원 Number One'이 됐을 때 얼마나 행복했는지 들었던 기억이 난다. 이들은 3개월 후 헤어졌다. 레드 라이트의 또 다른 사례로는 파트너가 당신에게 개방적인 관계로 지내고 싶다고 말하면서, 그러면 바람 피울 필요 없이 다른 사람들과 데이트할 수 있는 '자유 이용권'이 생긴 셈이니 나중에 바람을 피웠다고 알게 되는 것보다는 이러한 '개방형'이 더 낫다고 합리화하는 경우다. 어떤 이유에서든 개방적인 관계가 (일단 시도해본 후에도) 불편하게 느껴진다면 어떻게 해야 할까? 그 관계를 유지하는 것 자체가 레드 라이트다.

아니면 머물러도 괜찮을 때

양쪽 모두 개방적인 관계에도 마음이 편하다면, 적어도 처음에는 그린 라이트로 간주하자. 관계를 유지하면서도 다른 사람과 데이트할 수 있다는 개념은 신바람이 날 수 있고, 다른 선택지를 탐색해 보고 싶은 이유는 여러 가지가 있다. 이유 중 하나는 침대에서 지루함을 극복할 수 있다는 점이다. 둘 모두가 '개방형 계획'이 관계에 활기를 불어넣을 수 있다고 느낀다면, 이는 다른 형태를 탐색해 봐도 괜찮은 이유가 된다. 파트너 중 하나가 더 이상 이를 편안하게 느끼지 않을 때 언제든 선택을 무를 수 있다. 결국 개방적인 관계가 자기에게 맞지 않으면 안전하게 돌아올 계획이 있는지만 확실히 하자.

당신이 개방적인 관계를 원하지 않는다면

파트너가 관계를 개방적으로 유지하자는 이야기를 나누고 싶어 할 때, 당신은 어떻게 접근하고 싶은지 판단해야 한다. 정말로 시도해 보고 싶다면 한번 해보자. 그러나 절대로, 정말 절대로 압력에 못 이겨 승낙해서는 안 된다. 다음은 그런 제안을 거부하기 위해 할 수 있는 행동과 말이다.

처음부터 명확하고 직접적으로 밝히자

처음부터 기대할 수 있는 선을 그어버리면 가까운 미래에 똑같은 대화를 또 나눠야 할 확률을 최소화할 수 있다. 관계에서 당신이 무엇을 원하는지, 어떤 면에서 개방적이거나 개방적일 수 없는지 표현하자. 폴리아모리가 맞지 않는다면, 처음부터 명확히 밝히자.

이유에 솔직해지자

또한 당신이 왜 폴리아모리 관계를 원치 않는지 이유를 설명하는 것이 중요하다. 이 이유에는 애정적 관계와 정서적 욕구에 대한 두려움, 개인적인 가치, 신념이 포함되며, 당신은 일부일처제가 아니라면 이런 부분을 충족하기 어렵다고 깨달았을 것이다.

대화를 나누자

파트너에게 왜 개방적인 관계를 누리고 싶은지 생각을 나눌 기회를 주자. 또한 이들이 당신의 욕구와 개방적인 관계를 원치 않는 이유에 대해 어떻게 느끼는지 귀를 기울이자. 너무 비판하려 하지 말고 상대방의 관점을 이해하려고 노력하자.

합의에 대한 여지를 남겨두자

당신과 파트너가 개방적인 관계에 대해 각자 다른 생각을 하고 있다면, 서로의 욕구를 충족시킬 수 있는 방법을 찾고 싶을 것이다. 잠시 떨어져 시간을 가져도 좋고, 서로의 욕구를 반반씩 충족할 수 있게 경계선을 긋거나 다른 방법을 고려해볼 수도 있다. 둘 모두를 충족시킬 수 있는 방법을 찾지 못했다면, 헤어지는 선택도 언제나 가능하다.

헌신의 가치를 규정하자

일부일처제식 관계를 고집하려는 까닭이 파트너를 위한 헌신임을 설명하자. 서로에게 헌신하기 위해서는 희생과 전념이 필요하다. 이는 단순히 행동이 아니라, 심리적으로 두 사람 간의 통합을 강화해줄 가치이기도 하다. 다른 누군가를 욕망하는 것은 "너로는 부족해"라고 해석될 위험이 있다.

관계는 마치 바다를 항해하는 것과 같아서, 가끔은 익숙한 곳을 가로지르지만 또 가끔은 미지의 장소를 헤매고 있는 자신을 깨닫게 된다. 배에 탄 모든 사람이 어느 방향으로 향할지 동의하는 건 아니지만, 바라건대 힘을 합쳐 상황을 해결할 수 있으리라. 서로의 변화하는 욕구를 존중하자. 솔직하게 소통하고, 가끔은 타협하지만, 언제나 진실한 모습을 유지하도록 하자. 그리고 기억하자. 배가 가라앉기 시작할 때 언제든 올라탈 수 있는 구명정이 배 뒤편에 준비되어 있다.

브래드 피트와 안젤리나 졸리는 한동안 개방적인 관계를 유지했던 것으로 추정된다. 두 파트너는 서로를 제재해야 한다고 믿지 않았고, 충실함이 관계에서 절대적으로 필요한 조건이라고 믿지도 않았다.[4] 브란젤리나 커플은 13년 동안 함께 살다가 2016년 갈라서기로 결정했다. 개방적인 관계는 잘 운영하기가 쉽지 않고, 결혼 생활을 원활히 돌아가게 만드는 만능 해결책도 아니다.

내 인생의 드라마

오늘날의 현대 세계에서 일부일처제를 유지하지 않기로 결정한 사람들의 수는 점차 늘어나고 있다. 현대식 삶은 한 사람에게만 집중하기가 어렵다. 사람들은 예전보다 더 자주 여행을 가고, 데이팅 앱은 끝도 없는 선택지를 제공하며, 관계에서의 어려움에 대처할 의지는 점차 약해졌다. 또한 일부터 사랑까지 인생의 모든 영역에서 충성이란 개념이 사라져버린 듯하다. 많은 사람이 "내가 왜 한 사람에게만 집중해야 하지?"라고 생각하기 시작했고, 이는 연애 현장에만 국한된 이야기가 아니다. 오랫동안 일부일처제를 유지했던 사람들 역시 따로든, 커플로든 간에 관계 밖의 다른 사람들을 만나보기를 선택하고 있다. 파트너가 당신에게 개방적인 관계를 가지자고 요청할 때 꽤 충격을 받을 수 있다. 이전까지 그런 생각을 해보지 않았더라면 더 큰 충격일 것이다. 개방적인 관계는 모든 사람에게 어울리지 않으며(또한 이를 인정하지 않는 문화와 지역 사회가 많다), 원치 않을 때 어쩔 수 없이 이 관계로 전환해야 한다는 압박을 받을 필요도 없다. 개방적인 관계는 양쪽이 다 원하고 '개방'이 무슨 의미인지 명확해야만 이뤄질 수 있다. 개방적인 관계는 유리한 점과 불리한 점을 모두 가졌고, 따라서 관계를 개방하고 다른 사람들을 들일까 고민하고 있다면, 상처받는 사람이 아무도 없도록 명확한 기본 원칙(과 비상시 대책)을 세워야 한다. 본래의 관계에서 벗어나 다른 사람들을 만나는 일은 하룻밤에 가능한 게 아니다. 마음을 열고 오랫동안 대화해야 하며, 많은 시간과 믿음이 필요하다. 또한 사람을 방어적으로 만들 수 있는 논의이니만큼, 대화에서 이 주제를 꺼내기로 했을 때 파트너를 잃을 수도 있다는 마음의 준비를 하자.

레드 라이트 발견하기

- 파트너가 개방적인 관계를 가지자고 압박한다.
- 파트너가 다른 사람들을 만나면서도 당신을 독점하고 싶어 한다.
- 파트너가 다른 사람을 만난 후에 돌아와 폴리아모리 관계로 전환하자고 제안한다.
- 파트너가 개방적인 관계로 전환하면서 결정한 합의점들을 존중하지 않는다.

그린 라이트 발견하기

- 당신과 파트너가 개방적인 관계를 가지고 싶어 한다.
- 당신이 개방적인 관계를 원치 않을 때 파트너가 그 의견을 이해해 준다.
- 당신이 개방적인 관계를 시도해 봤지만 당신이 배타적인 관계로 되돌아가자고 요청했을 때 파트너가 기꺼이 일부일처제로 되돌린다.
- 각자의 욕구는 언제든 변할 수 있으며, 당신과 파트너가 관계에서의 욕구에 대해 솔직하게 소통할 수 있다.

관계를 지속할까, 끊어낼까? 다음을 고려하자

파트너가 당신에게 관계를 열어두고 다른 사람들을 만나보자고 제안했을 때 이를 선택하기가 쉽지 않을 수 있다. 아주 불편한 기분이 들 수도 있고, 다른 누군가와 함께하고 싶은데 왜 굳이 관계를 유지해야 하는지 의문이 생길 수도 있다. 유일하게 원하는 관계의 형태가 일부일처제인 경우가 아직 많다. 그러나 개방적인 관계에 대한 관심이 늘어나고 있으며, 여러 문화와 지역 사회에서 여전히 사회적으로 낙인을 찍고 있음에도 서서히 인정받고 있다. 이 개념에 대해 확신은 없으나 계속 고민하고 있다면 '개방'의 의미가 무엇인지, 어떻게 운영할지 충분히 대화를 나눠보는 것이 중요하다. 다른 사람을 만나는 일이 어쩌면 침실에 활기를 불어넣을지 몰라도 특유의 어려움도 함께 끌어올 수 있다.

함께하겠다는 마음가짐

- 당신과 파트너가 개방적인 관계로 시작했다.
- 다른 사람을 따로, 또는 함께 만나보자는 파트너의 제안을 순순히 받아들일 수 있다.
- 관계를 개방할 의향이 없으며, 이를 파트너에게 전달했다. 파트너가 당신의 판단을 존중하고 개방적인 관계로 전환하지 않았다.
- 개방적인 관계를 시작했을 때 파트너는 당신이 세운 운영 규칙을 존중해 준다.

이제는 거리를 둘 때

- (이유를 막론하고) 당신이 개방적인 관계를 염두에 두고 있지 않다.
- 당신은 개방적인 관계를 원치 않으며, 파트너가 당신의 선택에 힘들어한다.
- 당신이 동의하지 않은 행동을 파트너가 다른 사람들과 하고 있다.
- 다른 사람들과 만나보자고 결정한 후 당신이 개방적인 관계를 중단하고 싶을 때, 파트너가 일부일처제로 돌아가려 하지 않는다.

레드 플래그 ㉒

"네 잘못인 걸 왜 몰라?"
파트너가 가스라이팅할 때

"희생양 찾기가 모든 수렵꾼이 할 수 있는 가장 쉬운 일이다."
— 드와이트 아이젠하워

비난의 심리학

비난은 상황이 나빠질 때 흔히 나타나는 심리적 반응이다. 왜 우리는 비난을 할까? 어딘가 손가락질을 하고 다른 사람에게 책임을 떠넘기는 것이 안전하게 느껴지기 때문이다. 바라는 바야 상대가 자기가 한 일을 반성하고 그로부터 발전할 수 있게 교훈을 얻는 것이지만, 상황은 항상 그렇게 풀리지 않는다. 비난의 심리학은 복잡하고, 다양한 사고 과정과 정서를 포함한다. 예를 들어 누군가가 당신에게 손가락질하면 수치심을 느끼는 게 자연스러운 일이다. 수치심은 당신이 자아상을 보호하고 싶어지게 만들고, 그 결과 당신은 다시 다른 사람을 비난하게 된다(당신이 잘못했음을 알고 있을 때도 그렇다). 이 경우 비난은 수치심을 피하고 자신의 실수로부터 초점을 돌리는 데 도움이 된다. 당신의 잘못인지 확실하지 않은 상황에서 파트너에게 비난 받았다면, 그 이유를 파악해야 한다. 어떤 경우 비난은 충동적인 행동, 심지어는 학대의 무기가 될 수 있기 때문이다.

관계에서 상황이 틀어졌을 때 계속 당신에게 비난의 화살을 돌리는 파트너는 레드 라이트다. 비난하는 습관에 너무 익숙해진 나머지, 무의식적으로 비난하는 행동을 계속할 수도 있다. 계속 비난을 받다 보면 정신 건강은 물론이거니와 관계에 엄청난 타격을 입힐 수도 있다. 또한 반복적인 비난은 파트너가 자기 행동에 책임을 지고 싶지 않으며 당신만 책망하겠다는 징후일 수 있기 때문에 레드 라이트다. 마지막으로, 어떤 경우에는 당신이 정말로 비난받아야 할 당사자일 수 있고, 그럴 때는 자신이 레드 라이트인지 고민해 봐야 한다. 이제는 왜 당신이 관계에서 문제를 만들고 있는지 반성해야 할 때다. 이유가 무엇이든, 사람들이 비난을 하는 이유를 파악하면 파트너와의 관계를 강화하는 데 도움이 될 것이다. 또한 당신이 가스라이팅과 같이 적대적인 행동의 희생자가 되지 않게 보호해줄 것이다.

가스라이팅이란?

'가스라이팅Gaslighting'이란 용어는 특히나 연애 관계의 영역에서 급작스레 인기를 얻고 있다. 옥스퍼드 영어사전은 심지어 가스라이팅을 2018년 올해의 단어로 선정하기까지 했다.[1] 그러나 가스라이팅이 무슨 뜻인지, 혹은 어디서 비롯됐는지 제대로 이해하지 못하는 사람들이 많다. 가스라이팅은 당신이 자신을 의심하고 직접 내린 판단에 의문을 품게 할 의도로 심리적인 조종을 가하는 형태다. 가스라이팅은 근거없이 비난하거나 거짓말을 하고, 사실을 왜곡하거나 현실을 뒤틀어서 누군가를 조종하려는 목적을 가진다. 당신의 현실과 기억, 감정과 경험은 모두 부정당한다. 가스라이팅은 심리적 조작 전략일 뿐 아니라, 사람들(남편과 아내, 상사와 부하, 엄마와 딸 등)[2] 사이에 힘의 불균형을 만들어 내려는 권력 싸움이다. 이 용어는 1930년대 패트릭 해밀턴이 쓴 희곡 《가스등》에서 시작됐다. 이 이야기에서 한 남성은 아내를 정신병원에 집어넣고 유산을 가로채기 위해, 아내가 미쳐가고 있다고 설득하려고 애를 쓴다.

가스라이팅을 하는 사람들은 보통 당신의 현실이 진짜가 아니라거나 사실 인식이 잘못됐다고 설득하고(당신이 실제 증거를 가지고 있을 때도 그렇다) 스스로 희생자가 되게끔 대화를 끌어간다. 전형적인 가스라이터는 이런 식으로 말한다. "내가 왜 바람을 피웠는지 생각이나 해봤어? 네가 날 이렇게 만든 거야!" 가스라이터는 어떻게 해야 말로 상황을 왜곡하고 당신이 비난받을 당사자라고 느끼도록 만들 수 있는지 정확히 안다. 학대자들이 파트너를 가스라이팅하는 심리적인 이유에는 여러 가지가 있는데, 유기 공포, 과거의 학대 경험, 나르시시즘 같은 성격 장애까지 다양하다.

가스라이팅의 악영향

가스라이팅의 표적이 된 사람들은 자신을 더 이상 믿거나 파악하지 못한다. 이들은 겁에 질려서 관계에서 문제를 해결하지 못하고, 혼란이나 불안, 우울, 과잉 생각 등으로 고통받을 수 있다.[3] 오랫동안 가스라이팅 당한 후에 정서 조절 문제를 겪는 경우도 아주 흔하다. 자신이 생각하는 모든 것이 사실이라는 믿음이 무너지기 시작하면 정서적 붕괴가 일어나거나 히스테리를 일으킬 수 있다. 반복적으로 가스라이팅 당했던 건강하지 못한 관계를 마침내 떠난 사람들은 자존감 문제와 거절당한다는 기분 때문에 새로운 낭만적 관계를 형성하는 데 어려움을 겪는다.[4] 당신의 현실이 지속적으로 의심당하고 자신에 대해 (더 이상) 안정감을 얻지 못할 때 쉽사리 자아를 잃고 학대의 피해자가 될 수 있다.

가스라이팅은 정서적 학대의 악의적인 형태로, 이런 일이 벌어졌을 때 빠르게 알아차리고 최선을 다해 해결해야 한다. 당신의 현실을 긍정적으로 지지해 주는 사람들을 주변에 두는 것은 현실 감각을 잊지 않고 정신줄을 놓지 않으려면 필수적이다. 그러나 가스라이팅은 미묘하게 시작되는 만큼 감지하기 어렵다. 또한 당신에게 덧씌워지는 거짓말을 받아들이면, 당신과 파트너는 모두 언어적 학대와 정서적 학대의 악순환에 빠지게 된다. 이는 결국 가정 폭력이나 정신 건강 악화로 이어질 수 있다.

스스로 가스라이팅하기

몇 달 몇 년을 가스라이팅 당하고 나면 스스로를 가스라이팅하기 시작할 수도 있다. 자신의 욕구를 인정하지 않고, 자신에게 위해를 가하는 사람이 일부러 그러는 게 아니라고 믿는다. 당신이 스스로를 학대하게 만들 수 있다. 사람들은 왜 가스라이팅 당할 때도 여전히 그 관계를 붙잡고 있는가? 우선, 현실 감각을 잃은 사람은 무엇이 진실인지 더 이상 알지 못한다. 정서적으로 무력해지면서 불안해지고, 계속 현재의 상태에 묶여 있게 된다. 당신이 피플 플리저라면, 파트너의 주장에 이의를 제기하고 싶지 않고 더 이상 갈등이 일어나지 않게 그냥 수긍해 버릴 수도 있다. 가스라이팅에서 갈등을 피하는 일은 문제를 악화시킬 뿐이다. 자기를 상처 주는 상대에게서 인정과 승인을 바라는 사람들에게 흔히 일어나는 경우로, 학대 피해자는 사랑받길 바라거나 파트너를 범법 행위에서 구해줄 수 있기를 희망하면서 계속 관계를 이어나간다. 가스라이팅은 '상호 참여Mutual Participation' 행위로, 피학대자(학대받은 당사자)가 자기 자신을 가스라이팅 당하게 하는 역할을 맡고 있다는 의미다.[5] 가스라이팅을 멈추고 싶다면 그 작용을 인식하고 책임을 져야 한다. 당신이 관계에서 벌어지는 문제를 바로잡을 만큼 자신감이 없거나 잘못된 지점에서 사랑을 찾고 있다면 쉽게 악순환에 빠질 수 있다.

흔한 가스라이팅 전술

이 세상에는 가스라이팅과 연결된 다양한 정신 조작 전술이 존재한다. 대인관계 조작술의 일종인 가스라이팅은 상대방이 틀렸다고 주장하고, 신임을 떨어뜨리며, 의심을 조장하고, 자신감을 갉아먹으며 현실을 왜곡한다. 가스라이팅 전술은 다음의 네 가지 구체적인 카테고리로 나눠볼 수 있다.

지속적인 거짓말

가스라이팅하는 사람들은 보통 상대방의 기억과 신념, 경험을 왜곡하려고 거짓말을 한다. 학대하는 사람들이 당신의 현실을 왜곡하기 위해 흔히 하는 말은 "그런 일은 절대 일어나지 않았어!", "너는 친구들이 하는 말만 믿는구나!" 그리고 "너는 상황을 제대로 보지 못하고 있어!"다. 이런 일이 반복되면, 현재의 경험뿐 아니라 과거 사건에 대한 기억마저 의심하게 만든다.

하찮게 만들기

하찮게 만들기Trivializing는 스스로 보잘것없고 중요하지 않다고 느끼게 만드는 가스라이팅 전술이다. 당신의 욕구와 경험은 공격당하고 "너는 미쳤어!", "너무 예민해!" 또는 "너 같은 사람이 하는 말을 왜 듣는 거야?"라는 말을 계속 듣게 된다.

희생양 만들기

희생양 만들기Scapegoating는 상대를 계속 비난해서, 화제를 바꾸고 잘못된 행위의 책임에서 벗어나는 것이다. 학대하는 사람은 피학대자에게만 계속 초점을 맞춤으로써 상대가 오직 자기 방어를 하느라 처음에 시작된 진짜 문제에 주목하지 못하게 만든다. 희생양 만들기의 사례로는 "넌 맨날 잔소리만 하니까, 나는 당연히 집에서 벗어나고 싶은 거야. 나한테 그러기 전에 네 행동을 먼저 돌아보라고!"가 있다.

굴복시키기

굴복Coercion은 상대를 고립시켜서 원치 않은 일을 하게 만들거나 이미 한 일에 죄책감을 느끼게 만드는 방식이다. 굴복의 사례로는 "나는 네가 한 짓 때문에 일주일 동안 너랑 말하지 않을 거야"와 "널 차단할 거야! 내가 옳다고 인정해야 차단을 풀어줄 거야"가 있다.

파트너가 가스라이팅하기 시작했다면

파트너(또는 가족이나 동료)가 당신을 가스라이팅한다고 의심하거나 알게 되었다면, 행동을 취해야 할 때가 왔다. 가스라이팅에 정면으로 부딪히지 않으면 심각한 파급 효과를 겪을 수 있다. 오늘 상대의 행동이 '그런대로 받아들일 만하다'라고 생각하더라도 마찬가지다. 이 책을 읽는 시점에서 당신은 "나는 이미 건강하지 못한 관계에 깊이 얽혀 있어. 더 이상 아무것도 바꿀 수가 없네. 그냥 있는 그대로 상황을 받아들일 거야"라고 생각할지도 모른다. 이는 지속적인 기간 동안 어떤 식으로든 학대를 경험했던 사람들 사이에서 아주 흔하게 나타나는 생각의 패턴이다. 내가 당신에게 바라는 바는, 불안한 정신과 기분이 지금 이 순간 당신을 옭아매고 있음을 깨닫는 것이다. 당신이 정상적인 상태로 돌아오기 위해, 무엇이 도움이 될 수 있을지, 통제권을 되찾으려면 다음을 고려해 보자.

자기 인식 구축하기

자기 성찰용 질문을 몇 차례 던져서 개인의 상황을 인식해야 한다. "너는 지금 건강하지 못한 관계에 빠져 있지 않니?", "무엇이 네 관계를 건강하지 못하게 만드니?", "상황이 달라지기 시작했던 때가 기억나니?", "그렇다면 무엇 때문에 너는 어떻게 달라졌니?" 왜 당신이 건강하지 않은 관계를 유지하기로 받아들였는지 스스로에게 묻자. 아무리 자그마한 변화라도, 현재의 관계를 바꿔놓기 위해 당장 할 수 있는 한 가지를 떠올려보자.

가스라이팅 식별하기

상황을 되돌아보았다면, 이제 파트너의 행동에 집중할 시간이다. 자신에게 이렇게 물어보자. "내 파트너가 나를 가스라이팅하고 있나?" 이 질문에 도움을 주기 위해서 다음과 같은 여덟 가지 문장 중 하나라도 '맞다'고 대답할 수 있는지 살펴보자.

- 파트너는 내가 본 게 진짜가 아니라고 말하면서 현실에 의문을 품게 만든다.
- 파트너는 실수를 저질러놓고 책임지지 않는다. 대신 나를 비난할 방법을 찾는다.
- 파트너의 나쁜 짓을 알게 되자 나 때문에 그런 식으로 행동한 것이라고 말한다.
- 파트너가 부정행위를 저질렀다는 사실을 마주했을 때, 재빨리

대화의 방향을 바꿔서 그 화제가 대화에 오르지 않게 만든다.
- 파트너가 저지른 잘못이나 부적절한 행동을 잡아내자, 피해자처럼 행동한다.
- 파트너에게 잘못을 저질렀다고 지적하자 화를 낸다.
- 파트너가 가끔 거짓말을 하고, 그 거짓말을 잡아내면 내 성격을 공격하면서 "망상장애"라거나 "미쳤다"라고 말한다.
- 파트너가 다른 사람에게 내 뒷담화를 하거나 평판을 무너뜨리려고 애쓰면서 나를 망신 주려 한다.

자신에 대한 신뢰 되찾기

이런 행동 중 하나라도 인지했다면, 이제는 무엇이든 해야 할 때다. 핵심은 자신을 보호하는 것이다. 오랫동안 가스라이팅에 시달렸다면, 무기력해지거나 지나치게 겁을 먹었을 수 있으며 어떻게 해도 도움이 안 되리라 믿을지도 모른다. 당신은 존중받을 권리가 있고 자신의 목소리와 현실이 중요하다는 사실을 언제나 기억하자. 또한 당신의 신념을 지지해 주고 자신감을 되살리기에 도움이 될 친한 친구와 의논하는 것도 고려해 보자.

이제는 밀어낼 때[6]

목소리를 높일 자신이 생겼으면, 당신의 입장이나 의견을 방어하기 위해 할 수 있는 여러 가지 말을 적어두자. 다음은 당신이 할 수 있는 말들의 예시다.

- "내가 네 잘못을 지적할 때마다 네가 짜증을 내는 것을/나를 비난하는 것을/내게 미쳤다고 말하는 것을/화제를 돌리는 것을 깨달았어. 네가 한 짓에 대한 책임을 지지 않으려고 버티는 방법이구나. 나는 이런 행동을 더 이상 받아주지 않을 거야."
- "네가 잘못한 일을 내 탓으로 돌리는 것은 받아들일 수 없어. 네가 선택해서 한 일이야. 나는 네가 더 이상 나를 가스라이팅하지 못하게 할 거야."
- "네가 거짓말하는 걸 벌써 여러 차례 잡아냈잖아. 너는 딴 얘기를 하거나 사실을 뒤집어놓지. 네가 이런 식으로 계속 행동하면 우리는 믿을 수 있는 관계로 남을 수 없어."
- "네 잘못에 대해 이야기를 꺼낼 때마다 너는 다른 사람들한테 쪼르륵 가서 나를 나쁘게 말해. 네가 이런 식으로 계속 행동해도 될 거라 생각한다면, 우리에겐 미래가 없어."

연습하고, 연습하고, 또 연습하자

처음에는 그런 반발들에 마음이 불편할 수 있다. 인간의 뇌는 새로운 행동 방식에 익숙하지 않다는 점을 기억하자. 심지어 자신을 방어하려 애쓰면서 죄책감을 느낄지도 모른다. 죄책감이 들 때는 뇌의 기본값이 당신을 옛 사고 패턴에 잡아두려고 애쓰고 있음을 기억하자. 당신의 뇌가 반발을 편안히 느끼기 위해 정서적 반응을 새로이 개발해가고 있는 만큼, 죄책감을 긍정적인 변화의 징후로 바라보자. 죄책감은 당신이 두 발로 서서 자신의 현실을 지지하는 연습을 열심히 할수록 사라질 것이다. 이제는 자아와 화해하고 자신의 경험이 합당함을 인정할 때가 왔다.

반박 시 그래도 내 말이 맞다

일단 당신이 자기 주장을 내세우기 시작하면, 파트너가 앙갚음을 하거나 무시하는 경우도 왕왕 있다. 아주 일반적인 반응이다. 상대에게 더 나은 대접을 받을 수 있는 유일한 방법은 당신이 진정성 있게 자기 입장과 가치를 고수할 때임을 기억하자. 반발에 대처하기 어렵다면, 언제나 누군가에게 도움을 청할 수 있다. 도움을 청한다고 해서 나약하다는 의미가 아니다. 당신의 목표를 향한 용기와 확신을 실제로 보여주는 것뿐이다.

> 가스라이팅은 다양한 방법으로 일어난다. '틴더 사기꾼'으로 유명한 사이먼 하유트는 조작의 달인으로, 피해자들로 하여금 그가 억만장자의 아들이라고 믿게 가스라이팅했다.[7] 그의 가스라이팅 전술은 현실 조작부터 굴복까지 다양한데, 어찌나 효과적이었는지 데이팅 앱에서 만난 여성들에게 돈을 달라고 설득할 수 있을 정도였다. 그 돈으로 사이먼은 호사스러운 생활을 누렸다.

내 인생의 드라마

지속적이고 습관적인 비난이나 가스라이팅은 어떤 관계에서든 극적인 상황을 만들어낸다. 비난이 정신을 조종하는 전술로 활용되는 관계에 처해 있다면, 이제는 이를 인식하고 대처해 나가야 한다. 상대를 조종하려고 비난하는 것, 현실 감각을 왜곡시키거나 통제권을 가지고 쥐락펴락하는 것 모두 학대임을 기억하자. 가스라이팅 당할 때 파트너에게서 도망칠 수 없다고 생각할 수도 있다. 언제나 기억하자. 당신은 그 사람에게서 벗어날 수 있으며, 친구든 관계 전문가든 필요할 때 도움을 청하는 것이 중요하다. 학대당하는 일은 절대로 괜찮을 수 없다. 아무리 사랑하는 사람이라도 결코 허용해서는 안 된다.

레드 라이트 발견하기

- 파트너가 언제나 당신을 비난한다(당신은 그 비난을 수용한다).
- 파트너가 자신의 결점이나 잘못으로부터 관심을 돌리려 당신을 비난하는 방법을 쓴다.
- 당신이 권력을 얻거나 상처를 주기 위해 파트너를 비난하거나 가스라이팅을 하는 장본인이다.
- 파트너를 고칠 수 있다고 믿기 때문에 가스라이팅을 그대로 수용한다.

그린 라이트 발견하기

- 파트너가 당신이 하지 말았어야 했지만 저지른 일에 대해 비난한다. 당신은 자신이 저지른 실수 때문에 비난받고 있음을 인식한다. 이를 반성하고 행동을 개선하는 순간으로 삼는다.
- 당신은 파트너를 조종하기 위해 비난하지 않으려고 자제한다. 대신 자신의 문제에 집중하고 누구도 완벽하지 않음을 인식한다.
- 서로의 문제점이나 당신이 좋아하지 않는 행동들에 대해 의논한다. 비난하는 대신 당장의 문제에 집중한다.
- 가스라이팅이 일어났을 때 당장 반발한다. 당신의 현실이 부정당하도록 절대로 내버려두지 않는다.

관계를 지속할까, 끊어낼까? 다음을 고려하자

가스라이팅을 당하는 입장이라면, 이제는 어떻게 해야 벗어날 수 있는지를 생각해야 한다. 당신은 학대적인 관계에 놓여 있을 가능성이 매우 크다. 어쩌면 당신은 파트너가 일부러 그러는 건 아니라던가, 살면서 힘겨운 시기를 보내고 있는 만큼 그럴 수 있다고 합리화할 수도 있다. 그 무엇도 진실이 아니다. 학대를 수용하는 것은 학대받는 것에 대한 자동적인 반응일 수 있고, 혹은 당신이 자신의 가치를 매기는 방식과 관련될 수도 있다. 이유가 무엇이든 건강한 상황은 아니다. 그러므로 그 관계로부터 도망쳐 나오거나 어떻게 해야 건강하게 관계를 유지할 수 있을지 다시 협의해야 한다.

그리 쉽지 않은 문제임은 잘 알고 있으니, 옴짝달싹하지 못하겠다는 느낌이 들면 혼자서 해결하려 하지 말자. 학대적인 파트너에게 대처할 수 있게 도와줄 수 있는 친구나 카운슬러에게 연락하자. 관계를 유지하고 싶고 여전히 미래를 함께할 수 있다고 믿는다면, 어느 행동을 수용하고 수용하지 말지 결정해야 한다. 또한 합의가 존중받지 못할 때 어떤 결과가 발생할지 생각해 보자. 어느 시점에서 작별을 고할 것인가? 파트너와의 관계에서 경계선이 어디인지, 자신과의 경계선은 어디인지 명확히 하자. 마지막으로, 당신이 이 관계를 유지할지, 떠날지 결정할 때는 개인적인 환경 모두를 고려하자. 당신이 원할 때 관계를 그만두는 것은 어느 정도로 쉬운가? 떠난다면 무엇을 포기해야 하는가?

함께하겠다는 마음가짐

- 파트너가 남을 자주 비난하는 경향이 있지만 절대로 나쁜 방식으로는 아니다.
- 파트너가 과거에는 당신을 가스라이팅했지만, 심오한 자기 성찰과 상담 덕에 자기 행동을 인지하고 있다.
- 아이가 있어서 파트너를 떠나는 선택을 하기가 쉽지 않다. 헤어지기로 결정하기 전에 먼저 같이 상담을 받아보자.
- 비난받는 상황에서 당신이 실제로 상처를 주는 방식으로 행동했

음을 이해했다. 이제는 뭐가 잘못됐는지 솔직히 대화를 나눌 때다.

이제는 거리를 둘 때

- 언어 폭력을 당하고 있음을 깨달았다.
- 파트너가 주기적으로 당신을 가스라이팅하는 바람에 현실에 의문을 품게 됐다.
- 당신의 정신 건강이 파트너의 잘못된 행동 때문에 악화되고 있다.
- 당신은 낮은 자존감 때문에 형편없는 대우도 그냥 참고 있음을 깨달았다.

"네게 상처 주려던 건 아니었어!"

레드 플래그 ㉓

바람을 피우는 파트너

"네가 거짓말을 해서 화난 게 아니야. 이제부터 너를 믿을 수 없다는 데 화가 난 거야."
— 프리드리히 니체

바람을 피웠다니… 무슨 미친 소리야?

파트너가 바람을 피우는 일은 끔찍하지만 흔한 경험이다. 파트너가 다른 누군가와 섹스를 했다는 사실을 깨닫는 것은 몹시 불편하다. 벌어진 사건 자체도 그렇지만, 그 사건과 관련해 자신에게 의문을 품게 되기 때문이다. 불륜의 파급 효과는 그 행위 자체를 넘어선다. 당신의 자존감에 부정적인 영향을 미치고, 가족을 불안정하게 만들며, 다른 사람들과 어울리려는 당신의 욕망에 영향을 미친다. 일부 문화권에서는 당신의 명성도 갉아먹을 수 있다. 왜 사람들은 바람을 피우며, 난잡하게 지내면서 무엇을 얻는가? 소셜 미디어 시대에 바람이란 무엇인가? 인스타그램에서 누군가의 사진에 '좋아요'를 누르는 행위는 바람의 경계선에 있는가? 데이팅 앱을 깔거나 추파를 던지거나, 심지어 섹스팅 Sexting(성적인 메시지)을 보내는 건 어떤가? 바람의 심리학은 왜 이미 애정 관계에 있는 이들이 다른 사람에게 신체적·정서적으로 들이대고 싶은 욕구를 느끼는지, 어떻게 바람을 정당화하는지 설명하는 데 도움이 된다. 이번 장에서는 이 주제를 동시대적인 방식으로 탐구하고 설명해 보려 한다.

현대 세계가 정의하는 '불륜'

바람 또는 불륜은 '남편이나 아내, 파트너 이외의 사람과 낭만적이거나 성적인 관계를 맺는 행위'라고 정의한다.[1] 파트너 외 다른 사람과 신체적으로 나누는 친밀한 행위(성교, 키스 등)를 가리키며, 일부일처제에서는 합의하지 않은 관계다. 이 정의는 육체적 불륜에 더 가깝다. 그러나 사전이 내린 불륜의 정의에는 단순히 육체적 불륜보다 한 발짝 더 나아간 정서적 불륜이 배제되어 있다. 정서적 불륜은 파트너가 누군가와 친밀한 유대감을 형성했으며, 그 정도가 서로에 대한 신뢰를 약화시킬 때 해당된다. 정서적 불륜은 육체적 불륜만큼 타격이 클 수 있으며 결혼생활을 망치기도 한다. 남성과 여성 모두 정서적 바람을 끔찍하다고 여기며, 여러 경우 육체적인 불륜보다 더 나쁘다고 본다. 정서적 불륜에서 흥미로운 점은 대부분의 법정에서 이를 간통으로 간주하지 않는다는 것으로, 그만큼 법적 제도 안에서는 이혼을 추진하기가 어려워진다.

게다가 소셜 미디어와 데이팅 앱의 등장으로 이제는 디지털 불륜도 생겼다. 디지털 불륜은 파트너가 다른 누군가와 사이버 연인 관계에 있거나, 낭만적·성적 문자 메시지나 DM을 (현실에서는 한 번도 만나보지 못한) 온라인의 누군가에게 보내는 것이다. 또한 디지털 불륜은 파트너가 옛 애인, 또는 성적으로나 감정적으로 (다시) 관계를 맺을 수도 있었던 사람과 계속 연락할 때도 포함된다. 이를 판독하기는 쉽지 않지만, 디지털 불륜인지 아닌지를 판단할 때 내가 사용하는 규칙이 한 가지 있다. 바로 파트너가 다른 사람과 비밀리에 연락을 계속하는지다(예를 들어 특정한 연락처에 대해 말을 하지 않는다거나, 가명을 사용한다거나, 메시지들은 지운다거나). 어떤 사람들은 파트너가 인스타그램이나 페이스북에서 매력을 느끼는 사람들의 사진에 '좋아요'를 누르는 것도 디지털 불륜이라고 본다.

이런 행동들이 어느 정도는 무해하게 보일지라도, 디지털 불륜은 관계에 고통을 자아낼 수 있고, 결국 다른 형태의 불륜으로 이어지기도 한다. 디지털 불륜은 일종의 정서적 불륜으로 여길 수 있다. 그러나 에로틱한 게임과 가상 현실, 심지어는 로봇이 등장하면서 사이버 불륜이 될 수도 있다. 나는 이를 'SF 불륜Sci-fi Cheating'[2]이라고 부른다. 디지털 영역에서 사람들이 새로운 성적 욕망과 변태스러움을 발견하는 게 얼마나 쉬워졌는지는 말할 것도 없다. 학술지 〈컴퓨터스 인 휴먼 비헤이비어Computers in Human Behavior〉에 실린 한 연구에서는 틴더 사용자의 거의 21퍼센트가 현실에서 헌신적인 관계를 맺고 있음을 밝혀냈고, 핸드폰 중독과 스와이프가 사람들이 진지하게 만나는 연인이 있음에도 계속 데이팅 앱을 사용하는 이유 중 하나라고 지적했다.[3]

인터넷의 부상과 디지털화가 진행 중인 현대 사회 탓에 나는 오늘날의 세계에서 불륜을 의미하는 정의가 재고되어야 한다고 믿는다. 온라인에서 사람들의 사진에 '좋아요'를 누르거나 '섹스팅을 보내는 것'이 외도라고 생각한다면, 당신이 관계에서 수용할 수 있는 행동이 무엇이라 생각하는지 파트너에게 표현해야 한다. 어떤 이들은 이런 행동이 전혀 해가 되지 않지만, 다른 이들에게는 완전히 받아들일 수 없는 일이기도 하다. 2022년 〈저널 오브 섹스 리서치Journal of Sex Research〉에 실린 한 연구에 따르면 부적절한 행위를 판단할 때 여성이 남성보다 엄격해서, 타협점을 찾을 때 문제가 되는 것으로 드러났다.[4] 그러나 내 안의 행동 과학자는 지금 사람들에게 '파국의 길'에 관해 경고를 날리라는 압박을 준다. 즉, 당장 제동을 걸지 않으면 작은 행동이 앞으로 커다란 문제로 이어질 수 있다는 뜻이다.

당신의 파트너는 왜 바람을 피울까?

사람들이 바람을 피우는 데는 여러 가지 이유가 있다. 불륜은 단순히 현재의 관계가 지루하거나 만족스럽지 못하고, 다른 누군가와 사랑에 빠져서뿐 아니라, 불안함이나 낮은 자존감 때문에 저지를 수도 있다. 인정받는다고 느끼거나 자신감을 북돋을 방식이 되어주기 때문이다. 충동을 제어하지 못하거나 유혹에 저항하지 못해서 바람을 피우기도 한다. 혹자는 나쁜 짓을 저지른다는 전율을 즐기면서, 교묘하게 빠져나갈 수 있는지 확인하느라 바람을 피우기도 한다. 불륜의 심리적 원인은 한 사람의 정신에 깊이 뿌리내리고 있기에 다루기가 가장 어렵다. 게다가 심리적 원인 외에도 왜 파트너가 바람을 피우는지 일회성으로 생긴 상황적인 이유나 환경적인 이유, 또는 사회적 요인이 존재하기도 한다.

흔하디 흔한 환경적 이유 가운데 하나는 복수다.[5] 당신에게 공격당했거나 잘못된 대우를 받는다고 느낀 파트너는 바람을 피우면서 복수를 할 수도 있다. 복수는 복수를 낳는 법이지만, 불행하게도 이런 식의 불륜이 아주 많이 벌어진다. 사회적 요인으로 인한 불륜은 다른 문화와 지역 사회, 집단 등이 정조 개념을 두고 서로 상이한 태도를 취할 때 벌어진다. 어떤 문화에서 남성의 결혼 후 외도를 남자답다고 칭송하기도 한다. 다른 문화에서는 의무나 전통을 충족하기 위해 결혼을 하고(중매 결혼이나 강제 결혼 등), 그로 인해 파트너들이 깊은 유대감을 느끼지 못하면서 외도에 대한 태도에도 영향을 미친다.[6]

불륜은 복잡한 행동 현상이며 여러 가지 이유로 벌어질 수 있기 때문에, 왜 파트너가 바람을 피우는지 이해하는 것이 중요하다. 그래야만 관계에서 이 문제를 해결할 때 신중함을 유지할 수 있다.[7] 가장 먼저 깨달아야 할 중요한 사실은 불륜에 있어서 우리가 경쟁해야 할 상대는 다른 여성이나 남성이 아니라 파트너의 가치와 불안, 과거의 트라우마이며 여기에 가장 신경을 곤두세워야 한다는 점이다. 또한 파트너가 바람을 피웠을 때 비난하거나 죄책감을 느끼는 일은 아주 흔하지만, 대개의 경우 그럴 필요가 없다. 이유가 무엇이든, 불륜을 정당화할 수 없으며 배신당할 만하다고 인정할 이유도 없다.

남자와 여자 중 누가 더 많이 바람을 피울까?

이 질문은 아주 유명하며 많은 연구가 그 답을 찾으려 애쓰고 있다. 우리는 본능적으로 남성이 바람을 더 많이 피울 것이라 말할지도 모른다. 그러나 불륜에는 다양한 형태가 있고, 인생의 다양한 시기에서 일어날 수 있으며, 특정한 지역 사회나 문화에서 더 흔할 수도 있다. 또한, 불륜의 정의(또는 불륜 행위를 구성하는 요소에 대한 합리화)는 누가 더 많이 바람을 피우는지에 영향을 미칠 수 있다. 어떤 여성이 다른 누군가와 잠자리를 가진 것을 합리화하려 한다면("내 남편은 내게 관심이 없어요."), 그녀는 자기 행동을 외도가 아니라고 극구 부인할 수 있다.[8] 남성도 마찬가지다. "누가 더 많이 바람을 피울까?"라는 질문에는 더 섬세한 대답이 필요하다.

육체적 불륜은 남성이 더 많이 저지르는 것으로 보인다.[9] 인스티튜트 포 패밀리 스터디Institute for Family Studies가 실시한 미국의 종합 사회 조사General Social Survey에서 미국 내 이성 부부 사이의 외도를 조사했고, 평균적으로 남성의 20퍼센트가 육체적 바람을 피우지만 여성의 경우 13퍼센트임을 발견했다.[10,11] 이들의 연구에서 두 가지 흥미로운 발견이 있으니, 18세에서 29세 사이의 연령대에 있는 기혼 여성이 남성보다 조금 더 많이 바람을 피운다는 사실(남성 10퍼센트 대 여성 11퍼센트)과 70세에서 79세 사이의 연령대에서 남성의 외도 비율이 가장 높았다(26퍼센트)는 사실이다. 다양한 설명이 가능하겠으나, 나는 이를 두고 여성은 "헌신하기 전에 한 번 해보자"이고 남성은 "죽기 전에 한 번 해보자"라고 설명하고 싶다. LGBTQI+ 집단에서의 외도는 제대로 연구되거나 기록된 바가 없으나, 일부 조사에 의하면 게이 일부일처제 관계에서 불륜이 가장 자주 일어났고,[12] 게이 남성과 여성 모두 이성 커플보다 육체적 불륜에 부정적인 영향을 덜 받는 것으로 나타났다.[13] 또한 종합 사회 연구는 여성이 남성보다 정서적으로 불륜을 저지를 가능성이 크다고 지적한다. 흥미롭게도 여성들은 정서적 외도 때문에 부정적인 영향을 받을 가능성이 남성보다 컸다.

불륜이 그린 라이트일 때? 잠깐, 뭐라고?

불륜이 그린 라이트일 수 있을까? 어떤 사람들은 불륜을 용서할 수 없다고 생각하지만, 또 어떤 사람들은 용서할 수 있어도 용인하지는 않겠다고 한다. 어떤 관계에서든 확실한 레드 라이트라고! 그 누가 파트너의 외도를 용인하겠는가? 그러나 진실은 혹자에게는 불륜이 그린 라이트로 보일 수도 있다는 것이다. 놀랍게도 세계 인구 리뷰World Population Review에 따르면 핀란드인과 프랑스인 가운데 불륜이 잘못됐다고 생각하는 비율은 50퍼센트에 채 못 미친다.[14] 다른 다수의 유럽인들도 이 신념을 지지하고 있다. 불륜도 그린 라이트로 볼 수 있다고 믿는 이유로는, 그 덕에 기본적인 관계가 (성적으로) 흥미롭게 유지될 수 있으며, 헤어지지 않고도 친밀감 부족과 그 외의 문제를 다루는 데 도움이 되고, 기존 파트너와는 누릴 수 없는 성적 경험을 할 수 있다 등이 있다. 전 세계적으로 결혼과 성애에 관한 규범이 바뀌는 동안, 이러한 신념은 더욱 널리 퍼지고 있다. 혹자는 파트너가 성적 판타지를 실현할 수 있게 허용해 주면서, 관계에서 더 많은 자유를 허락해야 계속 함께 갈 수 있다고 믿기도 한다. 어떤 불

륜이든 그린 라이트로 볼지 여부는 개인의 선택 문제다.[15]

파트너가 바람을 피우고 있다는 레드 라이트

파트너가 바람을 피우고 있는지 어떻게 아냐고? 파트너가 육체적으로나 정서적으로, 또는 디지털로 불륜을 저지르고 있다고 알려주는 신호들이 다양하게 존재한다. 다음은 당신의 파트너가 외도하고 있음을 보여주는 공통적인 지표 몇 가지다.

루틴이 변했을 때

인간은 습관의 동물이기에, 한동안 진지한 관계를 유지한 후에는 분명 파트너의 일과를 알 수 있다. 루틴이 갑자기 변했다면, 예를 들어 갑자기 직장에서 오랜 시간을 보내거나, 여행이 잦고, 외모에 더 많은 관심을 쏟고, 평소와 다르게 돈을 쓰고, 다른 옷을 입거나 향수를 뿌리고, 저녁 외출이 더 많아졌다면 이는 파트너가 다른 누군가와 더 많은 시간을 보내고 있다는 지표가 될 수 있다. 때로는 침대 위에서 보여주는 새로운 자세도 지표가 될 수 있다.

전에 없이 비밀스러울 때

파트너가 컴퓨터나 핸드폰을 더 철저히 감춘다면(예를 들어 새로운 비밀 번호를 설정하고, 평소보다 문자 메시지를 더 많이 보내고, 메시지를 지우고, 당신이 옆에 있을 때 핸드폰을 엎어 놓는다) 이는 파트너가 누군가를, 혹은 뭔가를 비밀리에 두고 있다는 의미다. 또한 집에서 떠나 있던 시간 동안 무엇을 했는지 자세히 밝히려 하지 않는다.

거리를 둘 때

파트너가 육체적으로나 정서적으로 친밀하지 않게 군다면, 이는 당신에게 (관계에서 오는 문제 때문에) 흥미를 잃고 있다거나 다른 곳에서 욕구를 충족시키고 있다는 신호일 수 있다. 관계에서 친밀감이 사라지는 이유는 다양하니(예를 들어 스트레스나 과거의 트라우마, 거절당하는 느낌, 부모나 절친의 죽음 등) 왜 파트너가 당신을 가까이하고 싶지 않은지 이유를 찾아보도록 노력하자.

태도가 극단적으로 변할 때

파트너가 당신이나 관계에 대한 태도를 서서히 바꾸고 있다면, 이는 당신에게 흥미를 잃고 있거나 관계가 만족스럽지 않다는 지표일 수 있다. 바람을 피우는 파트너들이 상대에게 더 비판적으로 굴고, 더 많이 비난하고, 현실에 의문을 품도록 가스라이팅 하는 경우는 아주 흔하다(가스라이팅이 궁금하다면 레드 플래그 22번을 참고하자). 평소보다 선물을 많이 주는 것도 행동 변화에 속하는데, 죄책감 때문에 일어나는 일이다.

벤 애플렉은 제니퍼 가너와 결혼생활 동안 28세의 보모 크리스틴 오조니언과 바람을 피웠던 것으로 추정된다.[16] 얼마 지나지 않아 이 커플은 이혼하고 말았다. 외도는 누구에게나 일어날 수 있다. 최고로 예쁘든(아드리아나 리마를 떠올려보자), 최고로 유명하든(윌 스미스를 떠올려보자) 혼외 정사를 면제해 주지 않는다.

내 인생의 드라마

애정 관계에서 외도는 아주 많이 벌어진다. 평균 다섯 명 가운데 한 명은 살면서 어느 순간 배신을 당한다. 배신당하는 경험은 아주 끔찍하다. 마음을 아프게 할 뿐 아니라, 주변 사람들에게도 심각한 영향을 미치기 때문이다. 사람들은 불륜을 생각할 때 육체적 불륜만 떠올린다. 그러나 불륜은 다양하게 나타난다. 정서적 바람을 피울 수도 있는데, 이는 배신당한 사람에게 육체적 불륜만큼이나 상처를 줄 수 있다. 소셜 미디어와 데이팅 앱의 등장으로 디지털 불륜도 일종의 현상이 되었다. "누가 더 많이 바람을 피우는가? 남성인가 여성인가?"라고 물을 때 자연스레 남성을 떠올릴 수 있지만, 불륜의 형태에 따라 여성이 더 많을 수도 있다. 사람들이 바람을 피우는 이유는 권태기, 자존감 문제, 인정 욕구, 복수, 심지어는 시국 등 다양하다. 어떤 사람들은 관계에 있어서 외도는 그리 큰 문제라고 보지 않기도 한다. 외도에 대한 당신의 신념은 어떠한가?

레드 라이트 발견하기

- 파트너가 당신이 모르는 사이에 정서적으로나 육체적으로 다른 사람과 친밀하게 지내고 있다.
- 실제로는 당신이 외도를 하고 있으면서, 파트너가 외도했다고 비난하고 있다.
- 당신은 진지한 관계에 놓여 있으면서도 온라인에서 만난 사람과 친밀한 대화를 하거나 섹스팅을 보내고 있다.
- 파트너가 바람을 피워도 이를 용인한다. 파트너를 잃을까 봐 두려워서, 혹은 자신이 더 나은 대접을 받을 가치가 있다고 믿지 않기 때문이다.

그린 라이트 발견하기

- 둘 다 다른 사람과 만나는 것을 괜찮다고 생각한다.
- 육체적·정서적·사이버 불륜에 대해 어떻게 느끼는지를 파트너에게 명확하고 정확하게 설명할 수 있다.
- 당신은 일부일처제를 선택하지 않기로 결심했다. 누군가에게 (아직) 충실할 수 있다고 느끼지 않기 때문이다.

관계를 지속할까, 끊어낼까? 다음을 고려하자

파트너가 바람을 피웠다면, 관계를 계속 가져갈지 그만둘지를 결정해야 한다. 그만두는 건 쉽다. "한 번 바람 피운 녀석은 계속 피운다"라고 믿으면 단숨에 헤어지기로 결심할 수 있다. 그러나 배신을 당한 후에도 관계를 정리하지 못하는 요인들이 많다(예를 들어 가족이 걸린다거나, 외도에 대한 시각이 다를 수 있고, 자신도 마찬가지로 다른 사람을 만나보고 싶거나, 둘이 어떤 관계인지 충분히 대화를 나누지 못한 상태였다거나, 아니면 다른 사람과 자는 것을 외도로 간주할 것인지 등). 당신은 용서를 잘하고 사람들이 변할 수 있다고 믿는가? 아니면 일단 파트너가 바람을 피우면 곁을 떠나야만 하는가? 어떻게 하라고 정해줄 마법의 공식 같은 것은 없다. 당신의 개인적인 가치에 달렸고, 무슨 이유로 어떻게 이런 일이 벌어졌는지 전후 사정에 따라 선택이 달라질 수도 있다.

함께하겠다는 마음가짐

- 파트너와의 관계에서 다른 사람을 만나는 것에 대해 경계선을 명확히 하지 않았다.
- 외도는 관계에서 큰 문제가 아니라고 생각한다.
- 파트너가 바람을 피웠지만 이제는 행동을 바꿀 방법을 찾으려고 치료를 받고 있다.

- 파트너가 바람을 피웠지만 당신도 마찬가지로 딴 사람을 만나볼 기회를 누리기 위해 개방적인 관계로 지내고 싶다.

이제는 거리를 둘 때

- 어떤 형태로든 불륜은 절대 안 된다. 한 번 바람 피운 파트너는 계속 피운다!
- 파트너의 외도 행위가 당신과 가족에게 심각한 영향을 미친다.
- 파트너가 섹스 중독자이며, 둘이 진지한 관계에 있음에도 다른 사람들과 육체적으로 친밀하게 지내는 짓을 멈추지 못한다.
- 당신은 외도가 더 이상 외도로 보이지 않는다거나 용인할 수 없는 행위로 여기지 않는다며 행동을 합리화한다. 원래의 관계로 돌아가기 전에 깊이 반성할 시간을 가지자.

레드 플래그 ㉔

"시추에이션십에서 잠수 이별 당했지만, 적어도 재수 없는 전 애인은 잊었지"

환승 연애

"모든 새로운 시작은 또 다른 시작의 끝에서 비롯된다."
— 루키우스 안나이우스 세네카

환승 연애, '리바운드' 연애

누군가와 사랑에 빠지는 일은 놀랍다. 가슴속에서 나비가 날갯짓이라도 하듯 두근거리는 느낌이 시작될 때 더욱 그렇다. 모든 것이 짜릿하게 느껴진다. 당신의 파트너가 전 애인 이야기를 꺼내기 시작하기 전까지는 말이다. 둘은 두어 달 전에 헤어졌고 그 이후에 아무런 연락도 하지 않았다는 것은 알고 있다. 그러면 왜 그 전 애인 이름이 그리도 자주 튀어나오는 걸까? 아니면 파트너가 계속 당신과 전 애인을 비교하고 있는지도 모른다. 이런 일이 벌어지면, 당신은 지금 환승 연애 당하고 있을 가능성이 크다. 리바운드Rebound 연애 또는 환승 연애는 과거의 연애가 끝나고 얼마 지나지 않아 두 파트너 가운데 하나가 무의식적으로나 의식적으로 만들어내는 낭만적 관계를 의미한다.[1] 이 새로운 관계를 만드는 이유는 옛 연애에서 다툼이 일던 문제들과 관련된다.[2]

스포츠에서 리바운드란 빗나간 공이 골대에 부딪힌 후 다시 손에 들어오는 것을 의미한다. 마찬가지로, 리바운드 파트너는 옛 연애로부터 얻은 고통이나 상처를 해결하려고 새로운 관계를 형성하고, 그대로 미련을 버리거나 가끔은 전 애인에게로 다시 돌아간다. 이를 받아들이는 입장에 서서 파트너가 자신에게 완전히 빠져 있지 않다고 깨닫는 일은 고통스러울 수 있다. 특히나 자신은 상대에게 충분히 몰입하고 기대하고 있는 경우에는 더욱 그렇다. 대중 문화로 인해 우리는 환승 연애가 나쁜 것이며 새로운 관계로 나아가기 전에 충분히 시간을 가지는 일이 중요하다고 믿고 있다. 그러나 환승 연애가 언제나 나쁜 것은 아니며 실제로 부정적인 효과보다 긍정적인 효과가 더 클 수 있다고 확인해 주는 과학적 연구가 존재하기도 한다. 환승 연애가 제대로 이뤄지는 경우 두 파트너 모두에게 도움이 되며, 어떤 경우에는 오래 지속되는 연애로 이어질 수 있다. 환승 연애 이면의 심리를 배우고 당신이 현재 환승 연애를 하고 있는지 식별할 수 있다면, 옛 연애가 주는 절망과 환승 연애의 복잡함을 잘 헤쳐 나가는 데 도움이 될 것이다.

환승 연애의 심리학

이별은 커다란 스트레스를 주고 자존감과 정신적인 행복에 혼란을 입힐 수 있다. 심지어는 당신의 신체와 건강에도 심각한 영향을 미칠 수 있다. 특히 관계가 갑작스레, 또는 불화 상태에서 끝이 나버리면 그 영향은 매우 클 수 있다. 연구들은 남성이 여성보다 쉽게 사랑에 빠질 수 있는 만큼 환승 연애를 더 자주 하며, 이별 후에 더 큰 불쾌감을 경험한다고 제시한다.[3] 환승 연애를 하는 파트너들은 이기적인 이유로 당장 새로운 사랑을 찾아 나서는 것이 아니다. 연애가 막 끝난 직후 다시 짝을 찾아야겠다는 동기는 광범위하고 복잡하며, 심지어는 무의식적일 수도 있다. 환승 연애를 해야겠다는 욕구 뒤에 숨은 가장 흔한 심리적·육체적 이유들을 샅샅이 훑어보자. 이 이유

중 일부는 다양한 수준에서 서로 연결되어 있다.

대처 전략 – 이별의 괴로움을 회복하는 환승 연애

앞서 언급했듯, 이별은 두렵고 고통스럽다. 새로운 누군가를 찾는 일은 부정적인 감정을 처리하고 절망을 해소하는 대처 전략이 될 수 있다.[4] 특히 새로운 파트너가 옛 파트너와 닮았을 때, 이 재애착의 과정은 물 흐르듯 무의식적으로 진행될 수도 있다. 이별 직후 다시 누군가와 관계를 형성하는 이유가 기존의 혜택(예를 들어 금전적인 지원이나 돌봄)이 사라져서일 수도 있다. 이 경우 환승 연애는 이별 이후 안정을 잃을까 봐 두려워서 일어난 반응일 수 있다. 흔하지는 않으나 또 다른 사례가 바로 복수다.[5] 전 파트너에게 보복하고 벌을 주려고 새로운 누군가와 함께하기도 한다.

홀로 되는 두려움 – 싱글인 시간을 최소화하기

누군가와 헤어지는 일, 특히 이별이 다가오는 것을 미처 몰랐다거나 그 연애가 정서적으로나 성적으로 매우 강렬했을 때 큰 충격일 수 있다. 헤어짐의 심리적 영향은 당신이 찬 쪽이든 차인 쪽이든 간에 어마어마하다. 이별과 관련한 신체적 고통은 말할 것도 없다.[6] 슬픔, 분노, 죄책감, 수치심은 사람들이 이별 후 경험하는 흔한 정서들이다. 또한 이혼한 사람들은 금전적 어려움이나 자녀 양육권과 이사 등의 쟁점들로 절망할 수 있다. 파트너가 없다는 사실이 무섭고, 영원히 홀로 남겨질까 봐 두려워하는 것도 정상이다. 그로 인해 어떤 사람들은 새로운 애인을 재빨리 찾는다. 순전히 빈자리를 채우고 잃어버린 사랑을 대체하기 위해서다.

자아정체성 – 이별 후 자아를 잃었을 때

사랑하는 연인, 특히나 몇 년 동안 몰두했던 사람과 헤어졌을 왜 공허하고 혼란스러운지, 내 일부가 사라진 듯 느껴지는지 궁금해한 적 있는가? 그 답은 자신의 자아에 대해 가지고 있던 개념이 산산이 부서져서다.[7] 자아감은 여러 방법으로 파괴될 수 있다. 내가 누구인지에 대한 이해는 '우리'가 누구였는지와 깊이 얽혀 있었을 수 있다. 자아정체성은 역동적인 구조로, 우리가 강력하게 연계된 사람들이나 사회 집단에 따라 진화하고 새로운 규범과 가치, 신념과 행동을 받아들인다.[8] 인생에 강렬한 존재를 만난다는 것, 인연을 맺었거나 우러러볼 사람이 있다는 것은 우리가 누구인지 이해할 때 홀로 있을 때보다 더 큰 도움이 된다. 관계가 끝나면 내 일부가 사라진 것 같고,[9] 자아정체성을 다시 찾아야만 한다. 이런 자아의 상실은 아주 괴로울 수 있다. 특히나 불안정 애착 유형을 가진 사람[10]은 다시 완전함을 느끼기 위해 가능한 한 빨리 새 파트너를 찾거나, 아니면 과거의 사람과 다시 관계에 불을 붙여야 한다는 동기를 얻게 된다.[11]

이별의 화학적 효과 – 연애와 이별에서 호르몬이 하는 역할

인간은 사회적 유대를 추구하고 다른 사람들로부터 받아들여지길 바란다. 당신이 누군가를 좋아해서 그 사람에게 매력을 느끼고 애착을 형성하게 되면, 몸은 온갖 종류의 호르몬을 분출한다. 예를 들어, 에스트로겐과 테스토스테론처럼 성적 흥분을 일으키는 호르몬부터 옥시토신(신체적 접촉과 애착의 감정에 연결되어 있는 만큼 '포옹 호르몬'으로 더 유명하다)과 도파민(매력과 관련된 '해피 호르몬'으로 잘 알려져 있다) 같은 것들이다. 그러나 이별은 반대의 효과를 낸다. 고통을 자아낸 몸이 '스트레스 호르몬'인 코르티솔을 분비하게 만든다. 코르티솔은 인간의 생명에서 중요한 역할을 하며 스트레스가 극심한 상황에 대처할 수 있게 돕는다. 그러나 기나긴 기간 동안 높은 농도의 코르티솔에 노출되면 수면 문제와 두통, 가슴 부위 근육의 긴장, 고혈압, 면역력 저하, 소화 문제 등 온갖 합병증으로 이어진다.[12] 어떤 이별은 너무 심각해서 의사들이 '상심 증후군 Broken Heart Syndrome'이라고 부르는, 심장마비와 비슷한 신체 증상을 일으키기도 한다. 이별은 말 그대로 당신을 번민하게 만들고, 고통을 완화하고 치유해 줄 누군가를 찾아다니게 부추긴다.

환승 연애를 하는 파트너의 주요한 목표는 건강한 정서적 유대를 형성하는 것이 아니다. 그보다, 처음에는 과거의 상처로부터 치유되고 이별에서 온 부정적인 정서를 완화하는 데 초점이 맞춰져 있다. 환승 연애에서 누군가와 헌신적인 관계를 형성하는 데 깊이 몰두한 사람은 상대가 동일한 수준의 관심을 보이지 않는다는 사실을 깨닫고 절망할 수도 있다. 그러나 환승 연애의 심리와 환승 연애가 일어나는 이유를 이해할 때 오래 지속될 수 있는 유대감을 형성해 나가는 주춧돌로 삼을 수 있다.

환승 연애도 긍정적일 수 있을까?

"과거의 연애가 끝나자마자 새로운 연애로 뛰어드는 게 나쁜 짓인가?" 여기에 나올 법한 대답은 "당연하지! 환승 연애는 중요한 레드라이트라고"다. 우리 사회에는 새로운 상대로 너무 빨리 넘어가는 행동은 나쁘다는 인식이 있고, 친구들은 우리에게 다시 한번 시도해 보기 전에 먼저 자기 수양이나 하라고 다독일 가능성이 높다. 그러나 나는 이 조언이 완전히 타당하다고는 생각하지 않는다. 환승 연애에는 장점과 단점이 동시에 존재한다. 환승 연애는 이따금 긍정적이고 심지어는 건강하며, 어떤 경우 평범한 연애만큼이나 오래도록 유지될 수 있기도 하다. 여기서 고려해야 할 핵심은 환승 연애로 접어드는 양쪽 당사자의 동기로, 둘의 의도가 명확한지 확인하고, 의식적으로 서로의 감정을 살펴볼 수 있어야 한다. 이를 더 자세히 이해하기 위해, 양 파트너의 입장에서 환승 연애의 긍정적인 면과 부정적인 면을 탐색해 보자.

환승 연애를 주도하는 자

환승 연애 찬성 측[13,14]

- 연애를 신속하게 다시 시작하는 것은 자신감과 자존감을 올리는 데 제격이다. 여전히 당신이 현역 선수로 데이트할 능력이 되고 매력적이라 느낀다면 이별과 관련된 불안을 다루는 데 도움이 될 수 있다.

- 과거의 관계로부터 효과적으로 떨어져 나올 수 있다. 옛 파트너에게 미련을 못 버렸을 때 이를 해결하는 데 도움이 된다.
- 한 사람과 끝난 직후 관계를 형성하는 것이 더 큰 연애의 행복으로 이어지는 것으로 나타났다(예를 들어 파트너로부터 정서적이고 사회적인 지지를 계속 받을 수 있기 때문이다).
- 새로운 파트너를 만나는 능력은 적응력과 높은 애착 안정성을 보여준다(정서적으로 안정적이고, 누군가와 안전한 유대감을 느끼면서 육체적으로 친밀하게 지내면서, 더 믿을 만한 사람이라는 증거다).

환승 연애 반대 측 [15]
- 여전히 옛 파트너에 대한 감정이 남아 있다.
- 옛 파트너와 더 자주 연락한다.
- 새로운 파트너를 옛 파트너와 비교한다.
- 정서적·정신적으로 완전히 몰두하고 있지 않다(또는 '왜'에 대한 의식적인 탐구 없이 환승 연애 중이다).

환승 연애를 받아주는 자

환승 연애 찬성 측
- 양 파트너가 과거에 이별을 경험했고 이제는 자기가 원하는 바를 더 자세히 알게 됐다면, 성숙하고 건강한 관계를 이룰 수 있다. 이들은 같은 경험을 공유하며, 이 경험은 성장할 수 있는 공통의 기반이 된다.

- 당신의 욕구가 환승 연애의 역동적인 움직임 속에서 충족된다고 믿고 있다.
- 환승 연애에서 파트너가 기꺼이 정서적으로 유대를 쌓으려고 하고, 그럴 수 있는 능력을 갖추고 있다. 이럴 때 '환승 연애 상태'를 넘어서 더 깊은 인연을 탐구할 가치가 있다.

환승 연애 반대 측

- 환승 연애를 받아주는 입장에서 파트너가 당신과 진정성 있고 정서적인 유대감을 형성하지 않을 수 있다(어쩌면 헌신할 가능성도 떨어질 수 있다).
- 환승 연애 파트너가 이별 후 정서적으로 노력하지 않으려 하고, 비슷한 행동의 문제가 새로운 관계에서도 끈질기게 남는다.
- 환승 연애는 일시적인 일탈이며 짧게 끝나는 경우가 잦다(실제 연애보다는 데이트에 가깝다).

이별의 반동 효과

과거의 결혼을 끝내고 다시 재혼하는 것은 관계의 지속성으로 보아서는 아무런 반동 효과가 없는 것으로 나타났다.[16] 결혼은 더 오래 지속할 수 있는 사고방식을 만들어내는 것으로 보인다. 지금까지 이별은 부정적으로 그려지곤 했다. 그러나 이별 역시 긍정적인 존재일 수 있다. 우리는 자신에 관해 배우고, 건강하지 못한 행동과 사고방식을 바꿀 기회를 누리며, 자기 계발에 더 집중할 수 있다.

환승 연애 당한다는 징후

우리가 환승 연애를 당하고 있는지 알아차리기는 쉽지 않다. 소위 '밀월 시기'라고 부르는, 새로운 파트너와 사랑에 빠져서 정신이 혼미해진 연애 초기에는 더욱 그렇다. 두 사람이 모두 최고의 모습만 보이고 감정 때문에 판단이 흐려지면 레드 라이트를 알아보기 어렵다. 파트너가 환승 연애 중이라면(또는 당신이 그런 상태면) 그 징후가 될 몇 가지 공통된 행동들은 다음과 같다.

- 파트너가 옛 애인 이야기를 아주 많이 꺼낸다. "전 애인은 한 번도 이런 거에 불평한 적 없었는데."
- 파트너가 가끔 옛 애인과 이야기를 나눈다. "있잖아, 그냥 잘 지내나 궁금해서."
- 파트너가 툭하면 옛 애인과 당신을 비교한다. "전 애인이 너보다 옷을 더 잘 입었는데."
- 주로 집에서 만나고, 파트너가 친구나 가족에게 당신을 소개하지 않는다. 그리고 관계가 오래 지속되리라고 기대하지 않는다.

"나는 우리끼리만 비밀로 사귀었으면 좋겠어."
- 파트너가 기분이 안 좋거나 위로가 필요할 때만 당신에게 연락한다. "자기야, 오늘 만날 수 있어? 기분이 별로라서 자기랑 있고 싶어."
- 파트너가 미래의 목표나 계획에 관해 당신과 대화하는 법이 거의 없다. "나는 내일이 아니라 지금에 집중하고 싶어."
- 파트너가 최근의 연애에 관해 이야기할 때 "우리" 대신 "나"라고 이야기하는 경우가 많다.

환승 연애 당하고 있다고 생각한다면, 중립적인 대화를 나누는 일이 중요하다. 먼저 질문을 던지고 파트너가 하는 말에 신중히 귀를 기울이자. 그러고 나서 당신이 관찰한 내용과 걱정거리들을 언급하자. 관계를 그대로 유지하고 싶다면, 파트너에게 환승 연애를 하는 중이라도 괜찮다고 설명하자(여기에 해당되는 경우다). 그리고 함께하기 위해 지우고 싶은 부분들에 대해 대화를 나누자. 환승 연애가 실질적으로 장기적인 관계가 될 수 있다고 깨달으면, '환승 연애 상태'에서 '지속 가능한 상태'로 전환하는 일이 함께 노력해야 할 목표가 된다. 상태 전환에 성공하기 위해 필요한 것이 무엇인지 파악하려면 함께 토론해야만 한다. 사람마다 바라는 바가 다를 수 있기 때문이다. 그러나 관계에 있어서 반드시 갖춰야 할 기본적인 자질은 솔직한 소통, 신뢰, 치유할 수 있는 장소와 시간, 그리고 명확한 기대 등임을 강조하고 싶다.

어떤 관계에서든 그 사람 하나만 얻는 것이 아니라 그가 짊어진 인생의 짐과 과거의 트라우마도 함께 얻는다. 관계는 상호 교환 행위로, 관계 안에서 일어나는 문제들을 대처하고 해소하는 법을 배워야 시간이 지나도 관계를 유지할 수 있다.

내 인생의 드라마

환승 연애는 두 파트너 가운데 한 명 또는 두 명 모두 막 옛 연애를 끝내자마자 과거의 고통이나 불만을 해결하고자 새로운 연애를 시작하면서 만들어지는 관계를 의미한다. 환승 연애를 하는 파트너가 추구하는 유대감은 가끔 피상적이고 깊이가 없다. 새로운 연애에 대한 주요한 관심은 심리적인 고통을 해소하고, 부정적인 정서를 완화하고 치유하는 데 맞춰져 있기 때문이다. 환승 연애는 보통 짧게 끝나지만 효율적으로 다룬다면 가끔은 장기적인 연애로 바뀔 수도 있다. 환승 연애의 심리, 연애가 끝난 직후 다시 짝을 찾도록 사람들을 부추기는 의식적·무의식적인 동기, 환승 연애의 이익과 불리한 점 등을 이해하면 큰 힘을 얻을 수 있다. 이런 통찰은 '환승 연애 상태'를 좀 더 지속할 수 있는 상태로 바꿔놓을 수 있는 길을 제공할 것이다.

레드 라이트 발견하기

- 환승 연애 파트너가 계속 당신과 옛 애인을 비교한다.
- 환승 연애 파트너가 오직 과거의 고통을 해결하기 위해 당신을 이용하고, 무엇으로도 (사회적·신체적·정서적으로) 보답하지 않는다.
- 환승 연애 파트너가 당신과의 미래에 관심이 없고, (당신이 그에 관한 질문을 한 후에도) 당신과 함께하고 싶다는 진정성 담긴 의지를 표현하지 않는다.
- 당신은 정서적으로 환승 연애 파트너에게 몰두하고 있다. 그러나 그 사람을 잃을까 봐 두려워서, 또는 자신의 가치에 의구심이 들어서 환승 연애에 관한 화제를 꺼내고 싶지 않다.

그린 라이트 발견하기

- 둘 모두 관계의 역학에 만족하고 있다(관계가 발전하는 동안 충분히 몰두하고, 잘되지 않으면 기꺼이 각자의 길을 걷기로 했다).
- 환승 연애 중인 상태에 대해 파트너와 솔직하게 대화할 수 있다. '환승 연애 상태'가 지나고 나면 더 지속 가능한 관계를 만들기 위한 목적을 가지고, 심리 상태에 관한 이야기를 나누며, 서로 이해하고 있음을 표현한다.
- 양 파트너 모두 한때 이별했었고, 이제는 서로가 무엇을 원하는지 더 잘 알고 있다. 둘은 같은 경험을 공유하고 있으며, 이는 성장할 수 있는 공통의 기반이 될 수 있다.
- 환승 연애를 하면서 얻는 육체적·정서적·지적·경제적 이득이

즐겁다. 당신이 현재 누리는 이득이 파트너가 옛 애인에게 돌아갈 가능성을 능가한다.

관계를 지속할까, 끊어낼까? 다음을 고려하자

이 관계를 계속할지, 그만둘지 결정하는 일은 쉽지 않고, 서로에 대해 마음을 키워가던 중이라면 더욱 그렇다. 당신이 환승 연애를 주도하는 입장이라면 어쩌면 새로운 사람을 인생에서 반길 준비가 아직 되지 않았을 수 있다. 그리고 환승 연애를 받아주는 입장일 경우 상처를 받거나 거절의 위험을 무릅쓰고 싶지 않을 수도 있다. 대부분의 사람들은 환승 연애에 대해 일반적으로 나쁘다고 믿는다. 그러나 심리학은 환승 연애가 제대로만 이뤄진다면 상호 호혜적인 관계가 될 수 있다고 말한다. 다음은 여러분이 환승 연애를 가지고 갈 것인지 말 것인지를 결정할 때 고려해야 할 핵심 요소들이다.

함께하겠다는 마음가짐

- 둘 다 환승 연애에 대해 기꺼이 소통한다. 점차 관계에 정서적으로 몰두하면서 서로에게 치유받을 수 있는 시간과 공간을 주기로 합의한다.
- 당신의 관계를 환승 연애라고 취급하지 말자. 이 관계를 가벼운

데이트로 보고, 잘 풀리지 않으면 기꺼이 떠날 수 있다고 생각하자. 만나는 동안은 즐거웠으니까!
- 파트너가 당신과 깊은 정서적 유대를 이루고, 미래의 목표와 계획에 관해 의논하고 싶은 마음을 드러낸다.

이제는 거리를 둘 때

- 스포츠에 비유하자면, 파트너가 마라톤이 아니라 단거리 달리기를 하고 있다. 또한 옛 애인들과 아직도 꾸준히 연락하면서 부정적인 의미에서 계속 당신과 비교한다.
- 파트너가 관계에 있어 일방적인 흥미만 보인다. 오직 자신의 욕구에만 관심을 가지고, 당신을 가까운 친구나 가족에게 소개하지 않는다.
- 파트너가 옛 애인에게 억하심정을 품고 있으며, 이를 당신에게 풀고 있다.

마무리하며

최고 버전의 내가
된다는 것

"인생의 행복은 생각의 질에 달려 있다."
— 마르쿠스 아우렐리우스

최고 버전의 당신을 기대하며

이 책의 끝이 보이는 만큼, 당신이 책을 덮기 전에 마지막으로 몇 가지 생각을 얻어 갈 수 있으면 좋겠다. 이 책을 읽으면서 자기 자신과 다른 사람들에 대해 많은 통찰을 얻었길 바란다. 이 통찰은 인간 정신의 내막과 인간 행동, 현대 시대의 삶과 그 삶이 인간관계에 미치는 영향을 설명하는 데 도움이 될 것이다. 그뿐 아니라 인생의 다양한 영역에서 인간관계의 중요성과 관계들을 온전히 유지하는 일이 얼마나 중요하면서도 힘겨운지에 관해서도 밝혀줄 것이다. 새로운 지식들을 배우고 세상을 보는 새로운 관점을 얻는다는 건 근사한 일이다. 그러나 행동 없는 지식은 텅 빈 껍질에 지나지 않으며, 그 자체로는 우리를 더 나은 사람으로 만들어주지 못한다. 당신이 생각하는 방식을 개선하고 싶다면, 특정한 상황에 다르게 반응하며, 인생에서 더 멋지고 오래 지속될 관계를 만들어가자. 그러고 나면 말과 생각을 행동으로 바꿔야만 한다! 글자를 읽는 것만으로는 행동을 개선하지 못할 것이다.

반성적 사고방식으로 생각을 개선하자

이 책에서 나는 기본값 사고와 반성적 사고에 관해 언급한 바 있다. 이 두 가지 생각의 방식은 삶에서 중요한 역할을 맡고 있다. 이중 정보 처리 이론Dual-Processing Theory에 따르면[1] 뇌는 두 가지 특정한 방식으로 정보를 처리하고 생각을 촉발한다.

1. 자동적으로(기본값 체계)
2. 반성적으로(반성적 체계)

기본값 체계와 반성적 체계 모두 생존을 위해 필요하다. 기본값 체계가 없다면 우리 뇌는 의식적으로 다가오는 모든 것들을 매번 처리하느라 과부하가 걸릴 것이다. 진화 덕에 뇌는 정보를 빠르게 처리할 수 있고, 우리는 의식적으로 생각할 필요 없이 동시에 여러 가지 일을 할 수 있다. 편향과 습관, 고정관념, 연상, 트라우마 반응, 그리고 상황과 사람에 대한 자동 반응 등은 뇌의 기본값 체계에서 중심을 차지하고 있다. 반면에 반성적 체계는 정보를 더 의식적이고 정교하게 처리하는 뇌의 일부다(따라서 정신적인 에너지가 많이 든다). 우리는 형성기 동안 기본값 체계의 첫 번째 버전을 개발한다. 나는 이를 내면적 iOS 0.6 또는 0.7버전이라고 부르는데, 이 숫자는 인간의 유년기에서 6세와 7세에 해당한다. 나이가 들수록 정신적인 iOS는 더 복잡해지지만, 여전히 초기 설계에 따라 작동하는 게 대부분이다. 우리가 29세면 내면적 iOS는 2.9버전이 된다. 우리의 2.9버전이 조금 불완전할 때, 이를 바꾸려고 0.6버전으로 돌아가기는 어렵다. 그러나 과거의 버전들이 2.9버전에 영향을 미쳤는지, 어떤 영향을 미쳤는지 보기 위해 안쪽 깊숙이 파고 들어가는 일이 중요하다. 일단 버그가 무엇인지 파악했다면, 전체를 업데이트하고, 제2의 해결책이나 패치를 현재의 프로그래밍에 설치해서 3.0버전은 훨씬 더 훌륭하게 만들어낼 방법을 찾아야 한다.

뇌의 반성적 부위를 사용해 우리는 업그레이드가 필요한 정신적 프로그래밍 부위를 식별하고 분석해서 작업할 수 있다. 그러나 뇌가 스트레스를 받거나 겁에 질렸을 때, 아니면 상황을 전반적으로 생각해볼 시간이나 에너지가 없을 때, 반성적 체계는 에너지가 바닥나고 기본값 체계로 되돌아가서 생각과 행동을 다시 지시한다. 여기서 습관을 고치는 작업이 그토록 어려운 이유를 설명할 수 있다. 또한 기존의 프로그래밍을 바꾸려고 시도할 때 뇌가 우리에게 죄책감이나 불편함을 느끼게 만드는 방법도 이해할 수 있다. 변화의 시기에 겪는 불편한 느낌은 실제로 우리가 올바른 행동(틀리지 않은 행동)을 제대로 하고 있다는 신호임을 기억하자. 그러니 계속 밀어붙이도록! 자기 자신과 다른 사람에 대한 새로운 믿음을 의도적으로 계속 연습하다 보면, 그러면서 그 순간에 시험 삼아 새로운 행동을 해본다면 내면적 iOS를 업그레이드하는 데 도움이 된다. 또한 새로운 믿음과 행동은 개선된 기본값 반응의 일부가 될 것이다.

도움이 되는 레드 라이트와 그린 라이트

이 책을 읽은 후 당신은 두 번 다시 레드 라이트와 그린 라이트를 똑같은 관점으로 보지 않을 것이다. 레드 라이트와 그린 라이트가 오늘날의 대화와 최신 대중 문화에서 인기를 얻고 있지만, 레드 라이트와 그린 라이트는 훨씬 더 심오한 도움까지 준다. 우리는 누군가에게 뭔가 마음에 들지 않는 구석이 보이는 순간 레드 라이트라고 딱지를 붙인다. 그러나 누가 그 사람들이 진짜 레드 라이트라 말할 수 있을까? 가끔 레드 라이트라는 우리의 해석이 실제로는 우리 자신이 레드 라이트라는 의미일 때도 있다. 또한 레드 라이트는 아주 주관적이며 다양한 색감으로 나타나기도 한다(어떤 레드 라이트는 다른 레드 라이트보다 더 빨갛다).

이 책에서 나는 레드 라이트와 그린 라이트를 바라보는 새로운 방식을 제시했다. 또한 생각과 의사 결정의 질을 높이기 위해 생각의 속도를 늦추고 우리가 관찰하고 있는 바를 더 많이 반영하는 방식이기도 하다. 레드RED는 반성Reflect, 개입Engage, 결정Decide을 의미하므로, 누군가의 행동에서 레드 라이트를 알아봤다고 믿을 때, 잠시 시간을 들여 이를 조사해 보자. 레드 라이트를 보자마자 뛰어들어서는 안 된다. 트라우마에서 나온 반응이거나, 아니면 어려운 상황에 대처하는 능력이 감소하고 있다는 신호일 수도 있기 때문이다. 레드 라이트는 우리가 뇌의 반성적 부위에 시동을 걸게 도와주며, 이를 통해 그 순간 더 나은 결정을 내릴 수 있다. 그린 라이트도 똑같이 반성적인데, 그린GREEN은 우리에게 긍정적인 행동을 당연하게 받아들이지 말라고 가르쳐주기 때문이다. 우리는 그린 라이트를 보았을 때 그 신호가 진정성Genuine을 띄는지 살펴보고, 그 행동을 존중하고Respect, 공감하며Empathize, 고양하고Elevate, 육성해야Nurture 한다. 그린 라이트를 너무 당연하게 받아들이면, 시간이 흐르면서 그만 사라져 버릴지도 모른다. 그린 라이트가 반복적으로 나타나고 더 발전하는 모습을 보고 싶다면, 반드시 사람들의 그린 라이트를 알아보고 칭찬하며 키워줘야 한다. 이 책은 우리가 빠른 의사 결정을 내릴 수 있는 처리 과정을 이해할 수 있고 관계 지능Relationship Intelligence을 강화하도록 도와줄 것이다.

그리고 회색 라이트

최근에는 회색 라이트가 여기에 더해졌다. 회색 라이트는 분명하지는 않지만 우리의 관심을 끌고, 처음에는 거슬리기도 하는 행동으로 정의할 수 있다. 우리는 이 거슬리는 행동에 대해 잠깐 고민해본 후에 전혀 중요한 의미가 아니라고 그냥 넘겨버리기도 한다. 예를 들어, 남자 친구가 자기 엄마에게 매일 몇 분씩 전화를 건다고 생각해보자. 여기서 당신은 "이게 정상이야?" 또는 "꼭 매일 그래야 해?"라고 생각할 수도 있지만, 잠시 고민을 한 후에 "진짜 가정적인 남자야. 엄마와 사이 좋은 걸 존중해 줘야지"라고 말하며 넘길 수 있다. 또는 여자 친구가 같이 영화를 보면서 당신의 팔이나 등에서 딱지를 긁어서 떼는 것을 좋아한다고 하자. 어떤 이에게는 이 모습이 최고로 귀엽지만, 또 어떤 이는 짜증이 난다. 당신은 이 행동 때문에 짜증이 나더라도, 여자 친구가 좋은 의도로 그랬다는 것을 알기 때문에 그냥 내버려 둔다. 회색 라이트는 불쾌한 문제와 사소한 문제들을 각자의 자리로 분류해서 모든 거슬리는 행동이 레드 라이트일 필요는 없다는 사실을 깨닫게 해준다. 이길 수 있는 싸움만 선택하고 모든 상황에서 꼰대가 되지 않으려는 노력은 우리가 회복탄력성을 키우고 정서를 조절하는 데 중요하다.

현대식 연애의 위험성

오늘날의 연애 세상은 직관에 어긋난다. 누군가에게 관심을 주면, 그 사람은 당신을 무시한다. 문자 메시지를 자주 보내면 그 사람은 흥미를 잃는다. 그 사람을 좋아한다고 말해버리면 잠수를 타 버린다. 성적인 화학 작용은 정서적인 유대감보다 우선시되고, 연애는 거래 행위에 가까워졌다. 여러 감정은 갈 곳을 잃고, 왜 진지해질 만한 사이가 아닌데 연애를 해야 하는지 알 수 없게 됐다. 현대의 연애는 사람들을 어중간하게 만들어서, 소셜 미디어에 돌아다니는 다음의 문장이 이를 가장 잘 압축해서 보여준다. "왜 나는 남자 친구를 그리워하지. 진짜로는 내 남자 친구도 아니고, 그냥 내 마음속에만 있을 뿐인데. 하지만 나는 아직도 그를 그리워해. 그런데 그가 내 것이 아니라서 너무 행복해." 오늘날 누릴 수 있는 풍성한 선택지로 인해 우리는 무기력해졌고, 모든 것을 원하지만 의미 있는 행동은 하나도 하지 않는다.

기술 발전은 연애 세상에서 이런 문제를 일으키는 주요한 원인이다. 모바일 앱은 우리가 더 많이 몰입하거나 더 많은 돈을 쓰게 할 뿐 아니라 의도적으로 행동을 조종하도록 설계됐다. 우리가 비판적으로 사고하는 능력에 영향을 미치고 다른 사람들과 정서적으로 연결되고 공감하려는 의지를 갉아 먹으면서, 인간을 취약하고 의존적으로 만든다. 이 기계는 우리를 정신적 진공 상태에 묶어두고, 도파민에 중독시키는가 하면 신체적·정서적으로 연결되길 두렵게 만든다. 소셜 미디어는 그리 사회적이지 못하다. 시작은 캔디처럼 달콤하다. 많은 사람과 연결될 수 있단다. 그러다가 비타민으로 둔갑한다. 즉 날마다 사용하면서 우리에게 좋을 거라 생각하지만, 정말로 어떻게 영향을 미치는지는 알지 못한다. 그리고 마침내 중독성 있는 진통제로 변해서, 우리는 부정적인 정서와 불편함에 대처하기 위해 소셜 미디어를 매일 소비하게 된다.

기술 사용은 모든 인간관계, 그리고 신체 건강과 정신 건강 문제에 연결되어 있다. 기술 설계가 이 엉망인 문제를 만들어냈다면, 이 모든 것을 바꿔놓을 수도 있다. 데이팅 앱, 메시지 서비스와 다른 사회적 연결망 플랫폼들은 더 인도적인 방식[2]으로 만들어져야 할 필요가 있다. 강력한 도덕성을 갖춘 기업만이 이런 일이 가능하게 할 수 있다. 이 기업은 인적 재산에 관심을 가지고, 기업의 임무를 무시하는 투자자들을 떨쳐내는 일을 두려워하지 않아야 한다.

초개인화 환경에서 살아남기

우리는 가까운 사람들을 떠나보내는 한이 있어도 자기애와 자조를 내세우는 세상에서 살고 있다. 가끔은 사람들을 놓아줄 필요가 있지만, 자신에게만 지나치게 집중하고 현실 세계에서 사람들과 진정한 유대감을 형성하지 못하면서(얼굴을 맞대고 대화를 나누는 대신 주로 소셜 미디어와 문자 메시지 기반의 대화에 집중하면서) 사람들은 초개인

화되고 있다. 자기 자신에게 지나치게 집중하는 건 건강하지 않고, 가까운 사람들과 견고한 유대감을 유지하기에도 좋지 않다. 사회성을 갖추고 다른 사람들과 효율적으로 상호 작용하려면, 친구들과 함께하거나 직장에서 편안하게 지내기 위해서는, 사회적 기술과 대인관계 기술이 필요하다. 자신에게 너무 집중하다 보면 이런 기술들을 잃어버리고, 그로 인해 더욱 홀로 있고 싶어진다. 우리는 악순환에 갇혀, 스스로 한 선택이 내면에서 만들어낸 신체적·정신적 결과를 미처 눈여겨보지 못한다. 우리는 혼자가 될수록 사회적으로 연결되기 위해 디지털 상호 작용에 의존하고, 갈수록 유대감은 약해지고 어려운 (대인관계) 상황에 대처하는 능력도 감소한다.

레드 라이트, 그린 라이트, 그리고 회색 라이트는 오늘날의 디지털 초개인화 세상에서 우리가 기본값 체계에 지나치게 의존하는 일을 그만두어야 한다는 정신적 표지판이다. 우리가 빨라진 생각 때문에 갈피를 못 잡게 된다면 더욱 그렇다. 이 세 가지 신호는 우리가 다른 사람들과 가지는 상호 작용을 더 비판적으로 생각하도록 도와주고 인간관계를 방해하는 내적 계기를 의식하게 해주는 메커니즘이다. (사람들과 얼굴을 맞대며 만나는 대신) 틱톡 영상을 보거나 인스타그램이나 페이스북에서 낯선 사람과 DM을 주고받느라 핸드폰에 갇혀 있기는 아주 쉽다. 또는 (상황을 개선하기 위해 무엇 때문에 화가 났는지 표현하는 대신) 친구나 연인 사이에서 문제가 생겼을 때 차단하거나 잠수를 타기도 아주 쉽다. (직장 동료를 만나 문제점에 관한 대화를 나누는 대신) 그 사람이 보낸 이메일에 화를 내거나, 연애가 지루하게 느껴질 때 (왜 권태기가 왜 시작됐고 어떻게 해결할지 알아보는 대신) 아주 쉽게 도망쳐 나오기도 한다. 모든 인간관계는 도전에 직면했다. 그리고 이런 도전 과제들에 대처하는 능력이 인간관계를 더 탄탄하게 만들어주고 우리를 더 좋은 사람으로 만들어준다. 사람들과의 만남에서 핸드폰은 잠시 내려두고, 우정과 연인 관계에서 의견이 맞지 않은 사실을 인정하면서 상대방과의 차이를 더욱 잘 이해할 방법을 찾아보자. 또한 더 좋은 사람이 될 수 있도록, 무엇이 왜 우리를 자극했는지에 대해 반성하는 시간을 갖자.

이제 이 다음에 할 일은?

우리가 인생의 다양한 분야에서 건강한 행동과 건강하지 못한 행동을 구분하는 데 더욱 능숙해지면, 의사 결정 능력과 다른 사람들과의 상호 작용도 점차 발전할 것이다. 또한 우리 자체의 레드 라이트와 그린 라이트를 더 확실히 인식하게 되면서 이를 고칠 수 있는 방법을 찾게 될 것이다. 이 책은 필요한 때에 당신이 신속하고 훌륭하게 의사 결정할 수 있도록 뒷받침해줄 것이며, 동시에 여기서 제공하는 툴과 행동 전략은 사고와 행동을 발전시키고 싶은 사람들에게 도움이 될 것이다. 이제 우리는 실천의 중요성을 이해하고, 행동 없이는 진정한 변화도 없으리라는 점을 깨달았다. 고치지 않은 행동은 반복된다. 그러니, 최고 버전의 내가 되기 위해 도움이 될 액션 플랜을 스스로 준비하면서 시작해 보자. 다른 사람에게서, 그리고 자기 자신에게서 보는 레드 라이트와 그린 라이트에 집중하자. 다음은 액션 플랜에 포함시킬 수 있는 몇 가지다.

자신의 레드 라이트와 그린 라이트 구분하기

- 자기 자신에 관한 다섯 가지 그린 라이트와 다섯 가지 레드 라이트를 적자. (이미 알고 있거나 이 책을 읽은 후 발견하게 된 것을 형성하지 못하게 막는) 다섯 가지 레드 라이트를 살펴보고, 먼저 해결하고 싶은 레드 라이트와 인생에 가장 큰 영향을 미칠 레드 라이트를 찾아내자.

다른 사람의 레드 라이트와 그린 라이트 구분하기

- 현재 인생에서 가장 중요한 영역이 무엇인지, 어느 부분에서 관계를 개선하고 싶은지(친구, 가족, 일, 연애, 사랑·결혼 등) 고민해 보자.
- 그 후 다른 사람에게서 보이는 레드 라이트를 구분하자. 왜 사람들이 당신에게 레드 라이트인지(예를 들어 전체적으로 싫다거나 당신의 가치와 맞지 않는다거나), 얼마나 진한 레드 라이트인지(심각하거나 건강하지 못하거나) 고민해 보자.
- 이 레드 라이트를 곰곰이 들여다보고 개입하자. 당신이 해결하고 싶은 대상인가? 맞다면 어떻게 해결하고 싶은가? 아니라면 왜 아닌가? 이를 유지하거나 그만두면 어떤 결과가 나올 수 있는가?

자신의 레드 라이트와 그린 라이트 개선하기

- 개인의 레드 라이트와 그린 라이트에 대해 고민해 봤다면, 이를 가지고 무엇을 할지 결정하자. 레드 라이트를 어떻게 처리하고 그린 라이트를 어떻게 발전시킬지 결정하자.
- 의지를 담아 계획을 세우자. 개인적인 발전 계획을 SMART(Specific: 구체적인, Measurable: 측정 가능한, Achievable: 달성 가능한, Relevant: 관련성 있는, Time-bound: 시간제한 있는)하게 만들고, 각 사고 작용이나 행동과 관련해 언제 작업할 것인지 확실한 마감일을 정하자. 자기 계발의 성공 여부를 어떻게 측정할 건지 생각해 보자.
- 이 순간 새로운 생각이나 행동 방식을 시도해 보고 싶다면 실험을 해보자. 보통 신경을 거스르는 상황(사교 행사 등)에서 천천히 자기 자신을 노출한다거나, 보통은 참여하지 않는 행동(연설 등)에 더 적극적이 되어보자. 기본값 사고방식에 딴지를 걸면 불편한 마음이 들 것임을 기억하자. 컴포트 존 Comfort Zone에서 벗어나는 법을 배우기 시작하자.
- 계획한 대로 따르지 못한다고 해서 지나친 자책은 금물이다. 주요한 시점마다 기념하자. 필요하다면 그 여정을 잘 따라갈 수 있게 친구나 상담사에게서 외적인 도움을 구하자. 또는 내 팟캐스트를 듣거나 소셜 미디어에 올린 내 영상을 보거나, 또는 내 온라인 커뮤니티에서 나와 함께하자.

다른 사람의 레드 라이트와 그린 라이트 개선하기

- 다른 사람에게서 어떤 신호를 고치고 싶은지 확인했다면, 이제는 걸맞는 행동을 할 때다. 다른 사람의 레드 라이트와 그린 라이트를 해결하는 첫걸음으로 다른 사람에게 어떻게 말할 것인지, 또는 무슨 조치를 취하고 싶은지 글로 써보자.

- 건강하거나 건강하지 않은 행동을 해결하면서 어떤 느낌을 받을지 고민해 보는 것도 중요하다. 당신은 어쩌면 감정에 관해 이야기하는 일이 불편하게 느껴질지도 모른다. 그러나 우리는 파트너의 그린 라이트가 더 커지도록 돕는 것이 얼마나 중요한지 안다. 어떻게 해야 이를 해결할 수 있을까? 혹은 누군가를 물러서게 만들고 싶을 때, 자신의 경계선을 설명하면서 죄책감을 느낄 수도 있다. 다른 사람에게 당신의 욕구를 이해시키는 순간의 죄책감이나 밀쳐내는 행위를 어떻게 다룰 것인가? 이성적인 상태를 유지하면서 감정을 표현하는 것은 그런 일이 벌어졌을 때 다른 사람에게 우리가 우려하는 바를 효과적으로 전달할 수 있게 도와준다.

- 친구와 파트너, 가족, 또는 동료의 표적 행동을 고쳐줄 적절한 시기를 찾자. 사람들을 직접 만나고, 문자 메시지로 문제를 논의하지 않도록 하자. 인근 지역에 있지 않다면 대신 영상 회의를 열자. 서로의 얼굴을 볼 수 있는지 확인하자. 무엇이 바뀌는 모습을 보고 싶은지 명확히 하자.

- 행동을 고치기에 너무 심각하다면 대안을 생각해 보자. 그냥 도

망가서 돌아오지 않는 것(또는 잠수나 차단)도 선택지가 될 수 있지만, 심각한 상황에서만 고려하자(예를 들어 상대방과 더 엮이면 위험하다거나 정신 건강에 부정적인 영향을 미칠 때). 다른 모든 상황에서는 예의 바른 태도로 왜 더 이상 함께 하기 어려운지 설명해서, 당신과 상대방 모두를 위해 관계를 정리할 수 있도록 하자

말을 행동으로 옮기는 일은 당신이 최고 버전의 모습을 갖출 수 있게 도와줄 것이다. 중요한 건 당신이 어떻게 생각하고 다른 사람들과 관계를 맺을 것인지 주도권을 가지는 것이다. 오늘날 기술 발전과 생활 양식 덕에 우리는 더 쉽게 독립적으로 지내고 기본값 설정을 통해 움직이게 됐다. 더 반성하고 더 좋은 사람이 됨으로써 우리가 생각하는 방식과 인간관계의 수준을 발전시켜 보자. 다른 사람과의 상호 작용을 개선하면서, 디지털 사회에서 인간으로 살아남는 의미를 다시 배우자. 그리고 바라건대, 이 세상을 살기에 더 좋은 곳으로 만들자. 오직 긍정적인 의도만이 변화를 만들어낼 수 있다.

부록

더 깊은 유대와 사랑을 위해 체크해 볼 25가지 레드 라이트와 그린 라이트

나는 연애 중인 커플을 포함해 고객들과 일하는 과정에서, 이들이 서로의 인생관과 가치, 욕구, 욕망, 두려움과 내면의 생각 등을 발견하도록 돕는 일이 유대감을 형성하고 사랑을 찾기에 효과적인 방법임을 발견했다. 우리의 내면에서 시작해 상대방을 더 잘 알아가는 여정은 참 아름답다.

    연애하는 사람들에게 육체적 친밀감과 공존 가능성은 둘이 유대감을 형성하게 된 최초의 이유일 수 있다. 단순한 수다 말고도 서로 깊고 체계적인 대화를 나누면서, 정서적·영적·심리적 공간 같은 다른 영역에서 공존할 수 있겠다는 사실을 서서히 발견할 수 있다. 더 깊고 널리 아우르는 유대감은 사랑에 빠지고 계속 활기를 유지하거나, 또는 지금 함께하는 그 사람이 인생의 모든 영역에서 공존할 수 있는 짝은 아니라는 점을 깨닫는 데 도움이 될 것이다. 그러면 어떻게 해야 할까? 관계를 유지하며 해결할 방법을 찾아야 할까, 아니면 떠나야 할까?

더불어 중요한 일은, 다른 사람이 되려고 애쓰는 행동을 그만두는 것이다. 두꺼운 가면을 쓸수록 사람들이 정말로 당신과 가까워졌을 때 받을 충격은 커진다. 다른 누군가의 욕망에 맞추려고 본래의 모습을 바꾸지 말자. 물론 그 사람을 함께하고 싶어서 당신의 방식을 수정할 필요는 있다. 그러나 유대를 위해 당신의 진짜 모습을 바꾸지 말자.

연애를 하는 사람들은 몇 년을 함께 지내고 나서도 여전히 파트너에 관해 배울 점들이 얼마나 많은지 놀라기도 한다. 사람들은 가끔 관계에서 많은 것을 건드리지 않고 내버려둔다. 매일매일의 번잡함에 지쳐 있을 때는 더욱 그렇다. 또한 진지한 애정 관계에 있어서도 모두가 자신이 진짜 원하는 것이나 무엇 때문에 주저하는지를 상대방에게 솔직히 털어놓지는 않는다. 사람들의 욕구는 시간이 흐르면서 바뀌지만, 변화한 욕구를 항상 전달하지는 않는다. 그랬다가는 관계에서 온갖 문제로 이어질 수 있다.

내가 25가지 레드 라이트와 그린 라이트 질문을 개발함으로써 여러분이 명확성과 취약성 등을 깨닫고, 함께 지키고 싸울 만한 강한 유대감을 형성하도록 도와주려는 이유가 여기에 있다. 이 질문들은 과학이 우리에게 보여주듯, 오래 지속되는 관계로 이어지기 위한 요소들을 전제로 삼고 있다. 바로 노력, 그릿^{Grit}, 취약성, 공존 가능성, 공감과 연민이다. 이 모든 질문을 동시에 해볼 필요는 없다. 잠깐씩 시간을 내 함께 앉아서 한 번에 몇 가지 질문을 해결해 보기를 권한다. 발전을 위해 대화를 하고 서로의 말에 귀를 기울이자(서로에게 동의하지 않을 때도 마찬가지다). 감히 약점을 드러내고, 서로에게 속속들이 솔직해지자. 함께 즐겁고 함께 웃자. 그러나 눈물을 터트려도 괜찮다. 진정한 사랑은 사람들이 당신을 대하는 방식, 그리고 당신을 느끼게 만드는 방식을 바탕으로 한다. 또한 누군가의 내면을 이해하고 있는 그대로의 모습을 바라보며, 위대함과 결점을 인정하고 받아들이면서 도움이 필요한 곳에 지지를 보내는 일이 중요하다. 상대방이 성장할 수 있도록 돕기 위해서가 아니라, 둘이 함께 번창하기 위해서다.

1. 당신의 그린 라이트는 무엇이고 레드 라이트는 무엇인가?
2. 어떤 레드 라이트가 가장 무서운가? 그 이유는 무엇인가?
3. 내게서 어떤 그린 라이트가 보이는가?
4. 당신이 살면서 겪었던 경험은 어떻게 당신의 행동을 레드 라이트와 그린 라이트로 바꾸었는가?
5. 당신은 레드 라이트를 그린 라이트로 바꿀 수 있다고 믿는가? 바꿀 수 있다고 믿는다면, 무슨 신호를 어떻게 바꾸겠는가?
6. 누군가가 매일 자기 엄마한테 전화한다. 이 행동은 당신에게 레드 라이트인가, 회색 라이트인가, 아니면 그린 라이트인가? 그

이유를 설명해 보자.

7. 다음 문장을 끝내보자. "당신은 레드 라이트를 (동물 또는 과일 이름을 넣자)로 비유한다."

8. 둘이 함께 있거나 떨어져 있을 때, 어떤 레드 라이트나 두려움이 생겨나는가?

9. 어느 레드 라이트가 관계를 망치는 주범인가? 그리고 어떤 레드 라이트를 참을 수 있는가?

10. 내가 당신의 그린 라이트를 더 키울 수 있는 최선의 방법은?

11. 당신이 결실을 맺는 나이인 99세가 되어서 오늘의 당신을 되돌아본다고 가정해 보자. 어떤 개인적인 레드 라이트(공포, 걱정, 후회 등)를 해결하고 싶을까? 나이 든 당신은 젊은 날의 당신이 오늘 살아가는 모습을 개선하기 위해 어떤 조언을 해주고 싶은가?

12. 인생의 목표가 어떻게 그린 라이트 또는 레드 라이트가 될 수 있는지 설명해 보자. 둘 다일 수도 있을까?

13. 우정과 가족, 일에서는 무엇이 레드 라이트라고 생각하는가?

14. 어떤 식으로든 레드 라이트가 매력적이라거나 섹시하다고 느끼는가?

15. 언제 농담이 레드 라이트가 되는가? 몇 가지 예시와 그 이유를 설명해 보자.

16. 다음의 문장을 완성해보자. "당신이 _____ 할 때 회색 라이트가 된다."

17. 우는 것은 레드 라이트인가 그린 라이트인가? 마지막으로 언제 울었는가?

18. 조건 없는 사랑을 믿는 것은 레드 라이트인가? 당신의 답을 자세히 설명해 보자.

19. 다른 사람과 육체적으로 친밀해지기 위해 개방적인 관계를 가지는 것은 레드 라이트인가, 그린 라이트인가?

20. 다음의 문장을 완성해 보자. "정서적으로 당신에게서 가장 빨갛게 불타는 레드 라이트는 _____."

21. 우리는 현재나 미래의 레드 라이트 상황에 대처하기 위해 어떤 그린 라이트를 강화해야 할까?

22. 당신은 레드 라이트를 볼 때 뭔가가 거슬리면 행동으로 어떻게 표현하는가?

23. 다음의 문장을 완성해 보자. "정신적으로 당신의 가장 푸르른 그린 라이트적 사고 방식은 _____."

24. 소셜 미디어에 올라온 누군가의 포스트에 '좋아요'를 누르는 행위가 레드 라이트가 되는 때는?

25. 우리 관계가 더욱 발전하려면 어떤 그린 라이트 행동을 더욱 부추겨야 할까?

관계에서 중요한
레드 라이트와 그린 라이트 TOP 7

레드 라이트와 그린 라이트는 매우 주관적일 수 있다. 이 흥미로운 연습에서 당신과 파트너는 관계의 레드 라이트와 그린 라이트를 탑 7까지 나열해볼 수 있다. 중요도에 따라 각각 목록을 작성해 보자.

레드 라이트

1. _____
2. _____
3. _____
4. _____
5. _____
6. _____
7. _____

그린 라이트

1. _____
2. _____
3. _____
4. _____
5. _____

6. _____
7. _____

관계에서 가장 중요한 레드 라이트와 그린 라이트를 정리해 보았으니, 이제는 파트너가 기록한 레드 라이트는 얼마나 빨갛고, 그린 라이트는 얼마나 푸른지 평가해 보길 바란다. 파트너가 고른 레드 라이트와 그린 라이트가 얼마나 심각한지, 아니면 얼마나 중요한지를 보여주기 위해 칸 옆에 'X'와 'XX' 또는 'XXX'라고 표시하자. 이런 식으로 당신과 파트너가 특정 아이디어와 가치에 있어서 얼마나 일치하고, 또 어느 부분에서 차이가 나는지 알 수 있다. 이 방법은 보이지 않는 것을 볼 수 있도록 드러내는 데 아주 안성맞춤이다. 또한 서로를 더 깊이 이해하고 관계에서 상대의 욕구를 채워주기 위해 노력할 방법을 찾을 수 있는 길이기도 하다.

1부. 가족과 친구 관계

레드 플래그 ①

1. 건강하지 않은 방법으로 아이의 삶을 통제하거나 지시하려는 것은 나르시시스트 부모에게만 한정된 이야기가 아니다. 과잉보호하거나 불안한 기질을 가진 부모도 마찬가지다.
2. 당신은 계속 손위 형제와 형제들의 학문적·직업적 성공을 자기와 비교할 가능성이 매우 높다. 그로 인해 당신은 부족함과 압박을 느끼고, 부모의 죄책감 신공에 휘둘리게 된다.
3. 경계선 설정을 위해서 서로 어떻게 소통할 것인지 부모와 협의하는 부분도 있다. 예를 들어, 일주일에 세 번 통화하거나 일주일에 한 번 함께 점심을 같이 먹자고 합의할 수 있다. 또한 상황이나 당신이 정상이라고 느끼는 바에 따라 서로 연락하는 방법에 대한 합의사항을 수정해야 한다. 적절히 합의하고 조건들을 존중할 때 부모들이 자식들을 내려놓는 힘겨운 시기에 느끼는 불안감을 관리하는 데 도움이 된다.
4. www.hindustantimes.com/sex-and-relationships/tied-in-knots-the-problem-with-mothers-in-law-in-india/story-fzVnq9TdBl82TnIE9Rm6HK_amp.html

레드 플래그 ②

1. Bugental, D. B., Blue, J., and Lewis, J. (1990). Caregiver beliefs and dysphoric affect directed to difficult children. *Developmental Psychology*, 26, 631 – 8.
2. Pollak, S. D., Vardi, S., Putzer Bechner, A. M., and Curtin, J.J. (2005). Physically abused children's regulation of attention in response to hostility. *Child Development*, 76, 968 – 77.

3. Briere, J., and Runtz, M. (1990). Differential adult symptomatology associated with three types of child abuse histories. *Child Abuse Neglect*, 14, 357–64.
4. Spinhoven, P., Elzing, B. M., Hovens, J., Roelofs, K., Zitman, F. G., Van Oppen, P., and Penninx, B. W. (2010). The specificity of childhood adversities and negative life events across the life span to anxiety and depressive disorders. *Journal of Affective Disorders*, 126(1–2), 103–12.
5. Sun, L., Canevello, A., Lewis, K. A., Li, J., and Crocker, J. (2021). Childhood emotional maltreatment and romantic relationships: The role of compassionate goals. *Frontiers in Psychology*, 12, 723126.
6. Maguire, S., Williams, B., Naughton, A., Cowley, L., Tempest, V., Mann, M. K., Teague, M., and Kemp, A. M. (2015). A systematic review of the emotional, behavioural and cognitive features exhibited by school-aged children experiencing neglect or emotional abuse. *Child: Care, Health and Development*, 41(5), 641–53.
7. Glantz, M. D., and Leshner, A. I. (2000). Drug abuse and developmental psychopathology. *Development and Psychopathology*, 12(4), 795–814.
8. Sroufe, L. A., and Rutter, M. (1984). The domain of developmental psychopathology. *Child Development*, 55(1), 17–29.
9. Maguire et al. (2015).
10. DiLillo, D., Peugh, J., Walsh, K., Panuzio, J., Trask, E., and Evans, S. (2009). Child maltreatment history among newlywed couples: A longitudinal study of marital outcomes and mediating pathways. *Journal of Consulting and Clinical Psychology*, 77, 680–92.
11. Gross, J. J. (1998). Antecedent-and response-focused emotion regulation: Divergent consequences for experience, expression, and physiology. *Journal of Personality and Social Psychology*, 74(1), 224–37.
12. www.dailymail.co.uk/tvshowbiz/article-10207219/amp/Adele-says-alcoholic-father-walking-led-hurting-partners.html
13. 우리는 언제나 사람을 바꿀 수 없다는 사실을 받아들여야 한다. 모든 사람이 변하기를 원치는 않는다. 사람들이 변화하고 싶다고 말할 때조차도 속으로는 바라지 않을지도 모른다. 어떤 사람들은 행동의 익숙한 패턴 속에 갇혀 있으면서 편안해한다. 변화는 두렵고, 별로 관여하고 싶지 않은 문제들을 표면을 끌어올릴지도 모른다. 사람들을 있는 그

대로 받아들이고, 당신이 원하는 그 사람들의 모습에 비교하지 않는 것이 중요하다. 언제 변화가 불가피한지 깨달을 때까지 시간을 주자.

레드 플래그 ③

1. Gass, K., Jenkins, J., and Dunn, J. (2007). Are sibling relationships protective? A longitudinal study. *Journal of Child Psychology and Psychiatry, and Allied Disciplines*, 48(2), 167–75.
2. Lange, S., and Lehmkuhl, U. (2012). Kann eine Geschwisterbeziehung bei der Bewältigung kritischer Lebensereignisse protektiv wirken? [Can a sibling relationship be protective in coping with parental illness/stressful life events?]. *Praxis der Kinderpsychologie und Kinderpsychiatrie*, 61(7), 524–38.
3. Rodgers, J. L., Cleveland, H. H., Van Den Oord, E. and Rowe, D. C. (2000). Resolving the debate over birth order, family size, and intelligence. *The American Psychologist*, 55(6), 599–612.
4. Perry, J. Christopher, Bond, Michael and Roy, Carmella. (2007) Predictors of treatment duration and retention in a study of long- term dynamic psychotherapy: childhood adversity, adult personality, and diagnosis. *Journal of Psychiatric Practice*, 13(4), 221–32.
5. news.umich.edu/firstborn-asians-feel-added-pressure-with-family-responsibilities/
6. Zajonc, R. B., Markus, Gregory B., Berbaum, Michael L., Bargh, John A., and Moreland, Richard L. (1991). One justified criticism plus three flawed analyses equals two unwarranted conclusions: A reply to Retherford and Sewell. *American Sociological Review*, 56(2), 159–65.
7. 머레이 보웬(Dr. Murray Bowen)의 연구에 따르면, 특정한 상황은 가족 역학 속에서 개인의 전형적인 형제자매 위치를 변화시킬 수 있으며, 이는 곧 출생 순서가 미치는 행동적·상황적 영향에도 변화를 가져올 수 있다.
8. 함께 자랐다고 해서 반드시 형제자매가 같은 경험을 공유한다는 의미는 아니라는 점을 기억하는 것이 중요하다.

레드 플래그 ④

1. journals.sagepub.com/doi/abs/10.1177/1948550619837000
2. Dunbar, R. I. M., Marriott, A., and Duncan, N. D. C. (1997). Human conversational behaviour. *Human Nature*, 8, 231–46.
3. Brondino, N., Fusar-Poli, L., and Politi, P. (2017). Something to talk about: Gossip increases oxytocin levels in a near real-life situation. *Psychoneuroendocrinology*, 77, 218–24.
4. 그러나 성별 간에 나타나는 부정적 소문과 긍정적 소문의 균형은 대체로 비슷한 것으로 보인다.
5. Reynolds, T., Baumeister, R. F., and Maner, J. K. (2018). Competitive reputation manipulation: Women strategically transmit social information about romantic rivals. *Journal of Experimental Social Psychology*, 78, 195–209.

레드 플래그 ⑥

1. Schino, G., and Aureli, F. (2008). Grooming reciprocation among female primates: A meta-analysis. *Biology Letters*, 4(1), 9–11.

2부. 직장 내 인간관계

레드 플래그 ⑦

1. Christian, Michael and Slaughter, Jerel. (2007). Work engagement: A meta-analytic review and directions for research in an emerging area. *Academy of Management Proceedings*, 2007(1), 1–6.
2. Schaufeli, W. B., and Baker, A. B. (2004). Job demands, job resources, and their relationship with burnout and engagement: A multi-sample study. *Journal of Organizational Behaviour*, 25, 293–315.
3. Kahn, W. A. (1990). Psychological conditions of personal engagement and disengagement at work. *Academy of Management Journal*, 33, 692–724.

4. 개인적으로 나는 직장에서의 관계를 더 탄탄하게 만들 새로운 방법을 찾느라 이 공간에서 많은 조사를 진행했다.
5. Tajfel, H., and Turner, J. (1979). An integrative theory of intergroup conflict. In M. J. Hatch and M. Schultz (eds.), *Organizational Identity: A Reader*. Oxford University Press: New York (2004), 56–65.
6. Fenwick, A. (2018). *Creating a Committed Workforce – Using Social Exchange and Social Identity to Enhance Psychological Attachment within an Ever-Changing Workplace*. Nyenrode Business Universiteit Press: Breukelen.
7. www.mckinsey.com/capabilities/ people-and-organizational-performance/our-insights/the-great-attrition-is-making-hiring-harder-are-you-searching-the-right-talent-pools
8. Deutsch, M., and Gerard, H. B. (1955). A study of normative and informational social influences upon individual judgement. *Journal of Abnormal Social Psychology*, 51(3), 629–36.
9. www.gallup.com/workplace/398306/ quiet-quitting-real.aspx
10. knowledge.insead.edu/leadership-organisations/your-organisation-cult
11. Curtis, J. M., and Curtis, M. J. (1993). Factors related to susceptibility and recruitment by cults. *Psychological Reports*, 73(2), 451–60.
12. 'Jonestown Audiotape Primary Project'. Alternative Considerations of Jonestown and Peoples Temple. San Diego State University. Archived from the original on 20 February 2011.
13. www.ft.com/content/656518ca-0933-11e2-a5a9-00144feabdc0
14. hbr.org/2021/10/ the-toxic-effects-of-branding-your-workplace-a-family
15. www.theguardian.com/business/2015/dec/10/volkswagen-emissions-scandal-systematic-failures-hans-dieter-potsch

레드 플래그 ⑧

1. www.forbes.com/sites/sallypercy/2020/04/01/has-covid-19-caused-your-team-to-start-panic-working/#289452734884
2. youtu.be/ycoewY5uwxs?si=ROgjDtBlKWOoVG5n
3. 일과 가정의 균형이라는 관점에서 개인적인 경계선을 되돌아보자. 당신은 오후 5시가

되면 컴퓨터를 꺼버리고 집으로 가는가, 아니면 동료나 상사가 저녁에도 전화를 걸게 내버려두는가? 어떤 상황에서 당신은 동료가 업무 시간 이후에도 연락해도 좋다고 허용하는가?

레드 플래그 ⑨

1. 직장에서 정신 건강을 생산성과 회복탄력성을 강화하는 측면에서 접근하려면 사람들의 행복을 증진하는 전용 접근법이 필요하다. 코칭과 마음 챙김, 정서 조절 훈련과 커뮤니케이션 및 갈등 관리 기술 같이 개혁적인 연습은 사람들이 함께 일하는 방식과 함께 한 사람의 삶의 질을 높여준다. 기업들은 너무 자주 일회성 행사나 외부 워크숍, 동기 부여 강연 같은 데 돈을 낭비한다. 이런 방법들은 매력적이고 재미있지만 사람들의 행복을 증진하는 데에는 지속적인 영향을 미치지 못한다.

레드 플래그 ⑪

1. 사무실 정치, 직장 정치, 조직 정치는 이 장에서 똑같은 현상을 가리키는 데에 번갈아 가며 사용됐다.
2. 외향인과 내향인이 조직에서 어떻게 관계를 형성하는지, 그리고 사내에서 존재감을 드러내고 가치를 제공하는 독특한 방식이 인지된 권력과 다른 사람에 대한 영향력에 어떻게 영향을 미치는지를 주목하는 것이 흥미롭다.
3. 전문가 권력은 특히나 조직 안팎에서 강한 연대를 형성하는 데에 뛰어나지 않지만 변화나 정치 공격에서부터 어느 정도 보호받길 바라는 사람들이 관심을 가진다. 임무를 수행하는 데 꼭 필요한 지식이나 전문 지식을 갖춘 누군가를 교체하기는 더 힘들기 때문이다.
4. sychology.org.au/news/media_releases/13september2016/brooks
www.cnbc.com/2019/04/08/the-science-behind-why-somany-successful-millionaires-are-psychopaths-and-why-itdoesnt-have-to-be-a-bad-thing.html
www.forbes.com/sites/jackmccullough/2019/12/09/thepsychopathic-ceo/?sh=4ff78a5b791e
www.frontiersin.org/articles/10.3389/fpsyg.2021.661044/full?ref=jackclose.com
scottlilienfeld.com/wp-content/uploads/2021/01/smith2013-1.pdf

5. Glenn, Andrea, Efferson, Leah, Iyer, Ravi, and Graham, Jesse, and (2017). Values, goals, and motivations associated with psychopathy. Journal of Social and Clinical Psychology, 36, 108 – 25.
6. Mullins-Sweatt, Stephanie, Peters, Natalie, Derefinko, Karen, Miller, Joshua, and Widiger, Thomas (2010). The search for the successful psychopath. Journal of Research in Personality, 44, 554 – 8.
7. www.cam.ac.uk/stories/cambridge-festival-spotlights/clive-boddy#:~:text=According%20to%20Corporate%20Psychopathy%20Theory,had%20in%20more%20stable%20times

레드 플래그 ⑫

1. Ayoko, Oluremi, Callan, Victor, and Hartel, Charmine (2003). Workplace conflict, bullying, and counterproductive behaviors. *International Journal of Organizational Analysis, 11*, 283 – 301
www.shrm.org/resourcesandtools/hr-topics/peoplemanagers/pages/narcissism-and-managers-.aspx
lizbethzaguirre.com/2023/04/29/how-moving-goalpostssabotages-your-progress
2. SMART는 'Specific·구체적인, Measurable·측정 가능한, Achievable·달성 가능한, Relevant·관련성 있는, Time-bound·시간제한 있는'을 의미한다.

3부. 연애라는 관계

레드 플래그 ⑬

1. Apostolou, M. (2017). Why people stay single: An evolutionary perspective. *Personality and Individual Differences*, 111, 263 – 71 Apostolou, M., and Wang, Y. (2019). The association between mating performance, marital status, and the length of singlehood: Evidence from Greece and China. *Evolutionary Psychology*, 17(4)

www.pewresearch.org/short-reads/2022/04/06/mostamericans-who-are-single-and-looking-say-dating-has-beenharder-during-the-pandemic/
2. 이 용어(Bombastic Side Eye)는 틱톡에서 급격히 유행했는데, 인정할 수 없다는 의미로 과장된 표정을 보이는 것이다.
3. 사람들이 인생을 (과하게) 계획하기 좋아하는지를 설명해 주는 심리적 이유 가운데 하나는 그래야만 환경을 통제한다는 느낌을 얻을 수 있기 때문이다. 특히 외부의 상황이 빠르고 때로는 예측할 수 없는 방식으로 바뀔 때, 스케줄을 짜고, 체크리스트를 만들고, 그 외에 인생을 구조화하는 다른 형태들은 (특히 우리가 통제권을 쥐고 있는 것들에 대한) 통제감을 선사한다.
4. 앱의 이름에 '우리(We)'가 들어가는 것은 아시아 모바일 앱에만 한정된 이야기가 아니다. 앱이 홍보하려고 하는 서비스의 협업적 특성을 반영하는 이름이기도 하다.
5. 내가 '친구'라는 단어를 강조하는 이유는 친구라는 정의(와 의미)가 세대마다 다를 수 있기 때문이다. 디지털 시대에 우리는 현실 세계에서 한 번 만났던 누군가를 친구라고 여길지도 모른다. 사람들이 무엇을 친구로 여기는지 염두에 두는 것이 중요하다.
6. www.euronews.com/next/2023/02/15/fewer-friends-less-time-to-hang-out-what-data-says-of-our-friendships-post-pandemic-world
7. 이케아 효과는 스웨덴 가구점인 이케아(IKEA)에서 이름을 따왔다. 이케아 효과의 개념은 사람들이 직접 뭔가를 만들면서 막대한 만족감과 자부심을 얻는다는 데에서 나왔다. 물건(이나 사람)에 시간을 투자할 때 가치를 더 높이 평가한다.
8. www.healthline.com/health/what-is-asexual#myths
9. www.mckinsey.com/ featured-insights/mckinsey-on-books/author-talks-the-worlds-longest-study-of-adult-development-finds-the-key-to-happy-living
10. Walker, Esther (21 May 2008). 'Top cat: how 'Hello Kitty' conquered the world'. *The Independent*. London.
11. 유사 사회 관계는 숭배받는 사람이 상대방의 흥미, 기분 또는 존재 자체를 인식하고 있지 않은 일방적 관계다. 유사 사회 관계는 가끔 연예인이나 온라인상의 유명인, 또는 허구의 인물과 형성할 수 있다.
12. Matanle, Peter, McCann, Leo, and Ashmore, Darren-Jon (2008). Men under pressure: Representations of the 'Salaryman' and his organization in Japanese Manga. *Organization*, 15(5), 639–64.
13. Karhulahti, V.- M., and Välisalo, T. (2021). Fictosexuality, fictoromance, and fictophilia: A qualitative study of love and desire for fictional characters. *Frontiers in*

Psychology, 11, Article 575427.
14. lagente.org/narco-cultura-the-harmful-idolization-and-romanticization-of-the-mexican-drug-world/
15. 미국 정신의학회(American Psychiatric Association)에 따르면 픽토필리아는 정신 건강 조건으로 간주되지 않는다.
16. www.tripsavvy.com/worlds-best-restaurant-for-eating-alone-4118153
17. 그녀는 AI 애인의 근본을 일본 아니메인 〈진격의 거인〉의 에렌에서 가져왔다.
18. www.euronews.com/next/2023/06/07/love-in-the-time-of-ai-woman-claims-she-married-a-chatbot-and-is-expecting-its-baby
19. 오랜 외로움은 하루에 담배 15개비를 피우는 것만큼 건강에 나쁘다는 연구가 있다.

레드 플래그 ⑭

1. www.wordsense.eu/situationship
2. 데이팅 앱 틴더에서는 누군가의 채팅 요청을 받아들이려면 오른쪽으로 스와이프하고, 거절하려면 왼쪽으로 스와이프할 수 있다.
3. 2018년 에비타 마치 박사가 실시한 흥미로운 연구에 따르면 부티 콜 관계에서 남성과 여성의 배우자 선택은 전통적인 장·단기적 관계의 배우자 선택과 다를 수 있다. 그녀의 연구는 신체적 매력 외에도 남성과 여성 모두 친절함을 부티 콜의 배우자 선택에서 필수라고 보고 있음을 발견했다.
4. https://sfstandard.com/2023/01/21/gen-z-is-all-aboutmutually-exclusive-situationships-but-are-they-really-different-from-dating
5. Gibson, T. J. (2020). 'If You Want the Milk, Buy the Cow: A Study of Young Black Women's Experiences in Situationships', MA thesis, University of Memphis.
6. Choudhry, V., Petterson, K. O., Emmelin, M., Muchunguzi, C., and Agardh, A. (2022). 'Relationships on campus are situationships': A grounded theory study of sexual relationships at a Ugandan university. *PLoS One*, 17(7), e0271495.
7. 학대적인 파트너를 떠나보낸 후 다시 원상태로 돌아가지 않기 위한 효과적인 전략은 과거의 관계에서 특정한 루틴이나 순간이 사라진 공허함을 채울 수 있는 방법을 찾는 것이다. 당신이 금요일마다 파트너를 만나왔다면, 다음 몇 차례의 금요일은 새로운 루틴을 만들거나 다른 사람과의 경험으로 채우자.
8. 일반적으로 차단은 아주 성숙하지 못한 행위다. 그러나 정신 건강이나 신체 건강이 학

대나 조종으로 인해 위험에 처했다면, 모든 연락을 즉각 중단하기를 강력하게 권하는 바다.

레드 플래그 ⑮

1. 변태(Hentai)는 노골적이고 포르노적인 내용을 가진 일본 망가나 아니메를 가리킨다. 변태(일본어로는 変態性欲)는 '이상한'과 '태도'라는 단어의 조합이며, 일본에서는 누군가가 '변태'이거나 '변태짓을 한다'고 말할 때 이 단어를 사용한다.
2. Schmitt, David, Shackelford, Todd, and Buss, David (2001). Are men really more 'oriented' toward short-term mating than women? A critical review of theory and research. *Psychology, Evolution & Gender*, 3, 211 – 39.
3. 연애를 하기 전에 먼저 자기 수양을 하는 것이 더 현명한 전략이라는 의미다.
4. 경제적 요인, 세계적인 불안과 불확실성, 직업 전망과 변화하는 젠더 규범이 현대식 연애 행동에 영향을 미친다는 점에 주의하는 것이 중요하다. 인간의 행동과 유행은 결코 순수하게 한 가지 요인에만 의존할 수 없다.
5. 왜 사람들은 사라지거나 꾸준히 눈에 보이지 않는 사람들을 추종하는지 그 이유를 이해해야 한다. 이들은 (무의식적으로) 당신을 붙들어 놓기 위해 희소성의 효과를 적용하고 있다.
6. 사회 심리학에서는 이 효과에 단순 노출 효과나 친숙성의 원리 같은 다른 이름을 붙인다.
7. 이 용어는 오페르 젤러마이어가 PhD 논문을 쓰면서 만들어낸 것으로, 어떤 것을 특히 현금으로 지불해야 할 때 경험하는 부정적인 감정을 가리킨다.
8. 사람들은 다양한 이유로 가짜 페르소나를 만들어낸다. 사람들은 자기가 간절히 되고 싶은 사람이나 현실에 존재하지 않는 자기 자신의 이상적인 버전으로 가짜 페르소나를 만든다. 이런 페르소나는 개인적인 좌절감을 덜어주고 인정받는 느낌을 얻을 수 있는 정신적인 전략이다.
9. 2020년 웨스턴 시드니 대학교가 실시한 연구에서 스와이프 기반 데이팅 앱을 사용하는 사람들은 그렇지 않은 사람들보다 더 많은 스트레스와 불안, 우울을 경험하는 것으로 나타났다.
10. www.dailymail.co.uk/tvshowbiz/article-12504877/amp/Picasso-monster-genius.html
11. 정신적 회복탄력성이 줄고 정서적 고통에 대한 저항력이 줄어든 탓이다.
12. 당신이 관심을 보이는 순간 그 사람은 떠날지도 모른다. 그리고 당신이 그 사람을 좋아

한다고 말하면 그 사람은 흥미를 잃을 수도 있다. 사람들은 손에 넣기 어려울수록 더 큰 흥미를 느낀다. 희소성의 효과의 최고봉이다. 누군가가 당신에게 관심을 보이고 결국 당신이 여기에 무너져 '좋아요'라고 대답하는 것은 으쓱할 일이다. 그러나 비싸게 구는 것은 그저 한도 끝도 없는 만큼, 누군가가 당신과 함께하고 싶지 않다는 것을 깨닫는 것이 중요하다. 잡히고 싶지 않은 사람의 뒤를 쫓아다니는 것을 멈추는 법을 배우자.

레드 플래그 ⑯

1. Stranieri, G., De Stefano, L., and Greco, A. G. (2021). Pathological narcissism. *Psychiatria Danubina*, 33(suppl. 9), 35–40.
2. Freedman, G., Powell, D. N., Le, B., and Williams, K. D. (2019). Ghosting and destiny: Implicit theories of relationships predict beliefs about ghosting. *Journal of Social and Personal Relationships*, 36(3), 905–24.
3. Khattar, V., Upadhyay, S., and Navarro, R. (2023). Young adults' perception of breadcrumbing victimization in dating relationships. Societies, 13(2), 41.
4. Brown, R. P., Budzek, K., and Tamborski, M. (2009). On the meaning and measure of narcissism. *Personality and Social Psychology Bulletin*, 35(7), 951–64.
5. Singer, M. T., and Addis, M. E. (1992). Cults, coercion, and contumely. In A. Kales, C. M. Pierce and M. Greenblatt (eds.), *The Mosaic of Contemporary Psychiatry in Perspective*. Springer: New York, 130–42.
6. www.cps.gov.uk/cps/news/ prosecutors-focus-love-bombing-and-other-manipulative-behaviours-when-charging-controlling
7. Strutzenberg, C. C., Wiersma-Mosley, J. D., Jozkowski, K. N., and Becnel, J. N. (2017). Love-bombing: A narcissistic approach to relationship formation. *Discovery: The Student Journal of Dale Bumpers College of Agricultural, Food and Life Sciences*, 18(1), 81–9.
8. Bowlby, J. (1980). *Attachment and Loss: Sadness and Depression*. Basic Books: New York.
9. Rogoza, R., Wyszyńska, P., Maćkiewicz, M., and Cieciuch, J. (2016). Differentiation of the two narcissistic faces in their relations to personality traits and basic values. *Personality and Individual Differences*, 95, 85–8.
10. Buffardi, L. E., and Campbell, W. K. (2008). Narcissism and social networking

web sites. *Personality and Social Psychology Bulletin*, 34, 1303 – 14.
11. unfilteredd.net/how-long-does-the-love-bombing-phase-last-case-study
12. www.psychologytoday.com/sg/basics/love-bombing
13. www.tandfonline.com/doi/abs/10.1080/03637751.2021.1985153
14. www.goldenstepsaba.com/resources/ lying-statistics
15. 기억하자. 모든 사람이 똑같은 사랑의 언어를 좋아하지 않는다. 일부는 신체적 접촉을 좋아하지 않으며, 공공연하게 애정을 표현하는 것도 모두의 취향은 아니다. 그러니 시간을 가지고 왜 사람들이 자신들의 방식으로 사랑을 표현하는지 탐색하고 이해해야 한다.
16. journals.sagepub.com/doi/pdf/10.1177/0146167297234003
17. www.tandfonline.com/doi/abs/10.1080/14681990412331297974?journalCode=csmt20#::text=In%20men%2C%20then%2C%20neuropept ide%20hormones,et%20al.%2C%201987)
18. en.wikipedia.org/wiki/Effects_of_hormones_on_sexual_motivation
19. www.ncbi.nlm.nih.gov/pmc/articles/PMC3633620
20. www.womenshealthmag.com/relationships/a30224236/casual-sex-feelings/#:~:text=%22Women%20release%20oxytocin%2C%20a%20bonding,little%20attached%2C%22%20she%20explains.
21. theprivatetherapyclinic.co.uk/blog/13-signs-you-are-having-sex-with-a-narcissist
22. www.sciencedirect.com/science/article/pii/S0306453013 003326
23. www.dovepress.com/sexual-dimorphism-of-oxytocin-and-vasopressin-in-social-cognition-and-peer-reviewed-fulltext-article-PRBM
24. elifesciences.org/articles/59376
25. nypost.com/2022/01/07/did-kanye-lovebomb-julia-fox-dating-tactic-is-dangerous/amp

레드 플래그 ⑰

1. 믿건 말건, UFO와 외계인은 2022년 말과 2023년 초에 반복적으로 뉴스에 등장했다. 외계인 외에도 미국이나 중국에서 만들어진 잠재적인 좀비 대사건 때문에 사람들은 뜬눈으로 밤을 지새우곤 한다.
2. Z세대는 1997년부터 2008년 사이에 태어난 이들이다.

3. www.themudmag.com/post/ dating-older-new-trend-for-gen-zblog.seeking. com/2023/10/06/why-gen-z-women-preferdating-older-men/graziadaily. co.uk/relationships/dating/younger-womenolder-men/onlinelibrary.wiley.com/ doi/full/10.1002/ejsp.2854
4. 연령 격차가 있는 연애를 연구한 대부분의 연구는 이성 연애에만 집중하고 있다. 그러나 동성 결합을 조사한 연구들도 점차 늘고 있다.
5. 인구조사국에 따르면 미국에서는 평균 2.3년, 중국에서는 1.7년, 그리고 구글 결과에 따르면 영국에서는 2.5년이다.
6. The Republic of Congo being 8.6 years and Gambia 9.2 years on average in 2017: www.un.org/esa/population/publications/worldmarriage/worldmarriage. htm
7. www.researchgate.net/publication/31174590_Marriage_Systems_and_Pathogen_Stress_in_Human_Societies
8. royalsocietypublishing.org/doi/10.1098/rsif.2018.0035
9. Lee, W.-S., and McKinnish, T. (2018). The marital satisfaction of differently aged couples. *Journal of Population Economics*, 31, 337–62.
10. www.taylorfrancis.com/chapters/edit/10.4324/9780203874370-7/may–december-paradoxes-exploration-age-gap-relationships-western-society-western-society-justin-lehmiller-christopher-agnew
11. www.deakin.edu.au/seed/our-impact/mind-the-gap-does-age-difference-in-relationships-matter
12. www.psycom.net/relationships/age-difference-in-relationships
13. www.ncbi.nlm.nih.gov/pmc/articles/PMC6785043
14. bmcpsychiatry.biomedcentral.com/articles/10.1186/s12888-015-0388-y
15. Lehmiller, Justin J., and Agnew, Christopher R. (2008). Commitment in age- gap heterosexual romantic relationships: A test of evolutionary and socio-cultural predictions. *Psychology of Women Quarterly*, 32(1), 74–82.
16. 이 장은 양 파트너가 성인이며 법적인 승낙 연령 이상인 데이트와 낭만적 관계에서 연령 격차를 논하고 있다.
17. 더 지속적인 관계를 찾고 있다면 사회적으로 용인되면서도 타당한 격차여야 한다.
18. 그 누구도 경험적인 법칙이 어디서 왔는지 딱히 확신하지 않는다.
19. 이 경험적인 법칙은 법적인 성인이면서 서로 함께하기로 승낙할 수 있는 사람에게만 관

련 있다.

20. 《연상녀, 연하남》(Older Women, Younger Men: New Options for Love and Romance)의 저자인 펠리시아 브링스와 수잔 윈터에 따르면, 이는 연상의 여성이 연하의 남성에게 제공하는 정서적 안정감과 지혜, 인생 경험, 명확성, 그리고 인생에 대한 새로운 관점과 자존감 향상 덕이다.
21. thesocietypages.org/socimages/2015/07/03/ok-cupid-data-on-sex-desirability-and-age
22. theblog.okcupid.com/ undressed-whats-the-deal-with-the-age-gap-in-relationships-3143a2ca5178
23. Mirandé, A. (1977). *Hombres y Machos: Masculinity and Latino Culture*. Boulder: Westview Press.
24. 문화적 차원에 대해 더 알고 싶다면 기어트 호프스테더나 에린 메이어의 저작을 참고하라.
25. 에이지 하이포가미(Age-Hypogamy, 여성 연상혼)는 여성이 나이가 더 많은 관계를 가리키며 에이지 하이퍼가미(Age-Hypergamy, 남성 연상혼)는 남성이 나이가 더 많은 관계를 가리킨다.
26. 이 질문은 나이가 어린 사람과 진지하게 연애하고 있으며 자신 있는 그대로 원하는 상대를 찾고 있는 사람에게만 해당된다. 슈가 베이비(Sugar Baby, 자기보다 나이가 훨씬 더 많은 사람과 성관계를 가진 대가로 돈이나 선물을 받는 사람-옮긴이)를 찾고 있다면, 그냥 지나가자.
27. 밀레니엄 세대는 1981년에서 1996년 사이에 태어났다.
28. 인스타그램에서 '좋아요'를 누르고 소셜 미디어에서 자기 몸을 과시하기만 하는 사람들과 연결되는 방식으로 영원한 사랑을 찾을 수 있을 거라 믿는 중년 남성들이 얼마나 많은지 아직도 놀랍다. 나는 인스타그램에서 오래 만날 파트너를 찾는 것이 불가능하다고 말하는 것이 아니라, 헐벗은 사진들이 헌신적인 관계의 시작점일 수는 없다고 말하는 것이다.

레드 플래그 ⑱

1. Koob G. F. (2015). The dark side of emotion: The addiction perspective. *European Journal of Pharmacology*, 753, 73–87.
2. Berenbaum, H., and Oltmanns, T. F. (1992). Emotional experience and expres-

sion in schizophrenia and depression. *Journal of Abnormal Psycholology*, 101, 37–44.
3. Litz, B. T., and Gray, M. J. (2002). Emotional numbing in posttraumatic stress disorder: Current and future research directions. *Austalian and New Zealand Journal of Psychiatry*, 36, 198–204.
4. Foa, E. B., and Hearst-Ikeda, D. (1996). Emotional dissociation in response to trauma: An information-processing approach. In L. K. Michelson and W. J. Ray (eds.), *Handbook of Dissociation: Theoretical, Empirical, and Clinical Perspectives*. Springer: Boston, MA, 207–24.
5. Herpertz, S. C., Schwenger, U. B., Kunert, H. J., Lukas, G., Gretzer, U., Nutzmann, K., et al. (2000). Emotional responses in patients with borderline as compared with avoidant personality disorder. *Journal of Personality Disorders*, 14, 339–51.
6. Opbroek, A., Delgado, P. L., Laukes, C., McGahuey, C., Katsanis, J., Moreno, F. A., et al. Emotional blunting associated with SSRI-induced sexual dysfunction. Do SSRIs inhibit emotional responses? *International Journal of Neuropsychopharmacology*, 5, 147–51.
7. Sifneos, P. E. (1973). The prevalence of 'alexithymic' characteristics in psychosomatic patients. *Psychotherpy and Psychosomatics*, 22, 255–62.
8. Picardi, A., Toni, A., and Caroppo, E. (2005). Stability of alexithymia and its relationships with the 'Big Five' factors, temperament, character, and attachment style. *Psychotherpy and Psychosomatics*, 74, 371–8.
9. Hayes, R. M., and Dragiewicz, M. (2018). Unsolicited dick pics: Erotica, exhibitionism or entitlement?, *Women's Studies International Forum*, 71, 114–20.
10. www.ncbi.nlm.nih.gov/pmc/articles/PMC5321660
11. Bressan, P. (2020). In humans, only attractive females fulfil their sexually imprinted preferences for eye colour. *Scientific Reports*, 10, Article 6004.
12. 1992년 하버드 연구원인 암바디와 로젠탈이 실시한 연구에서 학생들은 모르는 교수의 영상에 드러나는 비언어적 신호를 바탕으로 6초 안에 그 교수를 평가했다. 더욱 놀라운 점은 그 교수로부터 한 학기 내내 가르침을 받은 학생들과 한 번도 만난 적 없는 교수의 비디오만 본 학생들이 내린 평가에 차이가 거의 없었다는 사실이다. 연구원들은 교수의 첫인상이 긍정적인 인상을 줄 만큼 좋았고, 이것이 교수에 대한 전반적인 평가로 이어졌다고 알아낼 수 있었다.

13. Zajonc, Robert B. (1968). Attitudinal effects of mere exposure. *Journal of Personality and Social Psychology*, 9(2, Pt. 2), 1–27.
14. Bornstein, Robert F., and D'Agostino, Paul R. (1994). 'The attribution and discounting of perceptual fluency: preliminary tests of a perceptual fluency/attributional model of the mere exposure effect'. *Social Cognition*, 12(2), 103–28.
15. Bartholomew, K., and Horowitz, L. M. (1991). Attachment styles among young adults: A test of a four-category model. *Journal of Personality and Social Psychology*, 61, 226–44.
16. Bereczkei, T., Gyuris, P., and Weisfeld, G. E. (2004). Sexual imprinting in human mate choice. *Proceedings of the Royal Society*. Biological Sciences, 271(1544), 1129–34.
17. Seki, M., Ihara, Y., and Aoki, K. (2012). Homogamy and imprinting-like effect on mate choice preference for body height in the current Japanese population. *Annals of Human Biology*, 39, 28–35.
18. Bressan (2020).
19. Little, A. C., Penton-Voak, I. S., Burt, D. M., and Perrett, D. I. (2003). Investigating an imprinting-like phenomenon in humans: Partners and opposite-sex parents have similar hair and eye colour. *Evolution and Human Behaviour*, 24, 43–51.
20. Rantala, M. J., Pölkki, M., and Rantala, L. M. (2010). Preference for human male body hair changes across the menstrual cycle and menopause. *Behavioural Ecology*, 21, 419–23.
21. Gyuris, P., Járai, R., and Bereczkei, T. (2010). The effect of childhood experiences on mate choice in personality traits: Homogamy and sexual imprinting. *Personality and Individual Differences*, 49, 467–472.
22. Campbell, Natalie M., (2015). Nuclear family dynamics: Predictors of childhood crushes and adult sexual orientation. *Theses, Dissertations and Capstones*, paper 944.
23. Little, A. C., & Jones, B. C. (2006). Attraction independent of detection suggests special mechanisms for symmetry preferences in human face perception. *Proceedings. Biological sciences*, 273(1605), 3093–3099.
24. www.nature.com/articles/ s41598-020-62781-7
25. Orosz, G., Tóth-Király, I., Bőthe, B., et al. (2016). Too many swipes for today: The

development of the Problematic Tinder Use Scale (PTUS). *Journal of Behavioural Addictions*, 5(3), 518–23.

26. www.sciencedirect.com/science/article/pii/S0736585323000138#b0175
27. Cemiloglu, Deniz, Naiseh, Mohammad, Catania, Maris, Oinas-Kukkonen, Harri, and Ali, Raian (2021). The fine line between persuasion and digital addiction.
28. Fenwick, A. (2016). Why is social media so addictive? Hult Blog. www.hult.edu/blog/why-social-media-is-addictive
29. Studer, Joseph, Marmet, Simon, Wicki, Matthias, Khazaal, Yasser, and Gmel, Gerhard (2022). Associations between smartphone use and mental health and well-being among young Swiss men. *Journal of Psychiatric Research*, 156, 602–10. 30. 이 글을 보고 있는 남성 여러분, 휴대폰 과다 사용이 남성 발기부전(ED) 문제와도 연관이 있다는 연구 결과가 있다.
31. Fenwick, A., and Molnar, G. (2022). The importance of humanizing AI: Using a behavioural lens to bridge the gaps between humans and machines. *Discover Artificial Intelligence*, 2, Article 14.
32. www.manasquanschools.org/cms/lib6/NJ01000635/Centricity/Domain/174/millennials_thememegeneration.pdf33time.com/6271915/self-love-loneliness
34. Roberts, T. and Krueger, J. (2021), Loneliness and the emotional experience of absence. *Southern Journal of Philosophy*, 59, 185–204.
35. 에바 일루즈는 저서 《사랑의 종말》(The End of Love)에서 현대의 관계는 관계를 유지하려는 선택보다는 관계에서 벗어날 자유와 더 관련 있다고 설명했다. 그녀는 이 개념을 자기 역량 강화를 보여주는 징후인 충성이나 헌신하지 않는 경제 행위로 연결 지었다. 나는 이를 '독성 소비자주의'라고 부르길 좋아하는데, 독성 소비자주의는 사람들이 자기 자신에게만 계속 집중하면서 유대를 추구하지 못하게 제품을 사라고 압박을 가한다.
36. www.newyorker.com/culture/cultural-comment/the-rise-of-therapy-speak
37. 내 15초짜리 소셜 미디어 영상들 역시 이런 처방식 표현의 유행에 기여하고 있지만, 영상 뒷부분의 내 설명 부분까지 이어지도록 클릭을 유도하기 위해서다. 뒷부분에서 나는 비판적인 사고를 자극하고 경험을 공유하며, 사람들은 실제로 그 부분에서 서로 배울 수 있다. 사람들의 온라인 코멘트 역시 내가 동시대적인 (연애) 행동을 연구할 수 있게 도와준다.

4부. 모든 낭만적 관계

레드 플래그 ⑲

1. Harasymchuk, C., Cloutier, A., Peetz, J., and Lebreton, J. (2017). Spicing up the relationship? The effects of relational boredom on shared activities. *Journal of Social and Personal Relationships*, 34(6), 833–54.
2. Coolidge, F. L., and Anderson, L. W. (2002). Personality profiles of women in multiple abusive relationships. *Journal of Family Violence*, 17, 117–31.
3. Coolidge and Anderson (2002).
4. 내면의 혼돈과 한때 정상이라 믿었던 행동들에 대처하고 싶다면 자기 자신을 탈감각화하고, 효과적인 소통 전략(조성과 의견 불일치 시의 대처, 단어 선택 등)을 (다시) 배우는 것이 갈등에 대처하고 건강한 관계를 구축하기에 도움이 된다.
5. 나는 이 이야기가 미적지근하게 들리고 그 누구도 관계에서 순전한 권태를 느끼고 싶지 않다는 것은 안다. 그러나 절대로 괜찮은 일이며, 가끔은 유익하기까지 하다.
6. Mann, Sandi and Cadman, Rebekah (2014). Does being bored make us more creative?, *Creativity Research Journal*, 26, 165–73.
7. www.psychologytoday.com/us/blog/surprise/202205/the-power-surprise
8. 심리학자 마이클 루셀은 《놀라움의 힘》에서 놀라움은 특정 사건의 기억을 개선해줄 뿐 아니라 사람들의 굳은 믿음도 바꿔줄 수 있다고 설명했다.

레드 플래그 ⑳

1. www.researchgate.net/publication/298066956_SelfEsteem_and_the_Quality_of_Romantic_Relationships
2. 부정적인 자기 대화와 불안에 매일 대처하기란 아주 피곤한 일일 수 있다. 좀 더 균형이 맞는 사고방식을 향해 점차 방향을 잡고 긍정적으로 경험을 재해석할 수 있는 방법을 찾는 것이 중요하다. 불안은 인생의 여러 시기에서 두 파트너 모두에게 일어날 수 있으니, 양쪽이 생각하고 소통하는 방식을 개선하기 위해 함께 노력한다면 유용할 수 있다.
3. Shaver, P. R., Schachner, D. A., and Mikulincer, M. (2005). Attachment style, excessive reassurance seeking, relationship processes, and depression. *Personality and Social Psychology Bulletin*, 31, 343–59.

4. www.healthline.com/health/ healthy-sex/average-number-of-sexual-partners
5. www.ncbi.nlm.nih.gov/pmc/articles/PMC3752789
6. www.sciencedirect.com/science/article/abs/pii/S007961231730016X
7. link.springer.com/referenceworkentry/10.1007/978-94-007-0753-5_2624 academic.oup.com/her/article/19/4/357/560320

레드 플래그 ㉑

1. 〈저널 오브 섹스 앤드 마리탈 테라피(Journal of Sex and Marital Therapy)〉에 따르면 미국인 다섯 명 가운데 한 명이 인생에서 적어도 한 번은 개방적인 관계를 경험하는 것으로 나타났다. 영국에서는 여기에 해당하는 연구가 없으나, CNM 또는 비배타적 관계를 유지하는 의미에 대해 널리 이해하고 있다. 따라서 그 숫자는 미국보다 더 높을 것으로 확신한다.
2. pubmed.ncbi.nlm.nih.gov/34100145/
3. www.usnews.com/news/health-news/articles/2022-12-19/people-in-open-relationships-face-stigma-research-shows
4. www.elle.com.au/celebrity/celebrities-open-relationships-20980

레드 플래그 ㉒

1. languages.oup.com/word-of-the-year/2018-shortlist
2. Stark, Cynthia A. (2019). Gaslighting, misogyny, and psychological oppression. *The Monist*, 102(2), 221–35.
3. www.medicalnewstoday.com/articles/long-term-effects-of-gaslighting#what-to-do
4. psychcentral.com/health/effects-of-emotional-abuse#short-and-long-term-effects-in-adults
5. Stern, R. (2018). *The Gaslight Effect*. Harmony Books: New York.
6. 밀어내기를 할 때는 단호한 태도와 차분한 목소리로 당신의 욕구를 전달하는 것이 중요하다. 파트너가 당신에게 소리를 지르거나 위협할 때도 마찬가지다. 밀어낼 때 소리를 지르거나 나쁜 말을 사용하지 않도록 하자.
7. www.forbes.com/sites/chasewithorn/2022/02/09/tinder-swindler-simon-le-

viev-claimed-to-be-the-son-of-a-diamond-billionaire-meet-the-very-real-and-very-rich-lev-leviev/#:~:text=Leviev%20also%20owns%20a%20gold,a%20deputy%20mayor%20in%20St.

레드 플래그 ㉓

1. 웹스터 사전에 따른 정의다.
2. 포르노처럼 판타지로 뒤범벅된 형태이면서 사이버 물리적 요소가 가미됐다. 'S'는 '사이버'와 발음이 비슷하고 'F'는 '물리적(Physical)'과 발음이 비슷하다. SF 불륜은 디지털 불륜과는 차이가 있다. 디지털 불륜에서는 두 명 혹은 그 이상에서 정서적·육체적 불륜을 용이하게 해주는 매체로 디지털 영역이 사용되지만, SF 불륜은 인간 파트너 대신 가상 프로그램이나 로봇과 즐기는 것이기 때문이다. 가상과 기계가 함께 사용된다면, 가상의 요소는 판타지를 자극하고, 기계는 인간에게 관여할 것이다. 여전히 이해하기가 어렵다고? 그냥 〈스타워즈〉의 C3PO와 섹스를 하는 동안 R2D2가 변태스러운 영상을 보여주고 있다고 상상해 보자.
3. www.sciencedirect.com/science/article/pii/S0747563218303625
4. www.tandfonline.com/doi/abs/10.1080/00224499.2022.2104194
5. www.psychologytoday.com/au/blog/drawing-the-curtains-back/202205/infidelity-revenge
6. eprints.whiterose.ac.uk/93281/12/IPV_systematics_review_Pakistan.pdf
7. 2021년 〈저널 오브 섹스 리서치(Journal of Sex Research)〉에 실린 연구는 온라인과 오프라인에서의 외도는 관계 만족도, 사랑, 욕망, 관계의 기간 같은 대인 관계적 요소들을 살펴봄으로써 (AI를 사용해서) 예측할 수 있다는 증거를 제시하고 있다.
8. 윌 스미스와 제이다 핀켓 스미스가 토크쇼 〈레드 테이블〉에서 결혼에 관해 이야기를 나눴을 때, 제이다는 자신이 래퍼 어거스트 알시나와 가진 낭만적 관계를 일컬어 '얽히고설킨 관계'라는 단어를 사용했다(어거스트 알시나는 윌과 제이다가 비공식적으로 헤어지기 전에 먼저 관계가 시작됐다고 말한 바 있다). 인터뷰에서 제이다는 윌에게 "나는 그냥 기분이 좋아지고 싶었어"라는 이유로 어거스트와 만났다고 말했다.
9. 연구들은 몇 명의 남성들이 바람을 피우는지에 대한 정확한 퍼센트는 결론 내지 못했다. 그 숫자는 조사를 실시한 국가와 무엇을 바람으로 칠 것인가 등의 다양한 요인에 달렸다.
10. ifstudies.org/blog/who-cheats-more-the-demographics-of-cheating-in-

america
11. 가장 흔한 육체적 불륜의 형태는 원나잇 스탠드(One Night Stand)와 잠깐의 정사(情事)다. 더 진지한 형태의 육체적 불륜은 장기적인 성적 관계와 혼외 정사다.
12. academic.oup.com/edited-volume/44606/chapter-abstract/378217290?redirectedFrom=fulltext
13. link.springer.com/article/10.1007/s10508-014-0409-9
14. worldpopulationreview.com/country-rankings/infidelity-rates-by-country
15. 일부 국가에서 간통은 법에 의해 처벌받는다는 사실을 명심해야 한다. 이 책은 결코 현지 법을 어기라고 부추기지 않는다.
16. people.com/movies/ben-affleck-denies-affair-with-nanny-christine-ouzounian-she-says-it-was-love

레드 플래그 ㉔

1. 나는 3개월 이하라고 말하고 싶지만, 연구에 따르면 전 관계가 종료된 후 약 6주라고 한다.
2. Brumbaugh, C. C., and Fraley, R. C. (2015). Too fast, too soon? An empirical investigation into rebound relationships. *Journal of Social and Personal Relationships*, 32, 99–118.
3. Choo, Patricia, Levine, Timothy, and Hatfield, Elaine (1996). Gender, love schemas, and reactions to romantic break-ups. *Journal of Social Behaviour and Personality*, 11, 143–60.
4. Spielmann, S. S., MacDonald, G., and Wilson, A. E. (2009). On the rebound: Focusing on someone new helps anxiously attached individuals let go of ex-partners. *Personality and Social Psychology Bulletin*, 35, 1382–94.
5. Brumbaugh, C. C., and Fraley, R. C. (2007). Transference of attachment patterns: How important relationships influence feelings toward novel people. *Personal Relationships*, 14, 369–86.
6. 최근 관계에서 벗어난 사람들의 뇌를 촬영했을 때 뇌의 고통 중추가 밝게 빛나서, 이별로 인한 강렬한 정서적 경험과 관련한 통증을 반영하는 것으로 보인다.
7. Lewandowski, G. W., Aron, A., Bassis, S., and Kunak, J. (2006). Losing a self-expanding relationship: Implications for the self-concept. *Personal Relationships*,

13, 317–31.

8. Fenwick, A. (2018). *Creating a Committed Workforce–Using Social Exchange and Social Identity to Enhance Psychological Attachment within an Ever-Changing Workplace*. Nyenrode Press.
9. 루틴이나 의례적인 일, 평범한 사람들이 갑자기 사라지면 당신은 매우 공허해질 수 있다. 이는 마치 사람과 장소, 그에 딸린 감정의 지리학적 기억과 같아서 누군가와 헤어지면 그 기억이 사라지고 만다.
10. 불안정 애착 유형은 자아에 대해 부정적인 관점을 가지고, 파트너를 잃거나 혼자가 될까 봐 두려워서 잠재적인 관계의 위협을 경계하는 사람들을 반영한다.
11. Cope, M. A., and Mattingly, B. A. (2021). Putting me back together by getting back together: Post-dissolutionself-concept confusion predicts rekindling desire among anxiously attached individuals. *Journal of Social and Personal Relationships*, 38(1), 384–92.
12. Field, T. (2011). Romantic breakups, heartbreak and bereavement. *Psychology*, 2, 382–7.
13. Brumbaugh, C. C., and Fraley, R. C. (2007). Transference of attachment patterns: How important relationships influence feelings toward novel people. *Personal Relationships*, 14, 369–86.
14. Wang, H., and Amato, P. R. (2000). Predictors of divorce adjustment: Stressors, resources, and definitions. *Journal of Marriage and the Family*, 62, 655–68.
15. Rusbult, C. E., Martz, J. M., and Agnew, C. R. (1998). The investment model scale: Measuring commitment level, satisfaction level, quality of alternatives, and investment size. *Personal Relationships*, 5, 357–91.
16. Wolfinger, N. H. (2007). Does the rebound effect exist? Time to remarriage and subsequent union stability. *Journal of Divorce & Remarriage*, 46(3–4), 9–20.

마무리하며

1. en.wikipedia.org/wiki/Dual_process_theory
2. Fenwick, A., and Molnar, G. (2022). The importance of humanizing AI: using a behavioral lens to bridge the gaps between humans and machines. *Discover Artificial Intelligence*, 2(1), 14.

감사의 말

감사한 분들이 많다. 모두 이 책을 쓰는 과정에서 나를 응원해 줬던 분들이다. 책을 쓰는 일은 결코 혼자 하는 노력이 아니다. 나는 우선 마이클 조셉 펭귄 랜덤 하우스의 근사한 팀에 감사를 보내고 싶다. 전체 과정에서 내 능력을 믿어주고 나를 지지해 줬다. 편집과 법무, 마케팅과 번역권 업무까지, 모두에게 감사하다. 이 책이 우리가 함께 만들어내는 마지막 책은 아니라고 확신한다. 처음부터 끝까지 지속적이고 소중한 피드백과 응원을 보내준 카롤리나와 폴라에게 특별한 감사의 말을 전한다. 또한 책의 마케팅을 너무나 즐겁게 만들어 준 엘라와 해티에게 감사하다. 또한 감수자인 이사벨, 케이, 에마에게 동료 평가를 진행하고 소중한 피드백을 전해준 것에 감사한다.

모든 관계는
신호를 보낸다

1판 1쇄 인쇄 2025년 10월 1일
1판 1쇄 발행 2025년 10월 22일

지은이 알리 펜윅
옮긴이 김문주

발행인 양원석 **편집장** 차선화 **책임편집** 차지혜
디자인 남미현, 김미선 **영업마케팅** 윤송, 김지현, 최현유, 백승원, 유민경
해외저작권 임이안, 이은지, 안효주

펴낸 곳 ㈜알에이치코리아
주소 서울시 금천구 가산디지털2로 53, 20층 (가산동, 한라시그마밸리)
편집문의 02-6443-8862   **도서문의** 02-6443-8800
홈페이지 http://rhk.co.kr
등록 2004년 1월 15일 제2-3726호

ISBN 978-89-255-7306-9 (03180)

※ 이 책은 ㈜알에이치코리아가 저작권자와의 계약에 따라 발행한 것이므로
  본사의 서면 허락 없이는 어떠한 형태나 수단으로도 이 책의 내용을 이용하지 못합니다.
※ 잘못된 책은 구입하신 서점에서 바꾸어 드립니다.
※ 책값은 뒤표지에 있습니다.

또한 이 책을 쓰면서 나와 연결됐던 실무 출신 학생들, 그리고 내 소셜 미디어 여정의 일부에 영감을 안겨준 이들에게 감사드리고 싶다. 인간 행동 전문가로 남고 싶다면 절대로 배움을 멈춰서는 안 된다. 내가 가르치는 때조차도 전에는 깨닫지 못했던 것들을 배우게 되는 법이다. 두바이에 있는 내 제자 타티애나에게 특별한 감사의 말을 전한다. 내가 처음 틱톡을 만들 때 귀중한 창작 팁을 나눠주었다. 또 다른 감사는 연애의 레드 라이트(특히나 두바이에서의 데이트)에 관해 나와 재미있게 토론을 해준 워윅에게 전한다. 나는 직장에서의 극적인 상황에 대해 타즈와 얼라인과 나눴던 대화를 소중하게 기억하고 있다. 또한 가족과 연애, 관계에 대해 수업 조교인 차얀카와 벌인 토론도 마찬가지다. 동료들 가운데 빅토리아와 칼, 게이버, 닉과도 레드 라이트와 그린 라이트에 관한 대화를 나눌 수 있어서 감사하다.

이 책은 내 소셜 미디어 팔로어들이 계속 응원해 주지 않았다면 탄생하지 못했을 것이다. 팔로어들은 이 책을 쓰는 동안 내게 용기를 주었을 뿐 아니라 내 모든 플랫폼에 계속 지원하고 참여해 주었다(우리가 지난 2년 반 동안 현대식 연애, 가족, 우정, 아동기의 트라우마, 그리고 정신적인 행복에 기술이 미치는 영향에 대해 나눈 1,000건 이상의 온오프라인 대화는 말할 것도 없다). 여러분들의 개인적인 이야기들 덕에 전 세계 사람들에게 벌어지는 일들을 비춰보고 현대식 행동 현상의 원인들을 이해할 수 있게 됐다.